# 中國學術思想 研究輯刊

## 二一編

林慶彰 主編

## 第 8 冊

### 《鬼谷子》思想新解（上）

林仁政 著

花木蘭文化出版社

國家圖書館出版品預行編目資料

《鬼谷子》思想新解（上）／林仁政 著 -- 初版 -- 新北市：花
木蘭文化出版社，2015〔民104〕

序 10+ 目 6+234 面；19×26 公分

（中國學術思想研究輯刊 二一編：第 8 冊）

ISBN 978-986-404-048-3（精裝）

1. 鬼谷子 2. 研究考訂

030.8                                            103027152

ISBN-978-986-404-048-3

9 789864 040483

中國學術思想研究輯刊

二一編 第 八 冊                    ISBN：978-986-404-048-3

《鬼谷子》思想新解（上）

作　　者　林仁政
主　　編　林慶彰
總 編 輯　杜潔祥
副總編輯　楊嘉樂
編　　輯　許郁翎
出　　版　花木蘭文化出版社
社　　長　高小娟
聯絡地址　235 新北市中和區中安街七二號十三樓
　　　　　電話：02-2923-1455／傳眞：02-2923-1452
網　　址　http://www.huamulan.tw 信箱 hml810518@gmail.com
印　　刷　普羅文化出版廣告事業
封面設計　劉開工作室
初　　版　2015 年 3 月
定　　價　二一編 27 冊（精裝）台幣 50,000 元

# 《鬼谷子》思想新解（上）

林仁政　著

## 作者簡介

林仁政

**出生**：1958 年 台灣省雲林縣土庫鎮
**學歷**：東海大學哲學研究所碩士
**經歷**：國王鉛筆公司操作員
　　　　三愛電子公司會計員
　　　　彩虹照明公司品管、倉管組長
　　　　迪吉多電腦公司自動倉儲倉管專員
　　　　來永家電公司倉管課長、電腦中心主任
　　　　永信藥品公司資材、稽核、廣告、教育訓練
　　　　國際扶輪 3460 地區 1992-93 年總監辦事處秘書、月報總編
　　　　永信社會福利基金會幹事
　　　　職工福利委員會監察委員
　　　　東陽國小家長會會長
　　　　里民辦公室財務顧問
　　　　生源家電公司營業顧問
　　　　福建省福州市喜臨門食品公司總經理
　　　　中華生命哲學協會創會理事
　　　　永信醫藥文物博物館志工
**編著**：健康飲食與生活，關懷國內高齡長輩社會福利問題

# 摘　要

　　西漢、劉向所收錄鬼谷子之千古軼文〈善說〉，其《說苑》篇章諸多文辭之重視與考究，與《鬼谷子》的遊說、說辭方法之講究有等同的效果。所以說，劉向對他早就充滿著心心相惜之情。所謂善說的「說」一字，在《鬼谷子》文中就出現有 18 段 33 字之多。如「說之者，說之也；說之者，資之也」，「故外親而內疏者，說內；內親而外疏者，說外」等，事涉遊說、辯辭、君諫……。

　　《鬼谷子》與《管子》思想部份傳承於《六韜》。《鬼谷子》〈符言〉言：「高山，仰之可極；深淵，度之可測；神明之德，術正靜，其莫之極歟。右主德。」，明顯的將太公之字句「不可極，不可測」，改爲「可極、可測」。「神明之德，正靜其極。」也改成爲：「神明之德術正靜，其莫之極歟。」認爲只要積極用心，高山或深淵之極都可以攀登與量測。高調強調人定勝天的開創與探險性精神，也彰顯出縱橫家的「有爲」，與道家「無爲」極大差異。《老子》言：無爲、無欲、無事；但《鬼谷子》卻倡言：有爲、有欲、有事。看似矛盾，卻是一體兩面。如《莊子》〈天下篇〉言：「不見天地之純，古人之大體，道術將爲天下裂。」

　　筆者以管仲、衛鞅、韓非三人，分別就「道與功、兵與法、君與臣」，……鬼谷子培育縱橫家子弟，捨法家打破君臣權勢之壟斷僵局，打亂局勢、另起爐灶、再造新局。其策略乃是以積極的遊說、縝密的計謀，躍馬中原，……尉繚回答梁惠王說：「黃帝曰：『先神先鬼，先稽我智。』謂之天官，人事而已」（〈天官第一〉）；見證到鬼谷子相當重視人與事「說人之法也，爲萬事之先」，「事用不巧，是謂忘情失道」（〈捭闔第一〉）之力量。最終使戰國後期的鬥爭，更形激烈。

　　鬼谷子後半生收徒教學授課，由其傑出之弟子蘇秦、張儀……等素人政治家，做出風起雲湧之合縱連橫的政績，遂改變了當時的政治形勢。往後雖因君主專制興起，國家爲鞏固政權需要，嚴禁策士的發展，使縱橫家爲之消聲匿跡。但眞實的歷史從未被淹滅，依舊夾帶著亙古以來人類生存與權力鬥爭的困惑，活生生地向前滾動而來。我們何其有幸，還能看得到其理論著作《鬼谷子》，……其前衛的縱橫哲思與方法，於二千多年前就曾帶領世人走出困頓之時局。……個人之發展，亦倍覺受用無窮。……鬼谷子像是諸子百家的優良傳統思想的最後一塊拼圖，終將於廿一世紀發揚光大，以利耀於中華民族與全世界。


關鍵字：
鬼谷子、聖人、遊說、縱橫、奇正、陰陽、捭闔、謀略、王道、轉圓。

# 魏元珪教授序

　　《鬼谷子》一書歷代來多視之爲縱橫家、陰陽家一類之書，歷來儒者多不屑一顧。尤其宋明儒學耽於心性之說，以爲能調理人之心性，自然國治而天下平；殊不知宇宙自然錯綜複雜，社會人生詭譎多變，治國平天下並非書生清談，或坐享講筵，即可一言而定邦。

　　世有治亂，自然與社會有奇正、陰陽、明暗、隱顯、起伏等變化多端；世上本無一固定之藥方可治百病，端視其症候而適時予以針砭。《易》曰：「惟變所適，不可爲典要。」儒以天命自期，以天自誠明，人間自明誠爲倡，期欲以中道治事、治人，治國。道家放任自然，但老子亦倡以正治國、以奇用兵。不論儒道，皆以宇宙之變中有不變之法則。儒以知天明命、至誠之道，可以前知。國家將興，必有禎祥；國家將亡，必有妖孽。見乎蓍龜、動乎四體，禍福將至，善，必先知之；不善，必先知之。故至誠如神。蓋維天之命，於穆不已。儒家特主知天、知人、知物，明萬物萬務未萌之幾。道家卻主上善若水，水善利萬物而不爭，處眾人之所惡，故幾於道。老子更主張致虛極、守靜篤，萬物並作吾以觀復之功夫。以復命曰常、知常曰明，不知常妄作凶。

　　鬼谷子者實兼得儒家之思想與道家之虛實原理，以保此道者不欲盈，夫惟不盈，故能弊不新成，而得天長地久而不自生之至理。鬼谷子生當戰國之時目睹社會詭譎多變，深知如何用常，如何用變，但亦精通儒道之本，更能加以活用，尤其加上法家、兵家、農家、陰陽家、縱橫家之深層觀察，蔚爲世用。鬼谷子者非伏案求功名之儒生，亦非遁世逃避世亂之隱君子，實乃內心火熱有赤誠救世之大智者。其雖隱居山林，卻恆存身在江海之上，心存魏

闕之下，時以拯救世弊爲職志。孔子以仁說仁政，干說列國人君，知不可爲而爲之；老子卻以《道德經》五千言以儆人主。鬼谷子者，誠乃出世入世之實踐者，其本人未嘗遊歷列國，干說人君，但卻是以大教育家之心態培育出無數賢士，以期匡濟人世。雖其學說捭闔縱橫，富神祕色彩，卻教出茅濛、蘇秦、張儀、孫臏、龐涓等政治家、實踐家、軍事家、教育家和修道者。《鬼谷子》一書，始見於《隋書‧經籍誌》舊題爲鬼谷子先生撰。今存有四家註本，如陶宏景註、皇甫謐註、樂一註、和尹知章註。而今存本主要者有明代正統道藏本、清代四庫全書本、乾隆五十五年江都秦氏刊本，以及嘉慶十年江都秦氏刊本等。

歷來學者對《鬼谷子》一書評價不一，多存鄙夷態度，以爲是詭術不經之書，非儒者之正傳。明代宋濂則大加評斷韃伐謂：「鬼谷所言之捭闔、飛箝、揣摩之術，皆鼠蛇輩之智，用之於家則亡家，用之於國則僨國，用之於天下則失天下。」事實上宋濂所見不過尋章摘句，未見鬼谷子之大體及其謀國之道術，與治國之大略，尤其面臨戰國多危之秋、風雲際會之時，豈能以儒生之見而治國。察鬼谷所見在外交、軍事、內政、財政、經濟、社會、治安，多方面皆有卓見，且是針對事變應世之方，不可以儒者之見而責鬼谷子，認爲不過是蛇鼠之術而不值一顧。此蓋宋濂之偏見，而非止見與慧見也。

按反者道之動，觀妙觀徼，惟微惟精詮言玄奧，知常則明。鬼谷深知正言若反、奇正兩用、高深隱匿、陰則陽取、陽則陰之、弱者道之用，其在政治上、在爲政之大略上、在軍事之籌劃上，皆有莫大之貢獻，豈是歷代來滿口仁義道德之假道學者，所可望其項背。

孔子曾云：「可與共學，未可與適道；可與適道，未可與立；可與立，未可與權。」（見《論語‧子罕》）孔子亦知如何知權達變。歷代儒者多矣，荀子認之有豎儒、腐儒與小人儒，此輩能說聖人之言，卻未能行聖人之迹，更遑論濟世救天下。

孔子與老子皆知「知權達變之重要」，儒道兩家皆非章句之學，尤非侷限於內王心性之學，更是外王治世之學，世有治亂、事有正反，非歷經世變，不克把握之。鬼谷之道不違儒道之正，卻用在其奇反之際。十年寒窗，共學較易，能適道則難，究竟所適何道？縱使能適道，以何者立身處世之階則更爲關鍵，更遑論知權達變了。

　　讀醫書人人皆可，惟實際行醫，則非人人所能？醫方人人能誦，惟何種醫方能適症應變，針對實況而下針砭，則非人人所能為。鬼谷等深通儒道，兼以法、兵、農、陰陽各家之旨，而通權達變，何咎之有？

　　處當今之世，波瀾詭譎，新列國爭霸，如何把握中國古典智慧，而善加應用，此殆非多烘先生，豎儒之輩與鄉愿之士所可濟事。按中國學問一向注重道－學－術三者並重，「道」者乃人生與向學之最高指導原則；「學」者乃專門之學問，由約而博，由博而約，必須有知識的體系，然後開體系的知識，而非雞零雜碎不成體系；「術」者，知識之技能與實際應用之方。學而不能用，用而不能專，則所學不過是空談。

　　儒者重「尊德性道問學」，學者必須有高度之人文素養，博而廣、精而細的學術技能，並非人云亦云，能說不能做的空泛之士。德性是做學問，做人、做事的根基，是一切社會事業的基礎，德性不立，則必欺世盜名，雖有一技之能，終究是害群之馬。

　　道家以技兼於事，事兼於藝，藝兼於道，道兼於天。技因事而設，而藝是指導技的；所有之藝必須回歸於道，而道則回歸於先天之自然法則。道為一切之本，盜亦有道，無道不能成為大盜。

　　儒家所重者，有道、有學、有術。道家所重者，何獨不然，道在萬有之先，所學在乎求道。儒家以知之者，不如好之者，好之者不如樂之者，所樂何事？乃道也。

　　儒家所重之術為治術，由天道、政道、治道而指導治術；道家所重之術為道術，牛馬四足為之天，桎馬首、絡牛鼻謂之人。《尚書・洪範》以五行各有其特性，如木、火、水、金、土各有其所成之性，明其道而治之，則治木、治水、治火、治金、治土，必應刃而解，否則必愈治愈亂。此道家之崇尚自然之治也，無為者、非不為，乃不矯揉造作之謂。

　　法家所重之術為法術，但亦顧及勢、法、術，三者之平衡，亦非一昧地嚴刑峻罰。至於農家，則重實際配合天時、地利、人和之耕作之術，與天道、天時密切配合，不可須臾離。至於兵家尤倡，道、天、地、將、法五者並重，在道上失敗，則不足以戰爭矣。

　　察鬼谷子者，豈可僅以縱橫家、陰謀家、權術家，而視之。鬼谷子深居

山林、放眼四野、寰顧四宇、審觀天地、中通人和。他早已看透人世之事變，他以道－學－術三者合一，兼融儒、道、法、墨、農、陰陽等各家之思想，能兼用正反之道、陰陽之用、奇正之理，而運用瞭若指掌，豈非一般豎儒只知袖手談心性，而毫無治國之術可以濟世乎？

今林仁政先生深研鬼谷子，廣得儒、道、墨、法、陰陽、農、兵、名家之精萃，而匯為一爐，注重其道－學－術之全體大用，是對中國思想之實際應用有莫大之助。林仁政先生在職多年，深富人生體驗，又復來東海大學哲研所攻讀，以《鬼谷子》一書為碩士研究專題，其研究之精闢透析，體系井然，能把握鬼谷一書之主旨，在道與術各方面皆有精確之見解，蔚為洋洋灑灑之一大厚冊，並闡述鬼谷子前後之歷史、文化背景，以及對當時政經情況、能旁徵博引，善加校訂與註釋，且將鬼谷子原典細為分述，詳可解說，更能引實例佐證；甚且更引證歷代名家，對鬼谷子之評價與推衍洋洋數十萬言，誠乃對鬼谷一書之巨著。

該書內容豐富，見解卓越，頗有參考價值；其中所述並非霧裡看花，亦非隻字片語帶過，而是經過細心鑽研，乃針對當今之國際情勢、政治措施、外交事況、軍事形勢，在政略、戰略，各方面皆有高度之見解，與實用之參考價值。深信本書之出版，並非僅在圖書館之櫥架上添一厚冊；而乃生命警鐘及人生之雋語，對人世有莫大助益，故樂為之序。

中國社會科學院特約研究員
序於東海大學

魏元珪

2014 年 9 月 28 日教師節

# 謝仲明教授序

　　《鬼谷子》是中國奇書之一，亦是中華文化精萃之一。然歷來對此書之理解和評價，常見扭曲與貶抑，更未能闡發其應世之大用，使之隱而不顯，殊爲可惜。今林仁政先生之大著《鬼谷子思想新解》，打破世俗與傳統框架，在《鬼谷子》之研究領域上，開出一個合理且應世之方向。今，予以細說如后。

　　首先，民間素來就把《鬼谷子》給神祕化了，甚且爲作者王禪建廟膜拜。乃使《鬼谷子》思想，被引入神仙、算命、問卜、長生術等迷信之途，已然久矣；此不僅扭曲了《鬼谷子》原意，誤導庶民，且讓士人階級有理由，視《鬼谷子》之爲江湖小道，不入大雅之途。今林先生大著，追溯《鬼谷子》歷史淵源，其詳加論述與發揮，且皆有所本於古聖先賢，絕非是源於怪誕神話。林書亦新論《鬼谷子》思想體系，顯示出其言皆能中理合道。由於林先生排除《鬼谷子》被神祕化之傾向，最終把《鬼谷子》提升至哲學理論之層次，來予以了解。

　　其次，於千百年以來，在我國傳統士人文化之中，所流傳的《鬼谷子》典籍，常被認爲是一部教人權謀策略、遊說辯術之書；依此，乃對《鬼谷子》多有負面評價，視之爲偏險小道。如明代散文家，宋濂便將其評之爲「小夫蛇鼠之智，……學士大夫宜唾去不道。」（〈鬼谷子辨〉）；唐人柳宗元亦論曰：「其言益奇，而道益陋。使人狙狂失守，而易於陷墜。」（〈辨鬼谷子〉）由此觀之，《鬼谷子》在傳統中不入學術殿堂，其來有自，但此有不公之處。

　　蓋《鬼谷子》雖精論權謀策畧、遊說辯術，但其目的，非在謀私、非在篡權奪利，而在於求國家社會人民之大利，經營宏畧，使國有所治而政有其

道。《鬼谷子》言:「天下紛錯,上無明主,公侯無道德,則小人讒賊,賢人不用,聖人竄匿,貪利詐偽者作;君子相惑,土崩瓦解而相伐射,父子離散,乖亂反目,是謂萌牙巇罅。」(〈抵巇〉);此是倫理敗壞、國破家亡大亂世之局勢。於此之時,聖賢者,就在能「守家以義……守國以道,聖人所貴道微妙者,誠以其可以轉危為安,救亡使存也。」(〈中經〉);孔孟老莊墨,各言王道仁政、無為之道、天下兼愛,其目的無不在求國泰民安、倫理祥和、政有其道而民有所歸。由此而觀《鬼谷子》無不外於孔孟老莊墨之政治理想。今林仁政先生之大著《鬼谷子思想新解》,析論《鬼谷子》思想,特顯其與《論》、《孟》、《老》、《莊》、《易》,即有相應契合之處;証立《鬼谷子》之正統地位,非可以偏邪小道觀之,更不可以江湖術士之言解之。此,正是林書重要貢獻之一。

最後,林書揭示並申論《鬼谷子》可經世致用。此所指之「世」,非為三王五帝或秦漢之時,而更是指當今世界之國際政經現實。《鬼谷子》之用,固已見於先秦,然此已是歷史。重要者,是能用於現世。當今之時,一國一民族一文化,實不能只自顧於內部,而必須與異國異民族異文化相互交流往來,此中必含政治、經濟,甚至於軍事等分面之衝突、對抗,或合作、協調等關係。此等關係,既是多邊、又是動態,無不以「利」為鵠的,以「力」為後盾,乃至於以「權謀」為手段。於此之時,儒道墨釋固不失其崇高可欲之質,然置諸現實,可喻之為不相應行法。唯獨《鬼谷子》,經林先生之申論啟發,乃顯示出其經世致用之實踐知慧:能務事而成其功之識智者與巧能。

總而言之,林仁政先生之大著《鬼谷子思想新解》:一、能提撕《鬼谷子》,之理解至哲學層次;二、能安立《鬼谷子》,應有之學術地位;三、能展示《鬼谷子》,之應世大用。林書,可謂給予《鬼谷子》,全新之生命。特此誌識。

美國南伊利諾州大學哲學博士
東海大學哲學系教授兼前系所主任

謝仲明

2014 年 9 月 30 日

# 自　序

　　自從 2004 年起，筆者就學於東海大學，深受好幾位學貫中西的老師，傳授我國古聖先賢的學術思想經典，以及講解現代與當代的西方哲學大師的言論著作。或作中外思想比較的同時，同學們每於課堂或課後，感恩之餘，無不樂此不疲，忘卻人生之無奈而釋懷、進而開懷。深深著迷於古今中外，有這麼多一群哲學家，為著人生諸多困擾的問題，費盡心思與生命力，孜孜不倦的從事探究工作。從天上到人間、從有形到無形、從現象到真相、從過去到未來，……等，見人所未見、理人所不能理。去挖掘與解釋，存在界與現象界的奧祕，它會是眾多或只是單一的解答，或可能永遠無解？經過如此洗禮之後，我彷彿開竅悟道一般，從此整個人生，就全然不一樣了！

　　這幾年以來，在享受著有如新生命的生活之同時，總有兩個問題如影相隨的跟著我。一、為何我們國家對於哲學教育，不像歐陸之重視？如法國於高中階段就上起哲學相關課程，畢業評鑑還必須經過哲學會考。二、我國為何沒有哲學？前者對我來說，是有心但卻無力，也就算了，不必多問。但後者於我，算是中華民族的後代子孫，對於瞭解祖先，總得盡點心力，可以深入進去瞭解一下、關愛一下。至少沒人有興趣，會對我加以阻擋。於是，拾起《鬼谷子》這部經書，感悟到他的學問，正如我們所有的先聖先賢的思想一模樣，亦即張載所言：「為生民立命，為往聖繼絕學，為萬世開太平」。並發現，如是傳承千古的智慧，同時也都具備有：能解釋自己，能改變自己，能強化自己；能發現問題，能改善問題，能解決問題；能發現人性，能應用人性，能改變人性；還能使國族離棄失敗，能使國族復興強大，能使國族永

遠和平。以上，堪稱真正的學問與有用的知識，當然還有一項，就是：能利用工具、能改善工具、還能發明工具（機器）。（此番科技功效在我國不是不能，只是稍弱一些，原因很多，於此不便多談。）明白諸子百家濟世救民的思想後，才確實瞭解，那份偉大的理想與情操，未能真正與永久實現爲何原因？樂觀的我還真要說：想要實現，應該可行！可不過分誇張，這不只是時間與環境的限制，而是千百年來尚且存在的問題，誠如鬼谷子所言：「然無成功者；其用之非也」。縱觀鬼谷子思想特殊之處，乃在於能洞悉世局，能解開迷局，能逃脫困局，還能扭轉敗局，更能說服當局，最終能成就勝局。

筆者於幾年以來，日夜關注《鬼谷子》學問，面對鬼谷子的思想而持續探究思索，發現其內容：不僅談遊說、談人性、談處事、談計謀、談濟世、談培欲、談勵志、談養性……等正向言語；容或史上名人之誤解與負面指陳，多略似於當今坊間論述有關個人成功的書籍，一時顯而易見的話題，翻翻看看即可。但是，當更加深入鬼谷子思想之際，我們便會了解《鬼谷子》慎論：聖人守司門戶之道、劃清權與謀之分際、注重現實與理想的鴻溝、取代不適任的長官、防患未然、循循善誘教化、極其前瞻性治國理政的內涵……等，百般的用心與無盡的苦心。《鬼谷子》雖短短數千言，卻處處有著諸子百家的學說主張，如：儒家的詩書仁義、道家的道心無爲、兵家的奇正必勝、法家的權法勢術、墨家的無私犧牲、名家的邏輯思辨、縱橫家的遊說謀略、陰陽家的神道陰陽、醫家的慈悲深入、商家的算計城府、神仙家的修真道學……等等，傳統學術思想與自然人文互動的深厚文化底蘊，活靈活現於其字裏行間。迥異於老子訓勉的「無爲，無欲，無事……」，鬼谷子卻倡言：「有爲，有欲，有情……」。他還清楚明白的傳達，出世、入世、間世等處世原則之訊息，任憑自由選擇，活潑精彩游刃有餘。

觀之以上所言，《鬼谷子》整部學說，全是我國有古以來《尚書》、《易經》……等六經，與《六韜》、《三略》、《管子》、《孫子》、《老子》、《莊子》、《內經》……等等，之治世、治人、治己的思想精華。當然絕非雜亂無章、毫無價值，而是融合、而是再生、更是創新，更多他個人純淨、獨特、宏偉及細膩，積極的入世思想，如：親疏隱匿、變動陰陽、環轉因化、擇事而爲、擇主而事……等等。反覆誦讀之，每每爲其過人的做人處世之妙用，與治國理政有如畫龍點睛之效，備感驚訝與佩服。如此爲世所稱譽的奇人，竟只能

配當庶民茶餘飯後之話題？逢此民族衰落百年的深秋之際，令人疑惑，也使我深至感慨，是國人糟蹋了鬼谷子，為其千古冤情而嘆息。誠然，已出世得道的鬼谷子，不覺有怨，反而倒是吾國吾民與世人的不幸！

　　由此，為了解析鬼谷子思想之奧妙與其玄意內涵，本書特別創造出一些新名詞，例如：事陰陽、器陰陽、理陰陽、道陰陽、人事陰陽，前期鬼谷思想、後期鬼谷思想，民主王道……等，合理解釋及大膽嘗試，以理清和縮短，和鬼谷子思想於千年以來，因人事變遷與知識積累，和觀念與思維的差距。還進一步，大量應用現代化之觀點與語彙，加以推論，例如：人際關係、角色扮演、無限溝通、人格特質，鬼谷迴圈、鬼谷拉鍊、鬼谷沙發、鬼谷救生圈，聖人們……等。再應用電腦畫圖，希望盡己一切所能，將智聖先師－鬼谷子的微冥深奧之千古玄音，給彰顯與闡揚出來，多少也能讓新世代的年輕人喜歡並產生興趣，方便學習及正向應用鬼谷子思想。以上，本書所試圖建構與闡釋《鬼谷子》的思想理論，或有不成熟之處，都因筆者才疏學淺，容或拋磚引玉，希冀於學者專家、同好前輩們不吝指導點化。期許大家，能夠一起將鬼谷子多面向的學說思想，加以全面性的發揚光大，乃至於為世所用。實吾國吾民之幸！

　　多年以來，筆者浸淫於東大優美的校園，在嚴謹的教學和循循善誘的學習環境，與眾多藏書的哲研所之下，收穫良多。首先要感謝的是：魏元珪教授，謝仲明教授以及台灣大學郭文夫教授的指導與鼓勵，由於有他們三位老師的調教與肯定之下，才有本書的寫作。還有我的內人羅玉雪女士，不厭其煩的當我著作本書靈感的聽眾，且能不辭辛勞的操持家事；和好友簡鈴玲小姐的協助校稿與關心，才得以如期完成本書。最後要答謝的是：花木蘭文化出版社主編林慶彰先生，對於中國文、史、哲等，學術思想與古籍的熱衷與推廣；以及社長高小娟女士和編輯人員，沒有他們的通融厚愛與支持，這本書是無法出版的。我也為本書能夠在花木蘭出版，感到榮幸！因為花木蘭出版的各類型書籍，都深具學術價值與意義。

第六十九屆台灣光復紀念日
於台中大甲鐵砧山

林仁政

2014 年 10 月 25 日

# 目次

## 下　冊

# 前　言

## 第一節　研究動機與目的

　　美國哈佛大學校訓：「與柏拉圖（Plato，約 427～347 BC）爲友，與亞里斯多德（Aristotle，384～322 BC）爲友，更要與眞理爲友。」[1]又訓勉其學子：「人無法選擇自然的故鄉，但人可以選擇心靈的故鄉。」反觀我們中國擁有五千年的固有傳統文化，淵遠流長，寶藏更是堆積如山，其中不管是有形之古董藝術品，或是歷代先聖先賢所遺留下來無形的學術思想，更是不可勝數。當然也如同哈佛的校訓，不僅指引我們邁向眞理之路，也將會引領我們尋覓心靈的故鄉。

---

[1] 哈佛大學（Harvard University）於 1636 AD 創立當時，是麻塞諸塞殖民地，作爲培養牧師而建立的學堂。係紀念清教約翰、哈佛牧師所慷慨捐贈，麻省大法庭於 1639 年 3 月 13 日下令定名爲哈佛學院。（1780 AD 升格爲哈佛大學）是常春藤盟校的八名成員之一。哈佛早期的校訓是「眞理」（Veritas，1643 AD）、「耀歸於基督」（In Christ Gloriam，1650 AD），以及「爲基督、爲教會」（Christo et Ecclesiae，1692 AD）。哈佛早期印章展示三本翻開的書本，兩本面向上，一本面向下，象徵著理性（reason）與啓示（revelation）之間的互動。哈佛的一份最早期文獻－1642AD 的學院法例如此寫道：「讓每一位學生都認眞考慮以認識神與耶穌基督爲永生之源（約 17：3），作爲他人生與學習的主要目標，因而以基督作爲一切正統知識和學習的惟一基礎。所有人既看見主賜下智慧，便當在隱密處認眞借著禱告尋求他的智慧。」哈佛校訓原文爲拉丁文 "Amicus Plato，Amicus Aristotle，Sed Magis Amicus VERITAS"，英文含義爲 "Let Plato be your friend，and Aristotle，but more let your friend be Truth"。其中「Veritas」就是哈佛校徽（二百年校慶時，校長昆西在尋找校史資料時，偶然發現這一草圖早在 1643 年就已設計完成）。美國建國後，其校訓恢復爲最早確立的「眞理」（Veritas）。「眞理」希臘語爲（Aletheia），台灣之眞理大學（Aletheia University）採用作爲校名，前身爲淡水工商管理學院（Oxford College）。該校係於 1882 年，爲加拿大基督長老教會馬偕宣教師在臺北、淡水所創辦，中文譯爲理學堂大書院，亦稱牛津學堂。

　　中華民族站立在東亞，不僅僅如信史所言三千多年，也因近幾年在考古上的發現：如 5300～4000BC 的良渚之玉器文明、5000～3000BC 的河姆渡之骨器文明、6000～5700BC 的磁山之土器文明……等等悠久的史前時代。在如此綿延不絕的歷史之長河裡，衍生出眾多子民，生活在其廣大土地上。大量文物之出土，証實了我們的先人其物質生活、心智活動的智慧與文化傳承之攸久。

　　中國哲學思想之變化與演進，雖未如西方哲學千百年來，歷經競相劇烈的討論與研究，而形成廣泛及嚴密的跨思想領域；但各家各派之主張與學說，也曾與此土地上百姓共存共榮，並能蓬勃發展。道、儒、兵、墨、法、名、雜、農、陰陽、縱橫、小說、醫……等數十百家派別，均活躍於那個時代。及其後來，西漢時印度佛教的思想典籍的大量引進與吸收和融合，形成了璀璨獨特的禪學思想，都是偉大的成就。儒家、法家學術思想興盛於朝廷；道家、陰陽家融入於民間百姓之心靈；或有消失者如墨、名、縱橫家；或其後無人將其發揚光大，學說主張及其經典無人註解，如縱橫家之經典，甚至加以曲解誹謗，最終因為葛洪將其納入道教典籍《道藏》之收藏中，今人才得以探究其思想之奧妙與前衛。

　　今日世界的變化，不管企業管理已進入「十倍數時代」[2]，或則是積體電路的「摩爾定律」[3]改變了這世界，都說明昔日的問題，未若今日問題發生之

---

[2] **十倍數時代**　在個人電腦領域萌芽的 1983 年，日本的記憶體晶片製造廠挑戰英代爾 Intel Corporation，而當時參曾與公司創建的總裁安迪、葛洛夫（Andy Grove，1936 AD～）博士，在他「十倍數時代」（*Only the Paranoid Survive*）（王平原譯、1996 年 10 月大塊文化出版）著作中，以實戰經驗與智慧，訴說產業遭逢巨變，如何扭轉呆滯險境，讓企業再次站上巔峰，稱爲「策略轉折點」。把產業結構、競爭方式、市場佔有，歸零重整。探究競爭者、供應商、客戶、新科技、協力業者及改造營運規範；質問對手換人有重大事情將發生？極重要的公司，是否不再特別？新公司冒出頭，使大家相形失色？如肯定，產業必臨巨變！葛洛夫並創造「Intel 是微電腦公司！」的標語，而反敗爲勝；且尊照馬克、吐溫（1835～1910 AD）「雞蛋放在同一個籃子裡，然後看好那個籃子」名言。1980～2000 年全力主導 Intel 轉向微處理器市場發展，才繼續稱霸。以上正表明處於詭譎多變的世局，要使企業團體發展，是必採用鬼谷子爲首的縱橫家全方位積極謀略，國家與民族也才能立於不敗之地極好註解。

[3] **摩爾定律**　戈登、摩爾（Gordon Moore，1929 AD～）：Intel 創始人之一。積體電路問世才 6 年，摩爾的實驗室一個晶片，才夠放 50 只電晶體和電阻。摩爾於 1965 年《電子學》當期雜誌第 114 頁，發表一篇〈讓積體電路填滿更多的元件〉文章，如科幻般預測半導體晶片的電晶體和電阻數量將每年翻一番。之後不斷有技術專家，認爲晶片集成「已經攻頂」（更多更小的電晶體速度更快）；然事後證明，技術進步週期，雖已從最初預測的 12 個月延長到如今 18 個月，小到一根頭髮橫切面可放 1000 個電晶體；且最先進的積體電路，居然能含有 17 億個電晶體，定律依然有效。往後，晶片產業競爭激烈，個人電腦和手機、基因組研究、電腦輔助設計製造等新科技問世。資訊技術由實驗室進入無數個普通家庭，網際網路把世界聯繫起來，多媒體視聽設備豐富著所有人的生活。可見半導體產業始終圍繞著「摩爾定律」競爭，激烈得像大浪淘沙之翻滾。

快速與複雜，看似完整但卻是失序的國際社會亂象。人類講究歷史文明的發展下，已然形成表面上是講究多元文化普世價值的地球村世界；但骨子裡卻完全是以西方價值體系爲主的單一文明主張。因經濟科技產業活動頻繁競爭激烈，城市生活壓力、貧富差距過大，過度強調創新消費享樂及毒品誘惑下，世人傳統樸素價值崩潰、倫理道德瓦解。在供需產銷大量失衡的困境裡，造成地球資源枯竭，連帶溫室效應、生態氣候、石油能源危機、金融風暴等。極其甚者，國際貿易與經濟利益及宗教信仰、文化價值之差異，遂產生許多種族之間的衝突。如西方世界之媒體長期強力輸出，自以爲是的民主制度與奢靡的生活方式等意識形態；加上美國政府，慣常以貿易與軍事外交諜報抗衡或影響干涉他國內政，造成多起的國際恐怖活動，如：倫敦地鐵爆炸、九一一[4]……等事件，與反政府「茉莉花革命」[5]，致使國際社會動盪不安與生靈塗炭。可說是一樁牽一髮而動全身的「蝴蝶效應」[6]，很好的見證。

---

[4] 911 事件　又稱 911 恐怖攻擊事件、美國 911 事件劫機撞擊的空前事件。據美國官方公佈於東部時間 2001 年 9 月 11 日，當天早晨（中原標準時間當天晚上）19 名基地組織恐怖分子劫持四架民航客機；首兩架先衝撞紐約世界貿易中心雙子星，兩座建築在兩小時內倒塌，連帶 29 座高層建築遭破壞；第三架撞向維吉尼亞州國防部五角大廈；第四架因機組人員和乘客抵抗而墜毀，沒危及華盛頓特區整體歷史事件。造成 3201 人遇難、6291 人受傷，含 87 個國家公民，造成數千億美元經濟損失。美《九一一報告》宣佈對發動襲擊的恐怖份子及保護他們的國家發動軍事報復。首一打擊目標是阿富汗塔利班政權，因拒絕提交嫌疑犯賓拉登。美回應發動「反恐戰爭」入侵阿富汗，以消滅藏匿基地組織恐怖分子的塔利班，並通過了愛國者法案，加強反恐立法並擴大執法權，其他國家也跟進。911 在美國與世界產生重大影響及加深全球經濟蕭條，也間接導致阿富汗和伊拉克戰爭、國土安全開支總額逾 5 兆美元。2010 年紐約市長爲消彌文化與宗教歧視，批准興建一座伊斯蘭文化中心及清眞寺。是美繼二次大戰，被日本以水上飛機和氣球炸彈及珍珠港空襲事件後，外國勢力首次對美領土造成重大傷亡的襲擊。阿拉伯有媒體評論該事件是由以色列人猶太復國主義者甚至美國人自己發動，在於挑起全球仇視阿拉伯的情緒。還有回教人士認爲是由基地組織所發起，旨在報復美國的中東政策。可見雙方歧見與誤解之嚴重！

[5] 茉莉花革命　發生於 2010 年 2 月，一名北非、突尼西亞 26 歲青年自焚，觸發境內大規模街頭反政府示威，導致時任總統班、阿里政權倒臺的事件，因茉莉花是其國花而得名。成爲阿拉伯國家中，首次因人民起義導致推翻現政權的革命。富裕和穩定的突尼西亞，歷史上少見如此大規模的示威動亂事件。此一事件，有媒體稱爲「尊嚴革命」（Dignity Revolution）；又稱 Twitter 或 WikiLeaks 革命；對北非及中東產生極大的影響。示威抗議的模式亦受阿爾及利亞、埃及等國民眾所效法，導致反政府示威浪潮在一個月內席捲北非與中東地區。埃及的時任總統穆巴拉克，30 年政權被推翻；巴林、葉門及阿爾及利亞也傳出大規模警民衝突事件；鄰國利比亞也從零星的街頭示威抗議演變成內戰，導致美國等多國對該進行空襲，至今依然烽火連天動盪不安。阿拉伯國家聯盟秘書長穆薩警告，茉莉花革命將讓阿拉伯世界陷入一陣大騷動，並要求各國人民和領導人都能夠有所克制。利比亞領導卡紮菲在其國家電視台，公開指責 WikiLeaks「愚弄突尼西亞人民，並製造混亂」。

[6] 蝴蝶效應（The Butterfly Effect）來源於美國氣象學家艾華德、勞倫茲（Edward N.Lorentz）六十年代初的發現。在《混沌學傳奇》與《碎形論──奇異性探索》等書皆有描述：「1961 年

以上之種種因素因而形成層出不窮的社會、經濟、貿易、外交、軍事、法律、移民、失業、治安、暴動、恐怖活動……等等問題，日以夜繼、隨時隨地、無比堅定地考驗衝擊著人類的智慧。遠比過去數千年來，人類所面對的疾病、衛生、戰爭、物質匱乏……更加嚴重。人類擁有更多的不安全感，以及生活上無形的壓力！這一切無不依賴仰仗著各國政府，和各行各業的菁英份子的努力之外；還需要更多的哲學家，以堅定的意志力、敏銳的觀察力、豐富的想像力、嚴謹的學養、和超越時代的頭腦與卓越不凡的思想，才能夠洞悉問題的核心，而提出成熟可觀的思想理路與最有效的解救方法。最終，才得以使人類社會繼續平安無險的，衝破種種難關，以邁向不可知的未來。

近年來，在西方所領導的資本主義的經濟制度下，公司企業營利、銀行金融財團、創業投資集團，取代了過去由工廠所集結形成的生產事業集團。生產事業的演進：由早期的勞力密集時代、因自動化產業的出現引發爲技術密集時代、進而因資訊工業的誕生形成知識密集時代，之後更在商人龐大財富的累積下，終究讓私人資本產業取代了傳統的製造產業。馬克思（1818－1883 AD）擔心的產業經濟勞資問題，最終居然爲更複雜的金融問題所完全取代，眞是始料未及。

今天世界各國的政治制度，普遍的採用選舉的民主政治，國家以盡量不干預百姓的經濟活動之自由主義思想爲主張而規範。然而世人之世俗享樂與無窮發展，又因少數人的私心，而設計出衍生性之金融商品，所謂的「連動債」。它造成信用無止盡的過度膨漲與擴張（如雷曼兄弟公司[7]者），使整個經濟社會結

---

冬季某一天,他在皇家麥克比型電腦上進行關於天氣預報的計算。爲了考察一個很長的序列，他走了一條捷徑，沒有令電腦從頭運行，而是從中途開始。他把上次的輸出直接打入作爲計算的初值，但由於一時不愼，他無意間省略了小數點後六位的零頭，然後他穿過大廳下樓喝咖啡。一小時回來後，發生出乎意料的事，他發現天氣變化同上一次的模式迅速偏離，在短時間內，相似性完全消失了。進一步的計算表明，輸入的細微差異可能很快成爲輸出的巨大差別。這種現象被稱爲對初始條件的敏感依賴性。在氣象預報中，稱爲『蝴蝶效應』。」，「勞倫茲 1979 年 12 月在華盛頓科學促進會演講：『可預言性：一隻蝴蝶在巴西扇動翅膀，會在德克薩斯引起龍捲風嗎?』」蝴蝶效應通常用於天氣、股票市場等在一定時段，難以預測比較複雜的系統中，爲何會有崩盤和不可預測的自然災害。社會學界也用來說明：一個壞的微小機制，如果不加以及時地引導、調節，便將會給社會帶來非常大的危害，戲稱爲「龍捲風」或「風暴」。好萊塢還以「蝴蝶效應」爲電影片名，於 2004 年發行上映，由艾什頓、庫奇及 Amy Smart 主演。（以上資料參考自維基與百度百科等。以下註解之部分引用，不再追述。）

[7] 雷曼兄弟控股公司（Lehman Brothers Holdings Inc.）1850 年創辦於美國，國際性金融機構及投資銀行，業務爲證券、債券、市場研究、證券交易業務、投資管理、私募基金及私人銀行服務，國庫債券主要交易商。總部於紐約，地區總部於英國倫敦及日本東京等，各國亦設有辦事處。2008 年美國第四大投資銀行及《財富雜誌》500 大公司之一。2008 年中受到次級房

構受到動搖，和人類生命的價值與意義之扭曲，以及地球資源之耗竭，其影響可比擬瘟疫或龐大之戰爭而更可怕。萬能政府的制度是不足取，但做為監督政府角色之功能，卻是不可免除。同樣的，在民間的企業集團之所有者，對於執行長的本質學能，與德行操守之信任方面，更是關係到集團之榮枯，最重要之因素所在；其它之經理人員對公司部門的經營領導、研究發展、舉才用人、生產銷售等管理；這些企業經營的哲思與實際之應用，攸關著國計民生而至為重要。以上問題，其實我們都可以從兼具儒道兩家為源頭活水的鬼谷子思想著作之中，發掘出許多深謀遠慮的智慧與原則，貴為今人之所用。筆者希望借此研究，能夠加以統合分析出，許些現代管理上有用之訊息，以為大家之參考。

　　反思台灣今日之政治社會之混亂現象，當然有其歷史發展與時代背景的諸多因素。但是主要原因是在於現代化過程之中，欠缺正確嚴謹與具前瞻性的哲學思想，以做為全民一致奉行之政治主張，合乎社會各界的認同與信賴，政府才能加以平穩有效的施政，減少錯誤與民怨。其實以上並非是台灣所獨有之現象，而是整個自由民主與社會主義、回教與基督教世界等國家，在資本主義的信奉下，極端講究科技並強烈主張經濟快速發展，及高度物質文明與精神文明激烈衝擊之下，人類的普遍人性價值遭遇到空前所未有的挑戰與挫折。在長期和高度積壓之下，形成生活上的壓力與困頓，受盡壓迫與難以忍受，所爆發出來的亂象。所謂人心思變，從最近幾年世界各國政府的領導團隊更動之頻繁！便可以看得出端倪來。

　　過去我們國家專注於民主素養、科學技術、法治制度等西學的引進，已茁壯有成。但是，今天我們在思索國家民族之發展，與世界人類之出路問題的同時，是否應該將西方文明，更深沉、更寶貴、更有價值的學術－「哲學思想」，除了精研之外，是否也能如隋唐時代，將印度佛教徹底吸納，融合民族之思想與智慧，開創出另一個如同禪學的新局面。當代的國內外漢學研究者，已有多起精研結合東西方哲學思想的不同學術主張，將先秦諸子百家之經典，再次與時代的問題與需求相結合起來。在普及面上：民間方面，早就

貸風暴連鎖效應波及，遭財務重大打擊而虧損，股價下跌到低於一美元（9 月 17 日還低於 US$ 0.10）裁員達六千多人，並尋求國際金主進駐。是年 9 月 15 日，在美國財政部、美國銀行及英國、巴克萊銀行相繼放棄收購談判後，負債達 6130 億美元，依美國破產法第 11 章規定程式申請破產保護。債務規模，創下美國與史上最大金額破產案。各國投資大眾因購買連動債，全都被此金融信用的極端膨脹案情所牽連。為挽救就業和財政大赤字等經濟問題，美聯儲幾次印製上兆美鈔，每月購買 400 億美元抵押貸款支持證券，即第三次量化寬鬆 QE3（a third round of quantitative easing），是美盛世經濟走向下坡的關鍵。

有黃財貴，於國內廣泛推行的幼童讀經運動；政府方面，如中國大陸於國外廣設孔子書院，積極推廣中國文化。以上，都是種紮根的基礎工作，其影響頗爲深遠，難以計量。

　　光鬼谷子思想，國內就有學術界從單一研究的肯定，如台灣有：陳英略、蕭登福、張建國、張天道⋯⋯，大陸有：鄭杰文、房立中、黃蒲清、許富宏、陳道年⋯⋯等學者專家之傳承與引介；到目前爲止，坊間出現達五、六十本（作者與書目如本書附件，敬請參閱）。以上，各式各樣與管理、歷史、文化典故類別有關的《鬼谷子》書籍，或與鬼谷子主題有關之講課、戲劇等 DVD 光碟，被廣泛的出版發行近幾年來則出現，將鬼谷子與其他不同性質的思想家合併比較研究趨勢（多僅合輯出版）的書籍，如：2007 年有《六韜、鬼谷子》[8]；2011 年起，則有張淩翔編著《日讀鬼谷子、夜讀菜根譚》[9]，2012 年《左手道德經、右手鬼谷子》[10]兩巨冊，及 2014 王琳編著《鬼谷子的局、王陽明的道》[11]⋯⋯等不勝枚舉，無不指陳出鬼谷子思想能與其他思想家合流，一起而爲世所用。爲何有越來越多的專家學者與各界人士等前輩們，競相投入鬼谷子的思想學說之研究與推廣？誠如孔子第七十八代傳人所著的《孔維勤說鬼谷子言謀天下》書中，他肯定鬼谷子思想：「不只是一種由遊說謀略之術，⋯⋯『道之常』、『君之綱』的救世之書。⋯⋯從孔子到鬼谷子，⋯⋯更是『大道之行』具體而微，在人間『抒情言志』的展現」[12]。這些書籍同時的

---

[8] 《六韜、鬼谷子》曹勝高、安娜譯註，北京：中華書局出版發行、2007 年 4 月一版。
　《六韜、鬼谷子謀略全本》海華編譯，長沙：湖南文藝出版社出版發行、2011 年 7 月一版。

[9] 《日讀鬼谷子、夜讀菜根譚》張淩翔著編，中國紡織出版社、2011 年 9 月一版。認爲《鬼谷子》是古代的成功學著作，建功立業的寶典；而《菜根譚》（明朝洪應明著），是修養、處世、出世學問的道德格言語錄之學。出世和入世對人猶如白天爲夢想拼搏爲事業奮鬥；而夜晚，回到自己寧靜的天地，銜接自然便能建功又修身。再藉助包藏於《大學》齊家治國與《中庸》修身養性思想，結合之並導引讀者提升做人德行及處事處世能力，以完善人生。《鬼谷子》講入世，計謀策略，口才技巧，是一部做事成事的心機妙典。《菜根譚》講出世，超越功利、透視人心，是一部做人養心的處世哲學。以前者的方法做事，以後者的心態做人。完全互異的合輯，竟有相輔相成效用，還眞是《鬼谷子》之奇效。

[10] 《左手道德經、右手鬼谷子》文若愚、張平、廖鵬編著，北京：中國華僑出版社、2012 年 8 月一版，上下冊。結合兩部中國傳統經典的精華，除詳解原文並精選涵蓋政治軍事管理商場職場處事等案例故事，剖析道德經生命智慧與鬼谷子計謀策略，以找到指導現實人生的智慧與經驗。並標榜《道德經》講出世，超越功利，透視人心，指導我們爲人處世；《鬼谷子》講入世，談計謀策略，口才技巧，指導我們做事成事。

[11] 《鬼谷子的局、王陽明的道》王琳編著，廣東旅遊出版社、2014 年 1 月一版。強調用鬼谷子的思想來佈局，結合當下實際。用王陽明的心學思想來導引，從而破心中之賊；在佈局的歷程裡悟道，以取得成功，並同時達到提升自己的人生境界。

[12] 《孔維勤說鬼谷子言謀天下》孔維勤著，人民東方出版社發行出版、2013 年 2 月第一版。語

被推出，是古人智慧的受重視與民族自信心的提升，實則是中華民族新契機的到來，因爲《鬼谷子》有許多能夠貴爲今之所用，既傳統且前衛的優良思想與無窮力量蘊含其中。

　　可見今日的兩岸三地，對於鬼谷子傳承的寶貴思想，已出現明顯的轉化，並可能成功的轉變爲當今所有菁英份子，原本就合情、合理、合法的追求名利、強烈求富求貴的欲望；並具備有學問、有智慧、有能力、有計畫，有良好的口才與人際關係的就業或創業生涯，有意義的生命價值的群體主流思想。可惜的是我民族，打從清末民初遭逢西方列強侵淩之後，高度懷疑祖先思想，今日假如能趁勢銜接上我中國古代思想良好根源體系，如此既現代又古典的中西融合，其能量將會不可等量齊觀。何況，於當今充滿競爭的工商經濟社會環境裡，實現理想抱負、和諧幸福圓滿的實際生活需要上，已較能爲人們所樂於接受與提倡。並將其積極有爲的縱橫家人格特質，爲自己前程奮鬥、爲人群福利犧牲的精神火苗，合理化的重新加以點燃，才能逐漸的、重新的被廣爲承認；這股熊熊的火焰，也將是產生再創中華文化活潑燦爛的重要契機，更是世界未來文明光輝璀璨的一環。我們已完全不可能回到從前那古老的封建政治體制下，既原始又單純的人性環境、僅以簡易的管理應對於人們心靈尚未經解放的年代。誤將鬼谷子揭露與運用人性的眞相，是一種邪惡與社會亂象與恐怖的根源，而單純與無知對其產生害怕恐懼與刻意排擠，是毫無意義反而會有負面效益產生。

　　前段所述及，當代研究鬼谷子學說的作者與書籍，分別將老子的《道德經》、孔子的《論語》思想、王陽明的心學，以及與庶民接觸頗深的《菜根譚》（屬台灣早期民間屢見的善書，常爲善心人士爲宗教團體助印），能夠結合鬼谷子看透人性、巧用人性正確、積極、現實、有爲的心智管理，以之解放二千多年來對於《鬼谷子》思想迷津，而貴爲今用。可見國人已有信心的結合與分野古今思想價值，破除中西人文學科研究落差的迷失；健康的走出過往深陷帝國主義軍事、政治、思想等暴力的衝擊與威脅下的陰影；進一步勇敢發聲，創新開展地邁向屬於自己國家民族，獨特的、一貫的中華道統之專門

<hr>

出第一章〈以天下爲視角的語言智慧〉、第一節《鬼谷子》一部救世寶典〉之第五頁：「不只是一種由遊說謀略之術，也不只是『應對酬酢、變詐激昂』的巧言善辯，而是跳出了遊說謀略思想的侷限，成爲『道之常』、『君之綱』的救世之書。……從老子到孔子，從孔子到鬼谷子，言語成爲安頓天下、撫慰人心最重要的憑藉。……更是『大道之行』具體而微，在人間『抒情言志』的展現。」

學術領域，最合適於濟世之學所用。它的優秀與傑出，如能再結合全世界各國各民族求好、求新、求變，求發展、求同存異的傳統智慧與傾向，正可以面對國際社會因科技發展、經濟瓶頸、人性貪婪、民族偏頗、思想呆滯、心靈空洞……等日愈複雜、堅困、難解且環環相扣層出不窮，意識型態的諸多偏差之社會問題，所引起人類發展的共同障礙與文明危機。如此，更有信心、更有能力地正視傳統學術智慧，結合時代趨勢，以漢文研究屬於現代問題的管理思想理論著作，加以針對問題、解決問題、預測問題，進而控管問題。如同尹衍樑先生所設立的「唐獎」[13]之漢學獎，鼓勵全世界以漢語思維，補救長期以來英語思維之偏頗與不足，一起參與建構國際話語權及學術重心，時局的到來！

　　我國由於在滿清時代，統治階級無雄才大略、欠缺世界格局、傲慢專擅、思想僵化、政權腐敗……等，太多複雜的歷史因素之下，國家主權與疆域，屢次慘遭列強蠶食鯨吞；尤有甚者還受盡日本倭寇侵略欺凌，致使民族遭受毀滅式的空前災難。祖先優良傳統的國富民強，以「民本」為主的道統思想，只因長期被統治者與統治階層們的愚腐自私，與堅持理想主義學派思想的長期封閉、脫離現實，加上刻意的無感與輕蔑及扭曲，而致完全難以彰顯與實行。國難當前，才會受到後代子孫痛苦的、椎心的懷疑、嚴厲的批判與強烈的否定。當時，國家菁英份子引進德、法、俄為主的共產主義、社會主義，以及英、美、日為主的民主主義、資本主義與君主立憲、專制復辟，三大政治制度與社會意識形態百年內戰，消費與耗盡了國力。

---

[13] 唐獎（Tang Prize），由我國企業家尹衍樑（1950 AD－現任潤泰集團總裁、北京大學教授及博士生導師。擁有我國、美國、日本等地專利超過百項。）個人效法諾貝爾精神捐助新台幣 30 億元設立，以發揚盛唐精神。設置「永續發展、生技醫藥、漢學、法治」四大獎項每兩年一屆，獎金為 5 千萬新台幣（1 千萬必須用於人才培育），是全球獎金最高的學術獎。委託中華民國、中央研究院辦理提名評選。漢學獎（Sinology）：「意指廣義之漢學，包括研究中國及其相關之學術，如思想、歷史、文字、語言、考古、哲學、宗教、經學、文學、藝術（不包含文學及藝術創作）等等領域。本獎旨在表彰漢學領域之成就，並彰顯中華文化對人類文明發展之貢獻。」和諾貝爾獎錯開不重複，鼓勵讓世界變好的研究發明，延續諾貝爾獎的精神，鼓勵更多有利於地球與人類的重要研究，並發揚中華文化。尹衍樑還宣佈將捐出 95 % 財產做公益。根據唐獎官網，盛唐之世，是東西方文明交會、政治經濟顛峰時期，唐人對世界展現的自信、相容各文化的胸懷氣度，即係唐獎要發揚的理念。出於對人類發展的深刻反省及體悟，捐助創設此獎。主流媒體則以「東方諾貝爾獎」，台灣第一座真正的國際級大獎來報導此獎，首屆 2014 年 6 月 18 日公佈獲獎，同年 9 月 18 日於臺北、國父紀念館舉行頒獎典禮，由馬英九總統頒發五大獎項，隨後於圓山飯店晚宴。唐獎官網 http：//www.tang-prize.org/index.aspx。84 歲余英時獲漢學獎。

　　甚至於中國大陸之政治權力鬥爭，藉機引發「文化大革命」[14]予以除四舊，將孔、孟、四書五經肆意無情唾棄；國家存亡在風雨飄緲間，還無知地苦抱住窮途末日的寒酸教條主義，深陷於荒唐淒美的夢境之中，難以清醒更無法自拔。而在台灣，樂於追求現代工商業社會高度發展的民生花園，卻因羨慕歐、美奢華包裝的貴族式生活，學習高科技、學術思想為首的西方文明；長久以來，民間上下只顧追求無限自我發展與極端貪婪，還無知無感的、心甘情願地，被帝國主義影響干擾與控制，愚癡到願意成為美國的一州以自許。

　　利用國際冷戰與兩岸內戰的現實矛盾，任其黑心黑手，欲取欲求名正的、言順的，例如：詐用廢除死刑等少數與極端人權法治自由，來控制干涉別國司法內政；利用基金會、道德團體，透過外交與智囊團、媒體機構，施行宣傳掌控與要弄政治外交軍事手段、控制經濟貿易，超支民主政治、曲解公平正義，嚴重扭曲人性價值，踐踏良善風俗。故意誤導我們的年輕人，接受他們自己所訂定：左手所謂的「普世價值」與接受地球村的「共同語言－英語」；再以右手「油元、美金和糧食」，一起方便控制全世界與賺進各民族的金錢。只是這項兩手策略的陰謀，也是一把兩面都非常鋒利的刀刃，不僅會殺傷別人，不小心也會傷到自己。

　　因為他們的政治主張與學術思想、文化觀念、生活價值裡面，沒有我們《易經》「物極必反」、「陰陽五行」、「相生相剋」深植人心的傳統意識；就拿2014 年第一次大戰百年紀念而言，他們過去的國際關係觀念，還是存在著對立與均勢[15]；以自以為傲的「民主自由」、「法治人權」、「經濟消費」等文化意

---

[14] 文化大革命 全稱「無產階級文化大革命」，簡稱「文革」，又稱「十年動亂」、「十年浩劫」、「文化浩劫」或「文化滅絕」；是指 1966 年 5 月 16 日至 1976 年 10 月在中國由毛澤東錯誤發動和領導、被林彪和江青兩個反革命集團利用，給中華民族帶來嚴重災難的政治運動。被認為是自 1949 年中共建國至今，最動盪不安的災難。文化大革命的指導思想和活動性質均在由中國共產黨第十一屆六中全會於 1981 年 6 月 27 日一致通過的《關於建國以來黨的若干歷史問題的決議》中被正式否定決議認為毛澤東應負上主要責任。該決議的正式表述是：「文革」是場由領導者錯誤發動被反革命集團利用給黨、國家和各族人民帶來嚴重災難的內亂。1968 年 10 月 13 日至 31 日給劉少奇加上「叛徒、內奸、工賊」的罪名，宣佈永遠開除出黨，撤銷其黨內外的一切職務，一年後含冤病逝；是文革中最大冤案。1970 年 9 月 13 日，林彪等人乘飛機出逃，在蒙古溫都爾汗機毀人亡，宣告文革理論和實踐的失敗。1974 年 1 月，毛澤東批准開展「批林批孔」運動，不僅因為林彪私下推崇過孔孟之道，且是借宣傳歷史上法家堅持變革、批判儒家反對變革來維護「文革」。1975 年 11 月下旬，發動「反擊右傾翻案風」運動。1976 年 1 月 8 日，周恩來逝世天安門事件後，「批鄧（鄧小平）、反擊右傾翻案風」更大規模在全國強行推開。1976 年 10 月 6 日晚，華國鋒、葉劍英等代表中共中央政治局，執行共產黨和人民的意志粉碎江青四人幫，結束「文革」這場空前的中國大浩劫、大災難。

[15] 均勢 權力平衡（Balance of power），亦譯做「均勢」、「勢力均衡」，是國際關係理論古典現

識過度偏激的主張部分，一起把玩政治、軍事與經濟等元素，任其以極端手段操弄之下，已然嚴重誤導庶民「生活價值」與誤解「生命意義」，以至於自己國內的「民生經濟」與「社會秩序」崩解與混亂已提早發生。還妄想以經貿夥伴關係協定，夾帶戰略夥伴關係協定，擴張其國家影響力量以及貿易經商的龐大利潤，破壞世界和平，處處興風作浪，引起阿拉伯世界廣大人民的極度反感。國際問題未解之際，環顧近年來世界上許多國家的政府元首，在商人的利益遊說與權力鼓惑之下，公然貪汙不覺羞恥；並透過各種各類的管道，以進行遊說、關說、賄賂等技倆，與正義的國家機器與廣大的人民－行司法挑戰和抗衡，還眞不分哪種一種政權[16]，不管東方或是西方，古往今來，

---

實主義與結構現實主義理論的核心概念之一，是一個建立在西方歷史經驗基礎之上的國際關係學概念，權力平衡狀態可能包括「一超多強」、「兩極」、「多極」等情形。蘇秦提出的合縱政策可視爲是一種權力平衡政策，即推行較弱的主要大國結盟，以制止戰國時代國際體系中任何一個國家（秦國）過度強大。「其邏輯是，均勢被打破，戰爭隨之而來。在打破均勢的諸因素中，新興大國對守成大國的挑戰，被西方國際關係教科書屢屢提及。自一戰以來，大國衝突、大國悲劇、大國對抗，這些概念已經深植於西方對世界的看法之中。一戰百年，西方輿論出現借一戰比照中國的說法，就源於這樣的歷史觀。百年一戰，百年滄桑。當前世界戰略格局、力量對比和國際秩序較之百年前已全然不同，但一戰暴露出的霸權爭奪、零和博弈等舊觀念仍未退出歷史舞臺，強調所謂『均勢』和『絕對安全觀』等西方論調依然以眞理自詡。這也是爲什麼值此一戰百年紀念時刻，世界對和平與發展的呼聲如此強烈。然而，今天的世界，正處於一個由單極向多極過渡的新時期，歐洲的歷史經驗再也不可能成爲唯一解釋現實問題的黃金定律。儘管如此，自 19 世紀逐步建立並被視爲全球通行的西方標準，不可能痛痛快快地退位。特別是美國，甚至不再滿足於均勢，開始追求作爲唯一超級大國的『絕對安全』。在他們的眼裡，目前美國所享有的相對優勢絕對不允許任何勢力加以改變，美國的統治地位絕對不允許任何一個國家撼動，爲了保持這種「絕對安全」，甚至不惜使用一切手段，遏制可能挑戰其地位的力量。」（人民日報任仲平：〈讓和平永駐人間——寫在第一次世界大戰（1914 年 07 月 28 日～1918 年 11 月 11 日）爆發百年之際〉）

16 長久以來號稱反國民黨貪汙的民進黨，卻出了個黨主席兼總統的陳水扁，成爲最大之諷斥。而中共黨中央自從改革以來，也千呼萬諾的要清廉反貪汙，鄧小平早就有先知之明曾指出：「在整個改革開放過程中，都要反對腐敗」。但最近也抓到了一位位高權重的政治局中央常委法政組的周永康。台灣的「中國時報」，稱其爲中共建政以來最大貪腐案、現代和珅狠撈數千億人民幣。據人民網評刊載「黨的十八大以來，強調『以零容忍態度懲治腐敗』，堅持老虎、蒼蠅一起打，以習近平同志爲總書記的黨中央，以猛藥去屙、重典治亂的決心，以刮骨療毒、壯士斷腕的勇氣，打出一系列反腐『組合拳』，一批重大案件得以查處，一批腐敗分子紛紛落馬」（2014 年 7 月 31 日〈懲治腐敗 深得人心〉）。「消息一出，立刻在全國引起巨大轟動。這是繼黨的 93 歲生日前夕打掉徐才厚等四隻『老虎』之後，中央又一次反腐雷霆行動：……級別之高前所未有，權力之大前所未有」（7 月 30 日〈立案審查周永康，從嚴治黨無終點〉）。可見於《鬼谷子》〈飛箝第五〉所強調的：「其不可善者，或先徵之，而後重累；或先重以累，而後毀之；或以重累爲毀；或以毀爲重累。其用或稱財貨、琦瑋、珠玉、璧帛、采邑以事之。或量能立勢以鉤之，或伺候見㵎而箝之，其事用抵巇。」鬼谷子早就知道人心，故思建立爲政用人之方法與制度。以習近平爲首的中共總書記的黨中央，從黨和國家生死存亡的高度，把反腐敗鬥爭擺在更加突出位置。從劉志軍到薄熙來，從徐才厚到周永康，查處貪官的級別越來越高、影響越來越大。2014 年年底還傳出中共統戰部部長令計畫，

大有人在，還眞不曾間斷過。

　　而混亂了幾十年的台灣，朝野政治菁英份子，居然會一致希望早日制定並通過公開光明的法案－「遊說法」[17]，加以應運並面對這個人心日愈複雜、桀驁不馴的社會，政治人物與商業和個人利益糾葛不清，無法分野與管理和充滿極端的激烈競爭，又必須分工合作的年代（如亞太經合會 APEC）[18]，小國一來參加國際性組織，以增進國際視野，二來也借助國際力量，以保衛自己。如是，台灣的政治、社會、經濟之發展，眞乃是世界史上的一大奇蹟，中西文化的試驗場。「遊說法」可能內涵，早在二千多年前的春秋、戰國，蘇秦、張儀所屬的縱橫家就已身體力行了，祇是時空背景與條件互異而已。

　　欲終結當今因物質文明所形成的混亂局勢，正如拿破崙所言：「世界上有

---

重大的貪污違紀事件。可見身爲一位國家最高領導者想要好好的把國家與政府人事等，正確與穩固的管理起來，還眞不容易。誠如《鬼谷子》〈捭闔第一〉所言：「聖人一守司其門戶，審察其所先後，……審定有無，與其實虛，隨其嗜欲以見其志意。微排其所言而捭反之，以求其實，貴得其指。闔而捭之，以求其利……。捭之者，料其情也；闔之者，結其誠也。……聖人因而自爲之應。」聖人要爲中華道統、天下蒼生，守司其門戶，這乃是《鬼谷子》千古一書之重點呀！

[17] 遊說 乃多元化的民主國家政治體制運作的正常現象，爲使公權力行使與個人或團體的互動關係，攤在陽光下進行，遊說立法經多年討論，我國終於經立法院於民國 96 年 7 月 20 日三讀通過，同年 8 月 8 日公佈遊說法，使台灣成爲繼美國、加拿大之後，全世界第三個以專法規範「遊說」的國家。而該法之制定，也使得陽光法案更爲完備，對於推動清廉政治有正面作用。依「遊說法」規定，遊說採強制登記制，遊說資訊亦強制揭露，目的在使民衆瞭解「何人」在爲「何事」遊說立法或行政部門，揭露遊說過程中的資訊，以供各界檢驗。該部基於法律主管機關立場，爲利制度運行，除了配合訂定「遊說法施行細則」及「遊說登記及財務收支報表簿冊閱覽實施及收費辦法」兩項子法，已於 2008 年 8 月 8 日與母法同步施行外，並已規劃各項配套及宣導措施，向社會充分宣導新法的精神與遊說制度的內涵。但是在所謂氾濫的民主時代，遊行法並無法規範導特別的政治目的，居然有以路過警察局，不小心失控發生路人群衆暴動爲由，當街污辱派出所所長，達成其暴亂與擴大其個人與組織聲望，而思權巧規避法律責任。嚴重行擾亂社會秩序破壞百姓生活安寧與視聽，以發動什麼公民不信任政府活動之實，屢屢展開陷害抹黑執政黨之門面威望等各類或明或暗之活動，以行下次選舉之成功延續其政治生命，與發揮權謀奪取執政權。而執政黨黨魁之軟弱無能無謀，令其坐大徒使社會動盪成亡黨亡國之無窮禍患之不歸路，嚴重掉入西方民主政治制度惡毒一面的巢臼，誤爲成呵護民主美名之假像而暗爽，卻不自知其對國家民族之未來危害之嚴重性。其實要實施民主政治，就必須要嚴密展開法治的強而有力的執行決心才行。

[18] 亞洲太平洋經濟合作會議（Asia-Pacific Economic Cooperation，APEC）是亞太區內各地區之間促進經濟成長合作、貿易、投資的論壇，始設於 1989 年，現有 21 個成員經濟體（Member Economy）。「亞太經合會」是經濟合作的論壇平臺，其運作是通過非約束性的承諾與成員的自願，強調開放對話及平等尊重各成員意見，不同於其他經由條約確立的政府間組織。「亞太經合會」所有成員經濟體，其國內生產毛額總量約佔世界的 60%、貿易量約佔世界的 47%。每年開會一次共同討論，因成員間蓬勃發展的經濟、貿易與關稅等，在激烈競爭之下有待解決之糾紛與合作等國際關係問題。其影響與重要性與日俱增，隸屬美洲的美國總統均會率團參加。

---

兩種力量，利劍與思想；從長而論，利劍總是敗在思想手下。」西方還有句
諺語 "The pen is mightier than the sword."（文筆比武劍更具有威力），所以人
類未來出路也唯有從精神處著手。我們祖先正擁有此項修身、齊家、治國、
天下平的偉大思想體系，唯獨失落了《鬼谷子》思想這塊拼圖。也就是鬼谷
子，他能夠深謀遠慮的、有步驟的，正確總結歷史現實、勇敢面對時代現實、
巧用計謀處理人性現實、鼓勵青年挑戰威權現實。這段非常有價值、非常有
意義、真實與正面，但長久以來卻被誤認為負面、黑暗邪惡與叛逆，遭刻意
打壓、致遺忘的一段不明不白、不為人知，而成失落的極其不小的重要思想
環節。中華文明成了老年文化、醬缸文化[19]，教條主義、封建制度、政治手段
的溫床；影響我們好幾個世代，普遍的畏懼威權、不敢質疑，一向創新缺乏、
不能理智思考，完全被封閉於僵化的思維框架之中，一旦面對外來強權，整
個國家社會便致瓦解癱瘓。

　　一但，當久被僵化的意識形態的箱子被啓封之後，卻因一時間的迷糊錯把
豺狼當爹娘，也由於對政治手腕與思想半生不熟，甚至於一知半解；一如台灣
當今有些年輕人，一聽有人憑借以民主法治、自由人權、公平正義等意識形態
為呼號，便完全失去理性思維能力，毫無招架餘地，無法分辨是非對錯，就跟
著號召群起跟著起鬨[20]；根本不知道那是假借口號、行政治目的欺騙人民，對

---

19 **醬缸文化** 據柏楊著作的《中國人史綱》中說：「中國悠久而光輝的文化發展，像一條壯觀偉
　　大的河流。紀元前二世紀西漢政府罷黜百家，獨尊儒術時，開始有燦爛而平靜。十二、十三
　　世紀宋王朝理學道學興起時，便開始沉澱。」到十四世紀，「這河流終於淤塞成一個醬缸，
　　構成一個龐大而可哀的時代。」以上表示，在明代以前，中國文化雖非是完全的醬缸文化，
　　但也有醬缸文化的成分存在。又《醬缸》書中說：「夫醬缸者，侵蝕力極強的混沌而封建的
　　社會也。也就是一種奴才政治，畸形道德，個體人生觀和勢利眼主義，長期斲喪，使中國人
　　的靈性僵化和國民品質墮落的社會。」於此可見，醬缸不僅是一個文化概念，也是一個社會
　　概念，故總的來說，是人心氛圍與集體文化造就了社會。因為「文化是政治的根」。我們今
　　日要講《鬼谷子》，就是要發揮其講分類（科學）、講理論理（哲學）與務實踏實（實事做事）、
　　講積極、謀計畫的精神；重新挖掘實踐出來，重振縱橫家行動力，與作為現代化國家民族挑
　　戰困難的決心、毅力與意志及信心。

20 太陽花學運 2014 年 3 月 17 日霸佔立法院殿堂事件。理由是立法院內政委員會等 8 個委員會
　　聯席初審《海峽兩岸服務貿易協定》，國民黨籍立法委員張慶忠在混亂中宣佈服貿審查超過
　　3 個月，依法視為已審查，送立法院院會存查，引發部分人士不滿。反黑箱服貿民主陣線等
　　民間團體和學生 18 日晚間突破立法院警力，佔領立法院議場。19 日晚間，針對台灣部分團
　　體和學生聚集台「立法院」抗議《兩岸服貿協議》，國台辦發言人表示，大陸方面已經注意
　　到台灣發生的情況。關於《兩岸服貿協議》，國台辦已多次表明看法，兩岸經濟合作給台灣
　　民眾帶來實實在在的利益，這是有目共睹的。23 日早晨，馬英九總統首度出面正式回應。
　　同日晚，繼佔領台灣「立法院」後，有逾千名學運分子突破警方防線，衝進「行政院」。2014
　　年 4 月 10 日，318 台灣部分團體和學生「反服貿抗爭」事件結束。據臺北市衛生局最新資
　　料顯示，自 3 月 18 日至 24 日下午 1 時止，共有 158 人送醫，其中 4 人住院、10 人留觀、

政府展開勒索的暴力，且違法的行爲；口口聲聲自稱是人民，但其實完全是違反民主的代議參政程式，嚴重鑽營法律漏洞，自私自利的政治行爲，更是對民族命脈的一種嚴重的打擊與傷害，絲毫不知道是對社稷有害。這種「假民主、眞政治，虛愛台、實違法」的伎倆，完全是種向政府造反與奪取政權的行爲（叛國行爲），卻在當今以營利爲目地的媒體搬弄是非之下，更加如虎添翼。以致於社會秩序的混亂與價值崩潰，國家實力虛耗與民族命脈斷送，兩者將逐漸凋零。這是西方民主政治兩黨制度的悲哀，在野黨隨時隨地無所不用其極的應用陰、陽謀，目的就是要將執政黨鬥臭鬥垮，以便取得執政權。百姓便只有活在此永遠的對立與對抗的戰亂之中，永無寧日的被野心家操弄於傷天害理之中，完全被利用還毫不自知。鬼谷子不忍眾生悲苦，希望聖人出現一如：孔子、孟子，以及當今天下所有儒家弟子般切之心，還更加的迫切！因爲他不僅提出整套的原理、原則，還公開的教導大家各種實際的知人、用人、治人、做人和做事、行事、謀事、成事、完事，以及勵志、培欲、養身、修心等全方位的方法。

　　是故，瞭解了《鬼谷子》的「聖人之道」，變能夠明白了計謀與人性之常

144 人離院。文化部長龍應台表示「立法院」不開會，每天要花 80 萬元養立委，「我愛死這些年輕人了，讓大家關心服貿他們做到了，但運動本身也該是檢討的時候了。」此外，她還評語說：「行動層面 100 分，思想層面，非常薄弱」，故要以政務官身份要求年輕人退出立法院議場。其實此次學運，跨越民主政治的所謂代議政治，完全不明瞭，也完全不尊重。事實其組織是台獨「台灣黑色島國」，更傳出與國際恐怖組織聯繫，台灣兩大黨及國人、多數年輕人爲其所要不自知。還有一個由台大經濟系主任屬名錯誤百出的黑箱懶人包[2]，在網路流竄，更表明是一位堂堂名校教授與學生的水準。還有一位領國家政府薪水的中央研究院公務員，參與幕後教導打砸強佔官署的西方所謂賣國賊。哀哉！自以爲學人就享有全部的自由，須知照西方標準只有學術發表的自由，也就是政治不能干預學術研究與發表出版，根本沒有反叛政府的權力與自由，學到西方民主只有半吊子，明顯故意將法治置之一旁，行其政治目的之陽謀，台灣中央研究院院長明顯僻護不法。以上，現階段部份台灣人民對於法律、道德完全顛倒迷失，並嚴重誤解於西方之民主、自由、法治、人權等意識形態之思想價值裡。
疏 2 黑箱懶人包 係該系主任編寫的一系列「黑箱服貿自救寶典」濃縮而成，恐嚇社會說有學生聲稱，兩岸服貿協議是「黑箱操作」；如果讓「立法院」通過，則台灣經濟將被大陸吞併、人民將苦不堪言、將有上千種行業達 500 萬人受影響、工作將被大陸勞工取代，這代人屆時將失去工作機會……要求退回服貿協議，建立監督政府機制。看來似乎理且氣壯，但事實該協議並未開放大陸勞工赴台，學運所標榜的情況根本不可能發生。當月 23 日經濟主管部門召開記者會，具體澄清了服貿非黑箱作業、未開放大陸勞工來台……等五大謠言。據媒體報導，佔領「立法院」的學生，根本沒幾人看過或讀懂服貿協議！都只看「懶人包」。可知學運領導本身患上強烈反政府意識，模糊服貿焦點；政府相關人員也同樣不懂學生眞正要求。鬼谷子言：「摩之以其類，焉有不相應者；乃摩之以其欲，焉有不聽者」（〈摩篇第八〉），合乎問題現況。身爲國家領導者「聖人立事，以此先知而揵萬物」之充分明白社會角色的能力，才能做好國家大事。政治非常專業，競選就能選賢與能？就能造福百姓？別忘記國父孫中山主張總統是由國民代表大會所選，並非全民選舉。台灣民眾迷信民主政治，完全不知其本質，更不懂代議政治運作。

理常道之苦心，也就能更加明白政治與世局的變化，昭然若揭無所遁形；誠如儒學大師蔡仁厚先生的聯語云：「時風有來去，聖道無古今」。之有鑑於《鬼谷子》的思想影響深遠，筆者遂嘗試擷取歷史的養分，而以當今觀點與角度給予滋養與灌溉，努力試圖將古聖先賢豐富的道統思想學說與之連結拼湊完整，賦予現代化的生命，並和愛好鬼谷子思想同好，一起加以持續創造發揮其潛藏之價值。這就是我把王禪先生的經典著作《鬼谷子》，以哲學角度與方法，將其思想淵源與影響彰顯研究出來，發揚光大，以作為本書的主要原因與目的。在悠久的人類歷史裡面，如果中華民族的智慧是一個理想的圓圈圈，那鬼谷子的學問就是現實的內容物，常民生活的意識型態成熟的支撐架構；若是缺乏了它，還真看不出是個方方正正的圓？

## 第二節　鬼谷子相關版本

　　《鬼谷子》分為上、中、下三卷，大體分為兩部份上、中卷及下卷；前者又稱內篇、後者為外篇。內篇收錄十四篇，但有二篇亡佚，即〈轉丸第十三〉[21]及〈胠亂第十四〉；外篇有三篇，即〈本經陰符七術〉[22]、〈持樞〉、〈中經〉；故總計，現存達十五篇。

　　內篇，係謂「遊說」宜遵從理解之「道與法與術」；外篇（下卷），則是論述從事遊說者應具備之「心靈修養」。內、外兩篇，可說前後內外互為表裡，做為培育一位成功的外交家，所應完整深入研習之經典；古代如是，今日亦

---

[21] 根據房立中所編著《鬼谷子全書》之研究，認為：已亡佚之〈轉丸〉篇，是〈權篇第九〉前半段內容「古之善用天下者，⋯⋯能知如此者，是謂量權。」後人將其誤編入〈揣篇第七〉；而〈權篇第九〉：「說之者，說之也；說之者，資之也。⋯⋯聽貴聰、智貴明、辭貴奇。」才是真正亡佚不見的〈轉丸第十三〉；今人李天道《鬼谷子兵法》使用此分篇法；《太平御覽》卷四百六十二，將〈權篇〉稱之為〈量權〉篇；如此才使原《鬼谷子》篇章之文題相符合。據陳清蒲《鬼谷子詳解》之研究，認為〈符言第十二〉可能是後人註解者混入《管子》〈九守第五十五〉（頁 107）；又，傳說中言：「《鬼谷子》與《孫子兵法》都各為十三篇」。今本宣稱亡佚〈胠篋〉為第十四篇，也有研究者認為是後人誤將《莊子》之〈外篇、胠篋第三〉納入所致，如此先秦著作《鬼谷子》內篇之總篇數，也才算與傳說之數相吻合了；不過，除非有考古新資料出土或有力證據出現之前，在缺乏實證之下，其實這些都只算是暫時性推測之言。

[22] 《本經陰符七術》在中國古代的哲學和兵學中都佔有一定的地位。它也作為道教的一部重要道經，歷代對它的注解都不在少數。《本經陰符七術》、《持樞》、《中經》，道藏編著《鬼谷子》下卷，有人稱為外篇。「本」，是根本的意思；「本經」，主要討論精神修養。「陰符」，強調謀略的隱蔽性與變化莫測。《鬼谷子》上中卷十四篇（今存十二篇），側重於計謀策略及言談辯論技巧；《本經陰符七術》則集中於養神蓄銳之道。《本經陰符七術》前三篇說明如何充實意志，涵養精神。後四篇討論如何將內在的精神運用於外，如何以內在的心神去處理外在事物。

非此書莫屬。《鬼谷子》一書由混亂的春秋到戰國諸侯時期，可說是縱橫術從實踐到理論之集大成者，及至實際應用於《戰國策》，前後交相呼應。近年馬王堆漢墓出土的帛書《戰國縱橫家書》，更可以驗證，結束一個長達550年的生靈塗炭的亂世，做為一個九流十家的縱橫家，其遊說與謀略之思想理論與實際影響力是不可加以忽視的。

　　本文所引《鬼谷子》章句，以魏晉南北朝之梁朝，陶弘景所注《鬼谷子》之原文爲主。歷年來鬼谷子的版本，常見者有明代正統道藏本、清代的四庫全書本，乾隆江都秦氏刊本，嘉慶十年江都秦氏刊本等，但多源至自道藏本。據文獻記載《鬼谷子》一書曾有四家注本，即陶弘景注、皇甫謐注、樂壹注、和尹知章注等。唐、宋數百年間，後三本均先後失傳，今本僅存陶弘景注本。

　　陶弘景注本之流傳，有道藏本和抄本兩種。後來被收錄於道藏中，清朝乾隆五十四年（1789 AD）秦恩復根據友人孫淵如，在華陰嶽廟道藏所抄錄之《鬼谷子》加以刊行（此及世稱爲乾隆江都秦氏刊本），臺灣藝文印書館影印刊行之。抄本者，根據宋本抄錄爲有錢遵王之藏本，是爲述古堂本。之後乾隆五十九年盧氏以此本對照秦氏刊本，加以補正之，於嘉慶十年刊行，是爲嘉慶、秦氏刊本[23]，臺北廣文書局影印刊行。

　　大凡學術的研究方法，除舊知識外，新的知識會透過三種研究過程而得到的：首先是試探性研究：發掘問題、弄清問題；其次是建設性研究：國人研究諸子古籍，歷年來大多是採用古之有之的學術著作，或使用諸子百家經典及當代專集之主張，以經解經。然而人類文明之發展已朝向國際化前進，中國的固有學術思想需待進步，故本書之研究方法，將進一步採用現代之學術研究方式，並兼顧最新考古出土資料之依據，而加以採納各方之解讀。

## 第三節　相關古籍之介紹

　　本文探討鬼谷子思想理論之產生，有其時代與歷史之背景，本文擬從以下我國古代諸文獻加以探討分析：（一）、《周易》；（二）、《尚書》；（三）、《道德經》；（四）、《孫子兵法》；（五）、《戰國策》；（六）、《史記》；（七）、《六韜》；（八）、《鬼谷子、陶弘景注》；（九）、《黃帝內經》；（十）、相關之歷代子書引証；（十一）、中國古代史；（十二）、以及研究鬼谷子之各種專書等。

---

[23] 參見方鵬程著，《鬼谷子成功發展的藝術》，臺北：臺灣商務印書館，2006年，頁29。

# 一、《周易》

古之《周禮》有《三易》[24]的說法：「《連山》[25]、《歸藏》[26]、《周易》」，是中國最古老的文獻之一，並被儒家尊爲「五經」之首。《易經》以一套符號系統來描述自然與人文狀態的變易，表現了我國古代的哲學思想和宇宙觀。它的主要中心思想，是以陰陽兩種元素的描述世間萬事萬物，既對立又統一的變化。《易經》分爲以〈乾卦〉爲首的《上經》之卅卦，及以〈咸卦〉開始的《下經》之卅四卦。據研究非一人一時之作，是兩種不同性質的文獻構成，有吉凶禍福的占辭，及所被引用的歌謠[27]。由於《易經》成書很早，經專家學

---

[24] 語見《周禮》〈春官宗伯〉：「大蔔：掌三兆之法，一曰『玉兆』，二曰『瓦兆』，三曰『原兆』。其經兆之體，皆百有二十，其頌皆千有二百。掌三易之法，一曰『連山』，二曰『歸藏』，三曰『周易』。其經卦皆八，其別皆六十有四。掌三夢之法，一曰『致夢』，二曰『觭夢』，三曰『咸陟』。其經運十，其別九十。以邦事作龜之八命，一曰征，二曰象，三曰與，四曰謀，五曰果，六曰至，七曰雨，八曰瘳。以八命者贊三兆、三易、三夢之占，以觀國家之吉凶，以詔救政。凡國大貞，蔔立君，卜大封，則視高作龜。大祭祀，則視高命龜。凡小事，蒞蔔。國大遷、大師，則貞龜。凡旅，陳龜。凡喪事，命龜。」東漢、桓譚在《新論正經》（一部古籍目錄簡介）中，更卻確指出字數說：「易：一曰《連山》……《連山》八萬言、《歸藏》四千三百言。《連山》藏於蘭台、《歸藏》藏于太蔔。」

[25] 貴州省荔波縣檔案局，於 2004 年獲謝朝海（係三都水族自治縣 76 歲水書先生）贈一部《連山易》五冊之手抄本（民國初年抄寫）。謝表示家族於每代（他爲第七代）以水書（水族的獨特文字，是一種類似甲骨文和金文的文字符號，被譽爲象形文字的「活化石」抄寫後，需將上一套燒掉祭祖。河南省偃師二裡頭夏墟，所出土陶器上的 24 個刻畫符號，因水書文字而破譯；後又協助湖南省洪江高廟遺址出土，距今 7400 年前的一個人像石頭上的三個神秘符號；以及破譯宋代「八蓮瓣陶瓷注碗」十個符號；其太極陰陽魚均呈逆時針旋轉；且〈連山八卦圖〉以「艮」卦爲首（《周易》以乾、《歸藏》以坤爲首）；整部含眔多圖表約八萬字，合乎東漢學者桓譚言：「《連山》八萬言」；宋陳摶、邵雍之學傳人朱元升《三易備遺》言：「《連山》之作，兼取則於圖書」……等；以上，2007 年經陽國勝等大陸學者專家之研究，認爲水書文字早於夏代，並證實爲已失傳之《連山易》。

[26] 1993 年 3 月，湖北省江陵王家台 15 號秦墓中，出土共計 813 枚，接近楚簡文字，應爲戰國末年的抄本。其中有 164 支與未編號的殘簡 230 支共 394 枚，約 4000 字的易占簡，荊州博物館王明欽認定是《歸藏》，稱爲〈王家台秦簡歸藏〉。（另有《效律》、《政事之常》、《日書》、《災異占》等簡）。歸藏易中並沒有乾坤坎震等八卦的概念，只有天地金水火風山木；其卦序是「天－乾位、金－兌位、山－離位、水－震位、火－巽位、風－坎位、木－艮位、地－坤位」。宋代家鉉翁稱：「歸藏之書作於黃帝。而六十甲子與先天六十四卦並行者，乃中天歸藏易也。」按《連山》爲上天易、《周易》爲後天易。

[27] 黃玉順《郭沫若學刊》1995 年第 2 期〈撩開詩神面紗的一角──郭沫若對《周易》古詩的天才覺察〉：「郭沫若先生一生有許多重要學術貢獻，爲人們所樂道。但他還有一項貢獻，迄今未能引起注意，這就是他對《周易》中所隱藏的遠古詩歌的發現。《周易》是中國最重要的古典文獻之一，古人奉爲六經之首。然而兩千年來，人們只知道《易經》是一部占筮之書，卻不知《周易》經文乃是編撰而成的，其中大量引用了殷周歌謠。直至本世紀二十年代以後，才陸續有少數幾位學者意識到《周易》中有古詩存在。這當中，郭沫若先生乃是破天荒第一人。1928 年 11 月，他在《東方雜誌》25 卷 21、22 號上發表了著名長文《周易時代的社會生活》。在該文第一章第三節〈藝術〉部分，他首次研究《周易》的屯、賁、離、井、震、

者研究認爲大約在西周時期，《易經》的內容在春秋、戰國時已不易瞭解，故孔子及儒家弟子等撰寫了《十翼》，又稱爲《易傳》，以解讀《易經》。《周易》的「陰陽」與「變易」，和「做人、做事」之訣竅與方法，關心人一生的「吉、凶、悔、吝」思想，亦廣泛的影響老子之《道德經》及王禪之《鬼谷子》：「觀陰陽之開闔……達人心之理，見變化之朕焉」，「必豫審其變化，吉凶大命繫焉」（〈捭闔第一〉）；「世無常貴，事無常師」（〈忤合第六〉）。還有《周易》對「辭」[28]之重視，與《鬼谷子》對說話言辭，精研慎重之程度，可說是異曲同工及不謀而合。

　　「易」有「不易、簡易和變易」之三種意思[29]。歷代研究《周易》的大致可分爲兩個學派：「義理派和象數派」。「義理派」強調從八卦和六十四卦卦名的涵義，解釋「卦、爻、象和卦辭、爻辭」；「象數派」則注重八卦所象徵的物象來解釋。亦有人認爲「義理派」發掘《周易》的哲學價值，「象數派」則著重將《周易》用於占卜。前者如王弼、程頤，後者如京房、邵雍。

　　1994 年上海從香港購回戰國楚竹書，稱「上博簡」，其中有我國最早《周易》，共 58 枚達 1806 字。竹簡出現紅、黑六種標號，此類標號反映了陰陽轉換、互爲因果的易學理論，爲歷史文獻之首見。《隋書、經籍志》記載：「秦焚書，《周易》獨以卜筮得存。」於今，終究得以見到古《易》的眞正面貌，看到楚人給《易》所下的定義「《易》所以會天道、人道也」之眞義。

　　《周易》堪稱我國文化的源頭活水。內容極其豐富，對中國幾千年來的政治、經濟、文化等各個領域，都產生了極其深遠的影響。無論孔孟儒學、老莊道學、還是《孫子》兵學，抑或是《黃帝內經》，無不和《易經》有著深刻的聯繫。唐太宗的御醫，一代大醫孫思邈（541 或 581～682AD）藥王曾說：「不知易，便不足以言知醫。」易，變也！不瞭解病根變化如何瞭解醫治之

---

歸妹、中孚等七卦中的古詩片斷。這些分析雖然還很粗略，對這些詩歌的剝離發掘還不完整，對它們詩歌性質的認識還不確定，但已足以擔當《易經》古詩研究的最早的先驅。最近，筆者在拙文〔《文學遺產》1993 年第 5 期〈易經古歌的發現和開掘〉〕中證明：《易經》不是一人一時之作，它的經文由兩種性質截然不同的文獻構成，一種是作《易》者所自撰的表示吉凶禍福判斷的占辭，另一種就是他所引用的當時已有的殷周歌謠；如果剝除了占辭，《周易》事實上就是中國現存最古老的一部詩集。」《中國古代社會研究》，人民出版社 1953 年；《郭沫若全集、歷史編》，人民出版社 1982 年版。

[28] 參考孔維勤著《鬼谷子——言謀天下》「《易經》卦辭、象辭、象辭、爻辭的陰陽變化，綜合應用在日常生活中，修身齊家治國平天下，從人心深處與天地變化的契機，推敲省思建立了『言語』之道，與『言談』之術」。東方出版社，2013 年，頁 17。

[29] 東漢鄭玄《易論》認爲：「易一名而含三義：簡易一也、變易二也、不易三也。」

法？擅長人事之變的《鬼谷子》，當然也不例外，積極吸收了不少《易經》（易的本義是變易，指數變、爻變和卦變）的思想。我們可以說：沒有《易經》就沒有中國的文明。

國人普遍認爲《易經》最初是占卜用的書，但它的影響卻遍及中國的哲學、宗教、醫學、天文、算數、文學、音樂、藝術、軍事和武術……等等，它廣泛的觸及於我國的社會文化與民間傳統之中。明代末年，《易經》始被傳教士翻譯並傳播到西方。因漢學大師布維（Joachim Bouvet）的介紹，德國哲學家及數學家萊布尼茲（Gottfried Wilhelm Leibniz，1646～1716 AD，被譽爲十七世紀的亞里斯多德），更將《易經》以二進位解釋。目前已成爲顯學，廣爲國際學術界所樂於研究與學習。

## 二、《尚書》

《尚書》本是上古檔案資料的彙編。《漢書、藝文志》表示孔子將其整理編纂，形成了上百篇的《尚書》。秦始皇焚書時，秦朝博士伏生（伏勝）將《尚書》藏於壁中，後兵禍大起，僅剩下了廿九篇（緯書說廿八篇）。漢朝廷派遣晁錯去聽伏生（當時已九十多歲）講授，以當時使用及流通的官方文字（隸）書來紀錄，流傳下來的本子就被稱爲「今文尚書」。

「古文尚書」有多種來源，共同的特徵是多出自私人家庭牆壁中所藏之書。司馬遷在《史記》〈儒林傳〉中提到孔氏家中有「古文尚書」，「古文尚書出孔子壁中。武帝末，魯共（恭）王壞孔子宅……而得古文尚書。」孔安國取得這本子，與官方已有的「今文尚書」廿九篇對照，多出十六篇，異文達七百多處。孔安國後代或學生，將此本交給了官方[30]。

2008 年 7 月，清華大學獲贈兩千五百餘枚戰國竹簡，是由校友從境外拍賣所得之捐贈。經專家鑒定，其內容多爲經、史一類的典籍，這批「清華簡」屬於戰國中晚期，距今大約 2300～2400 年左右，應出土於古代的楚國境內。其中發現有多篇《尚書》，都是焚書坑儒以前的寫本。有些篇有傳世本，如〈金縢〉、〈康誥〉、〈顧命〉等，但文句多有差異，甚至篇題也不相同。例如《尚書》中〈傅說之命〉，與先秦文獻所引用的〈說命〉並不相同，遂產生出與今之文本部份文章於當時共同流傳之研究課題，稱爲「清華簡尚書」。

據 2013 年 1 月底，公佈的第三批研究內容，顯示出更多前所未見的佚

---

[30] 錢宗武，江灝譯注，《尚書》，臺北：地球出版社，1994 年，序文，頁 3～6。

篇，十分珍貴：如〈周公之琴舞〉爲周公及周成王所作，是一組由十首頌詩所構成的樂詩；〈芮良夫毖〉一百八十餘句佚詩，爲周厲王時的大臣芮良夫所作；〈良臣〉；〈祝辭〉是記載有關古代之巫術活動；〈赤鵠之集湯之屋〉，則可能是先秦小說。出土文獻研究與保護中心主任及著名歷史學家李學勤表示，全部公開尚需要十餘年之久。

## 三、《六韜》

　　《六韜》又稱《太公兵法》，舊題周朝的姜尚[31]著，起源甚早。《莊子》〈徐無鬼〉就有「金版六弢」[32]之說；《淮南子》〈精神〉亦有「六韜」。普遍由於金雀山出土《六韜》[33]，故後人依託一事已非，現一般認爲此書成於戰國時代。姜太公是齊國的創建者，周文王圖商、武王克殷的主謀、周朝的開國元勳之一，齊文化的奠基者，亦是中國古代的一位影響久遠的傑出的韜略家、軍事家與政治家。歷代典籍均尊崇其歷史地位，儒、道、法、兵、縱橫諸家皆追認他爲本家人物，被尊爲「百家宗師」。全書以問答形式呈現，以周武王設問、姜太公答之，來探討各種古代軍、政等議題。共二百三十七篇，其中《謀》八十一篇，《言》七十一篇，《兵》八十五篇。今本（《兵》）《六韜》共分六卷：〈文韜〉論治國用人的韜略；〈武韜〉講用兵的韜略；〈龍韜〉論軍事組織；〈虎韜〉論戰爭環境以

---

[31] 姜尚、名望、呂氏，字子牙，或單呼牙，也稱呂尚、漢族。約生於 1156 BC、死於 1017 BC，壽至一百卅九歲。先後輔佐了六位周王，又是齊國始祖，時稱「太公望」，俗稱姜太公。殷商末年東海海濱人。周文王拜姜尚爲師。周文王曾對姜尚說：「自吾先君太公曰『當有聖人適周，周以興』。子眞是邪？吾太公望子久矣。」故後人尊稱姜尚爲姜太公、太公望。周文王死後，周武王仍以姜尚爲師，1046 BC 年率兵大敗商軍於牧野。《詩經》〈大雅、大明〉中贊此事：「牧野洋洋，檀車煌煌，駟騵彭彭。維師尚父，時維鷹揚。涼彼武王，肆伐大商。會朝清明。」因輔佐武王滅商有功，同時爲了討伐東夷，姜尚被分封於齊（現今山東），是齊國的始祖。諡號爲齊太公。十六國時期，呂光以姜尚爲祖先，加上廟號始祖。

[32] 《莊子、雜篇》〈徐無鬼〉：「徐無鬼出，女商曰：『先生獨何以說吾君乎？吾所以說吾君者，橫說之則以《詩》、《書》、《禮》、《樂》，從（縱）說之則以金板、六弢，奉事而大有功者不可爲數，而吾君未嘗啓齒。今先生何以說吾君，使吾君說若此乎？』」

[33] 1972 年從山東、臨沂銀雀山西漢古墓中，發掘出大批竹簡，有關《六韜》便有五十多枚殘本。用來校勘今天存世的各種《六韜》版本和本註，說明《六韜》一書，在漢武帝以前早已流行開了。基本上否定了《六韜》是古人僞託呂尚所著的疑案，進一步證實了姜太公在軍事理論上的著述是眞實的。此書在道家列爲《太公》；儒家類著錄有《國史六》：「即今之《六韜》也，蓋言取天下及軍旅之事。字與韜同也。」；《隋書、經籍志》明確記載：「《太公六韜》五卷，周文王師姜望撰。」除以上之銀雀山殘本：尚有 1973 年河北定縣八角廊漢墓竹簡殘本、敦煌遺書殘本、《四庫全書》本、《續古逸叢書》影宋《武經七書》本、1935 年中華學藝社影宋刻《武經七書》本、丁氏八千卷樓藏劉寅《武經七書直解》影印本。尚有《群書治要》、《通典》、《太平禦覽》逸文數十篇

及武器與佈陣；〈豹韜〉論戰術；〈犬韜〉論軍隊的指揮訓練。

　　《六韜》是一部集先秦軍事思想之大成的著作，對後代的軍事思想有很大的影響，被譽為是兵家權謀類的始祖。司馬遷《史記、齊太公世家》稱：「後世之言兵及周之陰權，皆宗太公為本謀。」宋神宗元豐年間，《六韜》被列為《武經七書》[34]之一，為武學必讀之書。我國古今著名的軍事家孫武、鬼谷子、黃石公、諸葛亮……等，都學習吸收了太公《六韜》的精華，尤其鬼谷子更是其中翹楚。太公的「文韜武略」被當今世界上的政治、經濟、管理、軍事……等各個領域所借鑒。

　　《六韜》據傳在七世紀傳入日本，十八世紀傳入歐洲，現今已翻譯成日、法、韓、越、英、俄等多種文字。此外，在日本由於源義經[35]盜得《六韜》，因而作戰，得以出奇制勝的傳說。使得《六韜》中的《虎韜》（日本譯為《虎之卷》），在傳統日本上成為「成功之路與必讀之書」的同義詞。

## 四、《道德經》

　　《道德經》，又稱《道德真經》、《老子》、《五千言》，是中國古代先秦諸子分家前的一部著作，春秋時期的老子李耳所撰寫，是道家哲學思想的重要來源。《道德經》分上下兩篇，為《道經》在前，《德經》在後，後世分為八十一章。1973 年，長沙、馬王堆三號漢墓出土兩種帛書《老子》，把《德經》放在《道經》之前。1993 年，湖北荊門郭店楚墓出土了七百三十餘枚竹簡，

---

[34] 《武經七書》是北宋朝廷作為官書頒行的兵法叢書，是中國古代第一部軍事教科書。宋神宗（趙頊）於元豐三年（1080 AD）命令當朝最高學府國子監司業朱服等人組織力量，從當時流行的三百四十多部中國古代兵書中挑選出來的，由《孫子兵法》、《吳子兵法》、《六韜》、《司馬法》、《三略》、《尉繚子》、《李衛公問對》，有此七部著名兵書經校定、彙編、出版而成。武學博士何去非，用了三年多的時間，校定的這七部兵書後，始命名為《武經七書》，共廿五卷。此一大著名之武學經典，是為適應軍事鬥爭、教學、考選武舉的需要。
　南宋規定武學（軍事學校）的學生，必須學習兵法。明朝開國皇帝朱元璋為軍事鬥爭和教學之急需，命令兵部刻印《武經七書》發給有關官員和高級將領及其子孫學習。校定、頒行《武經七書》，是北宋朝廷在軍事理論建設上的一個貢獻。《武經七書》宋刊本，為日本人所購。於十七世紀，日本還出現了多種重刊本、翻譯本和注解本。可見，這七部兵書是何等重要。它是我國古代兵書的精華，軍事理論殿堂裡的瑰寶。它不僅是中華民族的精神財富，也是世界人民共同的精神財富。近代毛澤東兵法，也是吾國一絕。
[35] 源義經（1159～1189 AD），是日本平治元年——文治五年，平安時代末期，出身於河內源氏的武士。家系乃清和源氏其中一支，河內源氏的棟樑源賴信的後代，世世代代於東國武家人材輩出。源義經為日本人所愛戴的傳統英雄之一十分有名，由其生涯富有傳奇與悲劇的色彩，在許多故事、戲劇中都有關於他的描述，許多神社也奉祀著源義經。《義經記》是記載其事蹟中最主要的一部，書中記載源義經藉由陰陽師鬼一法眼女兒的相助，而盜得傳家中國兵書《六韜》、《三略》勤加研習，因而日後得以有屢屢出奇制勝的傳說故事。

世稱「郭店楚簡」有三種《老子》抄本，與現今流通版本對照，僅存有五分之二內容。又 2009 年初，北京大學所獲之三千三百多枚「西漢竹書」，據文獻研究所所長朱鳳瀚說：「《老子》殘缺篇幅約只佔百分之一，幾乎可算完璧」。成書的時間不晚於西元前三百年，大約相當於戰國中期。

　　《道德經》是僅次於《聖經》，被翻譯語言最多的一部作品。後者是傳教士翻譯，前者卻是被世界上各民族所欣賞而主動翻譯。於修身上，老子是道家性命雙修的始祖，講究虛心實腹、不與人爭的修持；政治上，老子主張無爲而治、不言之教；權術上，老子講究物極必反之理。主張「陰陽相濟」的道之和、「人與天」自然之和諧。道家的思想核心「道、無爲、反……均爲《鬼谷子》所加以吸收應用」[36]。《道德經》被視爲中華的哲學寶典、宗教聖典，對西方思想也產生滋養作用。尼采（1844～1900AD）稱讚老子思想：「像一個不枯竭的井泉，滿載寶藏，放下汲桶，垂手可得」；托爾斯泰（1817～1875AD）說：「孔、孟對我有很大之影響，然而老子對我的影響，則更爲巨大」。

## 五、《孫子兵法》

　　《漢書、藝文志》記載：「兵權謀家孫子著兵法（《吳孫子》）八十二篇、圖九卷。」八十二篇中的十三篇著于見吳王前[37]。晚至唐代，流傳的《孫子兵法》共三卷，其中十三篇爲上卷，還有中、下二卷。《孫子兵法》討論了軍事學的重要問題，還闡述基本的軍事思想。曹操《孫子略解》爲最早的注釋本。1972年山東省銀雀山的西漢墓，與《孫臏兵法》一同出土的竹簡抄本，爲《孫子兵法》存世最早的版本。《宋本十一家注孫子》[38]是《孫子兵法》最重要傳本之一。

　　不僅對我國古代的軍事產生巨大的影響，還是世界上第一部的軍事著作，英文名爲 *The Art of War*，與德國克勞塞維茨（Carl Von Clausewitz 1780～1831 AD）《戰爭論》*The Theory on War*、以及宮本武藏（1584～1645 AD）《五輪書》三大經典兵書齊名。起先傳於日本[39]及後東南亞，再到西方各國。法國

---

[36] 參見陳蒲清著《鬼谷子詳解》，湖南，長沙嶽麓書社出版，2006 年，頁 180。

[37] 事見司馬遷《史記》〈卷六十五、孫子吳起列傳第五〉：「孫子武者，齊人也，以兵法見吳王闔閭。闔閭曰：子之十三篇，吾盡觀之矣。」孫子見吳王後又著問答多篇。

[38] 《十一家注孫子》一般認爲它來源於《宋史、藝文志》著錄的《十家孫子會注》，由吉天保輯。注家爲：曹操、梁孟氏、李筌、賈林、杜佑、杜牧、陳暭、梅堯臣、王晳、何氏與張預。可能刊于南宋孝宗年間，現存主要版本有：宋刊《十一家注本》、中華書局於 1961 年影印本、上海古籍出版社 1978 年重印本。

[39] 日本傳入《孫子兵法》是在我國盛唐時代，由留學生吉備眞備，於開元二十三年（735 AD）與《六韜》、《三略》等多部中國兵書一同帶回，之後被日本朝廷與兵家視爲「密笈」而珍貴

耶穌會士錢德明（Jean Joseph Marie Amiot）最先將其翻譯成法文，在巴黎於 1772 年出版，書名是 *Art Militaire des Chinois*。拿破崙對此書愛不釋手，多次戰役中深受影響。現已有十七種之多的英文譯本。英國軍事理論家李德、哈特（1895～1970 AD）說：「《孫子兵法》之中，已把我此生廿多部的著作，所有涉及的戰略和戰術原則，幾乎都包羅殆盡。」在許多國家的軍校，被列爲學員的必修課程。於波斯灣戰爭期間，美軍還發放給每位軍官當爲讀本。

　　《孫子兵法》，已不僅在軍事思想戰爭哲學領域上，發揮著重要的影響力，也是博弈策略及運動競技的經典著作。法國 Michel de Certeau，在《日常生活的戰略》*The Practice of Everyday Life* 一書中，也提到應該讀《孫子兵法》。總之《孫子兵法》於世界上，已對政治、經濟、商業、人事管理和市場策略、企業管理等領域，皆存有著崇高的指導原則。相對於《鬼谷子》的遊說謀略等之哲學思想，對之此項成就，一點也毫不遜色。

## 六、《戰國策》

　　《戰國策》原有《國策》、《國事》、《短長》、《事語》、《長書》、《修書》等名稱。西漢末年，劉向發現了六種記錄縱橫家的寫本，但是內容混亂，文字殘缺。於是劉向按照國別編訂了《戰國策》。因其書所記錄的多是東周後期時諸國混戰，縱橫家爲其所輔之國的政治主張和外交策略。整部書按東周、西周、秦國、齊國、楚國、趙國、魏國、韓國、燕國、宋國、衞國、中山國等十二個國家，依次分國編寫，共卅三篇、四百八十六章，約十二萬字。故《戰國策》是一部匯編而成的書，非出於一人一手，也非出於一時一地。經過西漢劉向整理之後，才正式定名爲《戰國策》。此書傳至北宋，散佚頗多僅存卅一篇，後由曾鞏訪求於士大夫之家，加以校訂，卅三篇乃重歸完整，是爲今本《戰國策》。1973 年，在長沙、馬王堆三號漢墓出土了一批帛書，其中

---

收藏，直至戰國時代才被傳播開來。《孫子兵法》可說給予當初日本軍事理論貧乏的戰國時代，開創出了一個嶄新的紀元。很長時間，日本之《孫子兵法》與各類我國兵法，例如流傳於日本當時的我國的兵陰陽家之兵書（日譯本書名爲《訓閱集》）共 120 卷，始終被一種神秘主義的色彩所完全籠罩。日本的風林火山之兵旗亦被稱作「孫子旗」（如今這面原旗仍保存在日本鹽山市雲峰寺中），是武田信玄來自於《孫子兵法》〈軍爭篇第七〉：「其疾如風、其徐如林、侵掠如火、不動如山、難知如陰，動如雷霆。」之運用。「火」是他本人一手調教出來訓練有素與配備精良，騎著最上乘駿馬，穿載具足與馬甲全套皆爲紅色，稱爲「赤備隊」紅色菁英部隊之稱謂；「風」則是輕騎兵；「林」是足輕（日本古代最低等的步兵，平常從事勞役，戰時成爲步卒）；「山」則是武田信玄整體之堅石戰爭團隊了。此如同歐洲中世紀的馬其頓重裝騎兵，於大阪與德川家康對陣的「赤備突襲」一役中，一舉而成名。

一部類似於今本《戰國策》，整理後定名爲《戰國縱橫家書》。該書共廿七篇，其中十一篇內容與今本《戰國策》和《史記》記載大體相同。

　　《戰國策》主要記述戰國時代的縱橫家之政治主張和策略，展示了該時代的歷史特點和社會風貌，也是研究戰國歷史的重要典籍。《戰國策》主體上體現了縱橫家的思想傾向，同時也反映出了戰國時期思想活躍，文化多元的歷史特點。《戰國策》除反應出當時進步的政治觀念，體現且重視人才的政治思想，並記錄了「謀臣策士」遊說諸侯、縱橫捭闔的「說辭」，反映出我國戰國時期說苑盛況與策士風采。他們非常善於運用「理、勢、利、激、諷」等之說服術，可以說是在口才上講究：心理學、邏輯學、修辭學、演說語言等，技巧與情感的運用等方面，取得了極高的藝術成就，具有極高的說話學研究價值，充分實現了《鬼谷子》的遊說理論與思想主張。

# 七、《三略》

　　《三略》，原名《黃石公三略》，是我國古代著名的兵書，相傳作者爲漢初隱士黃石公[40]。最早提及此書的是司馬遷：《史記》〈留侯世家〉中記載：張良刺殺秦始皇未成，遭追捕，被迫隱姓埋名藏匿於下邳（今江蘇、邳縣），在這裡遇見一位自稱谷城山下黃石的老者，授其一部《太公兵法》，即《黃石公三略》，其後此公便不見於史載[41]。張良得書（尚有一本《素書》[42]傳授），潛

---

[40] 黃石公（約 292～195 BC），秦漢時人。據傳是秦始皇父親莊襄王的重臣魏撤，始皇當政獨斷獨行，便掛冠歸隱，於邳山西北黃山北麓的黃華山洞，當地人與後人不知其名，故稱之爲黃石公。亦有一說是赤松子《神仙通鑒》。有傳是秦末漢初的五大隱士之一，排名第五，係我國道教史上的傳奇人物。關於黃石公據《史記索隱》引孔文祥云：「黃石公，鬚眉皆白，杖丹黎，履赤舄。」《神仙通鑒》載：「神龍爲帝，見一異人，形容古怪，言語顛狂，上披草氈，下系皮裙，蓬頭跣足。指甲長如利爪。遍身黃毛覆蓋，手執柳枝。狂歌亂舞。口稱：『予居黃石山，樹多赤松，故名。』」因此，有人認爲黃石公即赤松子，二者是爲一人。黃石公雖隱居，但一憂國憂民，著作眾多，據《隋書、經籍志、兵家》有《內記敵法》、《三略》三卷（原注云下邳、神人撰，成氏注。）梁又有《黃石公記》三卷，《黃石公略注》三卷，《三奇法》一卷（原注云，梁有《兵書》一卷。《張良經》與《三略》，同張良逝，亡佚。）、《舊》《新、唐志、兵家》除《黃石公三略》、尚有《陰謀乘鬥魁剛軍秘》一卷、《五壘圖》一卷、《陰謀行軍祕法》一卷、《略註》三卷、《秘經》三卷。《宋史、藝文志、兵家》除《成氏注三略》三卷外，有《神光輔星秘訣》一卷，又《兵法》一卷、《三鑒圖》一卷、《兵書統要》三卷、《三略秘要》三卷。《五行家》有《備氣三元經》一卷、《地訣》一卷、《地鏡八宅法》一卷。及《素書》等等。以現代稱之，可謂是思想家、軍事家、政治家，及神學與天文、地理也無所不知。

[41] 參見《史記》〈留侯世家〉：「良嘗學禮淮陽。東見倉海君。得力士，爲鐵椎重百二十斤。秦皇東游，良與客狙擊秦皇帝博浪沙中，誤中副車。秦皇帝大怒，大索天下，求賊甚急，爲張良故也。良乃更名姓，亡匿下邳。」「良嘗閒從容步遊下邳圯上，有一老父，衣褐，至良

心研究後，屢次以奇謀妙計幫助劉邦取得天下建立了西漢政權，漢高祖自稱「夫運籌帷幄，決勝千里之外，吾不如子房。」

《黃石公三略》分〈上略〉、〈中略〉、〈下略〉三個部分，共三千八百餘字。與前代兵書不同，它是一部專論戰略的兵書，尤其側重闡述政略，這是該書的一個顯著特點。宋時編入《武經七書》之一，兼采眾家之長，而又自成體系，它是我國古代第一部專講戰略思想的專著。《三略》的另一個特點，即是大量引用古代兵書《軍讖》、《軍勢》中的內容來表達自己的思想，共引用了七百餘字，占全書的六分之一強。因而為後人保留了這兩部已佚兵書的部分精華。

## 八、《史記》

《史記》記載了上自中國上古傳說中的黃帝時代，下至漢武帝元狩元年，共三千多年的歷史。全書共分成〈本紀〉、〈表〉、〈書〉、〈世家〉和〈列傳〉五個主題，包括十二本紀、三十世家、七十列傳、十表、八書。加上最後的〈太史公自序〉，分成一百三十篇，五十二萬六千五百餘字。《史記》是西漢時期的歷史學家司馬遷編寫的一本歷史著作。《史記》與後來的《漢書》、《後漢書》、《三國志》合稱「前四史」。

司馬遷著《史記》，其史學觀念在於「究天人之際，通古今之變，成一家

---

所，直墮其履圯下，顧謂良曰：『孺子，下取履！』良鄂然，欲毆之。為其老，彊忍，下取履。父曰：『履我！』良業為取履，因長跪履之。父以足受，笑而去。良殊大驚，隨目之。父去里所，復還，曰：『孺子可教矣。後五日平明，與我會此。』良因怪之，跪曰：『諾。』五日平明，良往。父已先在，怒曰：『與老人期，後，何也？』去，曰：『後五日早會。』五日雞鳴，良往。父又先在，復怒曰：『後，何也？』去，曰：『後五日復早來。』五日，良夜未半往。有頃，父亦來，喜曰：『當如是。』出一編書，曰：『讀此則為王者師矣。後十年興。十三年孺子見我濟北，谷城山下黃石即我矣。』遂去，無他言，不復見。旦日視其書，乃《太公兵法》也。良因異之，常習誦讀之。」……「太史公曰：學者多言無鬼神，然言有物。至如留侯所見老父予書，亦可怪矣。高祖離困者數矣，而留侯常有功力焉，豈可謂非天乎？上曰：『夫運籌筴帷帳之中，決勝千里外，吾不如子房。』餘以為其人計魁梧奇偉，至見其圖，狀貌如婦人好女。蓋孔子曰：『以貌取人，失之子羽。』留侯亦云。」

42 《素書》舊本題黃石公撰。宋、張商英注。全書六章、一百卅句、一千三百六十三字。分為六篇：一、原始，二、正道，三、求人之志，四、本德宗道，五、遵義，六、安禮。原書上注明不可傳與不聖不賢之人，否則將引致天下大亂。民間視為奇書，天書。傳說黃石公三試張良，而後把此書授予張良，後憑藉此書，助劉邦定江山。據北宋宰相張商英之考證，張良從黃石公所受《太公兵法》應為《素書》。張商英於《素書》序上言：「黃石公《素書》六篇。按前漢《列傳》，黃石公圯橋所授子房《素書》，世人多以《三略》（即《太公兵法》）為是，蓋傳之者誤也。晉亂，盜發子房（張良字）塚。於玉枕中獲此書，凡一千三百三十六言。上有秘戒：不許傳於不道、不神、不聖、不賢之人。若非其人，必受其殃。得人不傳，亦受其殃。嗚呼！其慎重如此。」

之言」。司馬遷探求的天人之際，並非承認天的神秘力量反而重視天人之間關係的演變，從而瞭解「古今之變」的關鍵，探求出歷史動態發展變化的層面，最終完成「一家之言」。歷代對《史記》的評註主要有三家，劉宋裴駰的《史記集解》，唐、司馬貞的《史記索隱》和張守節的《史記正義》，這三家都是對《史記》的總結性評註。近代有日本學者瀧川資言的《史記會注考證》較為著名。

## 九、《黃帝內經》

　　《漢書、藝文誌》收錄，唯《黃帝外經》卅七卷已佚。分《靈樞》、《素問》兩部分，為古代醫家托軒轅黃帝名，為醫家、醫學理論家聯合創作，一般認為成書於春秋、戰國時期。以黃帝、岐伯、雷公對話、問答的形式闡述病機病理的同時，主張不治已病，而治未病，同時主張養生、攝生、益壽、延年。是中國傳統醫學四大經典著作之一，其它三部為：《難經》、《傷寒雜病論》、《神農本草經》，是我國醫學寶庫中現存成書最早的醫學典籍。它在陰陽五行理論指導下，建立了中醫學上「藏象」與「脈象」等學說。是我國向來研究人的生理學、病理學、診斷學、治療原則和藥物學的醫學巨著。

　　《黃帝內經》據研究乃非一時之作，亦非自一人之手，而是戰國以前的許許多多的醫學著作的總結。這不僅可以從《素問》、《靈樞》各八十一篇這一點得到證明，而且也可以從《黃帝內經》引用了大量的古文獻及《素問》、《靈樞》互引、各篇互引等現象上得到證明。《黃帝內經》所引的古文獻大約有五十餘種，僅有書名者，有《揆度》、《奇恒》……《陰陽》、《陰陽傳》、《陰陽之論》、《陰陽十二官相使》等廿九種。筆者發現鬼谷子思想在陰陽與養生、養志……等方面，受其影響之處為數甚多。

緒　論

# 第一章　鬼谷子其人其書及時代背景

## 第一節　正史與傳說中之鬼谷先生

　　鬼谷子，姓王名詡，又名王禪，民間概稱為王禪老祖，生於春秋、戰國時期。常入雲夢山采藥修道。因隱居清溪之鬼谷¹，故自稱鬼谷先生。「鬼谷」之名，由其出生地或隱居地（今河南、登封縣內的歸谷山）而得，因「歸谷」亦習稱為「鬼谷」，故得其名。鬼谷在我國歷史文化史上是一個充滿神秘色彩的人物，善於養性持身、縱橫捭闔之術，為縱橫家²之鼻祖。與孔子、老子、墨子、韓非子等各家代表人物齊名。

　　鬼谷子被喻為縱橫家之鼻祖的原因，是其下有蘇秦³與張儀，兩個叱咤戰

---

1. 晉、郭璞〈登樓賦〉：「揖首陽之二老，招鬼谷之隱士。」又〈遊仙詩〉：「青溪千餘仞，中有一道士。借問此何誰？云是鬼谷子。」許宏富著《鬼谷子集校集注》，北京：中華書局，2008年，頁327。

   鬼谷地名：依據許富宏《鬼谷子研究》〈鬼谷子地名考〉有六種說法：潁川陽城、扶風雲陽、臨沮清溪、泰山鬼府……等。上海：古籍出版，2008年6月，頁167～175。

2. 參考張其昀著《中華五千年史》第七冊〈戰國史〉第十章「合縱連橫的縱橫家」，講述了縱橫家之要旨，甚為精簡扼要，曰：「南北曰縱，東西曰橫。戰國時代縱橫家的名稱，則為合縱與連橫的簡稱。一說：以六國抗秦為合縱，以秦制六國為連橫。一說：聯六國以拒秦為合縱，說六國以事秦為連橫。一說：合眾弱以抗一強謂之合縱，散合縱以事一強謂之連橫。故主其說者，相率呼以縱人、橫人焉。其時蘇秦主合縱，張儀主連橫，東西對峙，成為戰國時代國際間兩大外交政策。」

3. 蘇秦 字季子，家東周洛陽，周顯王時人。出身平民，與魏人張儀同師事鬼谷子，學縱橫術。初說周顯王、秦惠王，均未見用，乃忍辱返家，發憤讀書，得《太公陰符》之謀，伏而誦之，簡練以揣摩之。讀書欲睡，引錐自刺其股，血流至足。期年，揣摩成，曰：「此真可以說當世之君矣。」乃游說燕、趙、韓、魏、齊、楚之君，合縱以抑強秦，身佩六國相印。由趙肅侯會盟五國於洹水之上，約曰：「秦攻一國，五國各出銳師，或撓之，或救之；有不如約者，五國共伐之！」秦兵不敢出函谷關者十五年。終以諸侯不能守約而自攻，縱散約解，蘇秦被刺

國時代的傑出弟子（見《戰國策》）。其學說流布亦廣，如戰國時期策士：公孫衍、虞卿、范雎……等，均能運用鬼谷子理論，而從布衣至卿相。最早記載鬼谷子的是司馬遷的《史記》；蘇秦與張儀為其最傑出的兩個弟子，於《史記》記載：「蘇秦者，東周洛陽人也。東事師於齊，而習之於鬼谷先生」[4]，「張儀者，魏人也。始嘗與蘇秦俱事鬼谷先生學術。蘇秦自以為不及張儀」[5]。

又《史記》〈太史公自序〉：

> 「道家無為，又曰無不為，其實易行，其辭難知。……故曰「聖人不朽，時變是守。虛者，道之常也；因者，君之綱也。群臣並至，使各自明也。」（第一百卅卷）

司馬貞《史記索隱》[6]註解：

> 「故曰『聖人不朽』，至『因者君之綱也』。」此出《鬼谷子》，遷引之，以成其章，故稱『故曰』也」。

張守節《史記正義》[7]，也於「聖人不朽，時變是守」下，註解：

> 「言聖人教跡不朽滅者，順時變化。」

由此可看出，司馬貞能夠獨特的將此「故曰」給註解出來，可見他正確

---

於齊，傷重死。

4. 語出《史記》卷六十九〈蘇秦列傳〉、〈張儀列傳〉。據考證蘇秦的年代在張儀之後，即燕昭王時代。與張儀的連橫同時對峙的為犀首，即公孫衍的合縱。《史記、張儀列傳》記載：「蘇秦恐秦兵之至趙也，乃激怒張儀，入之于秦。」這是有問題的說法。《戰國策》記載張儀與蘇秦是同時期人物，這與史實不符。司馬遷受此影響，在《史記、張儀列傳》中將張儀和蘇秦列為同時之人。1973 年在長沙、馬王堆漢墓出土的《戰國縱橫家書》中所載，不同於《史記》與《資治通鑒》所言。

5. 蕭登福著，《鬼谷子研究》，臺北：文津出版社，2001 年，序文，頁 7～8。

6. 司馬貞，字子正，唐、河內（今沁陽）人。自號小司馬，開元中官至朝散大夫，宏文館學士，主管編纂、撰述和起草詔令等。唐代著名的史學家，著《史記索隱》卅卷。該書音義並重，注文翔實，對疏誤缺略補正頗多，具有極高的史學研究價值；與南朝時期的宋國裴駰的《史記集解》八十卷；唐、張守節的《史記正義》合稱「史記三家注」。後世史學家譽稱該書「價值在裴、張兩家之上。」

7. 張守節，據《四庫提要》言：唐代開元年間學者，其生平事蹟不詳，據此書所題，則其官為諸王侍讀率府長史也。《史記正義》為司馬遷的《史記》作註。是書《自序》卅卷，晁公武、陳振孫二家所錄則作廿卷。他於該書引用唐魏王李泰、蕭德言等人所撰寫的地理著作《括地志》，擅長於地理《自序》曰：「郡國城邑，委曲詳明。」根據其著作《史記正義序》一文中有「守節涉學三十餘年」語。此序寫於唐玄宗開元 24 年（736 AD），由此上溯，是武則天當政的強盛時期。後人散入句下，已非其舊。至明代監本，采附《集解》、《索隱》之後，更多所刪節，失其本旨。單本《史記正義》遂湮沒以至失傳，明已無緣複睹《正義》全貌。20 世紀初葉，日本瀧川資言從傳入彼邦的《史記》古本欄標注，手輯《正義佚存》一千餘條。

的知道此話出自於鬼谷子，而張守節不疑有他或也看過。司馬遷當時應該曾經看過《鬼谷子》乙書，才能於《史記》書成後，將其名言寫入自序裡頭。史公對鬼谷子的言論認為有獨到之處，才可能於自序之中特別加以引用；這就像他在其書之〈商君列傳〉中，也將衛鞅曰：「治世不一道，便國不法古」[8]，以反駁甘龍，為秦孝公接受變法的話與鬼谷子之「聖人不朽，時變是守」，同樣的話羅列而出。於此，可以看出一位我國歷史上最偉大的史學家，司馬遷對鬼谷子所持「治國講求變通」的道理是肯定與贊同的。他還在《史記》中，於先秦部分為縱橫家列傳的比例特別多，如有《蘇秦列傳》、《張儀列傳》、《范睢、蔡澤列傳》、《魯仲達列傳》等；同時，在戰國四公子列傳中，還有大量記載縱橫遊說之士的文字。司馬遷肯定蘇秦、張儀師事於鬼谷子，對蘇秦、張儀等縱橫家的評說，可看出也都是持正面與肯定的態度，這也是蘊含著史公不容於當道之事實。

## 鬼谷之地名考：

如《史記》〈樗里子甘茂列傳〉[9]記載

---

[8] 語見《史記》第六十八卷〈商君列傳〉：「孝公既用衛鞅，鞅欲變法，恐天下議己。衛鞅曰：「疑行無名，疑事無功。且夫有高人之行者，固見非於世；有獨知之慮者，必見敖於民。愚者闇於成事，知者見於未萌。民不可與慮始而可與樂成。論至德者不和於俗，成大功者不謀於眾。是以聖人苟可以彊國，不法其故；苟可以利民，不循其禮。」孝公曰：「善。」甘龍曰：「不然。聖人不易民而教，知者不變法而治。因民而教，不勞而成功；緣法而治者，吏習而民安之。」衛鞅曰：「龍之所言，世俗之言也。常人安於故俗，學者溺於所聞。以此兩者居官守法可也，非所與論於法之外也。三代不同禮而王，五伯不同法而霸。智者作法，愚者制焉；賢者更禮，不肖者拘焉。」杜摰曰：「利不百，不變法；功不十，不易器。法古無過，循禮無邪。」衛鞅曰：「治世不一道，便國不法古。故湯武不循古而王，夏殷不易禮而亡。反古者不可非，而循禮者不足多。」孝公曰：「善。」以衛鞅為左庶長，卒定變法之令。」

[9] 戰國時期楚國下蔡邑（今安徽省蚌埠市鳳台縣）人。戰國中期秦國名將。曾在下蔡監門史舉就學，習百家之說。後通過張儀、樗里疾的引薦到秦、惠文王處。惠文王對其頗為滿意，遂拜之為將。周赧王三年（312 BC），秦、韓、魏三國合攻楚，楚國大敗。秦國佔領了楚國的漢中，甘茂參與其中，輔助左庶長魏章略定漢中地。後遭向壽、公孫奭讒毀，在攻魏國、蒲阪時投向齊國，在齊國任上卿。十年（305 BC），為齊國出使楚國。秦王想讓楚國送還甘茂，為楚所拒。後卒於魏國。
〈秦本紀〉「武王元年，與魏惠王會臨晉。誅蜀相壯。張儀、魏章皆東出之魏。伐義渠、丹、犁。二年，初置丞相，樗里疾、甘茂為左右丞相。」〈樗里子甘茂列傳〉：「秦惠王卒，太子武王立，逐張儀、魏章，而以樗里子、甘茂為左右丞相。秦使甘茂攻韓，拔宜陽。使樗里子以車百乘入周。周以卒迎之，意甚敬。楚王怒，讓周，以其重秦客。」又「秦武王三年，謂甘茂曰：「寡人欲容車通三川，以窺周室，而寡人死不朽矣。」甘茂曰：「請之魏，約以伐韓，而令向壽輔行。」甘茂至，謂向壽曰：「子歸，言之於王曰『魏聽臣矣，然願王勿伐』。事成，盡以為子功。」向壽歸，以告王，王迎甘茂於息壤。」太史公自序：「秦所以東攘雄諸侯，樗里、甘茂之策。作樗里、甘茂列傳第十一。」

「甘茂之亡秦奔齊，逢蘇代。……因說秦王曰：「甘茂，非常士也。
其居於秦，累世重矣。自殽塞及至鬼谷，其地形險易皆明知之。」

「秦王曰：「然則柰何？」蘇代曰：「王不若重其贄，厚其祿以迎之，
使彼來則置之鬼谷，終身勿出。」

此兩處所謂「鬼谷」是一地理位置。

據司馬貞《史記索隱》：

「徐廣云：在陽城。劉氏云：此鬼谷，在關內雲陽，非陽城」。

又《史記》〈司馬相如列傳〉：

「歷唐堯於崇山兮，……徑入雷室之砰磷鬱律兮，洞出鬼谷之崛礨
嵬壞。遍覽八紘而觀四荒兮，朅渡九江而越五河。……必長生若此
而不死兮，雖濟萬世不足以喜。」

亦收錄於《漢書》[10]，司馬相如〈大人賦〉。

《漢書》〈王莽傳上〉：

「當此之時，宮亡儲主，董賢據重，加以傅氏有女之援，皆自知得
罪天下，結讎中山，……雖有鬼谷不及造次，是故董賢喪其魂魄，
遂自絞殺。……《詩》云「惟師尚父，時惟鷹揚，亮彼武王」，孔子
曰：「敏則有功」，公之謂矣。」

《後漢書》[11]〈馮衍傳下〉[12]：

---

10 《漢書》又名《前漢書》，中國古代歷史著作。東漢、班固所著，是中國第一部紀傳體斷代
史。沿用《史記》的體例而略有變更，改「書」為「志」，改「列傳」為「傳」，改「本紀」
為「紀」，無「世家」。全書包括紀十二篇，表八篇，志十篇，傳七十篇，共一百篇，記載
了上自西漢、漢高帝元年（202 BC），下至新朝地皇四年（23 AD），共 230 年歷史。《漢書》
語言莊嚴工整，多用排偶，遣辭造句典雅遠奧，與《史記》平暢的口語化文字形成鮮明對
照。中國紀史方式自《漢書》以後，都仿照其體例，纂修了紀傳體的斷代史。

11 《後漢書》是一部記載東漢歷史的紀傳體史書，由南朝劉宋時的範曄（398～445 AD）所著，
與《史記》、《漢書》、《三國志》合稱「四史」。書中分十紀、八十列傳和八志（司馬彪續作），
記載了從王莽（6 AD）起至漢獻帝（189 AD）之一百九十五年歷史。

12 參閱全文：「楊朱號乎衢路兮，墨子泣乎白絲；知漸染之易性兮，怨造作之弗思。美關雎之
識微兮，湣王道之將崩；拔周唐之盛德兮，捃桓文之譎功。愍戰國之遘禍兮，憎權臣之擅彊；
黜楚子於南郢兮，執趙武於溴梁。善忠信之救時兮，惡詐謀之妄作；聘申叔於陳蔡兮，禽荀
息於虞虢。誅犁鉏之介聖兮，討臧倉之愬知；德子反於彭城兮，爵管仲於夷儀。疾兵革之寖
滋兮，苦攻伐之萌生；沈孫武於五湖兮，斬白起於長平。惡叢巧之亂世兮，毒從橫之敗俗；
流蘇秦於洹水兮，幽張儀於鬼谷。澄德化之凌遲兮，烈刑罰之峭峻；燔商鞅之法術兮，燒韓
非之說論。誚始皇之跋扈兮，投李斯於四裔；滅先王之法則兮，禍臻淫而弘大。」

「楊朱號乎衢路兮，墨子泣乎白絲；知漸染之易性兮，怨造作之弗思。……惡叢巧之亂世兮，毒從橫之敗俗；流蘇秦於洹水兮，幽張儀於鬼谷。……誚始皇之跋扈兮，投李斯於四裔；滅先王之法則兮，禍寖淫而弘大。」

有關鬼谷之今日正確地名與確切位置，因歷史久遠又文獻不足，本書因屬思想探究，又學術界已有多種研究出版，所以列舉以上資料僅供參考。

又西漢《說苑》[13]：孫卿（荀子）曰：

「夫談說之術，齊莊以立之，端誠以處之……。『鬼谷子曰：人之不善而能矯之者，難矣！說之不行、言之不從者，其辨之不明也；既明而不行者，持之不固也；既固而不行者，未中其心之我善也。辨之、明之、持之、固之，又中其人之所善；其言神而珍、白而分、能入於人之心，如此而說不行者，天下未嘗聞也。此之謂善說。』[14]……夫辭，乃所以尊君、重身、安國、全性者也。故辭不可不修，而說不可不善」。

以上這劉向所收錄鬼谷子之千古軼文「善說」，與《說苑》篇章中諸多文

---

[13] 劉向（79 BC～8 AD）字子政，西漢、沛縣人。撰《說苑》文學家，《別錄》目錄學家，曾領校秘書達 20 年。校書時根據皇家藏書和民間圖籍，按類編輯的先秦至西漢的一些歷史故事和傳說，並夾有作者的議論，借題發揮儒家的政治思想和道德觀念，帶有一定的哲理性。共廿卷：「君道、臣術、建本、立節、貴德、復恩、政理、尊賢、正諫、敬慎、善說、奉使、權謀、至公、指武、談叢、雜言、辨物、修文、反質」。又編有《新序》一書，性質與此類似，又著有《列女傳》、《洪範五行》等書，並且編訂了《戰國策》、《楚辭》。因曾官中壘校尉，故世稱劉中壘。明人張溥輯有《劉中壘集》，收入《漢魏六朝百三家集》中。又有賦 33 篇，今僅存《九歎》一篇。其中《螳螂捕蟬》被選入多本課本。由於書中取材廣泛，採獲了大量的歷史資料，所以，給人們探討歷史提供了許多便利之處。書中記載的史事，有的可與現存典籍互相印證；有的記事與《史記》、《左傳》、《國語》、《戰國策》、《荀子》、《韓非子》、《管子》、《晏子春秋》、《呂氏春秋》、《淮南子》等書相出入，對考尋歷史者足資參考。有些古籍已經散佚，但《說苑》中卻保存一二，吉光片羽，尤為可貴。《別錄》後為其子劉歆《七略》，與班固《漢書、藝文誌》之所本。有辭賦 卅三篇，今僅存《九歎》。《漢書、藝文志》就著錄有卅三篇，其數量僅次於枚皋、淮南王、嚴助，在西漢賦家中居第四位。
《說苑》是一部富有文學意味的重要文獻，內容多哲理深刻的格言警句，敘事意蘊諷喻，故事性頗強，又以對話體為主，各卷的多數篇目都是獨立成篇的小故事，有故事情節，有人物對話，文字簡潔生動，清新雋永，有較高的文學欣賞價值，對魏晉乃至明清的筆記小說也有一定的影響。目的是想通過對歷代治亂之道的研究，希望劉漢皇帝重道、尊賢、貴德、聽諫、至公、反質等，以重振劉氏雄風，阻遏外戚宦官篡權的陰謀。學者對它的政治思想性、文學藝術性、史學價值多有研究，並取得了不少研究成果，從修辭角度進行專書研究則還是空白，所見僅是修辭學史書，輕描淡寫地概括了，劉向在《說苑》中體現的三方面修辭理論，即重視修辭善說、重視比喻的作用、追求言語文質並重之美。

[14] 語出劉向《說苑》第十一卷〈善說〉。

辭之重視與考究，應與《鬼谷子》的遊說、說辭等方法之講究有等同的效果，所以我認為，劉向對他早就心心相惜才對。所謂善「說」部份，在《鬼谷子》本文中就出現有 18 段 33 字之多。如「說之者，說之也；說之者，資之也」，「故外親而內疏者，說內；內親而外疏者，說外」等，事涉遊說、辯辭、君諫……。容本書於後續，再詳加探討。

　　又劉向之賦《九嘆》〈遠遊〉[15]：「悲餘性之不可改兮，屢懲艾而不迻……凌警雷以軼駭電兮，綴鬼谷於北辰」。劉向乃是西漢的人，曾領校秘書長達 20 年。有機會接觸大批珍貴的皇家藏書和民間圖籍，而根據校書時按類編輯的先秦至西漢的一些歷史故事和傳說，因此對於鬼谷子之言行，我們有信心說劉向應有一程度之正確瞭解，因為他身為朝廷命官，有其權威基礎。可說除了《史記》司馬遷，算是最早有文字記載鬼谷子言行的第二人，證明到早在西漢之前，就有鬼谷子此人絕非虛假，非喜疑古人士所能否定的事實。

　　接著我們來到了西漢末年，在文獻資料上找到揚雄效法《論語》所寫的《法言》[16]〈淵騫卷第十一〉所提到鬼谷子及弟子蘇秦、張儀其人：

　　　　「或問：淵、騫之徒惡乎在？……攀龍鱗，附鳳翼，巽以揚之……。」
　　　　或問：「儀、秦學乎鬼谷術，而習乎縱橫言，安中國者，各十餘年，

---

[15]《九歎》共九個章節：〈逢紛〉、〈離世〉、〈怨思〉、〈遠逝〉、〈惜賢〉、〈憂苦〉、〈湣命〉、〈思古〉、〈遠遊〉。其內容為替屈原立言，反復抒發不見容於君、不受於世的憂思悲慨，表現出強烈的愛國熱情和追求理想的執著精神。還有借整理文獻，編選了被後世譽為總集之祖的《楚辭》。在《楚辭》中，首先收錄了屈原《離騷》以下的全部作品，以示尊崇；其次再選錄從宋玉《九辯》至自己《九歎》亦收錄於其中。

[16] 揚雄（53 BC～18 AD）字子雲，成都人，口吃少好學，博覽群書長於辭賦。西漢末年哲學、文學和語言學家。四十遊京，《羽獵賦》得皇帝賞識，成帝時任給事黃門郎，歷成、哀、平末升遷；王莽時才以耆老久次轉為大夫，後因政權矛盾差點送命。見班固《漢書‧揚雄傳》（卷八十七下，第五十七下）。一生處於西漢由盛轉衰之時，社會呈現出風雨飄搖、朝不保夕動盪惶惑狀態。其出身和經歷，成了當時統治階級中下層思想代表。為補救統治思想危機，寫《法言》；模擬《易經》作《太玄》；模擬《論語》作《法言》及〈解嘲〉、〈逐貧賦〉和〈酒箴〉等十二篇大賦。《法言》主張文學應當宗經、征聖，以儒家著作為典範，對劉勰的《文心雕龍》頗有影響。《法言》在歷史上有最突出的作用和影響：一、對以董仲舒哲學和讖緯經學為代表的神學目的論懷疑和不滿。二、捍衛正統儒學的精神，對後世儒家道統的建立有重要的啟發作用。《法言》對後世的兩項影響，既矛盾又是統一；在當時正統官方神學迷信思想彌漫氾濫下，獨自發表如此的懷疑和不滿，相當不易。《方言》，是研究西漢語言的重要資料。唐、劉禹錫的《陋室銘》：「山不在高，有仙則名；水不在深，有龍則靈。斯是陋室，惟吾德馨；苔痕上階綠，草色入簾青。談笑有鴻儒，往來無白丁；可以調素琴，閱金經，無絲竹之亂耳，無案牘之勞形。南陽諸葛廬，西蜀子雲亭，孔子云：何陋之有！」盛讚「西蜀子雲亭」遺跡。

是夫？」曰：「詐人也，聖人惡諸。」曰：「孔子讀而儀、秦行，何
如也？」曰：「甚矣！鳳鳴而鷙翰也。」「然則子貢不爲歟？」曰：「亂
而不解，子貢恥諸；說而不富貴，儀、秦恥諸。」或曰：「儀、秦其
才矣乎！跡不蹈已。」曰：「昔在任人，帝曰難之，亦才矣。才乎才，
非吾徒之才也。」

　　以上乃揚雄，一生以捍衛正統儒學爲己任。所作的《法言》純粹站在
儒門的思維基礎上，批判鬼谷子兩位弟子蘇秦、張儀之功過，應是理所當
然之事。然而，我們也能由此得到一個肯定答案，就是「儀、秦學乎鬼谷
術，而習乎縱橫言」鬼谷子眞有其人其事。揚雄於西漢末年時，是一位政
治思想言論傑出的人物，以批評時政出名鐵錚錚的漢子，不可能在《法言》
著作上，隨便杜撰一位不存在之人物，那是毫無意義，也會遭時人牴觸與
不受歡迎的。

　　我們繼續找，至於東漢時期，發現相關文獻王充的《論衡》[17]著作，也出
現有鬼谷子之記載：如卷卅三〈答佞〉：

　　問曰：「佞人直以高才洪知考上世人乎？將有師學檢也？」

　　曰：「人自有知以詐人，及其說人主，須術以動上，猶上人自有勇威
　　人，及其戰鬪，須兵法以進眾。術則從橫，師則鬼谷也。」

　　《傳》曰：「蘇秦、張儀從橫習之鬼谷先生，掘地爲坑，曰：『下，
　　說令我泣出，則耐分人君之地。』蘇秦下，說鬼谷先生泣下沾襟。
　　張儀不若。」

　　蘇秦相趙，並相六國。張儀貧賤往歸，蘇秦座之堂下，食以僕妾之
　　食，數讓激怒，欲令相秦。儀忿恨，遂西入秦。蘇秦使人厚送。其
　　後覺知，曰：「此在其術中，吾不知也，此吾所不及蘇君者。」知深
　　有術，權變鋒出，故身尊崇榮顯，爲世雄傑。深謀明術，深淺不能
　　並行，明闇不能並知。

　　又《論衡》卷四十五〈明雩〉，亦記載有：

---

17 王充（27～97 AD）字仲任會稽上虞人，東漢哲學家。博覽群書不死記章句；窮常逛洛陽市
　集書店，閱讀一遍就能背誦，精通百家言。著《譏俗節義》、《政務》、《論衡》、《養性》等書；
　僅《論衡》流傳。擅辯論，初話詭異，結論卻現硬實。認爲讀書人已失儒家本質，故閉門思
　考，謝絕慶賀弔喪。作《論衡》八十五篇，二十多萬字，解釋萬物異同，糾正當時人們疑惑
　的地方。其中《訂鬼》訂正當時社會上流行的對鬼的認識。

「夫雨水在天地之間也，猶夫涕泣在人形中也。或齎酒食，請於惠人之前，未出其泣，惠人終不爲之隕涕。夫泣不可請而出，雨安可求而得？雍門子悲哭，孟嘗君爲之流涕；蘇秦、張儀悲說坑中，鬼谷先生泣下沾襟。或者儻可爲雍門之聲，出蘇、張之說，以感天乎？天又耳目高遠，音氣不通。杞梁之妻，又已悲哭，天不雨而城反崩。夫如是，竟當何以致雨？雩祭之家，何用感天？」

以上所索引的資料，鬼谷子的眞實存在的事證，大抵都是環繞在蘇秦、張儀兩位高徒的身上，這雖只是筆者就西漢、東漢時期之官方圖書檔案而論述。然而事實上當今坊間，諸多鬼谷子的多本學術研究，如陳蒲清、許富宏[18]兩位先生，在其著作上，均有嚴密的討論與更多的佐證；又，本書乃以鬼谷子思想研究爲主題，是故，於此不再論述下去。以下，轉移至民間於歷史上有關鬼谷子所遺留資料，書冊文物或詩詞、文章……等轉錄與記載。如下：

戰國中期，我們從《鄧析子》[19]書中有兩篇文章當中，分別都見到了鬼谷

---

[18] 陳蒲清著《鬼谷子詳解》湖南：岳麓出版社出版。許富宏著《鬼谷子研究》上海：古籍出版社出版發行。房立中很早就研究《鬼谷子》著作多本相關書籍，唯筆者缺他的寫作資料，一時難以參考。

[19] 鄧析（545～501 BC）河南新鄭人，鄭國大夫，春秋末期思想家和革新家，「名辨之學」倡始人。鄧析的一個重要思想，就是「兩可說」。在正統觀點看來，這是一種「以非爲是，以是爲非，是非無度」的詭辯論，簡單地說，就是模棱兩可、混淆是非的理論。與子產同時，名家學派的先驅人物。他是代表新興地主階級利益的革新派，他第一個提出反對「禮治」思想。他的主要思想傾向是：「不法先王，不是禮義」（《荀子·非十二子》）他是堅決反對「禮治」的先行者。他不滿子產所鑄刑書，竟自己編了一部《竹刑》。晉人杜預在注《左傳》時說，鄧析「欲改鄭所鑄舊制，不受君命，而私造刑法，書之於竹簡，故言竹刑」。鄧析提出「事斷於法」的主張，意即必須以法作爲判斷人們言行是非的標準，這正是後來法家反對「禮治」、主張「法治」的要求。目前流傳的《鄧析子》據傳是後人僞託。但其中有些觀點當源於鄧析。鄧析私下招收門徒，傳授法律知識和訴訟方法，當時向他「學訟者不可勝數」。算是中國法制史上的創舉。又以擅長辯論著稱：「操兩可之說，設無窮之詞」，並能「持之有故，言之成理」。在他的宣導和鼓動下，當時鄭國曾興起一股革新浪潮，給新、老貴族的統治造成嚴重威脅，以至「鄭國大亂，民口歡嘩」，最後終於出現了「鄭駟歂殺鄧析，而用其竹刑」的結局。駟歂是繼子產、子大叔之後的鄭國執政，他殺了鄧析，卻不得不用《竹刑》；《荀子·非十二子》言：「不法先王，不是禮義；而好治怪說，玩綺辭。甚察而不惠，辯而無用，多事而寡功，不可以治綱紀。然而其持之有故，其言之成理，足以欺惑愚衆。是惠施、鄧析也」。《鄧析子》兩卷，相傳爲春秋時代名的鄧析所作，但是有人也指出內容參雜其他家說法，很大可能爲後人僞託。《四庫全書》將其歸入子部法家類。不過關於《鄧析子》的眞僞，學術界爭論不一，有人以爲鄧析子一書「雖眞而殘」。
《鄧析子》分爲〈無厚篇〉與〈轉辭篇〉篇，無厚篇所強調的是君主與臣民的共生關係，勸勉君王治國時應該以平等的心對待臣民，歸結到最後就是無厚，是民本的反映。而〈轉辭篇〉主要強調「緣身而責名，緣名而責形，緣形而責實，臣懼其重誅之至，於是不敢行其私矣」，也就是君王對官員的控制。

子的言論。茲選出《鄧析子》與《鬼谷子》雷同的文字，今摘錄出幾段文句如下：〈無厚篇〉：「事有遠而親，近而疏，就而不用，去而反求。風此四行，明主大憂也。」[20]〈轉辭篇〉：「夫言之術，與智者言，依於博；與博者言，依於辯；……與愚者言，依於說。此言之術也」[21]；「心欲安靜，慮欲深遠。心安靜則神策生，……心躁則精神滑，慮淺則百事傾」[22]，「故抱薪加火，燥者必先燃；平地注水，濕者必先濡」[23]；此處因篇幅有限，故僅於註解（編號之

---

[20] 據《鄧析子》〈無厚〉：「事有遠而親，近而疏，就而不用，去而反求。風此四行，明主大憂也。」與《鬼谷子》的〈內揵第三〉言：「君臣上下之事，有遠而親，近而疏；就之不用，去之反求；日進前而不禦，遙聞聲而相思。」以上，除可發現有十六個黑體字部份，是完全相同之外。還有〈無厚〉的「明主大憂也」與《鬼谷子》的〈內揵第三〉，之所言：「君臣上下之事……遙聞聲而相思。」故此兩句話的「語意」應是相通的。

[21] 據《鄧析子》〈轉辭〉一文：「夫言之術，與智者言，依於博；與博者言，依於辯；與辯者言，依於安；與貴者言，依於勢；與富者言，依於豪；與貧者言，依於利；與勇者言，依於敢；與愚者言，依於說。此言之術也。」談起說話術之中，有關「1-智、2-博、3-辯、4-貴、5-富、6-貧、7-勇、8-愚」之八類人物交談，分別是要「博、辯、3-安、勢、5-豪、利、敢、8-說」，與《鬼谷子》〈權篇第九〉所言之「博、辯、3-要、勢、5-高、利、敢、8-銳」，只有三處「3-辯者、5-富者、8-貧者」，出現不同之說法之外，兩者對於針對說話術的不同之人物，共區分為八大類之名稱與順序，則是完全相同以及未變換外，鄧析子其文是有摘錄《鬼谷子》之疑，筆者認為：是鄧析子吸收《鬼谷子》有關「遊說」專業性之說法，為古之思想交流傳承，算是讀書後之心得與雜記也可。（鄭傑文——《鬼谷子人生智慧》一書頁 36，指出《鄧析子》為何有些與《鬼谷子》詞句相同，據今人研究可能是戰國晚期，出於一些辯者整理而成書。）〈權篇第九〉之文如下：「故與智者言，依於博；與博者言，依於辯；與辯者言，依於要。與貴者言，依於勢；與富者言，依於高；與貧者言，依於利；與賤者言，依於謙；與勇者言，依於敢；與愚者言，依於銳：此其術也，而人常反之。是故，與智者言，將以此明之；與不智者言，將以此教之；而甚難為也。故言多類，事多變。故終日言不失其類，故此不亂；終日不變，而不失其主。故智貴不妄、聽貴聰、智貴明、辭貴奇。」

[22] 《鄧析子》〈轉辭〉：「心欲安靜，慮欲深遠。心安靜則神策生，慮深遠則計謀成。心不欲躁，慮不欲淺。心躁則精神滑，慮淺則百事傾。」對照《鬼谷子》〈實意法螣蛇〉：「實意者，氣之慮也。心欲安靜，慮欲深遠；心安靜則神策生，慮深遠則計謀成：神策生則志不可亂，計謀成則功不可間。意慮定則心遂安，心遂安則所行不錯，神自得矣。得則凝識氣寄，姦邪得而倚之，詐謀得而惑之；言無由心矣。故信心術守真一而不化，待人意慮之交會者，聽之候也；計謀者，存亡之樞機。慮不會，則聽不審矣；候之不得，計謀失矣，則意無所信、虛而無實。故計謀之慮，務在實意；實意必從心術始。」之「心欲安靜，慮欲深遠。心安靜則神策生，慮深遠則計謀成」，（4 字＋4 字）及（7 字＋7 字）＝22 字，全部字句完全一致。而後，鄧析言之後半段「心不欲躁，慮不欲淺。心躁則精神滑，慮淺則百事傾。」出現規律的「心不……，慮不……。心……則……，慮……則……。」句中有二個字之「心」，與二個字之「慮」之（心＋慮＋心＋慮），與《鬼谷子》之「意慮定則心遂安，心遂安則所行不錯，神自得矣。」「意慮……則心……，心……則……，神（慮）……。」之（慮＋心＋心＋慮），語意與結構都相同。

[23] 《鄧析子》〈轉辭〉：「夫謀莫難於必聽，事莫難於必成。成必合於數，聽必合於情。故抱薪加火，燥者必先燃；平地注水，濕者必先濡。故曰動之以其類，安有不應者？獨行之術也。」對照於《鬼谷子》〈摩篇第八〉：「故謀莫難於周密，說莫難於悉聽，事莫難於必成：此三者，唯聖人然後能任 之。故謀必欲周密，必擇其所與通者說也。故曰：或結而無隙也。夫事成

第 20－23）之中，作出簡單之比較以及說明，敬請參閱。

另外先秦期間，我國學者多有研究，指出《管子》之〈九守〉，與《鬼谷子》之〈符言〉字句，基本也出現一致之情形。例如〈九守第五十五〉：「安徐而靜，柔節先定。虛心平意以待須。右主位」；「目貴明，耳貴聰，心貴智，以天下之目視，則無不見也。以天下之耳聽，則無不聞也。以天下之心慮，則無不知也。輻湊並進，則明不塞矣。右主明」[24]等；幾乎全章均同，其它相同部份，則亦請參閱註解。實在是我們後人研究鬼谷子思想與成書期間，最大之根據與憑藉和收穫。

秦始皇焚書、禁百家書之後，連同鬼谷學說也就漸漸消失不見。直到漢惠帝四年三月，宣佈除「挾書律」，諸子之書才逐漸復出於世。淮南王劉安糾集天下道學之士，有齊地方之方士歸之於門下，鬼谷之學亦首先於淮南之地流傳，而被部份保留下來。《淮南子》之〈氾論訓〉：「忤而後合，謂之知權」，「聖人之言，先忤而後合」，同於《鬼谷子》〈忤合第六〉：「忤合之地而化轉之，然後以之求合」；又〈說山訓〉：「介蟲之動以固，貞蟲之動以毒螫」；同於《鬼谷子》〈權篇第九〉：「故介蟲之捍也，必以堅厚；螫蟲之動也，必以毒螫。故禽獸知用其長，而談者知用其用也」。以上，不都明顯出自於《鬼谷子》一書，證明其思想存在著，還有承接的關連性。再次驗證出西漢以前，已有民間流傳《鬼谷子》的事實。

漢、陸賈[25]《新語》[26]言：「因其剛柔之勢，爲作縱橫之術，故無忤逆之言，

---

必合於數，故曰：道數與 時相偶者也。說則聽必合於情，故曰：情合者聽。故物歸類：抱薪趨火，燥者先燃；平地注水，濕者先濡；此物類相應，於勢譬猶是也。此言内符之應外摩也如是，故曰：摩之以其類，焉有不相應 者；乃摩之以其欲，焉有不聽者。故曰：獨行之道。夫幾者不晚，成而不拘，久而化成。」以上黑體字部分蓋雷同。

24　《管子》〈九守第五十五〉與《鬼谷子》〈符言〉字句，相似度非常之高。雷同者以黑體加深部份之字句，如下：「安徐而靜，柔節先定。虛心平意以待須。右主位」、「目貴明，耳貴聰，心貴智，以天下之目視，則無不見也。以天下之耳聽，則無不聞也。以天下之心慮，則無不知也。輻湊並進，則明不塞矣。右主明」、「聽之術曰：勿望而距，勿望而許，許之則失守，距之則閉塞，高山仰之，不可極也，深淵度之，不可測也。神明之德，正靜其極也。右主聽」、「一曰天之，二曰地之，三曰人之，四曰上下左右前後。熒惑其處安在。右主問」、「心不爲九竅，九竅治，君不爲五官，五官治。爲善者，君予之賞，爲非者，君予之罰。君因其所以來，因而予之，則不勞矣。聖人因之，故能掌之，因之循理，故能長久。右主因」、「人主不可不周，人主不周，則群臣下亂。寂乎其無端也。外内不通，安知所怨，關閉不開，善否無原。右主周」、「一曰長目，二曰飛耳，三曰樹明；明知千里之外，隱微之中，曰動姦，姦動則變更矣。右主參」、「修名而督實，按實而定名。名實相生，反相爲情，名實當則治，不當則亂。名生於實。實生於德，德生於理，理生於智，智生於當。右督名」。（以上文句係《管子》〈九守〉之全文，《鬼谷子》〈符言〉則請自行查閱。）

25　陸賈（240～170 BC）西漢政治、文學、思想家。「陸賈者，楚人也。以客從高祖定天下，名

無不合之義者」[27]。荀悅[28]《漢紀、武帝紀一》：「建元元年冬十月，詔舉賢良方正，丞相衛綰奏所舉賢良或治刑名縱橫之術，亂國政，罷之。」漢武帝、丞相衛綰奏：「所舉賢良，或治申、韓、蘇、張之言，亂國政，請皆罷奏。」制曰『可』。」董仲舒亦奏：「今師異道，人異論，百家殊方，……。邪辟之

---

爲有口辯士，居左右，常使諸侯」。劉邦即位初重武力輕詩書，以「居馬上得天下」自矜，乃建議重視儒學「行仁義，法先聖」，提出「逆取順守，文武並用」的治國方略，遂受命總結秦朝滅亡的經驗教訓，每奏一篇高祖無不稱善，故名爲《新語》。反對神仙迷信思想，有聖人「承天誅惡」和天人感應的神秘思想。著有《楚漢春秋》和《新語》等。高祖十一年（196 BC），奉命出使南越（今兩廣一帶），招諭故秦、南海尉趙佗臣屬漢朝，立爲南越王，對於安定國內局勢，溝通南越與中原地區的經濟文化交流起了良好的效果。陸賈出使歸來，擢爲太中大夫。高祖死後，呂後擅權，大封諸呂爲王，他乃稱病免職家居。陸賈不僅爲儒學在漢初的復興立下了汗馬功勞，並且爲儒學在漢代的發展指出了方向，他的思想是由先秦儒學發展到今文經學的一個中間環節。

26 《新語》計十二篇，高帝時陸賈任太中大夫，劉邦令其著書言秦失天下而漢得之故，及古時成敗諸國事、陸賈乃粗述，凡著十二篇，是書連接先秦兩漢學術。建議反秦道而行之，「行仁義而輕刑罰，閉利門而尚德義，鋤佞臣而求賢臣」。他從道家、陰陽家、法家等諸子百家，吸收思想主張用以充實儒家的思想體系，開啓了漢代儒學重構的先河。哲學上提出宇宙萬物都是「天地相承，氣感相應而成者」，以「仁義」說《易》，顯示獨特的視角，首開漢初學者以義理說《易》的風氣，在易學中居承前啓後地位。陸賈對於道的論述頗多，《道基》傳曰：「天生萬物，以地養之，聖人成之，功德參合而道術生焉」。《術事》曰：「道術蓄積而不舒，美玉韞櫝而深藏，故懷道者須世，抱璞者待工，道爲智者說，馬爲禦者良。」後人稱《新語》開啓賈誼、董仲舒的思想，成爲漢朝確立儒家思想統治地位的先聲。

27 語見〈辯惑第五〉：「夫舉事者或爲善而不稱善，或不善而稱善者，何？視之者謬而論之者誤也。故行或合於世，言或順於耳，斯乃阿上之意，從上之旨，操直而乖方，懷曲而合邪，因其剛柔之勢，爲作縱橫之術，故無忤逆之言，無不合之義者。昔哀公問於有若曰：『年饑，用不足，如之何？』有若對曰：『盍徹乎？』蓋損上而歸之於下，則忤於耳而不合於意，遂逆而不用也。此所謂正其行而不苟合於世也。有若豈不知哀公之意，爲益國之義哉？夫君子直道而行，知必屈辱而不避也。故行不敢苟合，言不爲苟容，雖無功於世，而名足稱也；雖言不用於國家，而舉措之言可法也。故殊於世俗，則身孤於士眾。夫邪曲之相銜，枉橈之相錯，正直故不得容其間。諂佞之相扶，讒口之相譽，無高而不可上，無深而不可往者何？以黨輩眾多，而辭語諧合。夫眾口毀譽，浮石沈木。群邪相抑，以直爲曲。視之不察，以白爲黑。夫曲直之異形，白黑之殊色，乃天下之易見也，然而目繆心惑者，眾邪誤之。」「秦二世之時，趙高駕鹿而從行，王曰：『丞相何爲駕鹿？』高曰：『馬也。』王曰：『丞相誤邪，以鹿爲馬也。』高曰：『乃馬也。陛下以臣之言爲不然，願問群臣。』於是乃問群臣，群臣半言馬半言鹿。當此之時，秦王不能自信其直目，而從邪臣之言。鹿與馬之異形，乃眾人之所知也，然不能別其是非，況於闇昧之事乎？易曰：『二人同心，其義斷金。』群黨合意，以傾一君，孰不移哉！」「人有與曾子同姓名者殺人，有人告曾子母曰：『參乃殺人。』母方織，如故，有頃複告雲，若是者三，曾子母投杼踰垣而去。曾子之母非不知子不殺人也，言之者眾。夫流言之並至，眾人之所是非，雖賢智不敢自畢，況凡人乎？」

28 荀悅（148～209 AD）東漢末期政論家，史學家。幼時聰穎好學，家貧無書閱讀時多用強記過目不忘，12 歲能講《春秋》。漢靈帝時由於宦官專權，隱居不出。獻帝時，應曹操之召，任黃門侍郎，累選至秘書監、侍中。侍講於獻帝左右，日夕談論，深爲獻帝嘉許。獻帝以《漢書》文繁難懂，命其用編年體改寫。乃依《左傳》體裁，寫成《漢紀》30 篇，時人稱「辭約事詳，論辨多美」。還有《申鑒》、《崇德》、《正論》等。

說滅息，然後統紀可一而法度可明，民知所從矣。」[29] 以上縱橫思想言行，西漢初期尚被重視。文、景時亦重黃老道術，縱橫家的流傳也因國家統一，其言行被認為對新興帝國之政治有不利之影響，而屢遭誹議排斥禁止。

東漢後期，道教將鬼谷子列入神仙譜系。民間認為其人，曾在人間活了百餘歲，而後不知去向。亦有傳說鬼谷子能灑豆成兵、呼風喚雨、遇知吉凶；魏晉時代，道教將鬼谷子的著作《鬼谷子》，列為經典。東晉、葛洪《抱樸子》〈遐覽篇〉又將之收錄，列為道教經典一百卅七種中之《鬼谷經》一書裡面，並封鬼谷先生為「洞府真仙」[30]，號「玄微真人」。《道藏目錄》記載：「王詡，晉平公時人。」後世也被命理師們尊稱為祖師爺，在道教中鬼谷子尊號為玄都仙長。《鬼谷子》全本，可說完全是依賴道教，而完整地保留在道家的經典《道藏》中流傳，也才能為後世有心人精研之用。《拾遺記》[31] 記載：「張儀、

---

[29] 董仲舒於《舉賢良對策》第三策言：「《春秋》大一統者，天地之常經，古今之通誼也。今師異道，人異論，百家殊方，指意不同，是以上亡以持一統；法制數變，下不知所守。臣我以為諸不在六藝之科孔子之術者，皆絕其道，勿使並進。邪辟之說滅息，然後統紀可一而法度可明，民知所從矣。」武帝即位採衛綰等奏除六藝及儒學外，貶黜諸家不用其為從政致仕之術；自此令開始，學百家言者只能為雜家立說，無法求仕之道。卻並無滅廢百家，不許民間研習百家之說。吾國官方主流意識形態與民間非正統意識形態之分野，即由此開始。

[30] 洞府真仙　道教將鬼谷子列為「洞府真仙」，位居第四座左位第十三人。被尊為玄微真人，又號玄微子。洞府就是洞天，是神仙住的名山聖境，又稱洞天福地。傳說有「十大洞天」、「三十六小洞天」和「七十二福地」。《道藏》中有一部專寫洞天福地的書叫做《洞天福地嶽瀆名山記》。浙江餘杭縣境內的「洞霄宮」就是三十六小洞天和七十二福地之一，被稱為「大滌洞天」。元代的鄧牧撰有《洞霄圖誌》六卷，記敘該宮勝景。真仙又稱真人，只有得道成仙後方可稱為真人。莊子稱老君為「博大真人」；唐玄宗稱莊子為「南華真人」，稱文子為「通玄真人」，稱列子為「沖虛真人」，稱庚桑子為「洞虛真人」；宋代道士張伯瑞被稱為「紫陽真人」；元太祖封丘處機為「長春真人」。

[31] 王嘉（？～390 AD）字子年，隴西安陽（今甘肅渭源）人為方士。《晉書》第九十五卷有傳，滑稽好語笑。初隱居於東陽谷（今秦安縣興國古城、興豐鄉），鑿崖冗居，有徒弟數百人。著《拾遺記》又名《拾遺錄》《王子年拾遺記》，另有書《牽三歌》。該書十九卷，二百二十篇，因苻秦之際戰亂散失。南朝梁代的蕭綺綴拾成文，改編為十卷，今行於世。主要內容是雜錄和志怪。前九卷記自上古庖犧氏、神農氏至東晉各代異聞神話，多宣揚神仙方術，為正史所不載。末卷則記「昆侖」等八座仙山。卷四一：「淪波舟」傳說中螺舟的別名，能潛行水底。「始皇好神仙之事，有宛渠之民，乘螺舟而至。舟形似螺，沉行海底，而水不浸入，一名「淪波舟」。「貫月槎」記：「堯登位三十年，有巨槎浮於西海，槎上有光，夜明晝滅，海人望其光，乍大乍小，若星月之出入矣。槎常浮繞四海，十二年一周天，周而復始，名曰貫月槎，亦謂掛星槎。羽人棲息其上，群仙含露以漱，日月之光則如暝矣。虞夏之季，不復記其出沒，遊海之人，猶傳其神偉也。」鄧拓《人民日報》社長，1961 年於〈宇宙航行的最古傳說〉文章說「真正最古的關於宇宙航行的傳說」。另據唐代的《洞天集》記漢朝留一艘仙槎，到了唐朝還放在大殿中「嚴遵（西漢人）仙槎，唐置之於麟德殿（長安宮大殿，建於 664 AD 左右，長約 85 公尺、寬約 58 公尺），長五十餘尺。聲如銅鐵，堅而不蠹。李德裕（武宗丞相）截細枝尺餘，刻為道像，往往飛去複來。廣明（僖宗年號，相距卅多年）以來失之，槎亦飛去。」以上，筆者我認為是今日 UFO 不明飛行物之事實。另有兩則知名傳說，

蘇秦二人，嘗息大樹之下，鬼谷先生教以干世出俗之辯，探胸内得二卷說書，言輔時之事」；「干世」書，即此「求合於世」之書謂也。

　　唐、李白《送王屋山人、魏萬還王屋》詩有：「鬼谷上窈窕，龍潭下奔潨。」趙蕤，唐代著名的權謀學家，他自幼好帝王之學，「博學韜衿，長於經世」，並且「任俠有氣，善爲縱橫學」，因此聞名於當世。唐玄宗多次徵召，他都辭而不就，過著隱居的生活。大詩人李白對他極爲推崇，曾經跟隨他學習帝王學和縱橫術，時稱「趙蕤術數，李白文章」。劉全白《唐故翰林學士李君碣記》：「李白性倜儻，好縱橫術，善賦詩，才調逸邁」；張九齡《送楊道士往天臺》詩：「鬼谷還成道，天臺去學仙。行應松子化，留與世人傳」；馮衍《頭志賦》：「流蘇秦於洹水兮，幽張儀於鬼谷。」在赤松峰北西懸崖中，洞口倒梯形，上寬下窄。相傳鬼谷子曾在洞內修煉，故名。《全唐詩》卷八十三〈感遇詩三十八首〉陳子昂著：「吾愛鬼谷子，青溪無垢氛。囊括經世道，遺身在白雲」；李善《文選注》：「《鬼谷子序》曰：周時有豪士，隱于鬼谷者，自號鬼谷子。言其自遠也。然鬼谷之名，隱者通號也。」

　　唐末、杜光庭《錄異記》[32]〈卷一〉說：「鬼谷先生爲古之眞仙，自軒轅之代曆于商、周，隨老君西化流沙，週末複還中國，居漢濱鬼谷山，受道弟子百余人，惟張儀、蘇秦不慕神仙。」

　　宋朝《太平廣記》[33]四卷《仙傳拾遺》云：「鬼谷先生爲晉平公時人，隱

---

如第六卷記：「劉向校書於天祿閣，夜有老人燃藜授學」；「賈逵年五歲，隔籬聞鄰人讀書後遂能暗誦六經」。是我國短篇小說的奠基人之一「能言未然之事，辭如讖記」，當時公侯都參拜詢問。386 AD 姚萇入長安，逼王嘉隨從他。曾問：「吾得殺符登定天下不？」曰：「略得之。」姚萇憤怒說：「得當雲得，何略之有？」一氣之下便殺了王嘉。但後來姚萇死後，事實證明是他兒子姚興殺掉符登。

[32] 杜光庭（850～939 AD），字聖賓，號東瀛子，縉雲人。一生著作頗多，有《道德眞經廣聖義》、《道門科範大全集》、《廣成集》、《洞天福地嶽瀆名山記》、《青城山記》、《武夷山記》、《西湖古跡事實》等。古代著名傳奇小說《虯髯客傳》相傳系他所作。《錄異記》十卷包含《鬼谷先生》等百余篇，唐末杜光庭纂殘存八卷。《崇文總目》、《遂初堂書目》等著錄。《道藏》、《廣記》、《三洞群仙錄》載錄。

[33] 《太平廣記》是宋代李昉等人編著的大型類書，凡五百卷。太平興國二年（977 AD）三月，李昉、扈蒙、李穆、徐鉉、趙鄰幾、王克貞、宋白、呂文仲等 12 人等人，奉宋太宗的命令集體編纂，到隔年八月結束，因編成於太平興國年間，所以定名爲《太平廣記》，和《太平禦覽》同時編纂。全書共五百卷，目錄十卷，共分九十二大類，下麵又分一百五十多小類，例如畜獸部下又分「牛、馬、駱駝、驢、犬、羊、豕」等細目，專收野史以及小說雜著，其中以「神仙、鬼、報應、神、女仙、定數、畜獸、草木、再生、異僧、徵應」等十一類約佔全書之半。《太平廣記》引書大約四百多種，大致篇末都有註明來源。《太平廣記》對於後世文學的影響很大，浦江清曾說「《太平廣記》的結集，可以作爲小說史上的分水嶺」。

居鬼谷，故以爲號。……西化流沙，洎週末複還中國，居漢濱鬼谷山受道」；在南宋《晁公武談書志》[34]卷十一：收錄《鬼谷子》三卷，記載：「鬼谷子，戰國時人，隱居穎川陽縣的『鬼谷』中，因以自號，長於養性治身。」

　　元朝國祚短且重武輕文，賤漢人、南人，因此有關資料不詳。唯有一位是習古老鬼谷流派延續的傳人出現，亦即今日的夏衲家族[35]的先人夏衲文華。及其後人，隱姓埋名並經商致富，將鬼谷子學說「識人、用人、趨人」，發展爲「讀動術[36]、捭闔術、縱橫術、標杆術」。原本爲「兵學、語言、謀略、養

---

[34] 晁公武（1105～1180 AD）。字子止，澶州清豐（今山東鄄野縣）人，晁沖之之子。南宋時著名目錄學家，自幼喜讀群書，宋高宗紹興二年舉進士第，初爲四川總領財賦司，辦事有才幹。紹興時，爲榮州守。乾道中，以敷文閣直學士爲臨安府少尹，有良吏之目，官累禮部侍郎。公武著有《昭德文集》六十卷，《郡齋讀書志》二十卷，文多散佚，存於今者唯《郡齋讀書志》。是我國現存最早的、具有提要內容的私藏書目，對於後世目錄學影響極大。該書收入的圖書達一千四百九十二部，基本上包括了宋代以前各類重要的典籍，尤以搜羅唐代和北宋時期的典籍最爲完備。這些典籍至今不少已亡佚和殘缺，後世可據書目的提要而窺其大略。全書分經、史、子、集四部，部也又分四十五小類；書有總序，部有大序，多數小類前有小序；每書有解題，從而形成了一個嚴謹完備的體系。晁氏撰寫的提要不僅翔實有據，而且注重考訂，內容詳略得當。其介紹作者生平、成書原委、學術淵源及有關典章制度、軼聞掌故，皆能引用唐宋實錄、宋朝國史、登科記及有關史傳目錄，並詳加考證。這些材料許多今已失傳，因此晁氏所撰提要內容，很多具有較高史料價值。
上海古籍出版社 1990 年曾出版由孫猛整理的《郡齋讀書志校證》，以清汪士鐘初刊本爲底本，用宋刊袁本合校，參校其他十餘種善本和歷代史志書目，爲現存各種版本和前人研究成果之集大成者。

[35] 《夏衲十五譜》即夏衲家族的標準傳承譜十五套。其先祖是夏衲文華，原姓名已經無從知曉，爲我國心理學的創始家族。建族時間於元朝末泰定大變時期，距離今天有近 700 年歷史。元帝無道，參與變革，是該變革時期叛軍中的一位幕僚，叛變後失敗，易姓夏衲且逃離。之後元國因首領去逝內部瓦解，又元、明戰爭如火如荼，家族一直隱性埋名；後因貿易利益的巨大趨使，遷徙歐洲與中國貿易通道之間。由於家族特殊的傳承制度，現已並非是絕對的中國家族，只是家族的技能傳承仍舊延續古漢語。國內至此，僅剩下 2 支傳人，一支龔系和赦姓系，傳至明中期，啓用孟姓，傳至 27 代夏衲向榮，《夏衲家族秘學》才重新開始進入大家的視野。夏衲向榮是吾國元代隱秘家族，夏衲龔系孟支 27 代傳人。夏衲家族是中國心理學的創始家族，始於元代，家族內傳播近 800 年。夏衲的《四魂術》是當今世界唯一完整闡述內心結構的心理學叢書，完整闡述了人類內心世界的運作，以及性格形成和變化，寫於 700 年前。夏衲家族是中華文化的積澱與發揮者，也是世界優秀文化的收集、修訂、創造者。夏衲文化僅限家族內傳播，外人無法知悉。

[36] 讀動術 是一個龐大且獨立且古老的關於人類內心世界的知識體系，是可以通過學習與實踐而獲取並掌握的技能，並非虛幻的特異功能。在讀動術的體系當中，認爲人的「心理意志」與《黃帝內經》的「經絡氣血」等有異曲同工的效益；皆是由外在的因素和內在的氣的運作，導致人的不同性格；並說明瞭人的內心世界的構造原理，體系極爲複雜，但卻有規律可循，可以通過界定和通判來識別和區分性格。知識內容涉及心理學與管理學，被幾十代人不停的修訂至今，屬於縱橫家的王禪流派。讀動術共分爲兩大部分，分別爲是「讀術與動術」。「讀術」是指運用方法獲取目標人內心思維的能力，而「動術」是指運用方法達到控制，或改變人內心思維的能力。讀動術初階讀動術是識別人思維結構的基本方法論，是讀動術的核心方法。中階讀動術是通過常年歸納總結的形態，作爲出發點深入挖掘人的內心思維構造，通過

生」的學問，逐漸發揚光大爲以「商賈」趨吉避凶管理之術。在訓練方面把善用術法者，分爲：「掉、程、逆、闔，合、縱、連、橫」；把善謀利益者分爲：「討、掠、機、位，僕、技、商、賈」；把善攻擊者，分爲：「龍、虎、玄、武、崔、瑞」[37]等級，表示擅長於：強戰、遊擊、隱蔽、堅守、情報、外交等六種人才。然而在明朝統一之前，整個家族爲了規避戰火，遷移遊走於絲綢之路，後漸漸遷徙歐洲。鬼谷思想雖得到演化轉變，惟尙未正式公開。

　　明朝、吳承恩《西遊記》第九回〈袁守誠妙算無私曲、老龍王拙計犯天條〉：「四壁珠璣，滿堂綺繡。……兩邊羅列王維畫，座上高懸鬼谷形。」第三十五回〈外道施威欺正性、心猿獲寶伏邪魔〉：「原來孫大聖是熱煉過的身體，急切化他不得；……」。「你看他手裡不住的搖，口裡不住的念道：周易文王、孔子聖人、桃花女先生、鬼谷子先生。」嘉靖年間《寧波府志》[38]記載：「鬼谷子姓王名詡，西周時人」。寶文摩崖題記中寫道：「水簾洞，鬼谷先生隱處」。明代《淇縣志》記載：「雲夢山是鬼谷先生仙棲之處」。徐道在《神仙鑑》中說絳都市北：「有巫者王栩，山後人，歸隱青溪谷中。」《當陽縣誌》載有：「鬼谷洞明嘉靖石碑碑文」[39]。

---

[37] 各種形態間透射出的利害本質實現讀或動的方法。**高階讀動術**類似於催眠術，是從人的記憶作爲出發點，挖掘溯源人的內心思維構造，通過遍歷記憶、改變記憶實現讀或動的方法。**終階**只有極少數人掌握，實現方法是未知的。

[37] 「讀動術、標杆術、捭闔術、縱橫術（持樞術）」，是夏衲家族文化重要的組成部分。利用讀動術對人進行的分類總結，而編著的性格學說《標杆術》，〈四魂標杆術〉將人性格分爲十類：「全、獻、鬥、悲、謀、疑、樂、護、停、仿」。再將人分爲三個不等份「主魂、次魂、季魂」的性格主體（同道家「三魂七魄」中的三魂：「主魂、生魂、覺魂」），分別承載十大類性格中的三類。並且還區分爲「幼、青、成、全、終」五個階段。又將善用術法者，分爲：「掉、程、逆、闔，合、縱、連、橫」（《大治》）八種人；〈王道標杆術〉將善攻擊者，分爲：「龍（強戰）、虎（游擊）、玄（隱蔽）、武（堅守）、崔（情報）、瑞（外交）」（《戰形》）六種人；〈財商標杆術〉將善謀利益者分爲：「討、掠、機、位，僕、技、商、賈」（《財譜》）八種人；善治理者，分爲：「物（技術者）、事（經理人）、人（謀略者）、心（領導者）、時（思想家）」（《治才》）五類人；以及，八種解結問題的方法：「列分因果，重急輕緩」（《天澤》）；六種學習方法：「記、好、用，仿、悟、元」（《學》）。

[38] 洪武十四年（1381 AD），改明州府爲寧波府，這是寧波定名之始。民國初年廢府置道，撤銷寧波、紹興、台州三府合併成會稽道（俗稱寧紹台道），道治設在鄞縣（寧波城）。1983年，寧波地區與寧波市合併，實行以市領縣制。浙江省寧波市 2009 年轄六個市轄區（海曙、江東、江北、鎮海、北侖、鄞州）、二個縣（寧海、象山），三個縣級市（慈溪、余姚、奉化）。四十二卷。明朝周希哲、曾鎰修，張時徹纂；周希哲，明嘉靖年間任寧波府知府。此志爲明嘉靖三十九年（1560 AD）刻本。現存張氏約園抄本和抄本。三十六卷，首一卷。清朝曹秉仁修，萬經纂；曹秉仁，雍正初年任寧波府知府。此志雍正十一年（1733 AD），刻本共分三十六門類。現存清乾隆六年色超補刻本，清道光二十六年（1846 AD）刻本。

[39] **鬼谷洞明嘉靖石碑碑文**：「蓋碑者所以樹功銘賢之具也若先師出處洞景幽奇已有金善士之碑述焉此但以升千百年之下＿＿＿＿＿＿歲興之功樂施諸賢之譽自縣族＿＿所以至於庶人凡片蓋

清朝、黃驚來《詠懷之十五》：「陋彼縱橫術，揣摩獨《陰符》」。孫詒讓《墨子閒詁》[40]卷十〈經上〉：「服執說。音利」……服，謂言相從而不執。執，謂言相持而不服。說，則不服不執，而相伺，若鬼谷子所謂抵巇者。三者辭義不同而皆利於用。上文云「言，口之利也」，又云「諾，不一利用。」此以「服執說」為言之利，與彼義蓋略同」；卷十二〈貴義〉：「子墨子北之齊，遇日者。」……「日者曰：「我謂先生不可以北。」子墨子曰：「南之人不得北，北之人不得南，……，以壬癸殺黑龍於北方」……「此即古五龍之說，鬼谷子盛神法「五龍」，陶弘景注云：「五龍，五行之龍也」。《水經注》，引遁《甲開山圖》云：「五龍見教，天皇被跡」。榮氏注云：「五龍治在五方，為五行神。」清代何士琦在《雲夢山遊記》中寫道：「水簾一洞尤極幽玄，為鬼谷子仙棲之處」。清代乾隆年間《重修清溪寺碑記》稱：「青溪之名著自戰國鬼谷子。山色青翠，不染纖塵，溪水清冷，可鑑佳麗，甲荊郡古今，稱勝地焉。」

## 一、王禪塚

鬼谷子去逝之處史書均查無記載，唯清、順治《陳州志》、乾隆《陳州府志》及《民國五年淮陽縣誌》在〈古跡〉章節第十頁載：「王禪塚，在城東南三十五里。」民國二十二年《淮陽縣誌》也有同樣的記載。在鄲城縣洺河王

---

該著厥後揣居下敬上者當稱姓而諱名恐後世視者無以稽其實名＿也觀者淂以考其詳故不得已而銘焉極知僭罪莫逃庶有補於將來之鑒雲計曆修至功成紀錄與後自嘉靖三十年山東道人程景山雲曆荊楚篆洞辟樓苦行激眾迨隆慶元年啵扣升任縣主孫莫善建殿閣於洞口功未完而師卒，越五年繼志之徒高＿霖胡何鳳誠有為謙和接眾重募鳩工封砌裝置始備請供玉帝三尊於上、玄天教主於下，是年有枝江善士金正權等命匠鐫鬼谷石相於洞中立碑述仙洞之由，遂香火益熾及今 萬曆貳拾陸年連霪雨洞前訽坼塌且＿道逼礙＿幸本縣升任刑部主事 蘇＿因方旨洞賞＿募擴其道茲僅功成銘賢於石以為志」

大明萬曆己亥歲三月吉旦鄉耆老周廷仕撰。(註：以上線條空白處，係無法辨識之字)

[40] 《墨子閒詁》凡十四卷，孫詒讓（1848～1908 AD）著，乃集清代《墨子》校勘大成之作。《墨子》一書在中國長期備受冷落，但書中保留有大量科學知識，如：力學、幾何、光學，到了清朝中葉才開始有大量的學者考據。孫詒讓寫《墨子閒詁》把《墨子》校注推向高峰，在這之前，《墨子》長期以來「傳誦既少，注釋亦稀，樂台舊本，久絕流傳，闕文錯簡，無可校正，古言古字更不可曉」。他吸收王念孫、王引之、洪頤煊、戴望、俞樾、黃仲弢、楊葆彞等人的研究成果，黃紹箕稱《墨子閒詁》：「先生此書，接纂類以訂誤讀，采文例以移錯簡，推篆籀隸楷之遷變，以刊正訛文，發故書雅記之晻昧，以疏證軼事。」梁啟超在《中國近三百年學術史》中，高度評價孫詒讓的成果。他說：「孫詒讓『覃思十年』，集諸家說，斷以己所興，得成《墨子閒詁》十四卷，複輯《墨子篇目考》、《墨子佚文》、《墨子舊敘》，合為附錄一卷；複撰《墨子傳略》、《墨子年表》、《墨子傳授考》、《墨子緒聞》、《墨學通論》、《墨家諸子鉤沉》，各一篇，合為《墨子後語》二卷。俞蔭甫序之，謂其『自有《墨子》以來，未有此書。誠哉然也！……蓋自此書出，然後《墨子》人人可讀。現代墨學復活，全由此書導之。』」

子升仙橋，該地自古以來即有王禪，另有名尊曰王子。流傳著王子求仙的故事代代相傳：「王子去求仙，丹成入九天，洞中方七日，世上幾千年」[41]。

## 二、鬼谷數

　　吳中雜占的一種。胡朴安《中華全國風俗志、江蘇、南京采風記》：「鬼谷數館設城內三坊巷。亦瞽者流，問病之吉凶，先將銅錢五枚，手搖倒出三次，再用黑牌摸推，即知病者家中之何物作祟，莫不奇驗」（《中國方術大辭典》）。另有〈鬼谷算〉，出自《永樂大典》：「今有物，不知數……」[42]。

## 三、鬼谷洞

　　《方輿紀要》〈卷七十八〉「遠安縣，甘霖洞」。在今湖北、遠安縣西南。
　　在中國大陸的河南省鄭州、淇縣有一處鬼谷洞，據說是老祖當年修行之

---

[41] 2010 年 11 月，鄲城史料專家徐公卿在查閱資料時，發現了王禪的史料記載。鄲城縣（位於河南省東部，北依鹿邑縣，西連淮陽縣，南接沈丘縣）甯平鎮，戰國時期屬楚國苦縣（鹿邑），該鎮北 2 公里黑河南岸有個王子莊，U 字形河灣將王子莊環抱其中。遠看王子莊，村內低窪；但從村裡向外看，一馬平川，十分神奇。王子莊有個王子廟，在王子廟遺址，隨處可見的秦磚、無數個地下墓葬，見證著這裡遠古的鼎盛繁榮。據當地趙中和、趙傳林等 10 名七旬以上的老人對「少年王子」、「賢聖人王子」、「王子得道成仙」、「王子雲遊」、「王子推車送家人」以及王子就是鬼谷子、王禪的故事如數家珍。鄲城因老子在此由王子提供的「龍角木」，而煉丹成功而得名。現在的鄲城大橋就是王子升仙處，原橋頭有民國時期鄲城名人謝澄江撰寫的：「洺陰勝曲地，王子升仙橋」對聯。據鄲城 80 歲以上的老人表示，民國時大橋下北邊確實有個洞，裡邊擺放有石桌子、石凳子，歷經滄桑，如今蕩存。在高井村放羊的張老漢說：「孫莊南地的池塘就是王禪塚。」吳莊村 84 歲的楊青營回憶說：「當時這個大坑的兩個塚子，比兩個太昊陵墓還大。」該塚曾發現了鹿角、鼎、青銅劍等文物；水塘邊亦發現大量的陶片，初步認定是戰國時期的陶片。目前淮陽、鄲城兩縣正積極合作，共同進一步研究王禪、王子文化，以圖使此一遠古鬼谷子歷史文化，能重見應有的璀璨光輝。（資料來源〈鄲城鬼谷子王禪根〉中原、周口站網 2011-8-16 記者：徐松，資料統籌：孫守功、劉子文）

[42] 據韓信回答劉邦說：「臣幼得黃石公傳授《孫子算經》，孫子乃鬼谷子的弟子（非《孫子兵法》之孫子）。〈鬼谷算〉係出自於《孫子算經》〈孫子問題〉（又稱「物不知數」題）：「今有物不知其數，三三數之剩二，五五數之剩三，七七數之剩二。問物幾何？」、「三三數之剩二，置一百四十；五五數之剩三，置六十三；七七數之剩二，置三十。並之，得二百三十三，以二百十減之，即得。」、「答曰：二十三。」現傳本《孫子算經》共三卷：〈上卷〉，敘述算籌記數的縱橫相間制度和籌算乘除法則，「凡算之法，先識其位，一縱十橫，百立千僵，千十相望，百萬相當」；〈中卷〉，舉例說明籌算分數演算法和籌算開平方法；〈下卷〉，第 31 題，為後世「雞兔同籠」題：「有雞兔同籠，上有三十五頭，下有九十四足，問兔各幾何？」的始祖，後來傳到日本，成為「鶴龜算」。西元 1874 年馬蒂生（L.Mathiesen）指孫子解法符合高斯的定理，從而在西方的數學史裡將這一個定理稱為〈中國的剩餘定理〉（Chinese remainder theorem）。如一道題曰：「巍巍古寺在山林，不知寺內幾多僧。三百六十四隻碗，看看用盡不差爭。三人共食一碗飯，四人共吃一碗羹。請問先生明算者，算來寺內幾多僧。」有一首〈孫子歌〉，還遠遠渡重洋輸入日本：「三人同行七十稀，五樹梅花廿一枝，七子團圓正半月，除百零五便得知。」

所，洞外立有老祖法像供民眾朝拜。

清同治年間《遠安縣志》載：「鬼谷洞在縣南五十里，清溪寺迤西五里，洞門高闊，進數步有石龕，相傳為鬼谷子講《易》所。洞深不可測，內白蝠如鴉，層池如蓮。洞前有玉皇閣，久廢。窟中玉泉交流」；《述冀記》李太白皆云：「古藤迷徑，石浮滴池，蝙蝠車輪，千百盈室，先生晏然，研朱點《易》，門外縱橫，其生不知」。

清同治年間《隨州志》載：「鬼谷洞為鬼谷子王詡隱居修道之所。位於桐柏山主峰太白頂下，千仞絕壁之上，是八百里桐柏最為險峻之地。」鬼谷洞前原有一小廟，供奉鬼谷神像。據清光緒五年重脩〈大仙洞碑〉記載：「廟宇初建於晉代，歷代都有修復，後毀。」現在洞內，還保存石虎一個，長一米餘，為漢代或者漢以前遺物。相傳鬼谷子的坐騎就是這個洞口的那隻老虎。

清朝道光《永定縣誌》載鬼谷洞[43]：「洞壁有鬼谷子所寫甲子篆文。有水自洞口流出，形成飛瀑，落入四面環山的老道灣，稱為鬼谷清流」。《清一統志、澧州一》也記載：「石室深邃，下有清流，世傳鬼谷子嘗遊此」。以上指在今湖南、張家界市南天門山下。天門山陡峭的百丈絕壁上，有個倒梯形的山洞，洞口有樹，並有瀑布向洞外飛灑，飄渺如煙。傳說鬼谷子曾在洞裡面壁學《易》。

清同治永定舉人羅福海有《鬼谷洞》詩一首贊曰：「桃花流水去飄然，笑入雲深訪洞天。隱逸流多埋姓宇，縱橫術竟出神仙。道書壁上文留篆，丹決爐中火化鉛，滿耳恍聞鈞奏樂，一條瀑瀉萬峰巔」（《張家界市情大辭典》）。

---

[43] 據清朝道光時的《永定縣誌》記載，此洞內為幽深的石室，下有清泉流淌，鬼谷子曾經居此修習《易經》，石壁上還保存著甲子篆文。而時隔103年後，《永定縣鄉土志》又描述說：「鬼谷洞在天門山絕壁，曾有砍柴的樵夫偶然進入洞內，看到壁上的字畫如篆文，離奇而不可辨認。想再深入，洞內雲氣大作，無法前進。樵夫下山講起此事，有好奇的人想前往鬼谷洞一探究竟，結果卻迷了路，再也進不去了。」

直到1991年，天門山才再次出現探洞的勇士——李光玉。他自1991年至2004年，七次率人探洞，最深只到100公尺，就因洞內艱險無法繼續探勘。先後7次從懸崖的上方垂繩索下絕壁，進入以實地探觸。據傳進入洞後，是條潔白晶瑩的通道，上面有清水流淌，過一斜坡，可看到如巨型蓮花般的鐘乳石。入洞約40公尺左右，就是發現「鬼谷顯影」的神秘石壁。第七次探洞，本來以為可以再深入一點，只進到80公尺，請來的外國專業探險隊員卻產生了恐懼感，不肯再往前走。此距離處有個面積約250平方米的大廳，認為應是《史記》記載的「鬼谷先師練功廳」。在100公尺位置處發現（即大廳後的石壁上方，有夠一人爬入的小洞下）有個巨大的天坑，其上呈「人」字型緊接，下方深不見底。憑他們的設備無法逾越該障礙，故探洞只到此為止。幾次探洞的過程中，李光玉說最難以解釋的神奇現象，特別是第四次，偶然間拍下洞內石壁，洗出來的照片竟有一個酷似古代老人的頭像，面容清臞、頭挽高髻，下巴微翹、五官清晰，與世間廣為流傳的鬼谷子頭像有異曲同工之妙。

## 四、鬼谷祠

《寧波古韻》:「鬼谷祠,在五鄉鎮沙堰村清溪之北、育王寺西南白雲山,祀鬼谷子。今仍存古樟、墨池。……後因原祠改作他用,裡人在溪南複建新祠。鬼谷子,姓王名詡,戰國時人;受道於老子,縱橫家蘇秦、張儀之師。」

## 五、台灣廟宇以鬼谷子爲主神者

### (一)板橋妙雲宮[44]

號稱全台王禪老祖開基祖廟。稱鬼谷子被尊爲中國「智聖」,著有《無字天書》等流傳於世,是戰國時孫臏、龐涓、蘇秦、張儀之師。鬼谷子成道後,聖號「王禪老祖」。王禪老祖神靈顯耀事蹟,不久便傳板橋、樹林、土城等地區,於是,纔又有無數善信有掀起建廟動機……。民國四十三至四十六年建成於新北市板橋區妙雲宮,民國七十一年開始舉辦第一次遶境活動。農曆三月廿六日爲其誕辰紀念日聖誕千秋。號稱爲全台王禪老祖開基祖廟。

### (二)禪機山仙佛寺[45]

主祀「鬼谷仙師王禪老祖」。又稱「禪師菩薩」、「禪師爺祖」,天界尊號爲「玄風永振天尊」。住持混元禪師(俗名張益瑞),除設立「鬼谷子學術研究會」,並創辦「易經大學」。稱鬼谷子開班授課:爲「中華民族第一所古軍校」,「在大陸河南省淇縣雲夢山設立」;又說「鬼谷子乃中國古兵法家,事實鬼谷子是修心修口養靈性的丹法家,本人從修行觀天心的立場研究鬼谷子心法的歷程,發覺鬼谷子是中國古今第一位智聖大教育家,以無字天書治心、治家、治事業至治國、平天下之智者」[46]。

---

[44] 板橋妙雲宮 是一座以宣揚道教宗旨爲目的廟宇。妙雲宮:大約在七十年前左右,妙雲宮現在奉祀之主神王禪老祖,日據時代係在樹林鎮的羌子寮阿來仙地方供人參拜!由於神靈顯赫,不久,就由阿來仙遷至板橋市、現在宮址處開始擴大救世。此時,適有善信林永和之妻,因病求醫一直無法痊癒,最後始由老祖施恩,才將其舊疾一次治好。林氏夫婦感念老祖恩澤,乃在民國二十年時候,再由林永和親塑老祖金身一樽,正式在板橋地區開始從事救世宣道工作。《臺灣道廟誌》第三輯、臺北縣 出版日期:民國七十八年元月廿日~頁376。

[45] 禪機山仙佛寺 總道場 南投縣國姓鄉福龜村長壽巷66-1號。2002年,混元禪師除成立「唯心宗」,且以鬼谷子妙智爲依歸,創辦「台灣鬼谷子學術研究會」,以研究鬼谷子學術爲宗旨,並與世界各國鬼谷子研究會做交流。

[46] 全文參見 2003年在台灣林口大體育館正式成立「台灣鬼谷子學術研究會」,混元禪師會長序文:「在戰國時代即蘊育了兵法家孫臏、龐涓、蘇秦、張儀的四位高徒,以兵法將混亂的局面,在運用極高度智慧,而得以統一世局,使人類免於繼續橫禍漫天,血流成河,何其的殘暴行爲,實非人類本來之心靈面目。」,「由於歷史的法輪,有各種不同時代的人類因果業力使然,從中華三祖之涿鹿阪泉之戰爲人類第一戰爭,至今的金門八二三砲戰止,共有3762大小戰爭,殘

## 六、鬼谷子武術

### （一）鬼谷神功

鬼谷子還在天門山創立了聞名天下的「鬼谷神功」，並著有武林秘笈《天門三十六量天尺》。得鬼谷神功眞諦的天門山下西溪坪、官黎坪一帶，是有名的硬氣功之鄉，氣功大師趙繼書曾多次隨國家領導人出訪，贏得了榮譽。

### （二）五形動法[47]

江西省王安平，依據鬼谷子之「實意法騰蛇、分成法伏熊、散勢法鷲鳥、轉圓法猛獸、損兌法靈蓍」等五種仿生學[48]，結合其養生思想與具體內容與武術動作，「以形取意，以意象形，形神兼備」熔於一爐，而創編了廣受中外歡迎的「五形動法」。

## 七、鬼谷子元青花瓷罐

2012 年上海博物館，舉辦建館六十周年慶《幽藍神釆—元代青花瓷器》

---

酷之戰後悲慘，實非上天聖神佛菩薩所樂見，何況上天有好生之德，而人類爲何那麼無知，尤其各朝代之天子帝王之心，忘了本誓，替天宣揚慈愛，喚醒人類之覺性，可惜事實相反，竟以殘暴手段作毀滅性之各式戰爭，悲也。」，「鬼谷子乃中國古兵法家，事實鬼谷子是修心修口養靈性的丹法家，本人從修行觀天心的立場研究鬼谷子心法的歷程，發覺鬼谷子是中國古今第一位智聖大教育家，以無字天書治心、治家、治事業至治國、平天下之智者。《無字天書》，世俗庸夫將之以神秘之幻想，誤導人類進入邪思、邪念與邪行。眞是可笑矣！」

[47] 五形動法 係王安平江西人，中華渾圓功創始人、渾圓學派宗師所創。精研鬼谷子並以仿生學推敲其養生思想，得以創造出「五形動法」。廿世紀八十年代正式出版的有關專著，創編的「五形動法」。中央電視臺、河南電視臺、安徽電視臺、海南電視臺、江西電視臺等，及《體育報》、《河南日報》、《武魂》、《武林》、《中華武術》等數十家媒體介紹其人其功。2004年9月在首屆「世界傳統武術節」獲評「一等獎」；也受頒國內「優秀全民健身項目」一等獎（2006年6月）。中國國家體育總局武術運動管理中心在北京召開大會，共頒發八種武術健身功法獎：分別爲廈門大學的「行意強身功」、湖北武術管理中心「天罡拳十二式」、天津市「龜鶴養生操」、貴州市體育局的「太極藤球功」、北京市老年體協和首都體育學院選送的「流星健身球」、對外貿易大學選送的「九式太極操」、瀋陽體院的「雙人太極球」、江西省武術管理中心選送的「五形動法」。受到了國內外注重健身者、武術愛好者，所廣泛關注和喜愛。《五形動法》於2008年5月、人民體育出版社出版。

[48] 仿生學（Bionics）是模仿生物的特殊本領的一門科學。仿生學係借助瞭解生物的結構和功能原理，來研製新的機械和新技術，或解決機械技術的難題。1960年由美國的 J.E.Steele 首先提出。仿生學這個名詞來源於希臘文「Bio」，意思是「生命」，字尾「nic」有「具有……的性質」的意思。他認爲「仿生學是研究以模仿生物系統的方式、或是以具有生物系統特徵的方式、或是以類似於生物系統方式工作的系統的科學」。仿生學主要是觀察、研究和模擬自然界生物各種各樣的特殊本領，包括生物本身結構、原理、行爲、各種器官功能、體內的物理和化學過程、能量的供給、記憶與傳遞等。從而爲科學技術中利用這些原理，提供新的設計思想、工作原理和系統架構的技術科學。仿生學是一門集生命科學、物質科學理學、資訊科學、腦與認識科學、工程學、數學系力學及系統科學等學科的交叉學科。研究範圍包括：「力學、分子、能量、資訊與控制」等五大仿生領域。

大展。於九十件中外展品中，即有舉世聞名的十四世紀元朝（公元 1206
年—1368 年）青花瓷「鬼谷子下山」圖罐，此展品係全球僅存的八件元青花
人物故事瓷之一，屬於國家一級的古文物。據收藏大家馬未都清晰地指出說：
「此七百多年來的瓷罐，是蒙古文化，波斯文化，再加上我們的繪畫，即傳
統的漢文化，這三個文化撐在一起，這是我們過去不想的，但就是這樣的衝
撞，才創作了這麼一個獨特的元青花。」該瓷罐主體紋飾繪有「鬼谷下山」
圖，共計五個人物，個個傳神生動，畫工細膩，堪稱元青花絕世珍品。此件
大罐於 2005 年 7 月，在倫敦、佳士得拍出約 2.3 億元人民幣。創下了當時中
國藝術品，在國際上最高拍賣紀錄的歷史天價。唯此稀世珍寶《鬼谷子下山
圖》瓷罐雖產於中國，卻不能收藏在國內，實在可說是吾國之文物保護學家，
和所有收藏家們最大的遺憾。

圖一、鬼谷子下山圖瓷罐－主圖正面

　　價值連城的「鬼谷子下山圖瓷罐」，被倫敦、佳士德以 1400 萬英鎊拍出，
加佣金後為 1568.8 萬英鎊，價值約 2.3 億元人民幣，台幣約 11 億元。主題畫
面描述了孫臏的師傅鬼谷子，在齊國使節蘇代的再三請求下，答應下山搭救
被燕國陷陣齊之名將孫臏和獨孤陳的故事。鬼谷子端坐在一虎一豹拉的車

中，身體微微前傾，神態自若，超凡如仙，展現出他運籌帷幄之中、決勝千里之外，既閒情又篤定的態勢。套句現代人的話來說：「還真是拉風，挺神！」

圖二、鬼谷子下山圖瓷罐－全覽圖

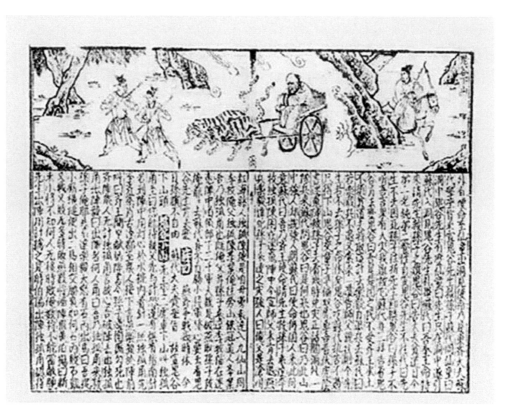

圖三、元朝《新刊全相平話－齊七國春秋後集》

本圖元至治年間建安虞氏刊印的《新刊全相平話－樂毅圖齊七國春秋後集》插圖。元青花《鬼谷子下山圖》瓷罐，係由畫藝極精湛的畫師，以上等青料繪製而成。構圖則取材自同時期的木刻版畫。圖畫內容據說出自日本內閣文庫藏《新刊全相平話－樂毅圖、齊七國春秋後集》，由元至治年間建安虞氏所印。本罐不論是題材選取、畫風表現以及圖式安排上，皆跟此一時期刊本上的版畫很近似。專家根據罐上所繪的波浪紋、牡丹紋與吉祥紋這三道紋

帶推測，本青花瓷罐的製作時期，極可能是在西元１３５１年左右。

圖四、鬼谷子下山圖瓷罐－背面

　　上圖《鬼谷子下山圖》瓷罐另一面，車前兩個步卒手持長矛開道，一位青年將軍英姿勃發，縱馬而行手擎戰旗上書「鬼谷」二字，蘇代騎馬殿后。一行人與山色樹石構成一幅壯觀又優美的山水人物畫卷。整個青花紋飾呈色濃豔，畫面飽滿疏密有致，主次分明渾然一體。人物刻畫流暢自然神韻十足，山石皴染，酣暢淋漓，筆筆精到，十分完美，正如鑑賞家孫瀛洲所言：「元代瓷器，精者頗精」。

## 八、鬼谷子算命術

　　台灣民間流傳鬼谷子著《鬼谷算命秘術》[49]，有首〈命理前定歌〉曰：「鬼

---

[49] 王通著、劉基序：「壽之修短。言之得失。以及禍福窮通。盈虛消長。無不有一定之數。數者。六藝之一也。春秋之時。孔氏以六藝教弟子。精於數學者。惟端木子一人。故料事如神。言必有中。端木子晚年愛徒王通。盡以其道授之。通乃參以陰陽五行之理。為人推算星命。壽夭榮枯。不爽累黍。於是隱居於陝西之鬼谷山。著書自娛。學者遂稱之為鬼谷先生。其言多精微玄妙。數百年來。無人能索解之。迨至三國時。諸葛武侯匿跡瓏中。得其遺書一卷。名為鬼谷算命術。反

谷先生命理祥，奇書一光判陰陽。三星排掌名和祿，四字推尋福共殃。細斷婚姻同子息，預知兄弟及行藏；一生基業從頭問，好把收成定答祥。」《命理前定數》，又稱《鬼谷先生四字經》[50]。其法由甲甲起至癸癸，共分一百數。以人之年月日時生辰八字，天干地支組合成卦定人休咎，推算人生磁基（事業根基）、昆玉（兄弟親情）、行藏（運氣）、婚姻（緣份）、嗣息（子息後代）、歸隱（終身收成）等事無不應驗。

## 九、鬼谷子電視劇

坊間有兩齣以鬼谷子為主體內容，所編導的戲劇。一為 2002 年 3 月，由孫芳友、李清泉編劇，沈衛國執導，河南影視製作中心出品與發行《縱橫天下－鬼谷子》共 16 集之電視連續劇。另一為 2013 年，由北京、天津等兩家縱橫捭闔文化傳媒公司重金打造《謀聖－鬼谷子》共 40 集；並經由鬼谷子研究專家翟傑為總策劃，金牌編劇劉樹生《大宅門》導演郭寶昌，執導劉涓，以及著名演員段奕宏（演飾鬼谷子）、戚薇、倪大紅、祖峰、徐麒雯、房子斌等領銜主演的歷史謀略情節劇。

## 十、鬼谷子天德經、王禪老祖賢妙真經

混元禪師於台灣、南投成立「唯心宗」，且以鬼谷子妙智為依歸，創辦「台

---

覆推勘。盡得其秘。然後知鼎足三分。為一定不易之數。後佐劉先主聯吳伐魏。演出借風借箭等種種妙計。武候知世人不易索解。乃於運籌帷幄之餘。逐句注釋。今其遺稿。為余友鐵冠道人所得。道人示予。予展卷拜讀。恍若黑夜中見明燈。故樂得而為之序。」洪武元年冬月青田劉基書于白門養心軒之南窗下。（劉基指王通為鬼谷子，但古來都以鬼谷子名禪、號鬼谷、民間稱之為王禪老祖為主。《東周列國志》指其名詡，《仙傳拾遺》指其名利。鬼谷子誕生地遺址，位於臨漳縣香荣營鄉鹽食村與谷子村附近（2010 年「中國鬼谷子文化高峰論壇」）。出生在臨漳，成長在淇縣，修道授業於雲夢山。據〈古代奇士鬼谷子的家鄉：谷子村〉一文言：「春秋戰國時期，鄴城東北十餘里處有個小村叫王家莊，莊上有個王員外，原在鄴城為官，⋯⋯王家莊後來被人叫成了谷子村，現在該村仍然王姓居多，自謂王禪族裡後裔。千百年來鄉親們沒有忘記鬼谷子母子的恩德風範，世代立祠祭祀。谷子村現仍有清代建造的鬼谷子祠堂，並保存有清光緒九年重修祠堂時古碑一通，古碑上清楚地記載著鬼谷子的生平事蹟，稱其為『帝王之師表，世代之宗工』。鬼谷子出生的地方，鄉民們稱為南庵子地，那裡的茅草與眾不同，長出的第一片葉子就泛紅，秋後如同楓葉紅成一片。2001 年出土一通明代石碑，據碑文記載是為了紀念鬼谷子的母親，明朝時建造聖母娘娘廟而立的。」（河北新聞網、張平美/文）。據宋代《相台志》和《臨漳縣誌》等文獻記載，早在西漢時期，臨漳（古鄴城）百姓就在鬼谷子村（今谷子村）修建了祠堂。（臨漳縣於 2010 年被「中國先秦史學會鬼谷子研究分會」命名為「中國鬼谷子文化之鄉」，建立為中國鬼谷子文化研究基地。）王通，據傳為鬼谷子傳人。）

[50] 《鬼谷子命理前定數》有歌曰：「伏羲聖祖判陰陽，鬼谷先生定答祥；三星排掌功名祿，四字推尋福共殃。先斷行藏昆息事，細言基址隱婚方；榮枯成敗占如此，搜盡陰陽骨髓腸。」

灣鬼谷子學術研究會」，以研究鬼谷子學術爲宗旨。多次舉辦「國際鬼谷子學術研討會」，積極與世界各國鬼谷子研究會交流。著作有《鬼谷子天德經》及《王禪老祖賢妙眞經》，供信徒們日課所朗誦吟唱。

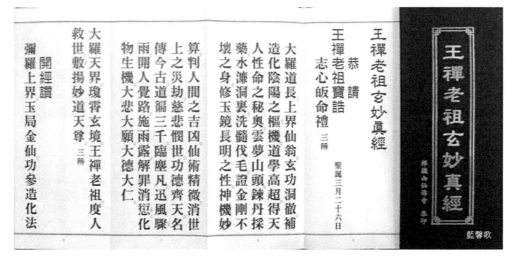

圖五、《鬼谷子－天德經》

圖六、《王禪老祖－賢妙眞經》

以上經由本節之收錄中，可以總結出：「鬼谷子」故事，不管官方資料或民間傳說、地方遺蹟、遺址居所……等，無不充滿著傳奇性。人們對他感到好奇，其神祕的原因：不在險峻、不在幽深，應該說是來自於鬼谷子本人之獨特的學說使然。如今，此人及其相關文化遺產，不止是學術思想或者是民間信仰，

乃至於地方旅遊觀光景點、文創商品，可說都是我中華民族從黃帝建國－有文字記載「中國」名詞以來[51]，從《尚書》：「今王惟曰：先王既勤用明德，……皇天既付中國民越厥疆土于先王，……惟王子子孫孫永保民。」（《周書》〈梓材〉）有記錄起；人民對一個中國的堅持，以及對於中華文化的傳承與熱愛，如此生

---

[51] 我國古代，「國」字的含義是「城」或「邦」。「中國」就是「中央之城」或「中央之邦」。「中國」一詞最早出現是在大陸境內，考古發掘出史前雕刻；1963 年陝西省寶雞更出土西周「何尊」青銅器 124 字銘文：「隹武王既克大邑商，則廷告於天曰：餘其宅茲中國，自茲乂民。」是目前爲止「中國」一詞，最早出現的文字記載，泛指周天下的中心地區。學者專家於周代文獻加以歸納出，「中國」一詞總共有五種不同含義：一指京師，即首都；二指天子直接統治著的王國；三指中原地區；四指國內、內地；五指漢族居住的地區和建立的國家。《尚書、梓材》：「皇天既付中國民，越厥疆土，於先王肆。」是指當時周朝統治下的全國而言。《大雅、民勞》也有「惠此中國」。但《詩經》中的此類中國實爲「京城」，還不是真正指國家。稱國家的「中國」一詞，在東周、戰國諸子書中已屢見不鮮了。光從儒家幾部經典裡，我就查到多達 134 處提到中國一詞。如《孟子》有九處，如〈離婁下〉：「得志行乎中國，若合符節。先聖後聖，其揆一也。」〈滕文公上〉：「悅周公、仲尼之道，北學於中國」，又「獸蹄鳥跡之道，交於中國」；《禮記》有七次，如〈王制〉：「中國夷戎，五方之民，皆有性也……中國、蠻、夷、戎、狄，皆有安居」。道家九部經典有八次《莊子、田子方》：「中國之君子，明乎禮義而陋干知人心」；《列子》〈湯問〉：「南國之人，被髮而裸；……中國之人，冠冕而裳。」兵家《吳子》：「三晉者，中國也，其性和，其政平」……這些都說明：上古所謂「中國」，即指後世「中原」。但地域不及後世中原之廣大與富裕，只相當於今黃河中下游河南大部、陝西南部、山西南部。「中國」一詞的頻繁使用，主要在周以後。如果說《禮記》的成書時間較靠後，則《左傳、莊公三十一年》有「凡諸侯有四夷之功，則獻於王，王以警於夷。中國則否」的說法，足見春秋前期，「中國」一詞就已經與蠻、夷、戎、狄對舉。齊桓公救援邢國，衛國等國，被稱作「救中國」，足見此時的「中國」，已經擴大到被認爲是「諸夏」的國家。《公羊傳、成公十五年》有：「《春秋》內其國而外諸夏，內諸夏而外夷狄。」夏、商時期，應該是華夏民族的形成時期；而集集華夏制度文化和精神文化之大成的「周禮」的形成，是華夏民族最終形成的標誌。觀夏、商、周、春秋，各邦國不斷分化，有的進入華夏集團，有的進入蠻、夷、戎集團，像杞國這樣的國家，一度搖擺于夷夏之間，最後終於擺進了華夏集團，成了「諸夏」的一分子。中國，又以「華夏」、「中華」、「中夏」、「諸夏」、「諸華」、「神州」、「中土」等的代稱出現。「夏」，在商、周以前有夏；「華」，是指華麗、興旺；也有說上古華、夏同音，本一字。《左傳》是現存最早出現華夏二字並稱的文獻，其中有「裔不謀夏，夷不亂華」之言；按《說文》中的釋義，「華，榮」、「夏，中國之人」。《左傳・定公十年》疏云：「中國有禮儀之大，故稱夏；有章服之美，謂之華。」，《尚書正義》注「華夏」：「冕服華章曰華，大國曰夏。」；按照這裡的說法，華是指華服，夏指有禮儀的大國，而「華夏」的意思就是「身穿華服的禮儀之邦」。而漢語「中國」一詞，最早指天下的「中心」——黃河流域黃河中下游的中原河洛地帶，後逐漸帶有王朝統治正統性的意義。自漢代開始，人們常把漢族建立的中原王朝稱爲「中國」，兄弟民族建立的中原王朝也自稱爲「中國」。南北朝時期，南朝自稱爲「中國」，把北朝稱爲「魏虜」；北朝也自稱爲「中國」，把南朝叫做「島夷」。遼與北宋，金與南宋，都自稱「中國」。詮釋中國是以歷史、民族、地理、政治來界定。（以上部分資料來源於百度百科、維基百科）當今海峽兩岸的台灣與大陸兩個政權，自稱中國但都互不承認對方爲中國。（近代以來，「中國」一詞作官方正式之稱呼，則是始於清朝。）金門島上寫著「三民主義統一中國」，廈門港有「和平統一、一國兩制」的標語。唯近年來以互不承認台獨及九二共識之下，共同和平追求國家統一，兩岸對立已有緩和之趨勢。中共國務院臺灣事務辦公室主任張志軍接受《人民日報》探訪，2014 年 6 月底赴台參訪言：「在涉及維護中國主權和領土完整的問題上，我們的立場是一貫的，態度是鮮明的。兩岸不是國與國關係，不能搞『兩個中國』或『一中一台』」。

生不息的事實，本就值得鼓勵與闡揚！尤其西漢以來，百姓喜愛鬼谷子的思想學說與其傳奇故事，這過程無不是大家所共同努力奮鬥和創作的結果，這不僅是種庶民文化的偶像崇拜、意識型態、思維架構、生活內涵、文學藝術……等文化體現之文明象徵；還有屬於士人，對於眞實的鬼谷子思想，其學術的探究與學習。由此之故，我們擁有鬼谷子如此之奇人，不僅是全體同胞無上的光榮，更是值得讓兩岸三地與全球所有的華人，可以倍覺喜悅之處還有，設立於河南、淇縣、雲夢山的「中國第一古軍事學院」，自古即流傳著鬼谷子許多的故事，並廣爲宣稱其爲歷史上最偉大的軍事教育學家。鬼谷子的兵法是合乎天地人的宇宙觀，不單對軍事、政治、外交、社會、經濟、人事，實乃包含自然等包含甚廣之學問。以鬼谷子傳世的「遊說計謀」觀之，其所擅長利用的方法、技術、原則、原理、便是以道爲總綱，以自然原理爲原則，能以大包小，戰無不勝，攻無不克，大無其外，細無其內，而所廣泛運用之結果；其兵學理論應用，有「天、地、日、月、陰、陽、鬼、神」等元素；鬼谷子的軍事思想，導源於中國最古老的文化之學，至今乃爲有識之士所推崇的「易經八卦」，亦是古今最精緻的數理哲學、科學、兵學。因爲它原始、因爲貼近自然，因爲進以抽象的符號，簡約的包括大自然的原理原則，所以蘊藏大自然的能量。只要應用得當就有力量與功效，就像太陽看似簡單一個光源火球，但卻有無窮的能量，只要懂得解開其原理原則，就可以用，如今已爲民生使用的太陽能板。就像「龍」這個字與圖騰的存在，背後就會有著眞假的探討，孔子竟曾坦白說他知道鳥能飛，魚能在水中游，但無法明瞭「龍」[52]到底爲什麼能在空中飛翔？這龍的奧祕，就如同我國歷史上的鬼谷子既有政治家的六韜三略，又擅長於外交家的縱橫之術，更兼有陰陽家的祖宗衣缽，預言家的江湖神算。所以鬼谷子被世人認定，

---

[52] 《史記》〈老子列傳〉：「孔子適周，將問禮於老子。老子曰：『子所言者，其人與骨皆已朽矣，獨其言在耳。且君子得其時則駕，不得其時則蓬累而行。吾聞之，良賈深藏若虛，君子盛德容貌若愚。去子之驕氣與多欲，態色與淫志，是皆無益於子之身。吾所以告子，若是而已。』孔子去，謂弟子曰：『鳥，吾知其能飛；魚，吾知其能遊；獸，吾知其能走。走者可以爲罔，遊者可以爲綸，飛者可以爲矰。至於龍，吾不能知其乘風雲而上天。吾今日見老子，其猶龍邪！』」。又《莊子》〈天運〉：「孔子行年五十有一而不聞道，乃南之沛，見老聃。……孔子見老聃歸，三日不談。弟子問曰：『夫子見老聃，亦將何規哉？』孔子曰：『吾乃今於是乎見龍。龍，合而成體，散而成章，乘雲氣而養乎陰陽。予口張而不能合。予又何規老聃哉？』」。《孔子家語》〈十二弟子解〉：「季桓子穿井，獲如土缶，其中有羊焉。使使問於孔子曰：『吾穿井於費，而於井中得一狗，何也？』孔子曰：『丘之所聞者，羊也。丘聞之，木石之怪夔蝄蜽，水之怪龍罔象，土之怪羵羊也。』」。另，許慎的《說文解字》稱：「龍，鱗蟲之長。能幽能明，能巨能細，能長能短，春分而登天，秋分而潛淵。」《廣雅》：「有鱗曰蛟龍，有翼曰應龍，有角曰虯龍，無角曰螭龍，未升天曰蟠龍。」

是一位奇才、全才，也由於不愛名、不愛權、不貪財、更不罵人，所以從來不會捲入是非，至今乃傳為美談。

鬼谷子招收了不少學生，最為著稱者為遊說學，其核心內容是「揣摩」和「計謀」，屬於口才與論辯界的最高智慧，亦是說話功夫中的最高境界。其它之學問，如天文、地理、兵法、神算，這四門傳世功夫可由刻苦習練——《鬼谷子》等相關秘笈而成。其中，最傑出的有四位，分別是蘇秦、張儀、孫臏和龐涓，世俗上並稱「鬼門四傑」，千古聞名。（孫臏與龐涓為其弟子之說，見《孫龐演義》[53]）

因此，可以說鬼谷子自人類文明有文字記載的歷史以來，不僅是我國的第一位奇人，乃至於當今世界各古老民族來說，也最具有傳奇性和神秘性。當然其神秘性質，是由於遭受到戰亂、官方與主流思想的抑制，及長久以來未加傳承、研究與失散所致。居於歷史資料非常之少，也由於太過傳奇，世人對其迷惑不解，以至於產生無比的好奇心與無上的關懷；為使其明朗化，所以本書從下一節起開始繼續探討。首先，就從「鬼谷子的著作」與「其時代背景」，來作進一步的剖析。

## 第二節　鬼谷子之著作

筆者於上一節，將鬼谷子從正史與民間傳說、與文創商品上，證明有此一神秘人物之存在。本節則是從另一視野，鬼谷子之書與時代背景，讓我們更進一步來認識，書本上真正的鬼谷子。

我們從歷史上之發展，得知對於戰國之結束有深遠的影響，是蘇秦與張儀的作為，因為他們的「合縱連橫」起了很大的作用。而其老師究竟是何等人物、何等之能耐，才能培育出擁有憾動世局的無比能力，如此優秀的學生，出自於他的手中？由於無情的歷史洪流，它早已煙沒了一切事實真相。所以，我們也唯有從世上僅存的《鬼谷子》一書之中，與一些為數不多的佚文裡，加以努力思索研究，才能一探其深奧思想之究竟了。

《鬼谷子》是縱橫家唯一的子書，早是不爭之事實，該書最早是著錄於《隋書》〈經籍志〉[54]中。唐朝柳宗元云：「鬼谷子後出，險峭薄，恐其妄言亂

---

[53]《孫龐演義》原著，明朝、吳門嘯客。

[54]《隋書》唐、魏徵等撰。隋文帝時，王劭已撰成《隋書》八十卷。唐高祖武德四年（621 AD），令狐德棻首先提出修 齊、梁、陳、周、隋等五朝史的建議，隔年，唐朝廷命史臣編修，數

世；難信，學者宜其不道。」又因其學說「佞人為之，則便辭利口，傾危變詐，至於賊害忠信，覆邦亂家」。他是最早提出《鬼谷子》乙書真偽問題的第一人，否定《鬼谷子》比較多的是視之為偽書，而使《鬼谷子》思想淹沒不彰。從柳宗元以來，對於《鬼谷子》真偽之千古疑案，近幾年來，已經海峽兩岸之文史哲等學術界，學者專家等前輩們，經過無數次努力之研究考證，已有所成。本文擬以思想學說為本，不與加入討論。

　　本文所遵照之《鬼谷子》章句，均以魏晉、南北朝之梁朝，陶弘景所注《鬼谷子》之原文為主。歷年來《鬼谷子》的版本有四種之多，常見者有明代正統道藏本、清代的四庫全書本，乾隆江都秦氏刊本，嘉慶十年江都秦氏刊本等，但多源至自道藏本。

　　據文獻記載《鬼谷子》一書曾有四家注本，即陶弘景注、皇甫謐注、樂壹注、和尹知章注等。以上有關注家，是根據《隋書、經籍志》之記載：《鬼谷子》三卷，皇甫謐注「鬼谷子，周世隱於鬼谷。」；又錄《鬼谷子》三卷，樂壹注。另長孫無忌《鬼谷子序》曰：「《鬼谷子》三卷，皇甫謐注。鬼谷子，楚人也，周世隱於鬼谷；梁有陶弘景所注《鬼谷子》三卷；又有樂壹注三卷。」[55]可惜的是在唐、宋數百年之間，其他三本均已先後失傳，唯今本僅存陶弘景注本。

　　陶弘景此注本之流傳，有道藏本、和抄本兩種管道。陶注本後來被收錄於道藏中，清朝乾隆五十四年（AD1789）秦恩復根據友人孫淵如，在華陰嶽廟道藏所抄錄之《鬼谷子》加以刊行（此及世稱為乾隆江都秦氏刊本），臺灣藝文印書館影印刊行之。抄本者，根據宋本抄錄為有錢遵王之藏本，是為述古堂本。之後乾隆五十九年盧氏以此本對照秦氏刊本，加以補正之，於嘉慶十年刊行，是為嘉慶、秦氏刊本。臺北廣文書局影印刊行，本書亦以此刊本為據。

　　《鬼谷子》[56]分為上、中、下三卷，大體分為兩部份上、中卷及下卷；前

---

年仍未成書。唐太宗貞觀三年（629 AD）命房玄齡監修隋史，另紀傳部分監修的還有顏師古、孔穎達、許敬宗等。貞觀十年（636 AD）成書。帝紀五卷、列傳五十卷，志三十卷，多人共同編撰，分為兩階段成書，從草創到全部修完共歷時卅五年。記載隋文帝開皇元年（581 AD）至隋恭帝義寧二年（618 AD）共卅八年歷史。

[55] 《隋書、經籍志》鬼谷子三卷。皇甫謐注：「鬼谷子，楚人也，周世隱於鬼谷。」梁有陶弘景註三卷。「縱橫者所以明辯說、善辭令，以通上下之志也。漢世以為本行人之官，受命出疆臨事而製。故曰，誦《詩》三百使於四方，不能專對雖多，亦奚以為周官掌交，以節與幣巡邦國之諸侯及萬姓之聚導，王之德意志愿使闓行之，而諸侯之好，達萬民之說，諭以九稅之利，九儀之親，九牧之維，九禁之難，九戎之威是也。佞人為之，則便辭利口，傾危變詐，至於賊害忠信，覆國邦家。」監修國史趙國公長孫無忌等上。

[56] 鬼谷先生，一生著作有：《鬼谷子》三卷之外。傳說中尚有：二、《關令尹內傳》一卷，三、

者又稱內篇、後者為外篇。內篇收錄十四篇，外篇有三篇。上卷有四篇：〈捭闔第一〉、〈反應第二〉、〈內揵第三〉、〈抵巇第四〉；中卷有八篇：〈飛鉗第五〉、〈忤合第六〉、〈揣第七〉、〈摩第八〉、〈權第九〉、〈謀第十〉、〈決第十一〉、〈符言第十二〉、〈轉丸第十三〉及〈胠亂第十四〉，但此二篇早已亡佚；下卷：即〈本經陰符七術〉、〈持樞〉、〈中經〉，三篇；又〈本經陰符七術〉含七節：即〈盛神〉、〈養志〉、〈實意〉、〈分威〉、〈散勢〉、〈轉圓〉、〈損兌〉。故總計現存只有十五篇。上卷以「計謀策略」為主，中卷以「言辭遊說」為重點，下卷則兼以「修身養性、內心修煉」為核心。下卷是上、中兩卷的基礎，則是它們的思想指導。

以上從各篇名觀之，無不都是「遊說」與「計謀」有關的篇章。當然，打從劉向的修辭學史書《說苑》，在這部書上舉出《鬼谷子》的話語，便可看出《鬼谷子》在劉向對於劉氏漢朝的朝廷官員，治國論政之有效言論，是多麼之重視！劉向是看到此遊說之好的一面。不加深入去研究《鬼谷子》，初看起來常會只有柳宗元文學藝術式的情緒毀謗《鬼谷子》，是一本：「佞人為之，則便辭利口，傾危變詐，至於賊害忠信，覆邦亂家」的書；很明顯的，柳宗元只是看到不好的一面，並未站在國家戰略高度全方位的角度來查看，他應該不懂兵法也不懂謀略。

而更早一點，處於那個時代之當時，能深入探討縱橫家，並嚴肅的加以重視者，則有韓非子以法家立場言：

> 「故群臣之言外事者，非有分於衡之黨，則有仇讎之忠，而借力於國也。從者何眾弱以攻一強也，而衡者以攻眾弱也，皆非所以持國也」今人臣之言衡者皆曰：「不事大則遇敵受禍矣。」人臣之言從者皆曰：「不救小而伐大則失天下，失天下則國危，國危而主卑。」又「人主之於其聽說也，於其臣，事未成則爵祿已尊矣；事敗而弗誅，則遊說之士，孰不為用矰繳之說而徼倖其後？故破國亡主以聽言談者之浮說，此其故何也？」又「今修文學、習言談，則無耕之勞、而有富之實，無戰之危、而有貴之尊，則人孰不為也？是以百人事智而一人用力，事智者眾則法敗，用力者寡則國貧，此世之所以亂也。」[57]

---

《鬼谷子占氣》一卷，四、《陰符經鬼谷子注》一卷，五、《李虛中命書》三卷，六、《鬼谷子天髓靈文二卷》，七、《像掌金龜卦》一卷，八、《貴賤定格三世相書》一卷；更將黃老、易經、縱橫術冶於一爐，影響深遠，故人又稱「神算鬼谷子」。

[57] 語出於《韓非子》四十九卷〈五蠹〉。《五蠹》，『蠹』字意指由內部危損整體的木中之蟲，五蠹指五種蛀蟲，韓非認為為學者（儒家）、言議者（縱橫家）、帶劍者（墨家俠者與俠客）、

　　以上，出自《韓非子》第四十九卷〈五蠹〉篇。韓非認爲縱橫家者如蟲蠹，危害國政社計，國君應將之去除。雖然韓非認爲如此，但《韓非子》十二卷〈說難〉，卻也出現有如縱橫家之言：

> 「凡說之務，在知飾所說之所矜而滅其所恥。彼有私急也，必以公義示而強之。其意有下也，然而不能已，說者因爲之飾其美而少其不爲也。其心有高也，而實不能及，說者爲之舉其過而見其惡而多其不行也。有欲矜以智能，則爲之舉異事之同類者，多爲之地，使之資說於我，而佯不知也以資其智。欲內相存之言，則必以美名明之，而微見其合於私利也。」

> 「夫事以密成，語以泄敗，未必其身泄之也，而語及所匿之事，**如此者身危**。彼顯有所出事，而乃以成他故，說者不徒知所出而已矣，又知其所以爲，**如此者身危**。規異事而當，知者揣之外而得之，事泄於外，必以爲己也，**如此者身危**。周澤未渥也，而語極知，說行而有功則德忘，說不行而有敗則見疑，**如此者身危**。貴人有過端，而說者明言禮義以挑其惡，**如此者身危**。貴人或得計而欲自以爲功，說者與知焉，**如此者身危**。彊以其所不能爲，止以其所不能已，**如此者身危**。」

　　以上，可以看出韓非對遊說術之重要與其影響性是相當有研究，且明白舉出七大件會危害己身之理由。但卻認爲縱橫家者，只是要取得參予國事，進而顯貴，如其所言「借力於國也」、「有貴之尊」，其目的很明顯。但事實並非韓非所言之如此單純，「韓非的評論持否定之態度，並不全面和準確，但也大體合於事實。」[58]

　　高似孫[59]《子略》[60]，評《鬼谷子》言：

---

患禦者（怕被徵調作戰的人）、工商買賣者等，爲擾亂君王法治的五種人，考量歷史應除掉他們。本篇亦爲歷史上公認的韓非子代表作。

[58] 許宏富著《鬼谷子研究》、趙逵夫〈序〉，上海：古籍出版社。

[59] 高似孫（1158～1231 AD），字續古，號疏寮，鄞縣（今浙江寧波）人（清康熙《鄞縣誌》卷十），一說餘姚（今屬浙江）人（清光緒《餘姚縣誌》卷廿四）。孝宗淳熙十一年（1184 AD）進士，調會稽縣主簿，歷任校書郎，出知徽州，遷守處州。甯宗慶元六年（1200 AD）通判徽州，嘉定十七年（1224 AD）爲著作佐郎。理宗寶慶元年（1225 AD）知處州。晚家於越，爲嵊令史安之作《剡錄》。有《疏寮小集》、《剡錄》、《子略》、《蟹略》、《騷略》、《緯略》等。事見《南宋館閣續錄》卷八、《宋史翼》卷廿九。

[60] 《子略》宋高似孫撰《子略》四卷，《目錄》一卷（內府藏本）。似孫有《剡錄》，已著錄。是書卷首冠以目錄，始《漢志》所載，次《隋志》所載，次《唐志》所載，次庾仲容《子鈔》、馬總《意林》所載，次鄭樵《通志·藝文略》所載，皆削其門類而存其書名。略注撰人卷數

「《鬼谷子》書，其智謀、其數術、其變譎、其辭談，皆出於戰國諸人之表。夫一闔一闢，《易》之神也；一翕一張，老氏之機也。鬼谷子之術，往往有得於闔闢張翕之外，神而明之，益至於自放潰裂而不可禦。予嘗觀諸《陰符》矣，窮天之用、賊人之私，而陰謀詭秘，有《金匱》韜略之所不可該者，而《鬼谷》盡得而泄之，其亦一代之雄乎！」

《鬼谷子》是先秦時期很有特色的一部學術著作。由於秦、漢以降，在長期的封建社會裡屬於非主流文化，因而使其原有學術價值湮沒不彰。文章從《鬼谷子》謀略思維的根據、原則和方式，謀略主體的素質和修養，論證了其學術價值，同時指出了其負面影響。

《鬼谷子》不只是先秦的一部定奪天下的思想著作，嚴謹的掌握形勢與趨勢，將劣勢、敗勢扭轉為優勢之態勢，甚至於牽引局勢進入為我方之勝勢，大開大闔的原則和方法，將之提升到全盤的理論加以闡述，並無私的公開。古人將之把稱為謀國之智謀奇術，涵蓋於所有兵法之上。但我們今日重新審視，正如同廿世紀八十年代以來，世界對《孫子兵法》的研究和運用，已擴展到了軍事以外的政治、外交、經濟、體育、人事等方面的眾多領域。尤其日本企業家率先把《孫子兵法》運用於企業競爭和經營管理，取得了很大成效。由此啟示，國人研究《鬼谷子》亦發現並不亞於《孫子兵法》。實際上，人稱「兵法的核心在於挑戰規則，唯一的規則就是沒有規則。兵法是謀略，謀略不是小花招，而是大戰略、大智慧。」當今《鬼谷子》更有其積極的一面，開始被探討如何識別和把握他人思想及內心隱秘的思維方式，把握謀略思想在現代企業組織與工商管理、社會心理學和人際關係學中，已有許多的探討及精闢的研究結論。

於下。其一書而有諸家注者，則惟列本書，而注家細字附錄焉。其有題識者，凡《陰符經》、《握奇經》、《八陣圖》、《鶡子》、《六韜》、《孔叢子》、《曾子》、《魯仲連子》、《晏子》、《老子》、《莊子》、《列子》、《文子》、《戰國策》、《管子》、《尹文子》、《韓非子》、《墨子》、《鄧析子》、《亢桑子》、《鶡冠子》、《孫子》、《吳子》、《範子》、《鬼谷子》、《呂氏春秋》、《素書》、《淮南子》、賈誼《新書》、《鹽鐵論》、《論衡》、《太玄經》、《新序》、《說苑》、《抱樸子》、《文中子》、《元子》、《皮子》，隱書凡三十八家。其中《說苑》、《新序》合一篇，而《八陣圖》附於《握奇經》，實共三十六篇。惟《陰符經》、《握奇經》錄其原書於前，餘皆不錄。似乎後人刪節之本，未必完書也。馬端臨《通考》多引之，亦頗有所考證發明。然似孫能知《亢倉子》之僞，而於《陰符經》、《握奇經》、《三略》、諸葛亮《將苑》、《十六策》之類，乃皆以為真，則鑒別亦未為甚確。其盛稱《鬼谷子》，尤為好奇。以其會粹諸家，且所見之本猶近古，終非焦竑《經籍志》之流輾轉販鬻，徒構虛詞者比。故錄而存之，備考證焉。

　　《鬼谷子》更是我國歷史上，第一部探定細膩精微的人心，以探索人的心理特徵和心理活動規律的基礎上，再從人際關係之交往中，論述勸諫、建議、協商、談判、溝通和一般交際技巧的書。它講授了不少政治鬥爭權術，其中最重要的是取寵術、制君術、交友術和制人術。其智謀被廣泛運用，不僅在中國受重視，在國際上的軍政權謀家也給予高度評價，如日本之孫子兵法管理學派創始人大橋武夫[61]，其專著探討『鬼谷子與經營謀略』便極力推崇，享譽海內外。世稱《鬼谷子》：「其智謀，其變譎，其辭談，蓋出於戰國諸人之表。」

　　《鬼谷子》一書注重在探討縱橫學說的原則、遊說技巧，與遊說者應有的內在修持。立國不可無外交，而縱橫家之所長，即在於「權事制宜，受命不受辭」。所用如果得人，便能做到：「折衝樽俎之間，決勝千里之外」、「兵不血刃，而能制敵機先」、「不持一尺之兵，不費一鬥之糧，能解兩國之構難，又能利國濟民」。

　　《鬼谷子》是戰國時期縱橫家的鼻祖鬼谷子及其門徒的著作集，也是縱橫家唯一保存至今的理論專著，在中國思想史上獨樹一幟，開創了中國的游說修辭術。此書主張「計謀策略」及「遊說技巧」，從各個方面解釋並利用戰國時代激烈的社會矛盾，制定出一整套計謀權術與言談技巧，所謂「智用於眾人之所不能知，而能用於眾人之所不能。」于無形之中達成目標，這是《鬼谷子》的精髓所在，值得後世去學習與揣摩。

　　再如，大文論家劉勰[62]，也持肯定的態度，他在《文心雕龍》[63]第十七卷〈諸子〉[64]中，把鬼谷子和孟子、莊子、墨子、申不害、商鞅等相提並論，進

---

[61]　大橋武夫係戰前日軍中校參謀，現任東洋精密工業董事。將《孫子》的軍事思想與經營學融為一體，把瀕臨破產的小石川工廠，一舉改造成生機勃勃的東洋精密工業公司。著作有《用兵法經營》，及 1987 年，以 20 世紀初，帝俄南下和日本北進政策衝突為史實，撰寫出《戰略與謀略》一書。

[62]　劉勰（約 465～520AD），字彥和，生活於南北朝時期，中國歷史上著名的文學理論家。漢族，祖籍山東莒縣（今山東省日照市莒縣）東莞鎮、大沈莊（大沈劉莊）。他曾官縣令、步兵校尉、宮中通事舍人，頗有清名。晚年在山東莒縣、浮來山創辦（北）定林寺。劉勰雖任多官職，但其名不以官顯，卻以文彰，一部《文心雕龍》奠定了他在中國文學史上和文學批評史上不可或缺的地位。中國歷史上著名的文學理論家。

[63]　《文心雕龍》是中國南朝文學理論家劉勰創作的一部文學理論著作，成書於西元 501～502 年（南朝齊和帝中興元、二年）間。它是中國文學理論批評史上第一部有嚴密體系的、「體大而慮周」（章學誠《文史通義·詩話篇》）的文學理論專著。全書共十卷，五十篇（原分上、下部，各廿五篇），以孔子美學思想為基礎，兼采道家，全面總結了齊梁時代以前的美學成果，細緻地探索和論述了語言文學的審美本質及其創造、鑑賞的美學規律。

[64]　原文如下：「諸子者，入道見志之書。太上立德，其次立言。百姓之群居，苦紛雜而莫顯；君子之處世，疾名德之不章。唯英才特達，則炳曜垂文，騰其姓氏，懸諸日月焉。昔風後、

行肯定性的評價：「矽谷渺渺，每環奧義」。他又在《文心雕龍》、〈論說〉[65]中，

力牧、伊尹，咸其流也。篇述者，蓋上古遺語，而戰代所記者也。至鬻熊知道，而文王諮詢，餘文遺事，錄爲《鬻子》。子目肇始，莫先於茲。及伯陽識禮，而仲尼訪問，爰序道德，以冠百氏。然則鬻惟文友，李實孔師，聖賢並世，而經子異流矣。」「逮及七國力政，俊乂蜂起。孟軻膺儒以磬折，莊周述道以翱翔。墨翟執儉確之教，尹文課名實之符，野老治國於地利，騶子養政于天文，申商刀鋸以制理，鬼谷唇吻以策勳，尸佼兼總於雜術，青史曲綴於街談。承流而枝附者，不可勝算，並飛辯以馳術，饜祿而餘榮矣。」「暨于暴秦烈火，勢炎昆岡，而煙燎之毒，不及諸子。逮漢成留思，子政讎校，於是《七略》芬菲，九流鱗萃。殺青所編，百有八十餘家矣。迄至魏晉，作者間出，讕言兼存，璅語必錄，類聚而求，亦充箱照軫矣。」「然繁辭雖積，而本體易總，述道言治，枝條五經。其純粹者入矩，踳駁者出規。《禮記、月令》，取乎呂氏之紀；三年問喪，寫乎《荀子》之書：此純粹之類也。若乃湯之問棘，雲蚊睫有雷霆之聲；惠施對梁王，雲蝸角有伏屍之戰；《列子》有移山跨海之談，《淮南》有傾天折地之說，此踳駁之類也。是以世疾諸子，混洞虛誕。按《歸藏》之經，大明迂怪，乃稱羿斃十日，嫦娥奔月。殷《易》如茲，況諸子乎！」「至如商韓，六蝨五蠹，棄孝廢仁，轘藥之禍，非虛至也。公孫之白馬、孤犢，辭巧理拙，魏牟比之號鳥，非妄貶也。昔東平求諸子、《史記》，而漢朝不與。蓋以《史記》多兵謀，而諸子雜詭術也。然洽聞之士，宜撮綱要，覽華而食實，棄邪而采正，極睇參差，亦學家之壯觀也。」「研夫孟荀所述，理懿而辭雅；管、晏屬篇，事核而言練；列禦寇之書，氣偉而采奇；鄒子之說，心奢而辭壯；墨翟、隨巢，意顯而語質；尸佼尉繚，術通而文鈍；鶡冠綿綿，亟發深言；鬼谷眇眇，每環奧義；情辨以澤，文子擅其能；辭約而精，尹文得其要；慎到析密理之巧，韓非著博喻之富；呂氏鑒遠而體周，淮南泛采而文麗：斯則得百氏之華采，而辭氣之大略也。」「若夫陸賈《新語》，賈誼《新書》，揚雄《法言》，劉向《說苑》，王符《潛夫》，崔實《政論》，仲長《昌言》，杜夷《幽求》，或敘經典，或明政術，雖標論名，歸乎諸子。何者？博明萬事爲子，適辨一理爲論，彼皆蔓延雜說，故入諸子之流。」「夫自六國以前，去聖未遠，故能越世高談，自開戶牖。兩漢以後，體勢浸弱，雖明乎坦途，而類多依采，此遠近之漸變也。嗟夫！身與時舛，志共道申，標心於萬古之上，而送懷於千載之下，金石靡矣，聲其銷乎！」贊曰：「丈夫處世，懷寶挺秀。辨雕萬物，智周宇宙。立德何隱，含道必授。條流殊述，若有區囿。」註：(《漢志》墨家《隨巢子》六篇。《隋唐志》並云一卷。意林同。隨巢爲墨翟弟子，(班固自注。) 其書言鬼神炎祥，闡發《墨子》明鬼之義，以爲鬼神賢於聖人。馬國翰《玉函山房輯》佚書有《隨巢子》一卷。)

[65] 《論說》是《文心雕龍》的第十八篇。「論」與「說」在後代文體中總稱爲「論說文」。本篇所講「論」與「說」也有其共同之處，都是闡明某種道理或主張，但卻是兩種有區別的文體：「論」是論理，重在用嚴密的理論來判辨是非，大多是論證抽象的道理；「說」是使人悅服，除了古代常用口頭上的陳說外，多是針對緊迫的現實問題，用具體的利害關係或生動形象的比喻來說服對方。後世的論說文，基本上是這兩種文體共同特點的發展。

本篇分兩大部分：前兩段講「論」，後兩段講「說」。第一段說明「論」的概念、類別及其從先秦到魏晉時期的發展概況；第二段講「論」的基本要求，附論注釋文和「論體」的同異。把注釋一概歸入論體，是很勉強的，不過古代某些經傳既獨立成書，也表達了著者系統的學術見解，和一般學術論著有一定的共同之處；第三段講「說」的含義和發展概況；第四段講「說」的基本要求。

劉勰對「論、說」文的論述，除以「述聖通經」爲「論家之正體」，表現了他濃厚的尊儒思想外，在涉及魏晉期間「崇有」、「貴無」之爭時，還搬出了佛教的「般若之絕境」，這並非概念上的偶然借用，而是在「有」與「無」這場大論戰中，作爲佛教徒的劉勰對這個重要問題的論斷。這對我們全面研究劉勰的文學思想是值得注意的。另一方面也應看到：劉勰「博通經論」(《梁書·劉勰傳》)，對《文心雕龍》全書理論體系的建立是有關的，而對古代論說文的總結，也提出一些可取的意見。如認爲議論文要「彌綸群言，而研精一理」；提倡能「師

高度評價縱橫家，並對《鬼谷子》的〈轉丸〉和〈飛鉗〉作了精到的評論：「暨戰國爭雄，辯士雲湧，縱橫參謀，長短角勢。〈轉丸〉騁其巧辭，〈飛鉗〉伏其精術。一人之辯，重於九鼎之寶，三寸之舌，強於百萬雄師。六印磊落以佩，五都隱賑而封。」劉勰對《鬼谷子》之遊說巧辭、確切謀略讚賞，對辯士、長短、縱橫謀術的肯定，對「辯重九鼎、舌戰雄師」的評議，具有高度之評價。

再如，唐代大詩人陳子昂[66]，也對鬼谷子很肯定，他在《感遇》之十一中，以詩作精彩評論：「吾愛鬼谷子，青溪無垢氛；囊括經世道，遺身在白雲。七雄方龍鬥，天下亂無君；浮雲不足貴，遵養晦時文。舒之彌宇宙，卷之不盈分；豈圖山不壽，空與麋鹿群。」

宋朝《棋經十三篇》[67]：「或曰：『棋以變詐爲務，劫殺爲名，豈非詭道耶？』予曰：『不然』；《易》曰：『師出以律，否藏凶』；兵本不尚詐，謀言詭行者，乃戰國縱橫之說」[68]。

---

心獨見，鋒穎精密」的論文；強調「辨正然否」，反對講歪道理而主張以理服人等。特別值得注意的是，他以「悅」解「說」，要求「說」必須使人「悅懌」。這既抓住先秦辯論家善用寓言服人的特點，也是漢魏以後的雜說所繼承的精華。劉勰一再肯定「動言中務」、「喻巧而理至」的辯說，對總結和發揚古代「說」體的文學特點，是有一定意義的。

[66] 陳子昂（約661～702 AD）字伯玉，梓州射洪（今四川）人。初唐詩文革新的先驅者。青年時期出生於富有的家庭，早年喜遊獵，不好學，慷慨任俠，政治熱情很高，「感時思報國，拔劍起蒿萊。」十七、八歲開始折節讀書，二十一歲入京，唐睿宗文明元年（684 AD）二十四歲中進士，爲武則天所賞識，任麟台正字，後升爲右拾遺。而後隨武攸宜東征契丹，反對外族統治者製造分裂的戰爭，多次進諫，未被採納，卻被斥降職。其時，他寫下許多詩篇，反映邊地人民的痛苦，抒發報國壯志無法實現的悲憤。東征之後，辭官回鄉，後被人陷害，冤死獄中，年僅四十二歲。今存《陳伯玉集》。他在政治上曾針對時弊，提過一些改革的建議。在文學方面針對初唐的浮豔詩風，力主恢復漢魏風骨，反對齊、梁以來的形式主義文風。他自己的創作，其存詩共100多首，其中最有代表性的是《感遇》詩三十八首，旨在抨擊時弊，抒寫情懷，《登幽州台歌》、《薊丘覽古贈盧居士藏用》七首。風格朴質而明朗，格調蒼涼激越，標誌著初唐詩風的轉變。

[67] 《棋經》是北宋、仁宗時的皇祐中翰林學士張擬的作品，共13篇，分別是「論局、得算、權輿、合戰、虛實、自知、審局、度情、斜正、洞微、名數、品格、雜說」。說明下圍棋的理論著作。《棋經十三篇》是宋朝時出現的一部在我國圍棋發展史上佔有特殊地位的著作。《棋經十三篇》的價值，首先在於它的系統性。我國古典圍棋理論，從尹文子和太叔文子算起，中經班固《弈旨》、馬融《圍棋賦》等，到了敦煌寫本《棋經》和王積薪的《十訣》，才逐漸開始系統化。但眞正建立起一個體系的，還要算《棋經十三篇》。這標誌著我國古典圍棋理論發展到了一個新的高度。《棋經》序文言：《傳》曰：「飽食終日，無所用心，不有博弈者乎？」桓譚《新論》曰：「世有圍棋之戲，或言是兵家之類。上者遠其疏張，置以會圍，因而成得道之勝。中者，則務相絕遮，要以爭便求利，故勝負狐疑，須計數以定。下者則守邊隅，趨作罫，以自生於小地。春秋而下，代有其人。」則弈棋之道，從來問矣。今取勝敗之要，分爲十三篇，有與兵法合者，亦附於中云爾。

[68] 語出《棋經》〈斜正篇第九〉「或曰：『棋以變詐爲務，劫殺爲名，豈非詭道耶？』予曰：『不

---

此外，南宋學者高似孫，其評價也不低，他在《鬼谷子略》一書中說：

> 《鬼谷子》書：「其智謀，其術數，其變譎，其辭談，蓋出於戰國諸
> 人之表。夫一辟一闔，《易》之神也；一翕一張，老氏之幾也。鬼谷
> 之術，往往有得於闔辟翕張之外，神而明之，益至於自放潰裂而不
> 可禦。予嘗觀諸《陰符》矣，窮天之用，賊人之私，而陰謀詭秘，
> 有金匱韜略所不可該者。而鬼谷盡用而泄之，其亦一代之雄乎！」

鬼谷子集中表現戰國的智謀權術、變譎辭談，超出《易》、《老》的闔辟
翕張，神明自如，其陰謀詭秘更是兵家秘笈所不及，鬼谷子瀟灑用盡，實為
一代的謀略大師。

還有，清代的學者孫德謙[69]的評價也相當高，他在《諸子通考》中說：

> 「縱橫家者，古之掌交也。」《鬼谷子》一書所以明交郊之道，而使
> 于四方者，果能扼山川之險要，察士卒之強弱，識人民之多寡，辨君
> 相之賢愚，沈機觀變，以銷禍患於無形，則張儀、蘇秦，其各安中國
> 至於十餘年之久者，不難繼其功烈矣。……蓋今之天下，一縱橫之天
> 下也。嘗謂為使臣者，果能於口舌之間，隱消禍亂，俾國家受無形之
> 福，則其功為重大，故特表而出之，以告世之有交鄰之責者。」

顯然，孫氏充分肯定《鬼谷子》對於外交戰略的意義，認為以鬼谷所闡
明的道理去從事外交活動，可以佔據山川險要，明察士兵的強弱，認識民眾
的多寡，分辨君王宰相的賢與愚，隨機應變，消除禍害與隱患。後來的競爭

---

然。』《易》云：『師出以律，否藏凶。』兵本不尚詐，謀言詭行者，乃戰國縱橫之說。棋
雖小道，實與兵合。故棋之品甚繁，而弈之者不一。得品之下者，舉無思慮，動則變詐。或
用手以影其勢，或發言以泄其機。得品之上者，則異於是。皆沉思而遠慮，因形而用權。神
遊局內，意在子先。圖勝於無朕，滅行于未然。豈假言辭喋喋，手勢翩翩者哉？《傳》曰：
『正而不譎。』其是之謂歟？」

69 孫德謙（1869～1935 AD）字受之，一字壽芝，晚號隘堪居士，江蘇蘇州吳縣人。自幼「性
好讀書，與學則無不窺」，年十八，成諸生，其學初承清、吳中學詞章治經而兼小學，通聲
韻訓詁。其後兼治子史《文史通義》，年未三十，聲聞已著，前輩鄭文焯、吳昌碩、朱祖謀
等皆與交遊，又與張采田為友，同志共學，賞心談藝意氣相投，時稱「兩雄」，自言「生平
意在立言，以期古之所謂不朽」，宣統三年。離蘇赴滬，次年梁鼎芬、沈增植等創孔教會，
發起徵文，先生作《孔教大一統論》以應，為時所稱。日、德漢學研究者聞其名，先後航海
來求教。日本人所辦上海同文書院聘其任教席，婉拒不受。歷任東吳大學、大夏大學、交通
大學、國立政治大學教授。精研經史，書法蘇軾，功力至深，但過於謙據。不輕為人作。任
江蘇通志局纂修。辛亥革命後，致力於聲韻、訓詁、經史之學。工駢體文。著有及《太史公
書義法》、《漢書藝文志舉例》、《劉向校讎學纂微》、《六朝麗指》、《稷山段氏二妙年譜》、《諸
子要略》、《諸子通考》等。生平事蹟見吳丕績《孫隘堪年譜初稿》。年六十四卒於上海。

之世，猶如縱橫之世，外交家如能以雄辯的口才，消除禍害混亂，使國家免於戰亂而獲得福祉，功勞也是非常之大的。

在南朝、梁國子博士，昭明太子侍讀的殷芸[70]所作筆記小說殘卷裡，我們竟發現載有〈鬼谷子給蘇秦和張儀的書信〉與〈蘇秦張儀的答書〉[71]。

當今，大陸中央電視台，是收視率很高並且很受歡迎「百家講壇」[72]節目

---

[70] 殷芸（西元 471～529AD）字灌蔬，陳郡長平人。生於宋明帝泰始七年，卒于梁武帝大通三年，年五十九歲。性偶儻，不拘細行。然不妄交遊，門無雜客。勵精勤學，博洽群書。幼時，廬江何憲見之，深相歎賞。齊永明中，爲宜都王行參軍。梁天監中，累遷通直散騎侍郎，兼尚書左丞，又兼中書舍人。遷國子博士，昭明太子侍讀。普通末，直東宮學士省。卒於官。芸作有小說三十卷，（《隋書志》及《兩唐書志》均作十卷。此從隋志注）傳於世。殷芸性情風流偶儻，不拘小節。但潔身自愛，不妄交遊，門無雜客。且勵勤學，博洽群書。武帝時曾經命作小說三十卷，世稱《殷芸小說》。至隋時此書已不完全，僅存十卷。宋代因避太祖父弘殷諱，改稱《商芸小說》。明初此書尚存，以後不見，如今只有零篇散見於續談助及原本說郛中。近人魯氏古小說鉤沈中有輯本。《殷芸小說》是採集群書而成的，如《世說》、《沖波傳》、《鬼谷先生書》（已佚失了）等。而編排的次第，則以時代爲先後，再把帝王的事蹟置於卷首，繼以周、漢，終於南齊。《梁書》卷四十一《殷芸傳》，《隋書、經籍志》小說家著錄《小說》十卷，云：「梁武帝敕安右長史殷芸撰。」清人姚振宗稱《小說》：「殆是梁武帝作《通史》時，凡不經之說爲通史所不取者，皆令殷芸別集爲《小說》。是《小說》因《通史》而作，猶《通史》之外乘。」《殷芸小說》大約在元明之際即已散失，後由魯迅、餘嘉錫、唐蘭、周楞枷等人的努力，才有較好的輯本。其內容主要爲地理、雜記、別傳、瑣言、逸事五類，而其主體則是瑣言和逸事；它反映出六朝人對小說的理解，主要是瑣言、逸事，而不是今人所認爲將雜記（或是志怪）當作小說。無非乎是閭巷瑣事，芻蕘鄙言。《後漢書》〈蔡邕傳〉上記載有漢靈帝，很喜歡「方俗閭裡小事」；於《陳書》〈始興王叔陵傳〉上，也記載有始興王對「民間細事」甚有興趣，也就是證明他們很喜歡的，可能就是《笑林》一類的笑話故事。即是曹植所誦的「俳優小說」。六朝時很多小說都是纂集之作，但像《殷芸小說》這樣采引《笑林》的，可能是唯一的，是研究我國古典小說很重要的資料。《殷芸小說》還保存了幾篇書信和手敕，如前面提到的漢高祖給太子（惠帝）的手敕，鬼谷先生與蘇秦、張儀書及二人答書，張良與四皓書及四皓答書，等等均屬於此類型。

[71] 《殷芸小說》〈卷二、週六國前漢人〉、鬼谷先生與蘇秦、張儀書云：「二君足下，功名赫赫，但春華到秋，不得久茂。日數將冬，時訖將老。子獨不見河邊之柳乎？僕禦折其枝，波浪激其根，上無徑寸之陰，下被數千之痕；此木非與天下人有仇讎，蓋所居者然。子不見嵩岱之松柏，華霍之樹檀乎？上枝干青雲，下根通三泉，上有鸞鳥鳳凰，下有赤豹麒麟，千秋萬歲不逢斧斤之伐，此木非與天下之人有骨肉，亦所居者然。今二子好露之榮，忽長久之功，輕喬松之求延，貴一旦之浮爵，夫『女愛不極席，男歡不畢輪』，痛夫痛夫，二君二君！」拜上。語出同上，該書〈第五十條〉「蘇秦、張儀答書云：『伏以先生秉德含和之中，遊心青雲之上，饑必啖芝草，渴必飲玉漿，德與神靈齊，明與三光同，不忘將書，誠以行事。儀以不敏，名問不昭，入秦匡霸，欲翼時君，剌以河邊，喻以深山，雖複素暗，誠銜斯旨。』」以上學界上對這兩封書之其真實性尚存疑。

[72] 《百家講壇》是中共中央電視台科學教育頻道（CCTV-10）著名的科教講座式節目，選材廣泛，曾涉及文化、生物、醫學、經濟等各個方面，發展至今多以中國歷史、文化題材爲主。演播風格平易於學術性理論，內容具有學理性與權威性，力求雅俗共賞。據稱自 2001 年開播以來，截至 2006 年，成爲當年度央視十大優秀節目之一，僅次於《新聞聯播》排名第二。該節目已播出超過 1000 集以上。已是該電視台科學教育頻道的一款極受歡迎的品牌節目。一些城市及鄉村也陸續的模仿成立講壇，深受民間歡迎。

「戰國說客雙雄」上，主講人孫立群[73]介紹說：戰國時代的紛爭，催生了遊說各國的說客，其中以鬼谷子弟子，蘇秦、張儀最爲傑出，號稱「說客雙雄」。表示他們在一定意義上改寫了歷史，對歷史進程的發展變化起了一定的影響作用。

　　還有著名的作家柏楊[74]，也在他的著作《柏楊曰》裡面，有這麼一段話：「《法言》曰：「有人說：『張儀、蘇秦，在鬼谷子那裡學習縱橫之術，各使中國維持十餘年的和平，是不是有這回事？』揚雄說：⋯⋯。孟軻跟張儀、蘇秦一樣，也是周遊列國，推銷政治理想的高級知識份子之一。可是，司馬光和揚雄，對此卻隻字不提。戰國時代，各國危急，猶如一家正在大火熊熊，張儀、蘇秦教他們如何汲取山澗裡的水撲救。」[75]又《柏楊版、資治通鑑》：「龐

---

[73] **孫立群**（1950AD）天津市人。南開大學歷史系畢業，歷史學博士學位。現任南開大學歷史學院中國古代史教研室副主任、中國社會史學會理事。從事中國古代史、魏晉南北朝史等課程的教學與研究工作。於 2006 年春初登央視《百家講壇》，先後主講大秦政壇雙星呂不韋、李斯，和春秋時期越國謀士范蠡與美女西施的傳奇故事，吸引了廣大觀眾。易中天稱讚他的主講風格是「滿腹經綸，胸有成竹，不疾不徐，娓娓道來」。是一位謙遜、低調的人。主編《新編中國歷朝紀事本末、魏晉南北朝卷》；著作《解讀大秦政壇雙星──呂不韋與李斯》、《中華文化通志、社會階層制度志》、《中國封建王朝興亡史、秦漢卷》、《魏晉南北朝帝王評說》；合著《中國古代的士人生活》、《史記選注》、《士人與社會、秦漢魏晉南北朝卷》、《中國古代史》等等。

[74] **柏楊**（1920～2008 AD）本姓郭，原名定生，出生於河南省開封。因升大學問題而自行改名爲郭衣洞，1946 年東北大學政治系畢業。筆名來自中橫公路隧道附近臺灣原住民部落的原名諧音「古柏楊」（今稱古白楊 Kubayang）。1949 年跟老師到臺灣，1951 年開始創作，一生經歷傳奇，著述頗豐。代表作《柏楊版資治通鑒》、《醜陋的中國人》、《中國人史綱》、《醬缸、千年難醒的噩夢》等。另一個筆名則是鄧克保，曾於陳水扁時任中華民國總統府資政，被稱爲臺灣的魯迅。柏楊雖然有相當多的歷史著作，但是有些（在史學上）較爲保守的人士認爲他並非歷史學家，而是個作家、思想家及歷史評論家。經歷過政治牢獄近 10 年的柏楊，相當關注自由、人權與尊嚴等議題，曾創立國際特赦組織臺灣分會且擔任會長。1985 年出版《醜陋的中國人》，針對華人集體文化和性格上的缺點作出批判和探討，帶有濃厚的種族主義色彩，引發全球華人社會熱烈爭論；1986 年秋大陸掀起柏楊熱潮，不久爆發學運，中共遷怒，於 1987 年雲時成爲罪犯，其所有著作在大陸遭到全面查禁，直到 2004 年方重新正式授權出版。他同意將 56 箱、共計 11,745 件文獻、文物捐贈予台南市中國現代文學館，並於 2007 年 2 月 6 日舉行「柏楊捐贈文獻文物入藏新聞發佈會」正式移交。隔年去逝，享年 88 歲。

[75] 「而孟軻卻教他們事先防火，和平時挖井；而又沒有指出如何防火和如何挖井。對於運轉龐大的專制政治，儒家學派唯一的法寶是「聖君賢相」，一旦君不聖、相不賢，可就只好乾瞪眼。在這種情形下，只有傻子才相信儒家那一套──偏偏就出了一個傻子：燕王噲二任王姬噲[1]，他照葫蘆畫瓢，效法禪讓童話，把王位禪讓給子之，結果帶來千萬人死亡。大家不但不同情他、不支持他，反而因爲他搞砸了鍋，破壞了「禪讓」美好的形象，紛紛大罵。」（《柏楊曰》）
疏1、**燕王噲**（？～314 BC）戰國時燕國國君，320～316 BC 在位。燕王噲效仿遠古聖王禪讓之制，把王位讓給燕相丞相姬子之。此舉引起國內貴族的反對和齊的干涉。子之爲人殘忍，反而要除掉燕王的兒子和親信。燕王噲七年（314 BC），太子平使將軍市被反叛，數月，死者數萬。是年，齊宣王大舉進攻燕國，僅用五十天就攻下了燕都，殺燕王噲，醢子之。齊軍破燕破壞了各國間的均勢，引起各國不安。而齊軍在燕過於殘暴，導致燕人反抗，齊軍只好

涓先生和孫臏先生同是鬼谷子先生的門徒，也是最要好的朋友。龐涓先離開
老師，當上魏國大將……龐涓之所以沒有殺他，是爲了要他寫出記憶中鬼谷
子所傳授的一部兵法。」[76]（《第一冊、戰國時代》）《資治通鑑》並沒有將龐
涓與孫臏是否同師授於鬼谷子寫出，雖是正史未記，但卻是千古不斷的傳說。
這裡可看到了古代的書簡，由於是用竹子做成非常之笨重，大多是背誦於腦
子裡。後來才追記書寫出來，久之便會可能參雜到當時地方之語言。所以一
些偉大的經典，能夠流傳下來已屬不易了！

　　以上，大多是對《鬼谷子》書與學說，持肯定或間接肯定之評價。以下則
是反面與正反皆持之言論。例如西漢末年的揚雄，他在《法言、淵騫》中說：

　　「儀、秦學乎鬼谷術，而習乎縱橫言，安中國者各有十餘年。是夫？」

---

撤退。趙武靈王趁燕國內亂，將燕王噲庶子公子職，從韓送回燕國，是爲燕昭王。追封爲燕
易王（讓國曰易）。故事如《戰國策、燕策》〈燕王噲既立〉：「燕噲三年，與楚、三晉攻秦，
不勝而還。子之相燕，貴重主斷。蘇代爲齊使於燕，燕王問之曰：『齊宣王何如？』對曰：『必
不霸。』燕王曰：『何也？』對曰：『不信其臣。』蘇代欲以濟燕王以厚任子之也。於是燕王
大信子之。子之因遣蘇代百金，聽其所使。鹿毛壽謂燕王曰：「不如以國讓子之。人謂堯賢
者，……有讓天下之名，實不失天下。今王以國讓相子之。子之必不敢受，是王與堯同行也。」
燕王因舉國屬子之，子之大重。」（燕王下令收繳所有官印，把三百石俸祿以上的官職都交
給子之任命。子之面南稱王，姬噲成了臣子。子之爲王三年，百姓生活如在水深火熱中，國
內大亂。）「孟軻謂齊宣王曰：「今伐燕，此文、武之時，不可失也。」王因令章子將五都之
兵，以因北地之眾以伐燕。士卒不戰，城門不閉，燕王噲死。齊大勝燕，子之亡。二年，燕
人立公子平，是爲燕昭王。」以上，讀之似笑話，但卻是史載之事實。〈燕昭王收破燕後即
位〉：「於是昭王爲隈築宮而師之。樂毅自魏往，鄒衍自齊往，劇辛自趙往，士爭湊燕。燕王
吊死問生，與百姓同其甘苦……於是遂以樂毅爲上將軍，與秦、楚、三晉合謀以伐齊。齊
兵敗，閔王出走於外。燕兵獨追北入至臨淄，盡取齊寶，燒其宮室宗廟。齊城之不下者，唯
獨莒、即墨。」（郭隗（約 351 － 297 BC）以古人「千金買骨」爲例，建築「黃金台」廣納
社會賢才。樂毅爲上將軍，聯合諸國共同伐齊，連破 70 餘城。郭槐得富貴，燕昭王中興，
兩雙贏。以上觀之，爲謀，並非只限縱橫家，蓋所謂國之賢者皆行。

[76] 語出《柏楊版、資治通鑑》（上起戰國，下至五代，共計 1362 年）之第一冊《戰國時代》（480
～221BC）紀元前 353 年，頁 136。此套書由遠流出版社出版，每月預計發行一冊，以三年
時間出版完成。1983 年開始，之後柏楊耗時十年（1983～1993）共發行 72 冊，才將《資治
通鑑》譯寫成現代語言，親手增繪地圖，並注入自己的歷史觀點，談論歷史成敗因果。1993
年 3 月把 72 冊平裝本，改成 36 冊精裝本重新發行。原本我可以在剛出版發行時就可以訂購，
卻爲我的三哥反對，我還眞莫名其妙聽他的話，至今深切後悔在那段我服預官役的成長時
期，無法享受每月閱讀白話資治通鑑的樂趣。《資治通鑑》是司馬光奉宋王朝第六皇帝趙頊
之命，進行編輯。跨越了我國四個最混亂與最苦難的個時期，首先當然就是戰國時代、三國
時代（220～280 AD）、大分裂時代（281～589 AD）、小分裂時代（907～959AD）。「龐涓之
所以沒有殺他，是爲了要他寫出記憶中鬼谷子所傳授的一部兵法。」由這句話可看出古代的
書簡，因爲是用竹子做成非常之笨重，故古代眞正傑出的讀書人，大多是將書背誦入腦子裡，
一輩子都不會忘記。後來才追記書寫出來，久之便會可能參雜到當時地方之語言。所以一些
偉大的經典，能夠流傳下來已屬不易了。尤其是思想的著作，如《鬼谷子》到底是否爲其本
人之著作，與後人僞造之眞僞，已屬不重要了！

曰：「詐人也，聖人惡諸。」

他是從傳統聖人的立場出發，指責鬼谷術是詐人之術。

又如，唐代的柳宗元，他在《辨鬼谷子》[77]中說：「《鬼谷子》，要爲無取。漢時劉向、班固錄書，無《鬼谷子》。《鬼谷子》後出，而險盭峭薄。恐其妄言亂世，難信，學者宜其不道。……尤者，晚乃益出七術。怪謬異甚，不可考校。其言益奇，而道益陿。使人狙狂失守，而易於陷墜。」在柳宗元看來，漢史學家錄書時，沒有《鬼谷子》，所以《鬼谷子》是以後才有的；乖戾刻薄，如錄進史著，恐妄言會亂世，學者不宜傳說。在他看來，《本經陰符七術》，更是怪謬異常，說話更怪奇，其主張更是怪異離譜，會使人狂亂、墜落。

再如，明初散文家、被譽爲明「開國文臣之首」的宋濂，從維護儒家道統和維護王朝集權統治的立場出發，也否定了《鬼谷子》。他在《鬼谷子辨》中說：「大抵其書皆捭闔、鉤鉗、揣摩之術。……是皆小夫蛇鼠之智，家用之則家亡，國用之則國僨，天下用之則失天下。學士大夫宜唾去不道。」宋濂罵得很凶，視《鬼谷子》爲蛇鼠的雕蟲小技；家、國、天下，用之皆會有嚴重後果，還表示，所有學人與士大夫均該唾罵而不可談論。以上揚雄譏之爲「詐人」，王充貶之爲「佞人」，盧文弨斥之爲「小人」，而高似孫則譽之爲「一代之雄」。

再次，還有一種意見，看來是力圖進行褒貶之中，持肯評價的。比如長孫無忌、紀曉嵐[78]、阮元[79]等的主張就代表這一種意見。長孫無忌在《鬼谷子

---

[77] 語見上海世界書局 1935 年《柳河東集》。「元冀好讀古書，然甚賢《鬼谷子》，爲其《指要》幾千言。(1)《鬼谷子》要爲無取。(2) 漢時劉向、班固錄書，無《鬼谷子》。《鬼谷子》後出，而險盭峭薄，(3) 恐其妄言亂世，難信，學者宜其不道。而世之言縱橫者，時葆其書。(4) 尤者，晚乃益出《七術》，(5) 怪謬異其，不可考校。其言益奇，而道益陿，(6) 使人狙狂失守，(7) 而易於陷墜。(8) 幸矣，人之葆之者少！今元子又文之以《指要》，嗚呼！其爲好術也過矣。」句中數字爲筆者所加，以示柳氏有八點理由，指其好友元冀所好非也。

[78] 紀昀（1724～1805 AD）出生於書香門第。字曉嵐，又字春帆，晚號石雲，又號觀弈道人、孤石老人、河間才子，諡號文達，通俗被稱爲紀曉嵐。乾隆十九年進士，著名學者與政治人物，直隸獻縣（河北獻縣）人。官至禮部尚書、協辦大學士，曾任《四庫全書》總纂修官。乾隆三十三年（1768 AD）因案被發配新疆烏魯木齊，沿途與當地人交流，曰「如是我聞」，乾隆五十四年（1789 AD）至嘉慶三年（1798 AD）陸續寫成。即爲著名的《閱微草堂筆記》共五種二十四卷，包括《灤陽消夏錄》六卷、《如是我聞》四卷、《槐西雜誌》四卷、《姑妄聽之》四卷、《灤陽續錄》六卷。內容豐富，醫卜星相，三教九流，無不涉及，知識性很強，語言質樸淡雅，風格亦莊亦諧，讀來饒有興味。內容有宣傳因果報應，在不少篇章尖銳地揭露當時的社會矛盾，揭穿道學家的虛僞面目，對人民的悲慘遭遇寄予同情，對人民的勤勞智慧予以讚美，對當時社會上習以爲常的許多不情之論，大膽地發表自己的看法和主張，是一部有很高思想價值和學術價值的書籍。同曹雪芹之《紅樓夢》、蒲松齡之《聊齋志異》並行海內，經久不衰，擁有廣大讀者。才華和學術成就十分突出，多姿多彩。他曾給自己寫過一首詞，其中兩句：「浮沉宦海如鷗鳥，生死書叢似蠹魚」，一生眞實的寫照。

序》中，一方面肯定：「縱橫者，所以明辯說、善辭令，以通上下之志也。」
「漢世（應爲《漢書、藝文志》）以爲本行人之官，受命出疆，臨事而制。」
另一方面又指明：「妄人爲之，則便辭利口，傾危變詐，至於賊害忠信，覆亂
家邦。」《四庫全書》的總編撰紀曉嵐在《鬼谷子提要》中，一方面認爲高似
孫對《鬼谷子》超出《易》《老》，融會戰國諸家的評價是「成爲過當」；而另
一方面認爲宋濂指責《鬼谷子》是「蛇鼠之智」是「抑之過甚」，柳宗元所說
的「言益奇，而道益陋」，是「差得其眞」。

　　另外如明朝、王陽明[80]亦言：「蘇秦、張儀之智也，是聖人之資，後世事
業文章，許多豪傑名家，只是學得儀、秦故智。儀、秦學術，善揣摸人情，
無一些不中人肯綮，故其說不能窮。儀、秦亦是窺見得良知妙用處，但用之
於不善耳。」（《傳習後錄》陽明門人黃省曾錄）[81]

---

[79] 阮元（1764～1849 AD）揚州儀征人，字伯元，號雲台、雷塘庵主，晚號怡性老人，諡號文達，
清代嘉慶、道光間名臣。乾隆五十四年進士，選爲翰林院庶起士，散館授編修，督山東學政，
任侍郎。嘉慶三年（1798 年），任浙江巡撫，與李長庚督水師討伐海盜，興修海塘。後任湖廣
總督、兩廣總督、雲貴總督。任內主張加強海防，對抗英軍挑釁，多次鎮壓天地會活動。他是
著作家、刊刻家、思想家，在經史、數學、天算、輿地、編纂、金石、校勘等都有非常高的造
詣，被尊爲一代文宗。擅考證，精經學，編纂《皇清經解》、《十三經註疏》等，修編地方誌數
種及《疇人傳》等。創編清史《儒林傳》、《文苑傳》及《疇人傳》，重修《浙江通志》、《廣東
通志》。並購進四庫未收古書一百餘部，每得一書，則仿《四庫全書總目提要》撰《提要》一
篇。道光初年，阮元集清代前期諸家經說，匯爲《皇清經解》一百八十餘種，凡一千四百餘卷。
知名學者著述，多賴以刊行。自著爲《揅經室集》。王國維著《國朝漢學派戴、阮二家之哲學
說》，將戴震與阮元並舉。清代後期揚州學派代表人物之一，其學術思想體系是清代漢學由高
峰走向衰落的標誌，同時也是傳統學術向近代學術跨越的轉捩點。
[80] 王守仁（1472～1529 AD）浙江餘姚人。明代最著名的思想家、哲學家、文學家、和軍事家。
陸王心學之集大成者，非但精通儒家、佛家、道家，而且能夠統軍征戰，是我國歷史上罕見
的全能大儒。封「先儒」，奉祀孔廟東廡第 58 位。因他曾被貶至貴州龍場驛（今貴州修文境
內）而結廬陽明洞，故自號陽明子，世稱陽明先生，現在一般都稱他爲王陽明，其學說世稱
「心學（或王學）」。王守仁（心學集大成者）和孔子（儒學創始人）、孟子（儒學集大成者）、
朱熹（理學集大成者）並稱爲孔、孟、朱、王。在中國、日本、朝鮮半島以及東南亞國家都
有重要而深遠的影響。著有《大學問》、《王陽明全集》、《傳習錄》。
[81] 《會稽問道錄》十卷。黃省曾（1490～1540 AD）。字勉之，號五嶽，蘇州人也，明代學者。
如《明儒學案》言：「少好古文辭，通《爾雅》，爲王濟之、楊君謙所知。喬白岩參贊南都，
聘纂《遊山記》。東廓、南野、心齋、龍溪，皆相視而莫逆也。陽明以先生筆雄見朗，欲以
《王氏論語》屬之，出山不果，未幾母死，先生亦卒。錢牧齋抵轢，空同謂先生傾心北學，
識者哂之。先生雖與空同上下其論，然文體竟自成一家，固未嘗承流接響也，豈可謂之傾心
哉？《傳習後錄》有先生所記數十條，當是採之《問道錄》中，往往失陽明之意。然無如儀、
秦一條云：『蘇秦、張儀之智也，是聖人之資，後世事業文章，許多豪傑名家，只是學得儀、
秦故智。儀、秦學術，善揣摸人情，無一些不中人肯綮，故其說不能窮。儀、秦亦是窺見得
良知妙用處，但用之於不善耳。』夫良知爲未發之中，本體澄然，而無人僞之雜，其妙用亦
是感應之自然，皆天機也。儀、秦打入情識窠臼，一往不返，純以人僞爲事，無論用之於不
善，即用之於善，亦是襲取於外，生機槁滅，非良知也。安得謂其末異而本同哉？以情識爲

最後，紀曉嵐認爲：「蓋其術雖不足道，其文之奇變詭偉，要非後世所能爲也。」清朝的著名學者阮元於《鬼谷子跋》中說：「竊謂，書苟爲隋、唐志所著錄而今僅存者，無不精校傳世。況是篇爲縱橫家獨存之子書，陶氏注又世所久佚，誠網羅古籍者所樂睹也」；阮元關於「縱橫家獨存之子書」的說法，特別值得重視，指明了《鬼谷子》在學術史上重要性，肯定它是先秦諸子的代表作之一。

不管怎樣評價，但正如劉勰說的，「戰國爭雄，辯士雲湧，縱橫參謀，長短角勢」，「一人之辯，重於九鼎之寶，三寸之舌，強於百萬雄師」；在縱橫捭闔的戰國時期，由鬼谷子設教坊收徒，經蘇秦、張儀等子弟們，所實際發揮之縱橫學說，其決定性之政治影響力是不容忽視的。

今人對於《鬼谷子》的寫作年代，與作者考証所下之功夫，亦不比前人少，而且更加的紮實細緻。如當代學者陳蒲清在其著作上，特別指出：《捭闔》至《決篇》等是先秦《鬼谷子》著作，理由於下：

第一、「司馬遷《史記》明確記載蘇秦、張儀師事鬼谷先生；而且《太史公自序》還引用了《鬼谷子》的話語『聖人不朽，時變是守』。因此，鬼谷子先生就有可能有著作傳世。在《史記》問世之前的《淮南子》書中也多次出現『忤合』一詞，這個詞是代表鬼谷子主張的詞語。」第二、「劉向引用鬼谷子的話語有一定長度，不像子貢的話語只有片言只語，肯定出於某本書的記載，這本書可能就是《鬼谷子》。」第三、「《鬼谷子》書中的思想就是戰國時代的思想。」第四、「《鬼谷子》書中反應的現實，就是戰國時代的現實。」第五、「《鬼谷子》的文風與語言，具有戰國時代的特點。清代大考據家阮元在《鬼谷子跋》中，已經從古音等方面作了論證」。[82]

以上《鬼谷子》存在頗多爭議性，但卻無法不承認它是一部多面向的學術思想寶典，在我國民間傳統文化典籍中，歷來也享有「智慧禁果、曠世奇書」之尊稱。它薈萃了心理揣摩、遊說技巧、政治謀略的精華，在當代仍有實用價值和借鑒意義。我們努力挖掘推廣《鬼谷子》之睿智言論，以增進現代人的生活智慧，和強化職場上人際關係的靈活度。本書最主要還是針對《鬼谷子》思想內容含意與思想精華，在容易被誤解的部分充分引經據典，方便

良知，其失陽明之旨甚矣。」從王守仁遊，學詩於李夢陽，於書無所不覽，長於農業與畜牧。著作有《稻品》(《理生玉鏡稻品》)、《蠶經》(又稱《養蠶經》)、《種魚經》、《藝菊書》(又稱《藝菊譜》) 1卷等，合稱爲《農圃四書》。另《芋經》(又稱《種芋法》)、《獸經》等。
[82] 請參考 陳蒲清著《鬼谷子詳解》，湖南：嶽麓書社、頁 150～156。

將鬼谷子思想學說廣泛探究，以期讓鬼谷子與我國諸子百家之學的思想發展與傳承，加以眞正的結合起來。

　　以下第三節，先從鬼谷子的生存時代與環境加以訴說起，之後第二章再進入鬼谷子的思想淵源裡面，以便明瞭其學說的產生與發展。相信只要深入瞭解與接觸，便能夠理解到《鬼谷子》思想的博大精深，進而加以活學活用，除爲大家開拓一條人生大道外；在面對當今經濟社會混亂、問題叢生與文化誤解、文明發展呆滯，國際外交政壇互不信任之衝突，其奇特的觀點與智慧，更能夠提供另類的啓示及協助。如是，更需要大力闡揚《鬼谷子》思想與學說，因爲它正是可以「說人、說家、說國、說天下」[83]。說即說服、溝通，沒有什麼不好；尤其當今號稱民主時代，人權高漲、意識形態分歧、眾說紛紜自以爲是，資訊爆炸的混亂紛擾年代，更需要飽讀詩書以及兼具優秀溝通能力，高度意志與意願，眞正能解決問題的通才。

## 第三節　舉世紛擾戰亂不斷、思想繽紛的時代

　　戰國時期（西元前 476 年，一說前 403 年或西元前 453 年～前 221 年），或稱戰國時代，簡稱戰國，是秦朝統一中原前屬於東周的一段歷史時期。這一時期各國混戰不休，故前人稱之爲戰國。「戰國」一名取自於西漢、劉向所編注的《戰國策》。戰國時期之前是春秋時期。前人也把春秋、戰國合稱東周，還有稱戰國爲列國或六國者。也有學者認爲三家滅晉[84]，七國爭雄局面已經形成，應該以此作爲戰國的開始，而在戰國時期的結束是在秦統一中國（前 221 年）。

　　戰國之產生當然是延續於春秋時代，而此時代之政治社會制度正可以反應出文化學術思想的走向。在那個封建時代裡，國家的上層是由國君、三公、卿大夫等組成，之下則是龐大且嚴密的基層官吏，是種相當完整有如金字塔式，又大又堅固的政治集團組織。權力是屬於至高無上的君王，接著是公、

---

[83] 語出〈捭闔第一〉：「捭闔之道，以陰陽試之。故與陽言者，依崇高。與陰言者，依卑小。以下求小，以高求大。由此言之，無所不出，無所不入，無所不可。可以說人，可以說家，可以說國，可以說天下。」

[84] 三家分晉　是指春秋末年，晉國被韓、趙、魏三姓氏晉大夫勢力所瓜分的事件。周威烈王二十三年（403 BC），周威烈王始封三家爲諸侯國。司馬光的編年體史書《資治通鑑》的記載就從這一事件開始：「周威烈王二十三年，初命晉大夫魏斯、趙籍、韓虔爲諸侯……」，作爲春秋與戰國的分界。西元前 376 年，韓、趙、魏廢晉靜公，將晉公室剩餘土地全部瓜分。因此韓、趙、魏三國又被合稱爲「三晉」。《吳子》〈料敵〉篇言：「三晉者，中國也，其性和，其政平，其民疲於戰」。

侯、伯、子、男等爵位，完全被世襲的貴族所掌握。統治階層的每一個成員，在其領域內就是一方之主，操控著部屬與平民百姓的生死大權。隨時可能侵患王法，甚至身首異位、妻離子散，或世世代代淪落為奴隸，慘絕人寰。處於民主時代的我們，是難以想像其人權與自由之實際狀況，只能從歷史書籍及電影、電視連續劇之節目裡，始得約略瞭解。

圖七、戰國七雄疆域圖是年周赧王 55 年發生「長平戰役」[85]（本圖採錄自維基百科　作者 Philg88）

---

[85] 客卿張祿（即范雎）向秦昭王獻「遠交近攻」之策（271 BC）。秦昭王接納，於西元前 262 年出兵伐韓，切斷上黨郡與韓都城新鄭的聯繫。韓國欲將上黨郡割給秦國，但是上黨軍民不從，向趙國求救。趙派老將廉頗率軍駐守長平，聲援上黨。周赧王 55 年（260 BC），秦大將王齕奪取上黨，與廉頗軍在長平對峙，雙方僵持達四月之久。秦施以反間計，使趙國以只會紙上談兵的年輕將領趙括代替廉頗。秦國同時秘密調來大將白起。長平之戰以趙軍慘敗，四十萬降卒被坑殺為結局，從此東方六國再也無力抵抗秦國的進攻，秦王齕拔上黨，趙命廉頗軍於長平。秦雖屢敗趙軍，但廉頗老成持重，堅守不出。秦昭襄王與范雎以反間計賄賂趙孝

　　假若國家出了個昏庸君主，即使朝政敗壞已及，臣子們大都寧願甘冒被批評爲庸臣，也不敢力揀，因爲得罪國君，最後下場可能死路一條，甚至於被抄家滅族。在這種混亂的世紀，人人都難以自保，身家性命隨時都有危險，又那能去思考如何才能出人頭地？實在是天方夜譚，幾乎是完全不可能的事。當然還有許多國君也能力爭上游，希望擺脫皇親國戚掌控大權或腐化墮落的貴族世家之影響，而願有所作爲。周朝王室的衰微，使得各方諸侯莫不汲汲營營於窺伺出皇權，廣招天下賢良，對內勵精圖治興革時政，對外舉兵侵略鄰國擴大版圖。春秋五霸時，還保持著對周王朝起碼的尊崇，但是到了三家分晉之後，如《春秋》所描述的「君不君，臣不臣」時代，形成更加殘酷的權力鬥爭與武力兼併。所以春秋之後的戰國則更加不同，其發展當然是越混亂與特別，我們從古人之紀錄可以看出：

> 「戰國七雄，分裂諸夏，勢均力敵，天下未有所歸。其形勢犬牙相錯，尤宜辨析運用。而遊士說客，挾縱橫之術，風飄電激，爲六國謀秦，則出於縱；爲秦謀六國，則出於橫。一縱一橫，乃當日必然之趨勢。當此之時，秦國最強，諸侯方弱，縱人合之，橫人散之。縱橫之辯，原如冰炭之不相容，以彼此處境不同，因而其設想亦異，然同術而異用，而集其大成者蘇、張也。自秦、商鞅見復戮以後，范睢主政之前，約七、八十年間，遊說權謀之徒，見貴於俗，縱橫短長之說，左右世主之側；得士皆彊，失士皆亡；所在國重，所去國輕。『皆高才秀士，度時君之所能行，出奇策異智，轉危爲安，運亡爲存，亦可喜，亦可觀。』」[86]

　　以上就是鬼谷子所處的戰國時代。那時的中國社會正值動蕩不安，歷史詭譎多變，君臣與國家間相互攻伐，戰爭使得貴族失去權勢與財力，百姓性命隨時處於朝不夕保，顛沛流離之陰影下，更加的苦難。然而亦如戲劇上演，小說故事內容隨時可以重寫之一般，處於那樣的年代，人人必須苦於求生存、求發展，連貴爲諸侯士大夫等……貴族，亦得爲權利與生存而拼命。因而催生出了許許多多，傑出的思想家、政治家、軍事家、謀略家。代表著大時代

---

成王身邊幸臣，言廉頗屢敗，不敢出戰。趙王遂以趙奢之子趙括出戰，但趙括只會紙上談兵，秦以白起爲大將，誘趙括入伏，斷其後路，圍困四十六天，趙軍無糧，苦撐不下，趙括突圍被射死，餘四十萬士卒投降，都被白起坑殺。

[86] 參見劉向《戰國策》之〈戰國策書錄〉。《新譯戰國策》溫洪隆注釋、三民書局、2004 年 8 月。頁24。

的需要，璀璨的思想智慧與經世治國的深遠主張，有如風起雲湧的展現，鬼谷子所開創的縱橫家派別，便是這個苦難時代的偉大創舉。

那個時代各國爭戰不已，大小戰爭經年不斷。所以早就有許多的戰爭之理論產生，我國在春秋末年就已經產生了《孫子兵法》，戰國時代又產生了《吳子兵法》、《尉繚子兵法》、《孫臏兵法》……等兵書，還有更早期相傳的《太公兵法》也被整理而得以普遍流傳。所以在屢次的大小戰役之中，均盡量的要求策略、效益，能夠避免讓無辜的百姓去送死；在文臣諫說國君和上級時，如何說話才能取得目的而不至白白送命，或與鄰國協商事情不至勞而無功，儒家、道家都基本上也都所有碰觸，而且並不缺席。從歷史之記載就可得知，孟軻以雄辯著稱，往往能使聽他辯駁的國君無言以對，但可惜卻無法被採用。墨家則有墨辯，但較缺全方位的探討。至於名家，雖有邏輯上的推理，但流於狡辯，並不能入于人心，使其心悅誠服。

反觀縱橫家[87]並不爭於儒、道、墨、法的治國平天下的思想觀點之間，而是學習吸收再完全加以融合，著重探究窺測人心的方法，與論政的技巧；博採眾議，總結研究遊說以助其謀事成事，達到預期的求官的目的。也由於可以遊說而致富得名，因此有爭先恐後不畏艱難與生命危險的去實踐，這在封建社會中不能不說是種獨樹一幟之風格。另外開闢了諸子學的一個重要領域，無怪乎有學者將鬼谷子列入雜家之列的主張。章太炎就曾指出：「孔子千七十二君，以開遊說之端，其後儒家率多兼縱橫者」，所以「儒與縱橫相為表裡，由手足之相交，毛革之相附也」，「其它諸家為了推銷自己的學說、主張，

---

[87] 「縱」與「橫」的來歷，是因南北向稱為「縱」，東西向稱為「橫」。六國結盟為南北向的聯合，故稱「合縱」；六國分別與秦國結盟為東西向的聯合，故稱「連橫」。「縱」指「合縱」，即合眾弱以攻一強，指戰國時齊、楚、燕、韓、趙、魏等六國聯合抗秦的外交策略。「橫」指「連橫」，即一強連一弱以破獲眾弱，指以上六國分別與秦國結盟的外交策略。所謂「縱橫家」，指鼓吹「合縱」或「連橫」外交策略的人物。先秦典籍《韓非子》說：「縱者，合眾弱以攻一強也；橫者，事一強以攻眾弱也。」九流十家中有「縱橫家者流」，是其中最講實務的，一切從客觀出發，並以取得成功為目標。他們其實是一類傑出的謀士和辯士，一直是戰國社會舞臺上的活躍分子，並且舉足輕重，被形容為「翻手為雲，覆手變雨」，操縱著戰國鬥爭的局勢。縱橫家的代表人物有蘇秦、張儀、甘茂、司馬錯、樂毅、范雎、蔡澤、鄒忌、毛遂、酈食其、蒯通等，事皆詳於《戰國策》。史記也記載孔子派子貢出使齊、晉、吳、越、諸國以救魯。「故子貢一出，存魯、亂齊、破吳、疆晉而霸越。子貢一使，使勢相破，十年之中，五國各有變」；子貢曰：「兩國構難，壯士列陣，塵埃張天，賜不持一尺之兵，一鬥之糧，解兩國之難。用賜存，不用者亡」；孔子曰：「辯士哉」《韓詩外傳七》。縱橫家之出於行者「權事制宜，受命不受辭」；《漢志》：「縱橫者流，出自古代行人之官」；「出使外國，溝通兩國意見。所用得人，便能做到，折衝樽俎之間，決勝千里之外，並兵不血刃，而能制敵機先」。見蕭登福《鬼谷子研究》〈鬼谷子諸篇要義初探〉頁75～77。

又何嘗不用縱橫之術！」[88]。古今中外歷史的發展與國家的命脈演進，無不常繫於一、二人之手。王禪先生以其特有的思想學說與主張，培育教導訓練出許多優秀的學生，不僅大大的影響到那個混亂時代，而且在弟子們積極的參予與協助之下，加速終結公侯割據相互為王的政治紛爭局面。結束在中國歷史上，長達 550 年之久社會混亂與人民苦難的分裂歲月，也算是縱橫家積極參與這個大變革的效益之一，不可不謂之為神奇。

---

[88] 語出《章太炎選集》朱維錚、姜義華編注，上海：上海人民出版社，1981。《縱橫家的智慧》揚世文、鄭曄合著。北京：中央編譯出版社 2008 年 4 月、頁 16。

# 第二章　《鬼谷子》之思想淵源

　　鬼谷子思想的誕生，誠然有其環境及社會背景之意義，然而一個具有劃時代的變革思想與意識衝擊，絕不可能無中生有。我們仔細的搜索，發現在鬼谷思想中，有不少是涉及的前人典籍思想，可說鬼谷子是縱橫學說的集大成者。的確，鬼谷子吸收了前人的學術思想成果，如《逸周書》[1]、《易經》、《六韜》、《陰符經》……等等；還考察了當代的實踐，研究體驗，創立縱橫之術，並使之系統化、理論化，成為一門專門的學問，由他的學生蘇秦、張儀等人實踐檢驗，並獲得成功。事實證明，鬼谷之術加速了秦國的統一大業，這是《鬼谷子》思想，也是鬼谷子的高徒們，對歷史進程的發展作出偉大的貢獻。

　　為使鬼谷思想明朗化，本書原則上先採幾項關鍵字：「天、地、人」，「陰、陽」，「道」，「權、謀、法、術」，「聖、賢」，「君、臣、民」[2]以之發揮。鬼谷

---

[1] 《逸周書》又名《周書》、《周志》、《汲塚周書》，先秦史籍，在性質上與《尚書》類似，是我國古代歷史文獻彙編。《漢書、藝文志》將之列於六藝。其來歷一說於晉武帝咸寧五年（279 AD）發自汲塚，一說古已有之。今本 10 卷，正文 70 篇，11 篇有目無文實存 59 篇。四十二篇有晉五經博士孔晁註。內容涉及禮制、兵戎，有史事，有訓詁，有政令，有說教等。大部分是周天子、周公等告誡訓詞，和記載武王克殷及周初經營洛邑、訂立制度的文字。有的記載了周文王、周武王、周公、成王、康王、穆王、厲王和景王時代重要的歷史事件，敘述也相當生動。其書最早見於許慎《說文解字》，《漢書・藝文志》稱之為《周書》。謝墉為「抱經堂本」作序所說，「『周書』本以總名一代之書，猶之『商書』、『夏書』也。」由於《尚書》中已有《周書》，把《漢志》著錄的《周書》七十一篇改稱《逸周書》，是比較方便的。今傳本《逸周書》末有序，列舉七十篇標題，加上序本身，恰合七十一篇之數。蔡邕《明堂月令論》云「《周書》七十篇，《月令》第五十三」，今本仍在第五十三。部分內容及思想與儒家道德理論相違背，其書迄清代一直不甚為人所重，故乏精校，版本文字脫誤嚴重。今傳世本有十餘種，以元至正十四年（1354 AD）嘉興「路學宮刊本」為最古老。

[2] 「天、地、人」，「陰、陽」，「道」，「權、謀、法、術」，「聖、賢」，「君、臣、民」這六組我國學術思想關鍵字之起源均十分之早。也都在《三墳》典籍裡面可以找得到。如有關第一組

子的「君、臣、民」人際關係思想,誠如謝仲明先生所言:「在中華文化中,道德秩序是社會最基本亦是最受希冀的結構原則……維繫『君-臣-民』此關係……所包含的道德意義比政治意義來得強。」[3]所以不離中華道統的鬼谷子,特定義出「聖人之道」,以便來統合起以上「天、地、人」……「君、臣、民」共六組元素,以思王道之實現。觀看這些非常熟悉的字,無不是我們在春秋、戰國(含)或之前,子書與相傳典籍等學術著作上所常被討論,使用頻繁的字辭。於此,筆者努力追朔搜索,發現我國傳說中於史上所存最古老的典籍-《三墳》[4]一書,(它是解釋夏朝、伏羲氏的《連山易》、與解釋商朝的《歸藏易》、與解釋周朝的《乾坤易》。)從這本最古老的書裡,也能找出

---

「天、地、人」:「天」一字達 74 次;「地」一字達 50 次;「人」一字達 144 次;「天地」二字同時出現達 9 次;「地天」二字同時出現達 2 次。第二組「陰、陽」:「陰」一字達 58 次;「陽」一字達 52 次;「陰陽」二字同時出現達 7 次;「陽陰」二字同時出現達 2 次。第三組「道」:出現達 23 次之多,分別是以「正道、違道、古道、詢道、治道、開道、中道、婦道、輔道、道以統下、君正一道、日天中道、道者導也」,等豐富的辭句,將「道」敘訴周詳。第四組「權、謀、法、術」:「權」一字僅出現 1 次,於《形墳》之〈地皇軒轅氏政典〉:「聖人治天下,權以聚財,財以施智,智以儔賢,賢以輔道,道以統下,下以事上,上以施仁,仁以保位,位以制義,義以備禮,禮以制情,情以敦信,信以一德,德以明行,行以崇教,教以歸政,政以崇化,化以順性,性以存命,命以保生,生以終壽。」;「謀」以「謀善計」出現 1 次,且以「兵陰謀」組字出現 2 次;「法」分別出現「依法、設法、刑法」共 3 次;「術」一字於《三墳》未出現,在《尚書》與《詩經》也查無,唯在《易經》《繫辭上》:「夫茅之爲物薄,而用可重也。慎斯術也以往,其無所失矣」出現 1 次;《禮記》出現 13 次;。第五組「聖賢」於《三墳》:「聖」一字達 129 次之多;「賢」一字達 11 次;「聖賢」同時出現僅一次,於〈山墳〉之〈傳〉:「君陽師,君師賢聖以詢道也」。最後之第六組「君、臣、民」:「君」一字達 70 次;「臣」一字達 52 次;「民」一字達 97 次;「君臣」二字一起出現共達 7 次;「君民」二字一起出現共達 2 次(都是連結「官」字,即「君民官」一起出現);「君臣民」三字同時出現有二次(都是連結「君臣、民物、陰陽、兵象」組字一起出現)。

3 語出謝仲明著《儒學與現代世界》第五章〈中華文化之精神要素〉,臺北:學生書局,1986 二版,頁 125。

4 《三墳》是我國傳說最古老的書籍,所謂「三墳、五典、八索、九丘」之一。現有《三墳書》(亦稱《古三墳書》)一卷。全書分爲《山墳》、《氣墳》、《形墳》,分別解說《連山易》、《歸藏易》和《乾坤易》(亦即《周易》)。《山墳》:〈天皇伏羲氏連山易爻卦大象〉、〈傳〉、〈太古河圖代姓紀〉、〈天皇伏羲氏皇策辭〉;《氣墳》:〈人皇神農氏歸藏易爻卦大象〉、〈傳〉、〈人皇神農氏政典〉、〈地皇軒轅氏乾坤易爻卦大象〉;《形墳》:〈地皇軒轅氏乾坤易爻卦大象〉、〈傳〉、〈地皇軒轅氏政典〉。三墳五典一詞最早見於《左傳·昭公十二年》,楚靈王稱讚左史倚相:「是良史也,子善視之,是能讀《三墳》、《五典》、《八索》、《九丘》。」杜預有註:「皆古書名。」孔安國《尚書序》稱:「伏羲、神農、黃帝之書,謂之《三墳》,言大道也。少昊、顓頊、高辛(嚳)、唐(堯)、虞(舜)之書,謂之《五典》。」鄭玄:「三墳五典」即「三皇五帝之書」。因此三墳即三皇之書,五典謂五帝之書。至於《八索》與《九丘》是指「八卦」與「九州之志」,一說是《河圖》、《洛書》。清朝袁枚把《紅樓夢》在南京的大觀園買走,改名隨園,曾寫一對聯:「此地有叢山峻嶺茂林修竹,是能讀三墳五典八索九丘」。卻遭當時名士趙翼所挖苦,想借此書,袁枚只得取下對聯。

這六組字之淵源，便證實出許多相同相關之思想脈絡；它也是鬼谷思想接續古聖先賢的思想學說，在整個中華民族的學術文化史上，《鬼谷子》思想強調「智慧計謀」、「縱橫遊說」、「王道思想」，這樣的主張，始終並未脫離我遠古以來，一脈相承之道統「聖人治天下，……賢以輔道，道以統下，下以事上，上以施仁，……命以保生，生以終壽」（語出《形墳》）。

以上軒轅氏的言論，如此的環環相扣「為政治民」淵源流長的民本思想理念，後來因貶抑行商僵化又愚腐的官僚想法興起，而完全遺忘「聖人治天下，權以聚財，財以施智」（語出《〈地皇軒轅氏政典〉》）。為政首要講究以賺錢聚財、巧權使謀、施智用賢、趨吉避凶、與時具變等，三皇先聖的為政理念，以及國家得隨時注意與民同享興利、創新、發展的祖先遺訓。它更是我們中華民族全民思想，與意識形態和日常思維的寶貴泉源。那強而有力，如現代 Walk-man 般之精神，學問與知識如同隨時都能掌握在身上的手機，那即時聯網的資訊能力；健康情形如同能瞬間爆肝，腳踏滑板般善巧百變的變形金剛的戰鬥行動力；與上進心如同永不磨滅的魔鬼般堅定意志力……等立即啟動；如同穿越劇般跨越時空，把鬼谷子所訓練出來的縱橫家們，所保留傳承不畏艱難的寶貴人格特質，所帶引而抵達當今，便能即刻啟發現代版活力充沛的年輕工商經理人。

所幸行文以至今，《鬼谷子》這部經典的思想猶存，還貴與時代趨勢價值理念磨合不二。所以只要輕輕啟動，便能將燒錄於百姓的腦袋裡面的賺錢上進、積極工作、努力學習國際化的應用程式上載完成，千真萬確難以磨滅，真正可貴之處呀！惟因多年以來，中國國力衰落世事多變，民族智慧因信心消失殆盡而已蕩然無存，鬼谷思想乏人問津遭人唾棄，各方資料匱乏收集不易、研究工作瑣碎艱難，要求將其現代化當倍加困難。且本人學能學養粗陋卑俗，僅就能力所及，略盡綿薄之力而為，若有錯失請不吝指教。以下敘述，本書以此推演。

若光說「天」一字，我們在《鬼谷子》書上，可以找出相關連之「天下」、「天地」、「天時」、「天道」、「天神」、不下 45 次之多。而「聖」與「聖人」、「聖賢」，也共達 34 次之多，不可不謂重視有加。

《鬼谷子》〈抵巇〉：「聖人者，天地之使也。世無可抵，則深隱而待時；時有可抵，則為之謀。」對比《孟子》〈公孫丑上〉：「不同道。非其君不事，非其民不使；治則進，亂則退，伯夷也。何事非君，何使非民；治亦進，亂

亦進，*伊尹*也。可以仕則仕，可以止則止，可以久則久，可以速則速，*孔子*也。皆古聖人也，吾未能有行焉；乃所願，則學*孔子*也。」兩相主張下，無不明白反應出聖人之出世入世與否，是非常有彈性的。這與*姜太公*《六韜》所主張的：「故天下治，仁聖藏；天下亂，仁聖昌；至道其然也。」

又〈萬章上〉：「聖人之行不同也，或遠或近，或去或不去，歸潔其身而已矣。吾聞其以*堯舜*之道要*湯*，末聞以割烹也。伊訓曰：『天誅造攻自牧宮，朕載自亳。』」縱橫家之祖師爺*鬼谷子*與儒家亞聖*孟子*，其對於聖人之入世與治國之理念，不無一致嗎？《鬼谷子》〈內揵〉：「故聖人立事，以此先知而揵萬物」，「非賢智不能守家以義，不能守國以道，聖人所貴道微妙者，誠以其可以轉危爲安，救亡使存也。」又在其〈中經〉一篇上言：「非賢智不能守家以義，不能守國以道，聖人所貴道微妙者，誠以其可以轉危爲安，救亡使存也。」

以上觀之，*鬼谷子*對於聖人之推崇，並不下於《孟子》〈萬章下〉：「*伯夷*，聖之清者也；*伊尹*，聖之任者也；*柳下惠*，聖之和者也；*孔子*，聖之時者也。*孔子*之謂集大成。集大成也者，金聲而玉振之也。金聲也者，始條理也；玉振之也者，終條理也。始條理者，智之事也；終條理者，聖之事也。智，譬則巧也；聖，譬則力也。由射於百步之外也，其至，爾力也；其中，非爾力也」；〈心上〉：「*孔子*登東山而小魯，登泰山而小天下。故觀於海者難爲水，遊於聖人之門者難爲言」；〈盡心上〉*孟子*曰：「形色，天性也；惟聖人，然後可以踐形」。

有關《鬼谷子》對於聖人之另類主張，本文將另闢章節討論之。以下用分節的方式，以逐步探究*鬼谷子*思想之源由。

# 第一節　鬼谷思想與姜太公《六韜》

*鬼谷*思想所結晶出的「遊說與知心」、「做人與做事」、「天下與謀略」、「聖人與賢人」，無不是有其另類的看法，甚至於與以後*中國*一統天下後，主流意識形態以之相對立。當然其思想並非無之生有，*鬼谷子*不僅繼承著古聖先賢的諸多學養，也吸取許多古籍之智慧，更能夠發揚光大提出跨世紀的主張，有利於國計民生，只是後繼者不察，將其冰封起來，才使其智慧的語錄束之高閣。

雖然如此，但*中華*民族的後代子孫們，並不就此將*鬼谷子*之思想給埋沒掉；乃是因爲他所創造出的縱橫家，對於*戰國*之結束有其積極之作爲影響，因此歷史雖慘酷，但歷史卻永遠不能也無法消滅真象。據考證*鬼谷子*是*戰國*

中期的人士，而且是「稷下學宮」[5]之講師。稷下學宮是齊國的官辦最高學府，當然以一國雄厚之財力，努力興學廣招天下大學問家聚集講學，因此廣納聚集當時許多各國的賢人志士。開創當時自由講學、集體公開討論的學術風氣，謂爲舉世風範。

而齊國在歷史上的開國者，就是赫赫有名的姜太公。太公治國，確立了「因其俗，簡其禮，通商工之業，便魚鹽之利」的智慧治國、經濟興國方針，在齊國數百年的發展史上，代代相傳，產生了巨大的影響，確立了齊文化的歷史地位。司馬遷在《史記》〈齊、太公世家〉中說：「周西伯昌之脫羑里，與呂尚陰謀修德以傾商政，其事多兵權與奇計；故，後世之言兵及周之陰權皆宗太公爲本謀。」這就確立了姜太公是中華民族創立「韜略理論」開山祖的地位，也使齊國貴爲兵學重鎮。千年以後的鬼谷子，理當深受影響。

姜太公不僅是齊國的創建者，也是周文王圖商、武王克殷的主謀、周朝的開國元勳及國師之一，更是齊文化的奠基者，亦是中國古代的一位影響久遠傑出的韜略家、軍事家與政治家。我國在歷代典籍上，無不極力尊崇其歷史之地位，儒、道、法、兵、縱橫諸家，皆追認他爲本家人物，而被尊崇爲「百家宗師」。姜太公對周文、武王來說，幾乎是無所不知、無所不答的，一位滿腹韜略的賢臣和非凡的政治、軍事家，一直受歷代統治者所崇拜與敬重。在《詩經》〈大明〉中寫道：「牧野洋洋，檀車煌煌。駟騵彭彭，維師尚父。時維鷹揚，涼彼武王。肆伐大商，會朝清明。」《孟子》〈離婁上〉說：「太公辟紂，居東海之濱，……天下之大老也。」

唐朝以前的許多史料及文學作品中頌文頗多。唐太宗即位後，面對外夷相侵，內患未除，政局動亂。國家面臨著百亂待治，百廢待興的危急情況，爲了達到「安人理國」目的，便自稱他是姜太公的化身，便在磻溪[6]建立太公廟。他用這一舉動告訴人們，朕我要效法周文王訪賢，並也要重用像姜太公

---

[5] **稷下學宮** 又稱稷下之學，是中國戰國時期田齊的官辦高等學府，始建於田齊桓公。稷下位於齊國國都臨淄（今山東淄博市）稷門附近。齊宣王之時，在稷下擴置學宮，招致天下名士：儒家、道家、法家、名家、兵家、農家、陰陽家等百家之學，會集於此，自由講學、著書論辯。戰國中後期各主要學派的重要人物，如：荀子、宋鈃、尹文、魯仲連、田巴、貌說、鄒奭，幾乎都來到過稷下，《史記》描述當時的盛況：「宣王喜文學遊說之士，自鄒衍、淳于髡、田駢、接輿、慎到、環淵之徒七十六人，皆賜列第，爲上大夫，不治而議論。是以齊稷下學士復盛，且數百千人……」。稷下學宮是中國官學的濫觴，在某種程度上又促進了私學的發展。

[6] **磻溪** 溪名，在今陝西寶雞市東南，相傳是姜太公釣魚的地方。出處：酈道元《水經注、清水》：「城西北有石夾水，飛湍浚急，人亦謂之磻溪，言太公嘗釣于此也。」

那樣的賢臣良將。經過一番努力之後，他果然得到了大批治世理國的人才，也才能於歷史上，留下赫赫有名的「貞觀之治」之政績。

又唐玄宗[7]爲求國內安寧，更需要像姜太公那樣披肝瀝膽，嘔心瀝血，忠貞不二的勤勉事主的人才，便於開元十九年（731 年）敕令天下諸州各建一所「太公廟」。並要求以張良配享，在春秋仲秋月上戊日祭祀。每當發兵出師或各將領及文武舉人應詔，都要先去「太公廟」拜謁。開元二十七年（739 年）追諡姜太公爲「武成王」，成爲中華民族「武」聖人。宋神宗熙寧五年（1072年）爲抵禦外寇入侵，下令要求各軍事將領必讀《太公兵法》。

我國古代的兵論、兵法、兵書、戰策、戰術等，一整套的軍事理論學說，就其最早發端、形成體系、構成學說來說，無不始自齊國，源自太公。所以說太公爲兵家宗師、齊國兵聖、中國武祖是當之無愧的。（1972 年於山東省臨沂市銀雀山一號漢墓，挖到了出土竹簡 4942 枚，包括《孫子兵法》、《孫臏兵法》、《六韜》、《尉繚子》、《墨子》、《管子》、《晏子春秋》等大批之先秦著作[8]）。可以說，沒有太公理論及其所建立的齊國兵家，則不會有如此博大精深、智謀高超、理論完整、源遠流長、綿延不斷、影響巨大的中國兵學理論學說。論及古今著名的軍事家孫武、鬼谷子、黃石公、諸葛亮等，都學習吸收了太公《六韜》[9]的精華；太公的文韜武略[10]，更是當今世上政治、經濟、軍事、管

---

7 唐玄宗（685～762 AD）出生洛陽，712 至 756 年在位。唐睿宗第三子，唐朝在位最久的皇帝。清朝爲避諱康熙皇帝之名「玄燁」，多稱其爲唐明皇。唐隆元年（710 年六月），李隆基與太平公主聯手發動「唐隆政變」誅殺韋皇后。712 年李旦禪位於李隆基，後賜死太平公主，取得了國家的最高領導統治權。前期能撥亂反正，任用姚崇、宋璟等賢相，勵精圖治，使他的「開元之治」成爲唐朝的極盛之世。但到了他的執政後期，卻因寵愛楊貴妃，怠慢朝政，寵信奸臣李林甫、楊國忠等，再加上政策失誤和重用安祿山等塞外民族，試圖來穩定唐王朝的邊疆，結果導致了後來長達八年的「安史之亂」，終爲唐朝中後期的衰敗埋下了深深的伏筆。756 年李亨即位，將其尊其爲太上皇。被葬於泰陵。

8 其中《孫子兵法》已整理出一百零五枚，共一千餘字，已發現的篇名與《宋本十一家注孫子》的十三篇相同；初次發現的《孫臏兵法》已整理出二百卅二枚，共六千餘字；二號墓出土的有 143 BC 的《漢武帝元光元年曆譜》竹簡卅二枚。這些竹簡的出土，特別是失傳了一千七百多年的《孫臏兵法》在同一墓地出土，對於研究先秦歷史和古代軍事思想提供了極爲重要的史料，解決了孫子和孫臏二人關係的歷史之謎。

9 1972 年從山東臨沂銀雀山漢武帝初年的墓葬發掘出的《六韜》殘簡，來校勘今天存世的各種《六韜》版本和本註，說明瞭《六韜》一書，在漢武帝以前就流行開了，否定了《六韜》是古人僞托呂尚所著的懷疑，進一步證實了姜太公在軍事理論上的著述是真實的。他在軍事理論方面，在政治、經濟鬥爭的策略思想方面，都爲子孫後代留下了不可磨滅的豐富的遺產，人們稱他是兵家權謀思想的始祖是當之無愧的！

10 《漢書藝文誌》〈諸子略〉：「《太公》二百七十三篇、《謀》八十一篇、《言》七十一篇、《兵》八十五篇。」後來之《太公陰謀》、《太公金匱》、《太公兵法》，應是太公以來之軍事、政治等鬥爭之經驗與思想總結。

理、科技等各個領域所借鑒。是故在研究我國古代的治國方略、用兵之道時，我們絕不能不重視太公的傑出貢獻、思想價值之理。

　　太公去逝雖已達三千多年，卻從未遭國人遺忘。歷史上除悼念他的豐功偉績外，並被編造出很多神話故事，加以歌頌、崇拜他的「兵韜謀略」與「高尚人格」。在《太平禦覽》[11]之《太平廣記》相關著作上，便發現有被逐步神格化的傾向。及其明代許仲琳[12]崇敬太公，可說已達到沉迷之地步，除將其神格化之外，更花許多時間心血編著成一部相當有名的《封神演義》[13]大部頭小說。寫他曾在崑崙山學道，後奉師命下山助周滅商，滅商紂之後又奉師命發榜又封神；虛構他成為管控天下所有小神明的大神祇，以太公的神奇和威嚴，成就為世間之驅邪扶正的偶像。傳說加上編造，雖已超出了歷史的真實，但卻反映出姜太公在人們心目中長久與崇高的地位，例如，有詩說：「兵權與奇計，何妨出屠酤。白髮感知遇，壯心翻勝初。西伯得所望，君臣比水魚。人世重功業，貴謀民康如。得道伐失道，順勢但一呼。」[14]

---

[11] 《太平禦覽》初名《太平類編》、《太平編類》，後改名為《太平禦覽》。宋初國家史館藏書萬餘卷，後來削平諸國，把各國藏書集中到京師，宋太宗又下詔百姓獻書有賞，由此共有藏書八萬卷。為北宋李昉、李穆、徐鉉等學者奉敕編纂。利用這些藏書，編類書一千卷，書名《太平總類》：文章一千卷，文學類《文苑精華》；小說一千卷，小說類《太平廣記》以及史學類《冊府元龜》合稱為「宋匯部四大書」；醫方一千卷，名《神醫普救》。始于太平興國二年（977 AD）起，八年（983 AD）十月《太平總類》書成，是保存了五代以前文獻最多的一部類書。采以群書類集之，全書以天、地、人、事、物為序，可謂包羅古今萬象。書中共引用古書一千多種，保存了大量宋以前的文獻資料，但其中十之七八已經亡佚，更使本書顯得彌足珍貴。凡分五十五部五百五十門而編為千卷，每門下又分若干子目，大小類目共計約五千四百七十四類。《春明退朝錄》謂書成後，太宗日覽三卷一歲而畢，故賜名《太平禦覽》。該書上海涵芬樓本為最佳版本；1960 年中華書局又用該本重印，為今通行本。

[12] 許仲琳（約 1567～1620 AD），亦作陳仲琳，號鐘山逸叟，應天府（在今江蘇省南京市、鎮江市、常州市境）人，明朝小說家。生平事蹟不詳。據說著有知名神魔小說《封神演義》（也有人認為是陸西星所著）。目前已知最早的《封神演義》版本是明代萬曆年間金閶舒載陽刊本，藏於日本內閣文庫。書中卷二題作「鐘山逸叟許仲琳編輯」，故學者認為《封神演義》的作者即為許仲琳。該書約成於隆慶、萬曆年間。

[13] 《封神演義》一般俗稱《封神榜》，又名《商周列國全傳》、《武王伐紂外史》、《封神傳》，是一部中國古代神魔小說，全書二十卷共一百回。《封神演義》的原型最早可追溯至南宋的《武王伐紂白話文》，可能還參考了《商周演義》、《昆侖八仙東遊記》，書以紂王無道失去天下道統，以姜子牙輔佐周室（周文王、周武王）討伐商紂的歷史為背景，神話穿插為特點。描寫了闡教、截教諸仙鬥智鬥勇、破陣斬將封神的故事。包含了大量民間傳說和神話，在封神演義的世界中，世界分成為仙山洞府和三界。仙山洞府是由仙道組成的昆侖山「闡教」；和海外仙士、方外術士或得道禽獸組成的「截教」；三界則是由玉皇大帝統治的天庭，和商（殷朝）的紂王的統治的人間，以及女媧統治的妖界。這些深深地影響了我國百姓的世界觀（道教和神仙思想，佛教，等深深地互相纏繞成的民間獨特的宇宙組成印象）。

[14] 出自當代浙江平陽人陳志歲編著《江南靖士詩稿》〈姜牙〉一詩。為楹聯、詩人與書法和文化藝術家。

　　《尚書大傳》的「羑里營救」，《楚辭》〈天問〉的「屠巿偶識」，以及《鬼谷子》、〈忤合第六〉的「呂尚三就文王、三入殷，而不能有所明，然後合於文王」等史料，都是先民對姜太公的事蹟記錄。本節僅就鬼谷子的言論與姜太公《六韜》，部分思想學說作一探討。而春秋、戰國諸子百家，無不仰慕古之聖人典範，所以我們也就從聖人之定義開始。

## 一、對聖人的推崇

　　《鬼谷子》於〈摩篇第八〉上言：「聖人謀之於陰，故曰神；成之於陽，故曰明。」〈謀篇第十〉：「故聖人之道陰，愚人之道陽；智者事易，而不智者事難。……故先王之道陰。言有之曰：『天地之化，在高與深；聖人制道，在隱與匿。』」

　　以上，鬼谷子短短兩句話，清楚的將聖人與先王之「謀」，界定除了「陽」之一面，還不諱其言爲必須有「陰」的一面。高調解釋行事之智愚，在於「道」之陰陽，如此成事才能達到神與明之境界。「聖人謀之於陰」、「故聖人之道陰」、「聖人制道，在隱與匿」不是已非常之清楚，就是成聖成王者善於「陰」謀[15]。若還不夠有說服力，鬼谷子便將先王給抬了出來說：「故先王之道陰」。先王是誰？鬼谷子未明講，只把老祖宗給亮出來，這不明白的說，你們誰能在反對個什麼來？這不就像是墨子將大禹治水與勤儉的功績與主張，給抬出來與儒家的堯、舜一較高下！對於聖人使陰，給個由來與證據嗎？

　　陰與陽原本是自然之道，「謀陰」、「成陽」也絕無善惡是非之分。鬼谷子

---

[15] 陰謀（Conspiracy）指兩人以上的人，作一件非法或不道德的事的約定。未必是秘密策劃的。不過中文有時將 Conspiracy theory 譯爲陰謀論，而英文中的 Conspiracy theory 也常指秘密策劃的陰謀，即「共謀」、「共謀論」。陰謀論常面臨的問題是證據不充分、難以被否證、其他理論可用更少的假設得出更好的解釋（奧卡姆剃刀）、邏輯上的不可能、以及推論有繆誤。對於爲什麼人們會製造出並相信陰謀論，有以下的解釋：心理學基礎人類傾向對發生的事情找一個原因來解釋，而陰謀論正是簡單易懂的理論，「一切都是某某組織的計畫」很容易被接受。政治、社會基礎：政治人物的操弄、傳媒加速資訊的傳播、在人群中受他人影響……。故事性：由於陰謀論常富有戲劇性，許多小說和影劇會以陰謀作爲故事的主題，並時常取材自現有的陰謀論。陰謀論的三個特點爲「損人利己」、「故意欺騙」，「合謀操縱」，必須同時滿足三個條件才能算一個陰謀論觀點。陰謀史學亦非中國獨創和獨有，在世界各國，歷史編纂權都是一種統治階級牢牢掌握的特權，每個國家的歷史解讀無一不印有階級烙印。各個封建制國家，運用歷史的編纂權來爲封建制度辯護；資產階級專政的國家，自然要用歷史撰寫權來爲資本主義制度美容。比如一部美國史，始終貫穿著資本主義價值觀。符合資產階級利益的，那在美國的歷史上得到褒揚，不符合資產階級利益的，那就要被美國的歷史貶低和污蔑。日本又何嘗對於侵華事件之南京大屠殺與慰安婦，毫不道歉認錯，遂引發東北亞國家：中共、朝鮮、南韓、台灣等政府與民間之不快。

這項主張，不獨有偶，我們發現扶佐周文王推翻商紂王的姜太公，其遺留下來的《六韜》一書中，也對於聖人之能力與成就之描述，以及對德行之百般歌頌與談話，如下有：

> 《六韜》〈文師第一〉：「嗚呼！曼曼綿綿，其聚必散；嘿嘿昧昧，其光必遠。微哉！聖人之德，誘乎獨見；樂哉！聖人之慮，各歸其次，而樹斂焉。」〈文啓第十四〉文王問太公曰：「聖人何守？」太公曰：「何憂何嗇，萬物皆得；……夫天地不自明，故能長生；聖人不自明，故能名彰。」，「古之聖人，……群曲化直，變於形容。……嗚呼！聖人務靜之，賢人務正之。嗚呼！神哉！聖人見其所始，則知其所終。」

太公認為善於舉事、成事如神的聖人，如天地自然一般，能體現萬事萬物原委始末之完整性。故於做事時，不刻意彰顯自己，不躁動安靜於籌畫、柔軟溝通、時移事易，待暗中喬事後時機已成，才陸續讓各式賢良人才辦事，因之免以敗事；以此話回答文王一系列安邦治國的道理。也事實證明周文王之後，領導各諸侯國推翻了商紂王朝，就是暗中進行各項政治、軍事之準備、人才蒐羅……等工作。所以「夫天地不自明，故能長生；聖人不自明，故能名彰」（《六韜、武韜》〈文啓〉）；因為「聖人務靜」，才能讓「賢人務正」；因為「天地不自明，故能長生」，所以聖人也要效法天地「聖人不自明，故能名彰」[16]。這不就是鬼谷子的「聖人謀之於陰，故曰神；成之於陽，故曰明。」之道理！

《鬼谷子》〈決篇第十一〉：「聖人，所以能成其事者有五：『有以陽德之者，有以陰賊之者，有以信誠之者，有以蔽匿之者，有以平素之者。』」《太公陰符經》言：「聖人謂之五賊，天下謂之五德。人食五味而生，食五味而死，無有怨而棄之者也。心之所味也亦然。」、「觀天之道，執天之行，盡矣。故天有五賊，見之者昌。」以上之鬼谷子的「陰賊」與太公的「五賊」，不有著

---

[16] 《六韜、武韜》〈文啓〉：文王問太公曰：「聖人何守？」太公曰：「何憂何嗇，萬物皆得；何嗇何憂，萬物皆道。政之所施，莫知其化；時之所在，莫知其移。聖人守此而萬物化。何窮之有？終而復始。優之遊之。展轉求之；求而得之，不可不藏。既以藏之，不可不行；既以行之，勿復明之。夫天地不自明，故能長生；聖人不自明，故能名彰。古之聖人，聚人而為家，聚家而為國，聚國而為天下。分封賢人以為萬國，命之曰大紀。陳其政教，順其民俗，群曲化直，變於形容。萬國不通，各樂其所，人愛其上，命之曰大定。嗚呼！聖人務靜之，賢人務正之；愚人不能正，故與人爭。上勞則刑繁，刑繁則民憂，民憂則流亡。上下不安其生，累世不休，命之曰『大失』。」

同工異曲之妙乎？

又《黃帝陰符經》：「五賊在心，施行於天；宇宙在乎手，萬化生乎身」，太公曰：「其一賊命，其次賊物，其次賊時，其次賊功，其次賊神。賊命以一消，天下用之以昧；賊物以一急，天下用之以利；賊時以一信，天下用之以反；賊功以一恩，天下用之以怨；賊神以一驗，天下用之以小。」鬼谷子於〈抵巇第四〉亦言：「聖人者，天地之使也。」可見出《鬼谷子》與《太公陰符》，都已將聖人提升到很高的層級，亦即僅次於天地之地位矣！

《武韜》〈文啟第十四〉公曰：「天有常形，民有常生。與天下共其生，而天下靜矣。太上因之，其次化之。夫民化而從政。是以天無為而成事，民無與而自富。此聖人之德也。」《龍韜》〈選將第十九〉：「天下所賤，聖人所貴」及〈軍勢第廿六〉：「聖人徵於天地之動，孰知其紀。循陰陽之道而從其候；當天地盈縮，因以為常；物有死生，因天地之形。」以上言論無不影響著鬼谷子，故《鬼谷子》〈忤合第六〉言：「非至聖達奧，不能御世」。

〈守國第八〉文王問太公曰：「守國奈何？」

> 太公曰：「齋，將語君天地之經，四時所生；仁聖之道，民機之情。」王即齋七日，北面再拜而問之。

> 太公曰：「天生四時，地生萬物。天下有民，仁聖牧之。故春道生，萬物榮；夏道長，萬物成；秋道斂，萬物盈；冬道藏，萬物尋。盈則藏，藏則復起，莫知所終，莫知所始。聖人配之，以為天地經紀。故天下治，仁聖藏；天下亂，仁聖昌；**至道其然也**。聖人之在天地間也，其寶固大矣。因其常而視之，則民安。夫民動而為機，機動而得失爭矣。**故發之以其陰，會之以其陽**。為之先唱，天下和之。極反其常，莫進而爭，莫退而讓。守國如此，與天地同光。」

鬼谷子對於聖人之所見，不都與姜太公所見略同！這在那古老的歲月，書籍典冊非常缺乏的時代，先人之智慧大抵依靠師徒口耳相傳，與自我用功背誦。周朝被毀之後，諸侯國爭相獨霸，官學漸漸流入民間，所以姜太公的《六韜》也貴為爭相傳頌與傳抄研讀起來，鬼谷子等後代兵、法家等學人，無不受其言論學說影響有佳。

《孟子》〈盡心下〉孟子曰：「由堯、舜至於湯，五百有餘歲，若禹、皋陶，則見而知之；若湯，則聞而知之。由湯至於文王，五百有餘歲，若伊尹、

萊朱則見而知之；若文王，則聞而知之。由文王至於孔子，五百有餘歲，若太公望、散宜生[17]，則見而知之；若孔子，則聞而知之。由孔子而來至於今，百有餘歲，去聖人之世，若此其未遠也；近聖人之居，若此其甚也，然而無有乎爾，則亦無有乎爾。」

於此段落中可看出，孟子也將太公推崇至聖人之位階了。然而孔子並不認為自己是聖人，因為他認為聖人在現實世界之中是不存在的，所以子曰：「聖人吾不得而見之矣，得見君子者，斯可矣」；就如同善人在現實之中也不存在之一般，子曰：「善人，吾不得而見之矣；得見有恆者，斯可矣。」（《論語》〈述而第七〉）。因此，孔子以教導大家做個君子人為榮。曹交問曰：「人皆可以為堯舜，有諸？」孟子曰：「然」（《孟子》〈告子下〉）。是故到了戰國時期，聖人是可以透過學習而成就的觀念，普遍傳開；所以鬼谷子鼓勵弟子學習聖人之情，也是可以理解的。那姜太公的「天無為而成事，民無與而自富」，都是聖人所該竭盡心力，不管做賊做馬，都要不擇手段努力去達成才對「此聖人之德也」；於此，鬼谷子是完全的學習到了。

## 二、對謀略的講究

鬼谷子學問出自於《周書》、《易經》、《太公陰符》[18]等。從《周書》言：「將欲敗之，必姑輔之；將欲取之，必姑與之。」[19]，與《逸周書》〈銓法〉：

---

17　散宜生散氏，輔佐周文王、周武王的謀臣，西周開國功臣，是「文王四友」之一。與閎夭、太顛、辛甲、鬻熊等一起輔佐周文王、周武王被紂王囚禁在羑里。他們把有莘氏之女、驪戎的文馬獻給紂王，並且賄賂紂王的寵臣費仲。紂王將周文王釋放，後散宜生和姜尚等人輔佐周武王滅掉商朝。封地在今陝西鳳翔西南大散關附近，為通往巴、蜀的要道。散姓早在湯堯時，散宜氏就已名揚史冊，湯堯為取得散宜氏的支持，娶散宜氏之女為妻，可見散宜氏在當時的社會地位是非常重要的。商殷王朝末期，周文王、周武王父子因得到散宜氏家族的支持，最終滅亡商殷王朝。周以前，散宜是氏號，隨著姓氏演變，散宜氏簡化為散姓，因此散姓皆尊散宜生為始祖。聶紺弩有舊體詩集《散宜生詩》。

18　《太公陰符》是一部中國古代思想論著書籍，屬道家一派之書，又叫《太公陰符經》，傳說為姜太公所留下的，據說蘇秦為讀這本書而頭懸樑錐刺股，最後掛六國相印而衣錦還鄉。《戰國策、秦策》記載：蘇秦遊說諸侯不成，乃發奮矢志，連夜發陳篋數十，得「大公陰符之謀」，日夜揣摩，至於引錐刺股，終佩六國相印。然此「陰符之謀」究竟為書籍亦或為學科，因《漢書、藝文志》道家、兵書類俱不載，其他典籍亦無從搜檢，故具體情狀不得而知。《隋書、經籍志》兵家始載有《陰符鈐錄》一卷，《周書陰符》九卷，今亦未知其詳，且皆不言「經」。所謂陰者，暗也；符者，合也。天機暗合於事機，故曰陰符。其中以陰陽五行為立論旨歸，概言人與自然、自然與自然之關係，多申發《老子》、《莊子》、《亢倉子》、《三略》之意，注疏中又時親以兵家韜略。自唐以降，流傳版本眾多，主要有漢魏叢書本、《道書全集》本、《說郛》本、《子書百種》本等。現已無真跡流傳，據說讀其書，能使人變成奇人和有智慧的人。

19　語出《戰國策》〈魏策、知伯索地於魏桓子〉：「知伯索地於魏桓子，魏桓子弗予。任章曰：「何

---

「有三不遠，有三不近，有三不畜。敬謀，祗德，親同，三不遠也。聽讒自亂，聽諛自欺，近慝自惡，三不近也。有如忠言，竭親以爲信；有如同好，以謀易寇；有如同惡，合計掬慮，慮泄事敗，是爲好害，三不畜也。」此處之「姑與謀」均指的是謀略之意。事實上「謀」這個概念，除見於四千多年前的《尚書、虞書》〈大禹謨〉：「疑謀勿成，百志惟熙……詢謀僉同……弗詢之謀勿庸」外，最早是分別在《山墳》中之〈天皇伏犧氏連山易爻卦大象〉與其《傳》言：「兵陰謀」、「兵陰謀，謀善計，兵之陰也。」之字詞。

有謀、有陰謀，都成就不了大事，換句話說也就是必須有權力與權限才行。而「權」一字最早是在《形墳、地皇軒轅氏政典》：「權以聚財，財以施智」；《尚書、周書》〈泰誓中〉：「脅權相滅」；〈呂刑〉：「輕重諸罰有權」。但把「謀」與「權」相連用，則首見於《六韜、文師》〈上賢〉：「無智略權謀，王者謹勿使爲」。所以鬼谷子完整的講權謀，應該是向太公的《六韜》所學而來的。當是時鬼谷子一人面對起奴隸制度的慘酷與封建制度的冰冷，同時發現萬般糾葛不清的歷史宿命的無奈，又環視周遭的世界，竟是列國充滿現實欺凌的苦難，如何打破堅固無比難以摧毀的世局？在毫無兵馬國度之下，奈何得了？能夠依靠誰？難不成愚公移山不成！

當然絕非「撒豆成兵」以招喚「陰兵陰將」所能成就的，還是只有培育自己的人馬才行。於是開山立教，招來具有縱橫特質的子弟，自己親自來教導，成就菁英努力去達成，這項絕不可能的世紀任務與使命，才行！他要勉勵學生：「能力有多大，權力就有多大」。鬼谷子思索至此，想到必須教導學生，如何安全與完全有效的去爭取達陣，獲取使用謀略的權力？然而權力總在別人的手上，要擁有這項能夠撼動江山的權力，除了自我內在的智慧與能力之外，一定只有來自於外來的職位與職務了。

祗是，空有才能誰會知道、誰會使用你！所以，唯一自己所能夠掌握得住的，與僅有的辦法和最廉價的工具，那一招就是「說服」。學會「說話術」，就得以強化「自我介紹」之可靠的力量，或說使他人爲之介紹與提攜才行。

---

故弗予？」桓子曰：「無故索地，故弗予。」任章曰：「無故索地，鄰國必恐；重欲無厭，天下必懼。君予之地，知伯必驕。驕而輕敵，鄰國懼而相親。以相親之兵，待輕敵之國，知氏之命不長矣！《周書》曰：『將欲敗之，必姑輔之；將欲取之，必姑與之。』君不如與之，以驕知伯。君何釋以天下圖知氏而獨以吾國爲知氏質乎？」君曰：「善。」乃與之萬家之邑一。知伯大說。因索蔡、皋梁於趙，趙弗與，因圍晉陽。韓、魏反於外，趙氏應之於內，知氏遂亡。」

而在取得職位與權力之前與之後，都必須進行如何去「說服別人」？如何說得動對方相信你、信服你，以便進一步發揮你的才能，這就得牽扯上「心理層面」，如此專門的知識以及「權勢謀略」了；鬼谷子當然知道，這三者是互爲表裡的學問，而世上就他自己最清楚明白，只有我鬼谷子一人才擁有這項才能。他於是決定要把自己複製出去，也就是他這位千古奇人，與這部千古奇書《鬼谷子》一生與一書的精華之所在！

　　《鬼谷子》既是謀略之書，有關「謀」字之敘述，自是不少〈捭闔第一〉：「可與不可，審明其計謀，以原其同異」；〈內揵第三〉：「見其謀事，知其志意。事有不合者，有所未知也。合而不結者，陽親而陰疏。事有不合者，聖人不爲謀」；〈揣篇第七〉：「故雖有先王之道，聖智之謀，非揣情隱匿，無可索之」；〈抵巇第四〉：「因化說事，通達計謀，以識細微。」又「世無可抵，則深隱而待時；時有可抵，則爲之謀」；〈謀篇第八〉：「爲人，凡謀有道，必得其所因，以求其情」。總共多達 43 次、26 個段落，均提到「謀」之應用與解釋。

　　我們於此來看《六韜》，太公對於謀略思想如何解釋與應用，在《六韜》之中除〈犬韜〉之外，其它各篇均大力的將謀略之重要性說明清楚：

　　〈文韜、六守〉文王曰：「六守何也？」太公曰：「一曰仁，二曰義，三曰忠，四曰信，五曰勇，六曰謀，是謂六守。」文王曰：「愼擇六守者何？」太公曰：「富之而觀其無犯，貴之而觀其無驕，付之而觀其無轉，使之而觀其無隱，危之而觀其無恐，事之而觀其無窮。富之而不犯者，仁也；貴之而不驕者，義也；付之而不轉者，忠也；使之而不隱者，信也；危之而不恐者，勇也；事之而不窮者、謀也。人君無以三寶借人，借人則君失其威。」

　　以上是太公，針對君王不失去權位的方法，回答文王：「君國主民者，其所以失之者何也？」所說出的兩個精簡的重點：「不愼所與也！人君有六守、三寶。」那是用人不愼的結果。第一、有六項「選賢與能」之正確有效使用人才的方法。第二、以及要掌握三種「經濟發展」的根本不變策略；所謂「六守長，則君昌；三寶完，則國安」；所謂的三寶乃是指「大農、大工，大商，謂之三寶」[20]。無不存在著太公的謀略之周密偉大，而且完全不是拿拂塵、走

---

[20] 《文韜》〈六守第六〉文王曰：「敢問三寶？」太公曰：「大農、大工，大商，謂之三寶。農一其鄉，則穀足；工一其鄉，則器足；商一其鄉，則貨足。三寶各安其處，民乃不慮。無亂其鄉，無亂其族。臣無富於君，都無大於國。六守長，則君昌；三寶完，則國安。」以上可看出，太公將周朝八百年的國家方針於此定調了。人間不就是「人」與「事」！而人之可用，

雲端（亦及畫大餅、唱高調），不僅能策劃推翻商紂的暴政王朝，而且還能夠爲周之封建大帝國，設計出完整的、踏實的，經濟、軍事、政治等之多面向，致使國家能夠長治久安之大謀略來。

鬼谷子於〈轉圓第一〉言：「天地無極，人事無窮，各以成其類；見其計謀，必知其吉凶成敗之所終也。……聖人以道，先知存亡，……所以觀計謀；……。」鬼谷子明瞭因人事重要與繁複，而聖人掌握計謀之重要，特將之轉化爲：「轉圓者，或轉而吉，或轉而凶，……乃知轉圓而從方。圓者，所以合語；方者，所以錯事。轉化者，所以觀計謀；接物者，所以觀進退之意。皆見其會，乃爲要結以接其說也。」

唯有對擁有大權在握的領導者，將其完全說服之後，再以聖人之智成吉去凶，扭轉劣勢，成就出兵國大計的謀略，才能對國家百姓大爲有利可言。故《鬼谷子》〈實意第三〉說：「計謀者，存亡之樞機。」化作成〈摩篇第八〉：「所謂主事日成者：積德也，而民安之，不知其所以利；積善也，而民道之，不知其所以然；而天下比之神明也。主兵日勝者，常戰於不爭，國不費，而民不知所以服，不知所以畏，而天下比之神明。」如此鴻圖大計，豈有略遜一籌之理！可以說是將原本君王爲國家所用之謀略，推廣開來了。乃「聖智之謀，非揣情隱匿，無可索之。此謀之大本也，而說之法也。」

《鬼谷子》〈內揵第三〉言：「事有不合者，聖人不爲謀。」又〈抵巇第四〉言：「世無可抵，則深隱而待時；時有可抵，則爲之謀。」此兩處無不表示，聖人用「謀」，得觀時機。《六韜》〈武韜、發啓第十四〉：「天道無殃，不可先倡；人道無災，不可先謀。必見天殃，又見人災，乃可以謀」，〈文韜、上賢第九〉：「無智略權謀，而以重賞尊爵之，故強勇輕戰，僥倖於外，王者慎勿使爲將」、「有名無實，出入異言；掩善揚惡，進退爲巧，王者慎勿與謀」，〈武韜、文伐第十五〉：「苟能嚴之，國乃可謀」，〈武韜、三疑第十七〉：「因之，慎謀，用財」。以上是太公以三個相應的謀略，回答武王建功立業之疑慮：「因勢利導、慎密謀畫、巧用錢財」。

---

爲民、爲官者莫不追求「名與利」，當面對富貴時其德操如何？正是太公爲文王建立江山與管理爾後天下，文武百官之用人之標準。談完了「士」之選賢與能，太公接著說：不可輕乎農工商，而且還尊貴的稱之爲三寶，要重視民間之經濟發展。穀足、器足、貨足，如此見識，讀於此可眞令我對姜太公，一股讚嘆佩服之心，油然而生！反之，對於今日中華民國在台灣之朝政國事的混亂，卻充滿著憂傷與感嘆呀！爲何欠缺文王與太公？無此君、無此國士，國與民之未來堪虞矣！重拾《鬼谷子》，遂覺方法於其中，始面露微笑。

以上談到「謀之用」須有時，鬼谷子亦秉持著太公之宜「謹愼」行之；此處則談「謀」宜周密以行。《鬼谷子》〈摩篇第八〉：「故謀莫難於周密，說莫難於悉聽，事莫難於必成」，「故謀必欲周密，必擇其所與通者說也」。

〈武韜、三疑第十七〉：「凡謀之道，周密爲寶」，「既離其親，必使遠民，勿使知謀」兩人對於一切謀略之道，均主張必須要「周密」兩個字，可說是完全如出一轍。

## 三、天之何所指

「天」，中華文化信仰體系的一個核心，狹義僅指與地相對的天；廣泛意義上的天，即「道、太一[21]、大自然、天然宇宙」。天有神格化、人格化的概念，指最高之神，稱爲：「皇天、昊天、天皇大帝、皇天上帝、昊天上帝」等，即道教和民間信仰中的玉皇上帝（玉皇大帝）；季梁[22]曰：「夫民，神之主也，是以聖王先成民，而後致力於神。」春秋、戰國之時，思想進步、人文理性，精神發展特別的興盛，人本思想大爲興起之後，主張：「神爲人創、民爲神主」，則上古神秘之一切爲神之觀念漸消。「皇天上帝」之概念，漸由自然之「天」

---

[21] 道的別稱。《莊子、天下》：「建之以常無有，主之乙太一。」我國古代「太」一字，也寫成「大」或「泰」，「一」或作「乙」。「太」爲最先、最高，「一」是唯一、完整、無缺、無對和混一不分。〈天下〉篇稱老子的學說「主之乙太一」，「太一」即老子所謂「道」，又稱爲「無」。《呂氏春秋、大樂》：「道也者，至精也，不可爲形，不可爲名，強爲之名，謂之太一。」又：「萬物所出，造於太一。」註：「太一，道也。」查 《呂氏春秋》，指「太一」世界的物質本原。〈大樂〉中說：「音樂……本於太一。太一出兩儀，兩儀出陰陽」，「萬物所出，造於太一，化於陰陽。」又：「道也者，至精也，不可爲形，不可爲名，強爲之名，謂之太一」。於《禮記》中「太一」也指元氣。《禮記、禮運》說：「夫禮必本於大一，分而爲天地，轉而爲陰陽，變而爲四時，列而爲鬼神。」而在西方古代哲學中，太乙（the one）意謂單一、獨一、沒有界限、沒有區分、自身渾然爲一。古羅馬帝國時期，新柏拉圖學派哲學家普羅提諾認爲，世界萬物都是由太乙產生出來的。

[22] 季梁隨國都（今隨州市西北）人，生卒年不詳。文獻中最後一次記載他的活動是在《左傳、桓公八年》，時值西元前 704 年。春秋初期隨國大夫，我國南方第一位文化名人，開儒家學說先河的重要學者。李白譽其爲「神農之後，隨之大賢」。季梁對隨、楚關係格局影響重大，輔佐隨侯期間，提出「夫民，神之主也」的思想、「修政而親兄弟之國」的政治主張，以及「避實擊虛」的軍事策略，使隨國成爲「漢東大國」。周天子雖「三次征伐」，被他稱爲「荊蠻」的楚國，皆「結盟而還」。春秋以來，由於社會生產力的發展，封建生產關係在一些發展國家裡相繼出現了，奴隸制逐漸地走向解體的道路。這種巨大的社會變革，不能不在意識形態領域裡引走相應的變化。由於奴隸主階級的統治思想是天命神權論，因此，封建生產關係的興起必將引起神權的動搖。季梁作爲統治階級中的開明思想家，正是順應了這一歷史潮流，才敢於對天命神權的主宰在位予以否定。在春秋時期新興地主階級與奴隸主貴族的鬥爭中，在大吞小、強凌弱的激烈的兼戰爭中，統治集團中的一些開明政治家在一定程度上看到了「民」的重要性，這也是季梁重民輕神思想賴以產生的重要條件。季梁正是站在前人建築的橋樑和奠定的基礎上，提出了「民爲神主」這一哲學的命題。

所取代，天爲道德民意之化身，這構成了後世中國文化信仰的一個基礎。明顯早於西方的文藝復興時代，所主張的「肯定人權，反對神權」。《淮南子》〈原道訓〉言：「所謂天者，純粹樸素……。所謂人者，曲巧詐僞，所以俯仰于世人而與俗交者也。」又「循天者，與道遊者也；隨人者，與俗交者也。」處於人天紛錯之間，正是鬼谷子從道又從俗的思想，欲借非帝王貴族之聖賢謀士的力量，加以影響與左右世局以撥亂反正之起點。

《鬼谷子》〈抵巇第四〉言：「天下紛錯，上無明主，公侯無道德，則小人讒賊、賢人不用、聖人竄匿，貪利詐僞者作；君臣相惑，土崩瓦解而相伐射，父子離散，乖亂反目，是謂萌牙巇罅。聖人見萌牙巇罅，則抵之以法。世可以治，則抵而塞之；不可治，則抵而得之；或抵如此，或抵如彼；或抵反之，或抵覆之。五帝之政，抵而塞之；三王之事，抵而得之。諸侯相抵，不可勝數，當此之時，能抵爲右。」

《鬼谷子》一如諸子聖學般，苦口婆心提倡安天下之學。鬼谷子在那個天下紛錯的時代，提出可以「世可以治，則抵而塞之；不可治，則抵而得之」，並以「五帝之政，抵而塞之；三王之事，抵而得之」爲有力之證明。並說出「聖人見萌牙巇罅，則抵之以法。」強調取代不能治國治世的君王，這樣的超時代思想，對比於儒家，其實也未遭反對，孔子便稱讚過三王之盛事。鬼谷子的「民本思想」，一反過去只有貴族，才能夠推翻不仁道及治國失敗的君王，提出聖賢之人亦可以奪取加以推翻。可見《鬼谷子》同諸子學一般，都講安天下之大道。而這項思想，我們在《六韜》裡面也能看得見：

〈文韜、文師第一〉：

> 太公曰：「天下非一人之天下，乃天下之天下也。同天下之利者，則得天下；擅天下之利者，則失天下。天有時，地有財，能與人共之者、仁也；仁之所在，天下歸之。免人之死、解人之難、救人之患、濟人之急者，德也；德之所在，天下歸之。與人同憂同樂、同好同惡者，義也；義之所在，天下赴之。凡人惡死而樂生，好德而歸利，能生利者、道也；道之所在，天下歸之。」文王再拜曰：「允哉！敢不受天之詔命乎？」乃載與俱歸，立爲師。

又〈武韜、發啓第十三〉：

> 「無取於民者，取民者也；無取於國者，取國者也；無取於天下者，

取天下者也。無取民者，民利之；無取國者，國利之；無取天下者，
天下利之。故道在不可見，事在不可聞，勝在不可知，微哉！微哉！」
「夫天地不自明，故能長生；聖人不自明，故能名彰。古之聖人，
聚人而爲家，聚家而爲國，聚國而爲天下。」

《鬼谷子》〈忤合第六〉：

「其術也，用之於天下，必量天下而與之；用之於國，必量國而與
之；用之於家，必量家而與之；用之於身，必量身材能氣勢而與之；
大小進退，其用一也。」

《六韜、文韜》〈文師第一〉：

「故以餌取魚，魚可殺。以祿取人，人可竭。以家取國，國可拔。
以國取天下，天下可畢。」

此處太公所言之「天下」，不就是指陳出，小自「邦國」大至「帝國」，
都不是一個人能自個所完全擁有，如是則會「擅天下之利者，則失天下」，必
須爲天下百姓共謀福利，「同天下之利者，則得天下」；《管子》〈戒第廿四〉：
「仁故不以天下爲利，義故不以天下爲名。……而後可以爲天下王」；反之與
鬼谷子的「世可以治，則抵而塞之；不可治，則抵而得之」同樣道理！太公
以爲：「道之所在，天下歸之」。鬼谷子就直說了：「當此之時，能抵爲右」事
實上，在春秋戰國的年代裡，被統計出「弒君三十六、亡國五十二」[23]驚人之
數字。這就是一種現實，也是時代的一種趨勢，是諸侯殺君主，士大夫殺諸
侯。孔子也深深感嘆邦無道久矣，〈微子第十八〉：「天下有道，丘不與易也」；
〈泰伯第八〉：「天下有道則見，無道則隱」。而只是鬼谷子尚不死心，他一人
鼓吹得更徹底罷了！

《鬼谷子》〈飛箝第五〉：

「將欲用之於天下，必度權量能，見天時之盛衰，制地形之廣狹、

---

[23] 語出董仲舒《春秋繁露》〈王道〉：「諸侯本怨隨惡，發兵相破，夷人宗廟社稷，不能統理。
臣子強，到弒其君父。法度廢而不復用，威武絕而不復行。故鄭、魯易地，晉文再致天子。
齊桓會王世子，擅封邢、衛、杞，橫行中國，意欲王天下。魯舞八佾，北祭泰山，郊天祀地，
如天子之爲。以此之故，弒君三十二，細惡不絕之所致也。」《春秋繁露》〈滅國上〉：「王者，
民之所往。君者，不失其群者也。故能使萬民往之，而得天下之群者，無敵於天下。弒君三
十六，亡國五十二。小國德薄，不朝聘大國，不與諸侯會聚，孤特不相守，獨居不同群，遭
難莫之救，所以亡也。」《春秋繁露》〈盟會要〉：「是以君子以天下爲憂也，患乃至於弒君三
十六，亡國五十二，細惡不絕之所致也。」

> 阻險之難易，人民貨財之多少，諸侯之交孰親孰疏、孰愛孰憎，心意之慮懷。」。

〈忤合第六〉：「必因事物之會，觀天時之宜，因以所多所少，以此先知之，與之轉化。」鬼谷子爲使遊說者更能自保與有效，特別將「天時」，這個大要素也放入其中，才能「以飛箝之辭，鉤其所好，乃以箝求之。」也才能使聖人得到轉化而成功，故〈忤合第六〉言：「是以聖人居天地之間，立身、禦世、施教、揚聲、明名也；必因事物之會，觀天時之宜，因以所多所少，以此先知之，與之轉化」；〈揣篇第七〉：「觀天時之禍福，孰吉孰凶？諸侯之交，孰用孰不用？百姓之心，去就變化，孰安孰危？孰好孰憎？反側孰辯？能知如此者，是謂量權」。鬼谷子如此苦心的教導弟子們，有條有理地加以循序漸進、循循善誘，將觀天時之要，傳受給後來之縱橫家門人。

《六韜、文韜》〈盈虛第二〉：

> 文王問太公曰：「天下熙熙，一盈一虛，一治一亂，所以然者，何也後其君賢、不肖不等乎？其天時變化自然乎？」太公曰：「君不肖，則國危而民亂；君賢聖，則國安而民治。禍福在君，不在天時。」

充分利用天時，已不僅僅是國君的專利了，太公要文王能夠多加注意天時，而鬼谷子已更進一步，要求時代的聖人們，以觀天時之宜，加以轉化、成爲先知，也就可以「立身、禦世、施教、揚聲、明名也」。這種鼓勵人才，出頭天之意味甚濃呀！

《鬼谷子》〈符言第十二〉：

> 「目貴明，耳貴聰，心貴智。以天下之目視者，則無不見；以天下之耳聽者，則無不聞；以天下之心思慮者，則無不知；輻輳並進，則明不可塞。右主明。」

《六韜、文韜》〈大禮第四〉：

> 文王曰：「主明如何？」

> 太公曰：「目貴明，耳貴聰，心貴智。以天下之目視，則無不見也。以天下之耳聽，則無不聞也。以天下之心慮，則無不知也。輻湊並進，則明不蔽矣。」

這裡所敘述的「天下」，意思不僅一樣是指所有天下的人，而且兩部書所

講的這兩句話，可說完全的一模一樣。姜太公生存年代是商末周初，而鬼谷子是戰國之人，那爲何會收錄於《鬼谷子》書中？這可能是鬼谷子講課之時，爲鬼谷先生引用太公之言，而弟子們將其強記背誦起來，課後回去爲某弟子或集體回憶書寫筆記於竹簡上，而後才能流傳世人。所以筆者以爲鬼谷子之思想學說，深受太公之影響甚爲明顯，此其一證也！

## 四、以仁義修道治國

「主事日成，而人不知；主兵日勝，而人不畏也。」這種國家的內政、外交、軍事等，治國大策略，正是鬼谷子學習太公《六韜》的「韜略權謀、富國強兵、舉賢用能、仁義愛民、大同思想。」精髓所在。鬼谷子亦能於〈揣篇第七〉清楚說明「故計國事，則當審權量；說人主，則當審揣情。」也就是鬼谷子主張治國用「理」字以「權量」，遊說用「情」字以「揣情」。

> 「由夫道德、仁義、禮樂、忠信、計謀，先取《詩》《書》，混說損益，議論去就」，「夫賢不肖、智愚、勇怯、仁、義有差。乃可捭，乃可闔；乃可進，乃可退；乃可賤，乃可貴；無爲以牧之。」

談到「權量、揣情」，我們就不得不先說，在研究《鬼谷子》的同時，對比西方哲學，會發現它是我先秦：思想、文化、道德（「由夫道德、仁義、禮樂、忠信」）主流與潛規則、韜略權謀（計謀）、相術、心理、道術、陰陽、兵法，外交、遊說等，與經典學術（先取《詩》、《書》）（〈內揵第四〉）；綜合交織，多重面與多向度間的混搭、侵越現象，合乎前後現象學的所謂開出的「混搭[24]（empiétement）、和變形（métamorphorse），並越出（dépassement）」

---

[24] 混搭 英文原詞爲（Mix and Match）即混合搭配，就是將傳統上由於地理條件、文化背景、風格、質地等不同，卻於有意無意之間，將互異的組合元素進行搭配，成有個性特徵的新組合體。表達一種交叉含義的一個詞，這詞本身也一直在經歷快速變化，不斷賦予新的含義。混搭原是個時尚界專用名詞，指將不同風格，不同材質，不同身價的東西按照個人口味拼湊在一起，從而混合搭配出完全個人化的風格。混搭就是不要規規矩矩穿衣。很難考證是誰把 Mix & Match，這則時裝界的術語翻譯成了混搭，但混搭似乎愈演愈烈。混搭的流行，更多來源自 2001 年的時裝界，日本的時尚雜誌《ZIPPER》當時寫道：「新世紀的全球時尚似乎產生了迷茫，什麼是新的趨勢呢？於是隨意配搭成爲了無師自通的時裝潮流。」拼貼、混雜、組合，這些傳統的後現代詞彙並不足以解釋 Mix & Match 的勁頭，超越同類項的時空交錯只能以本身就急劇混合味道的「混搭」來注釋。服飾上，舊社會有穿中式服裝戴禮帽柱文明棍的；美國人也擺脫英國紳士成套西裝，成穿淺色襯衫，紮領帶或領結，皮鞋的規矩，改穿圓領衫或 T 恤衫外套西裝，下穿牛仔褲、旅遊鞋。故混搭，實際各領域都早已存在。比如建築設計上，晚清就有所謂中西合璧的建築（稱爲西洋樓）。藝術上徐悲鴻的畫就有點中西結合。語言上寫阿拉伯數字卻用漢語讀音，拉丁字母作爲中文拼音符號，口語和文章中夾雜諸如引

[25]的現象。《鬼谷子》思想可說是衝破當時傳統社會道德，與政治管理思維上的最大極限，形成創造性破壞（creative destruction）。經過了時代之衝擊與演變，及社會制度等極大破壞，鬼谷子他不忘思考必須進行最大之建設；故入山閉門潛心思考、教學授課，終於創作組合出目的相同，方法卻迥異的遊說、計謀、求道、養生，出世、入世進退皆宜的思想策略理論。

鬼谷子能夠正確分析，當時天下之世局動盪，雖處於國與國、人與人之間的嚴酷關係，尤其對君、臣、民之間權力與人性慾望與人性弱點等，相互過程與厲害相關的再平衡與其再發展的探討。但是各諸侯國，其實是：思穩定、求和平、謀發展，可說是完全相同於今日國際社會思潮的主流。是時整個局勢，是處於各國國君也無法控制、事與願違十足混亂的大問題之下。所以只能思考進一步的大變化，才有可能加以突破，也才能有所改善。鬼谷子教導弟子爭取對等與直接的地位前後，採用精心設計過的語言與計謀進行訴求，給對方做出深刻、簡潔、平實與直入問題本質核心的分析與表述。

在亦敵亦友之貴我關係與心靈之間的流轉互動，更賦予謀士們，尤其是

---

擎、馬達、拷貝、沙發、席夢思、WTO、GDP 等外來詞匯和外文字元，香港人說話則是直接夾雜英語。人格上也有中西文化混搭，結合得比較好的如胡適之，成爲人見人愛的「我的朋友胡適之」，被讚譽爲「新文化中舊道德的楷模，舊倫理中新思想的師表」。說國語寫英文、留長辮子戴瓜皮帽、穿長袍馬褂、黑布鞋、手持文明棍的辜鴻銘，則讓人感到有點彆扭。更厲害的混搭是來自於截然不同的技術和學科的結合創新。技術混搭如以色列，最普遍的是醫療設備和生物科技領域。Mashup 指整合網路上多個資料來源或功能，以創新服務的網路應用程式。流行音樂也有不同風格的音樂混合，產生新趣味。

[25] 參閱《眼與心》（另譯《眼睛與精神》），作者：莫里斯、梅洛、龐蒂（Maurice Merleau-Ponty，1908～1961 AD）卒於巴黎，法國哲學家，在現象學運動中扮演極爲重要的角色，闡發了一種獨到的「身體哲學」。《眼與心》（L'œil et l'esprit）是他生前完成的最後著作。「眼」即可見的「身體」，「心」則是不可見的「精神」。沙特（Jean-Paul Sartre）對此書「說出了一切，如果人們懂得解碼的話。」鬼谷子的遊說謀略與意志身體之修練極其重視，之所以爲後人排斥，並認爲《鬼谷子》係僞書，非先秦之書，應是他們不懂得梅洛龐蒂的哲學，當然那時尚未出現象學。梅格龐蒂看到胡塞爾的後期思想與前期思想有矛盾之處，有許多現象都不能以納入「思與所思」的框架，尤其是身體（既是主體，也是客體）、主觀時間（對時間的意識既非「思」、也非「所思」）、他者（胡塞爾早期思想「他者」概念會導致唯我論）等現象。以對感知的研究作爲出發點，梅洛龐蒂逐漸認識到身體不只是一件物事、一個科學研究對象，同時也是經驗的永恆前提，由向世界知覺性的開放和傾注（investissement）形成。他指出，對知覺的分析中必須將意識同身體的內在關係納入考慮。從這個意義上來說，知覺爲先即是經驗爲先，因爲處在知覺覆蓋下的是一個動態和建設性的空間。因而，他的工作建築了一個分析，同時對知覺的身體性以及身體的意向性進行了揭示，這同笛卡爾靈肉二分的二元本體論截然相反。然而雖然一些重要的分歧將他們二者相分離，梅洛龐蒂還是審慎地繼續著後者的哲學。如此，他開創了一項對於個體在世界中的化身的研究，試圖提出在一個純然的自由主義和純然的決定論之間的中間選擇，作爲一個「爲我之身」和「爲人之身」之間的解理面。（楊大春譯、商務印刷館出版、2007 年 6 月）

縱橫家熟識與方便認知國與君與臣之間隙，提出諸多精闢遊說技巧與計謀。內止於高層鬥爭（如同當今主戰的鷹派、主和的鴿派，加以調解使之同舟共計一致對外）；外在方面，圈住大小國之折衝重要的事件，成功的把勢必一戰的軍事衝突，減少轉化成為講和平，「子曰：「桓公九合諸侯，不以兵車，管仲之力也，如其仁！如其仁！」（《論語》〈憲問第十三〉）；不經血刃之「縱橫遊說、擇交安民」，鬥智式的外交談判的謀略原理（道）與法則（法）、計巧（術）。鬼谷子非常瞭解軍事作戰在實質上，只是一種治標的行為；讓當是時的諸侯邦國認識，（其實墨家的墨者，也扮演過這種角色），最主要的還是要透過政治接觸與外交談判，才算是解決問題最徹底有效的好方法。並經過如《戰國策》所記載，實際的心、情、智大肆投入，從外交籌碼之上累積出更多的政治籌碼，所驗證應用得宜（蘇秦、張儀的合縱連橫的局面），減少許多不必要的生命與物質之大量耗損，殘酷的兵災禍害，因而安定千千萬萬無數的百姓得以生存養息。所以之故，《鬼谷子》完全顛覆了，並破除了春秋以來封建社會的迷失，從而超越了戰國時期政治秩序混亂之局面，實乃天衣無縫、神來之筆，一部意味無窮的傑作，可說是我中華民族文化的瑰寶，政治學術史上的經典！

　　再論，鬼谷子所講述的「仁、義、忠、信、智、勇」，雖非太公《六韜》〈龍韜、論將第十九〉中「將有五材十過」，所言的：「五材者：勇、智、仁、信、忠也」；（與〈文韜、六守第六〉：「仁、義、忠、信、勇、謀」相比，顯然多了個「智」字，少了個「謀」一字），與兵聖孫武及其《孫子兵法》〈始計篇〉中「將者：智、信、仁、勇、嚴也」等，軍事將領的人品思想，以上孫子與鬼谷子兩位很顯然，均借鑑於太公之處，雖不言亦可知。鬼谷子也相當明顯的採用，只是少去陽剛的一個「嚴」字，堅持多加一個柔性感性的仁義之「義」字而已。〈中經〉所謂：「守義者，謂守以仁義，探心在內以合者也」義者，宜也。講究謀事的鬼谷子，當然要積極做事，更特別強調處事與成事[26]之方法。其乃是實事求是，鼓勵立大功做大事，不只是教弟子說話、知

---

[26] 鬼谷子處處強調做事之重要，無私心的、細心並仔細的分析與教導。《鬼谷子》全書談到有關「事」之字詞，共有 46 段落次數多達 79 次之多，平均分佈於十六篇中，幾乎每一篇章提到最少三次以上。〈捭闔第一〉始其事、禦其事、萬事之先。〈反應第二〉事有反而得、事有比、象其事、鉤語合事、道合其事、萬事不失、事皆不疑、以事上、察其事、非其事、方以事之、事用不巧。〈內揵第三〉上下之事、事皆有、計事者務循順、見其謀事、「事有不合者，有所未知也」、「事有不合者，聖人不為謀」、事中來也、聖人立事、揣策來事。〈抵巇第四〉物有自然、事有合離、「事之危也，聖人知之」、「因化說事，通達計謀」、「三王之事，抵而

人、識人、做人，還真是一位循循善誘教導人從小事做起「因人行事」；《韓非子》〈喻老廿一〉：「天下之難事必作於易，天下之大事必作於細」。真正是幫人解決大問題「王公大人之事也」，同時提出軟辦法、硬辦法兼施，能夠完全處理大事情的真正辦法的智者。畢竟英雄自古是要替天行道，絕非吵架鬧事，更不逆天行道！

　　故必須「守義」，守義方能有理、合理、達理，有類、知類、分類；而歸類完成之後，才能知事、辦事、行事、成事、完事，如此才算有做為、有為是也。《鬼谷子》這項做事分類的管理辦法，可說是相當合乎現代科學之歸納法的，這點比上《六韜》來說已先進多了（太公只講「分」[27]與「別」，未言「類」與「種」）。故《本經陰符七術》〈轉圓第五〉言：「以變論萬象類，說義無窮」；以變易、不易、簡易《易經》的人事管理之原理原則，看清看透世間萬象，以區分萬類，使「義」（事理）無窮，當然也才能對付世間無窮的大小之「事」。以上，說明鬼谷子的「義」主要講究於處事；因此〈中經〉要求：

---

得之」。〈飛箝第五〉立勢而制事、定親疏之事、采邑以事之、其事用抵巇。〈忤合第六〉因事為制、必因事物之會、「世無常貴，事無常師」「成於事而合於計謀」、「非勞心苦思，不能原事」。〈揣篇第七〉「故計國事，則當審權量」「常有事於人，人莫能先，先事而至，此最難為」、「可以生事美。生事者，幾之勢也」。〈摩篇第八〉「而人不知，故能成其事而無患」「摩之在此，符應在彼，從而用之，事無不可」、事莫難於必成、夫事成必合於數。〈權篇第九〉「物有不通者，聖人故不事也」、舉事則欲成、「故言多類，事多變」。〈謀篇第十〉亦事之司南也、「故變生事，事生謀」、「因以制於事，故百事一道」、因事而裁之、「擇事而為之，所以自為也。見不可，擇事而為之，所以為人也」。〈決篇第十一〉「有使罹害者，此事之失」、成其事者、「度之往事，驗之來事，參之平素，可則決之」、「王公大人之事也，危而美名者，可則決之」、「萬事之機，以正治亂」。〈實意第三〉「以觀天地開闢，知萬物所造化，見陰陽之終始，原人事之政理」。〈散勢第五〉「揣說圖事，盡圓方，齊短長」。〈轉圓第六〉「或吉或凶，事類不同」、「人事無窮，各以成其類」、「方者，所以錯事」。〈損兌第七〉「事有適然，物有成敗」「言察辭，合於事」。〈中經〉本經紀事者、以自所不見之事、「事有繫，曲而隨之也」。無怪乎縱橫家不只有一張會耍嘴皮的好嘴而已，還更會做事，實在又踏實、管聽又管用，能謀事成事也能完事。

[27] 《六韜》提到「分」一字，分別有：「將相分職」、「取天下者，若逐野獸，而天下皆有分肉之心」、「分封賢人以為萬國，命之曰大紀」、「親其所愛，以分其威」、「再離者，分書為三部。三發而一知者，言三人，人操一分，相參而不相知情也。此謂陰書。」、「不知戰攻之策，不可以語敵；不能分移，不可以語奇；不通治亂，不可以語變。」、「五行之道，天地自然。六甲之分，微妙之神」、「四分五裂者，所以擊圓破方也」、「里有周垣，不得相過，其隊分也」、「分兵三處」、「分為三隊，隨而追之，勿越其伏」、「凡用兵之法，三軍之眾，必有分合之變」等。「別」字則有：「旌別淑德，表其門閭」、「八徵皆備，則賢、不肖別矣」、「其別軍守險，與我相拒。我欲攻城圍邑，恐其別軍卒至而擊我。中外相合，擊我表裏」、「審知敵人別軍所在，及其大城別堡，為之置遺缺之道以利其心；謹備勿失，敵人恐懼，不入山林，即歸大邑。走其別軍」、「別將分隊，以踰於水」、「騎貴知別徑奇道」等。《鬼谷子》：「立勢而制事，必先察同異，別是非之語，見內外之辭」、「聽其辭，察其事、論萬物、別雌雄」。

「守義者，謂守以仁義，探心在內以合者也」，找到了有仁義的賢者；〈謀篇第十〉言：「道理達於此之義，則可與語」告訴他使命，才能配合行事。否則把權利義務交給了，一位無大仁、無大義的小人，則會「故小人比人，則左道而用之，至能敗家奪國」。

　　鬼谷子瞭解身爲知行合一的縱橫家，爲完成一切身體力行的大作爲，即諸子百家所謂的「治國平天下」，將其密笈集成（縱橫家之集大成）。此關鍵點，均在於爲了得到聖人與尋找出賢人，以協助達成「是故聖人守司其門戶」，這個門戶是什麼？是「陰陽開闔」，是「存亡」，是「萬類之終始，達人心之理，見變化之朕焉，自古至今，其道一也」、「心之門戶」、「此天地陰陽之道，而說人之法也。爲萬事之先，是謂圓方之門戶」（〈捭闔第一〉）。鬼谷子擔心大家還不清楚，所以又在《本經陰符七術》〈盛神第一〉作一詳細的說明：「道者，天地之始，一其紀也。……故道者，神明之源，一其化端，是以德養五氣，心能得一，乃有其術。術者，心氣之道所由舍者……氣之門戶，心之總攝也。」以上，我們便能清楚了「陰陽」與「道」同在，「道」又與人「心」同在，而「心」又與「口」同在，「口」與「說」同在，（全本則尚有「說」與「意」與「志」同在，）「事」與「術」同在，而「事」又與「圓方」同在（太公亦談及「四分五裂者，所以擊圓破方也」，但未如《鬼谷子》之深入論說與靈活運用）。而掌握此一整體的人，就只有「聖人」一個人才有資格「守司其門戶」，就是只有他才有能力看管好，所謂這個國家民族與百姓生死存亡的大門。鬼谷子將此構想告訴了他所有的弟子？亦或深埋於心？很顯然的，最少我們從自此部書《鬼谷子》的開宗明義〈捭闔第一〉讀到了！

　　所以，我們便可以確切地瞭解到，整部《鬼谷子》就由此出發：「口者，心之門戶也。心者，神之主也。志意、喜欲、思慮、智謀，此皆由門戶出入」（〈捭闔第一〉）。掌握了「道之門戶」、「口之門戶」之後，聖人要守司門戶，就必須舉賢擇才以協助之，有了鬼谷子標準「探心在內以合者也」，便不會選到不肖之人。因爲非仁義無道德之才，會如〈中經〉所以：「非賢智不能守家以義，不能守國以道」，不得不小心爲妙。是故「故先王之道陰。言有之曰：『天地之化，在高與深；聖人制道，在隱與匿。』非獨忠信仁義也，中正而已矣。道理達於此之義，則可與語。由能得此，則可以轂遠近之誘」〈謀篇第十〉。聖人是要做大大事的，爲生靈的安危而操心，所以鬼谷子再三強調聖人行事「要隱、要匿」，不能獨自採用單純的「忠信仁義」，而是要以「中正」

之標準配合爲之，才能論「以道守國、以義守家」。如果懂此道理，才有必要與此人獻謀；反之，大可不必與他交談。眞是語重心長！

　　「仁」是專對君子做人「君子無終食之間違仁，造次必於是，顛沛必於是」(《論語》〈里仁第四〉)；聖人君王對百姓而言（儒家講仁「克己復禮爲仁。一日克己復禮，天下歸仁焉。爲仁由己，而由人乎哉」〈顏淵第十二〉。法家則反仁義「世主美仁義之名而不察其實，是以大者國亡身死，小者地削主卑」(《韓非子》〈姦劫弒臣第十四〉)；講權、法、勢「權輕而臣重者，可亡也；簡法禁而務謀慮，可亡也」(〈亡徵第十五〉)。未聞臣子要對君王要「仁」（儒家「君使臣以禮，臣事君以忠」(《論語》〈八佾第三〉)講盡忠)；而臣與臣之間要「仁」？而是要秉公以「義」之處事原則來處理政事與政務，相對於所謂的公事公辦。「仁、義」不僅是鬼谷子說了（「義」說了 11 次，「仁」只有 5 次；也只有「夫仁人輕貨」，獨立提到「仁」一字，其他都是「仁義」併提。）儒家孟子也說了重話：「賊仁者謂之賊，賊義者謂之殘，殘賊之人謂之一夫。聞誅一夫紂矣，未聞弒君也。」(《孟子》〈梁惠王下〉)；遠在近千年前，身爲周天子之眞正國師的太公，當然也會知情，絕對不會不知道。故，他說：

　　《六韜》〈文韜、守土第七〉：

　　　　文王曰：「何謂仁義？」。

　　　　太公曰：「敬其眾，合其親。敬其眾則和，合其親則喜，是謂仁義之紀。無使人奪汝威。因其明，順其常。順者、任之以德，逆者、絕之以力。敬之無疑，天下和服。」

　　〈虎韜、略地第四十〉：

　　　　「無燔人積聚，無壞人宮室，塚樹社叢勿伐，降者勿殺，得而勿戮，示之以仁義，施之以厚德，令其士民曰：『罪在一人。』如此，則天下和服。」

　　在很清楚的路線脈絡中，太公「示之以仁義」，得以「天下和服」，孔子之推舉周朝「周之德，其可謂至德也已矣」(《論語》〈泰伯第八〉)，除「久矣吾不復夢見周公」(《論語》〈述而第七〉)外，也與此太公「仁義」和「和服」有關。我們由此發現他（鬼谷子）也是和平主義者，將兵法精髓徹底的融入遊說、智慧的、平和的，不見血的爭鬥之中！所謂「主兵日勝者，常戰於不爭，國不費」(〈摩篇第八〉)，可以說是很現代、也夠「文明」了吧！太公，

他也主張國君要行仁修德，不可爲己而害民，如此人民才能與國君同舟共濟，國家才會越來越強盛，世界上各國之不同民族也才能和平相處，由此可見我國領導者與平民百姓，講究「天下太平」[28]由來已久遠。

　　而太公於現存的《六韜》中，提「義」一字者，竟巧合地與鬼谷子，所提的 11 次之「義」，次數相同。如「與人同憂同樂、同好同惡者，義也；義之所在，天下赴之」、「故義勝欲則昌，欲勝義則亡」、「義也，付之而不轉者」、「敬其眾則和，合其親則喜，是謂仁義之紀」、「大明發而萬物皆照，大義發而萬物皆利，大兵發而萬物皆服」、「戰必以義者，所以勵眾勝敵也」、「示之以仁義，施之以厚德」。「仁」單獨出現則達 17 次以上，兩者用途意思多較廣泛，與鬼谷子用在狹義義理、事理之上，有明顯不同。然而在仁義之大體義而言則是相同的。

## 五、以實與名當用人

　　對於「名與實」，諸子學每有所論起，所以身處於春秋戰國時期的鬼谷子，也一定會有其言論才對，何況其身爲縱橫家之集大成者，對於知人、識人、說人、用人，絕不可能不明人之表面與實際，何況人心極其不明與險惡；孔子嘗曰：「凡人心險於山川，難於知天」[29]。故用人必顧慮其表裡一致，有關「名與實」，在太公《六韜》與《鬼谷子》〈符言〉，就出現以下言論：

　　　　〈符言第十二〉：

---

[28] 太公不僅講「天下和服」，更講「天下和之」，如〈守國第八〉：「爲之先唱，天下和之」。《小戴禮記》〈仲尼燕居〉：子張問政，子曰：「言而履之，禮也。行而樂之，樂也。君子力此二者以南面而立，夫是以天下太平也。」《大戴禮記》〈朝事〉：「及其萬民之利害爲一書，其禮俗、政事、教治、刑禁之逆順爲一書，其悖逆暴亂，作慝欲犯令者爲一書，其箚喪、凶荒、厄貧爲一書，其康樂、和親、安平爲一書。凡此五物者，無國別異之，天子以周知天下之政。是故諸侯附於德，服於義，則天下太平。」《論衡》〈解除〉：「行堯、舜之德，天下太平，百災消滅，雖不逐疫，疫鬼不往；行桀、紂之行，海內擾亂，百禍並起，雖日逐疫，疫鬼猶來。衰世好信鬼，愚人好求福。」《韓非子》〈忠孝〉：「天下太平之士，不可以賞勸也；天下太平之士，不可以刑禁也。」《黃石公三略》〈中略〉：「帝者，體天則地，有言有令，而天下太平。」《淮南子》〈大樂〉：「天下太平，萬物安寧，皆化其上，樂乃可成。」《鄧析子》〈轉辭〉：「聖人逍遙一世之間，罕匹萬物之形。寂然無鞭樸之罰，漠然無叱吒之聲，而家給人足，天下太平。」《鹽鐵論》〈水旱〉：「周公載紀而天下太平，國無夭傷，歲無荒年。」《漢書》〈天文志〉：「古人有言曰：『天下太平，五星循度，亡有逆行。日不食朔，月不食望。』」

[29] 語出《莊子》〈列禦寇〉孔子曰：「凡人心險於山川，難於知天。天猶有春秋冬夏旦暮之期，人者厚貌深情。故有貌愿而益，有長若不肖，有順懁而達，有堅而縵，有緩而釬。故其就義若渴者，其去義若熱。故君子遠使之而觀其忠，近使之而觀其敬，煩使之而觀其能，卒然問焉而觀其知，急與之期而觀其信，委之以財而觀其仁，告之以危而觀其節，醉之以酒而觀其側，雜之以處而觀其色。九徵至，不肖人得矣。」

「修名而督實，按實而定名。名實相生，反相爲情，故曰：名當則生於實，實生於理，理生於名實之德，德生於和，和生於當。右主名。」

〈揣篇第七〉：

「故計國事，則當審權量；說人主，則當審揣情。」

《六韜、文韜》〈舉賢第十〉：

「將相分職，而各以官名舉人，**按名督實**，選才考能，**令實當其名，名當其實**，則得舉賢之道也。」

〈上賢第九〉：

「有名無實，出入異言；掩善揚惡，進退爲巧，王者慎勿與謀。」

「正群臣，**定名實**，明賞罰」。

以上《鬼谷子》與《六韜》對於「名與實」與當，在「君與臣」關係與「用賢」之講究有相同之處，也是我所認爲太公思想對於鬼谷子影響之一。誠然商末周初的「名實」觀點，對於往後數百年的發展，我們也可查出其脈絡。由孔子：「必也正名乎」(《論語》〈子路第十三〉)（爲恢復西周制度）；及墨子「以名舉實」(《墨經》〈卷十一、小取〉)（「名與實」，墨家建樹不少）；韓非子：「循名實而定是非，因參驗而審言辭」(〈姦劫弑臣第十四〉)，「名實相持而成，形影相應而立，故臣主同欲而異使」(〈功名第廿五〉)，「**名實當則徑之**」(〈八經第四十八〉)；莊子：「吾將爲名乎？名者，實之賓也」[30]到各個學派，總不脫政治、倫理、社會、法治等方面之思辯。此處，有關鬼谷子對於名與實的意見與主張，表面上是乎尙未脫離用人的範疇，但卻已將名家的邏輯上對名與實論辯，從抽象的語言理解的範疇拉回現實，與太公一致定位於「賢不肖」之上。我們從《鄧析子》〈無厚〉：「循名責實，君之事也。奉法宣令，臣之職也。」「循名責實，察法立威，是明王也」，「上循名以督實，下奉教而不達」，以解「名與實」，就知道對於君王用人上，有多重要。

---

[30] 喜與惠子交遊的莊子對於「名與實」，當然很有意見；全書對於「名」一字相關，就有 72 段 133 次之多。他舉出堯讓天下於許由的故事，《莊子‧內篇》〈逍遙遊〉曰：「日月出矣，而爝火不息，其於光也，不亦難乎！時雨降矣，而猶浸灌，其於澤也，不亦勞乎！夫子立而天下治，而我猶尸之，吾自視缺然，請致天下。」許由曰：「子治天下，天下既已治也。而我猶代子，吾將爲名乎？**名者，實之賓也**，吾將爲賓乎？鷦鷯巢於深林，不過一枝；偃鼠飲河，不過滿腹。歸休乎君！予無所用天下爲。庖人雖不治庖，尸祝不越樽俎而代之矣」。

　　如果《六韜》思想是姜太公言論無誤，那縱橫家所受影響，也並非始至於名家之誕生後才開始。名家是辯者，當然善於「遊說言說」的縱橫家，也不脫是辯士[31]之一群，所以說他們不是辯士，那誰才是辯士？《鬼谷子》書上嘗言：「與辯者言，依於要」（〈權篇第九〉），而非「與智者言，依於博」或「與博者言，依於辯」，對於不同的人說不同的話（俗語說：「見人說人話，見鬼說鬼話」[32]，如此的見風轉舵與應變能力之強，是否是受到鬼谷學說之影響？）其方式與原則絕不會相同，原因是縱橫家比起名家，多一層任務與身分，也就是獻策的謀士。孔子所謂的「名正」才能「言順」，道理始終是一致的；可見鬼谷子必然深知此道理。雖然史書上查不出，鬼谷子是否有參予此股思潮之討論？但光由此句指導弟子的話之語氣與語意，乃可明白鬼谷子絕對是先秦的那一群思想啟蒙的導師之一。雖然鬼谷子本人似乎不好爭善辯，但善辯卻是戰國子學的特徵。

　　能將「名與實」得當不得當的觀念分辨清楚，是因為老師學問淵博懂得多，故才能夠對知識將以分類「故言多類，事多變」，並指導學生說：「故終日言不失其類，故此不亂；終日不變，而不失其主」[33]；縱橫家子弟才信服老師所說：「談者，知用其用也」（〈權篇第九〉）的話之後，心生出信心，完全毫無疑惑的、犧牲性命也在所不惜，且積極的去爭取名利，獲得真正的權力

---

[31]《莊子、雜篇》〈徐無鬼〉言：「知士無思慮之變則不樂，辯士無談說之序則不樂，察士無凌誶之事則不樂，皆囿於物者也。招世之士興朝，中民之士榮官，筋力之士矜難，勇敢之士奮患，兵革之士樂戰，枯槁之士宿名，法律之士廣治，禮教之士敬容，仁義之士貴際。農夫無草萊之事則不比，商賈無市井之事則不比。庶人有旦暮之業則勸，百工有器械之巧則壯。錢財不積則貪者憂，權勢不尤則誇者悲。勢物之徒樂變，遭時有所用，不能無為也。此皆順比於歲，不物於易者也，馳其形性，潛之萬物，終身不反，悲夫！」此話驗證出莊子看透了，當時的知識份子類別與人生觀與價值觀。鬼谷子也對人性瞭若指掌，不要名不要利，只要教導學生；當然明白也奉行莊子所言：「至人無己，神人無功，聖人無名」要義，也才能出世隱居起來與世無爭，建立學問典範。我們從《鬼谷子》一書中，見到其入世智慧與出世修行之生命體驗，並不輸於莊子，只是未多著書（每天忙於靜坐實修，沒多餘時間）留名呀！有為無為早已非鬼谷的障礙；故不必論述到底：誰有為？誰真正無為？兩位都早已是我國文化界之典範，是已不重要了，僅留待作為學術探討罷了。

[32] 清、李寶嘉《官場現形記》第 38 回〈宋定伯賣鬼〉：「南陽、宋定伯年少時，夜行逢鬼。問之，鬼言：『我是鬼』。鬼問：『汝復誰』？宋定伯誑之，言：『我亦鬼』鬼問：『欲至何所』？答曰：『欲至宛市』。鬼言：『我亦欲至宛市』。遂行。……化為一羊，便賣之，恐其變化，唾之。得錢千百五，乃去。」意指腦筋清楚，見對話接觸之不同對象便說與對方相稱之內容等。也是指嘴巴很會說話，見了官場說官場上的話，見了生意人說生意場中的話，以利巴結逢迎或達成無礙之溝通與可能之目的。

[33] 語出〈權篇〉。又《鄧析子》〈無厚〉篇，亦有言談之亂的見解，轉錄於此以做為參考：「推辯說，非所聽也。虛言向，非所應也。無治益亂，非所舉也。故談者，別殊類使不相害，序異端使不相亂。諭志通意，非務相乖也。若飾詞以相亂，匿詞以相移；非古之辯也。」

以便改變世界。顯然鬼谷子本人是不要世俗名利與權力地位，而是要盡其所能積極的培育弟子，讓他們無畏懼的、高調的，站立在人才濟濟與詭譎多變，風雲際會的國際政治舞台，貢獻所學，揮灑所能，參與終結亂世，以挽救苦難的眾生，建立起無比的豐功偉業。但也就此，才能遇外的建立起縱橫家宗師之地位。

## 六、安徐正靜，柔節先定

〈文韜、大禮第四〉：

> 文王曰：「主位如何？」
>
> 太公曰：「安徐而靜，柔節先定，善與而不爭。虛心平志，待物以正。」

〈符言第十二〉：

> 「安徐正靜，柔節先定，善與而不靜。虛心平意，以待傾損。右主位。」

以上兩句話「安徐正靜，柔節先定，善與而不靜」、「虛心平意，以待傾損」，看來幾乎也是一模一樣，後世在如何管理臣子：有關之「主位、主聽、主明、主問、主因、主周、主賞、主參。」等，都受到太公之影響，又是清楚一例。《鬼谷子》之〈符言第十二〉，一篇裡面我們看到了鬼谷子對於繼承太公思想的實證。於陳蒲清的《鬼谷子詳解》書上，更指出《管子》〈九守第五十五〉也有相同之欄位：「安徐而靜，柔節先定。虛心平意，以待須。右主位」。充分表現出前人之思想，有被充份吸收與發陽光大和傳播演化之實，文化學術思想都是有所本，絕非是斷層的。更顯示出那個時代，「有相同之篇章語句，大同小異，這說明道家、兵家、名家、縱橫家等，有相互滲透的地方，反映出戰國時代百家合流的趨勢。」[34]

## 七、守國、捭闔兩篇之比較

以上，我們從鬼谷子與太公思想，概採區區之六小項「對聖人的推崇、對謀略的講究、天之何所指、以仁義修道治國、以實與名當用賢、安徐正靜柔節先定」作相同處研究。唯恐尚有疏漏，最後再於本小節各取其一篇文章：《六韜》之〈守國第八〉與《鬼谷子》之〈捭闔第一〉，進行完整之分析，得

---

[34] 參見陳蒲清著《鬼谷子詳解》，頁 106。

以貫穿通達兩位思想家的思想，當更加清楚和明白。

　　太公的聖人之「守國」言論，為了方便與鬼谷子「捭闔」言論相對照，現將其分為四組：（一）**天生四時**：「天生四時，地生萬物。天下有民，仁聖牧之。故春道生，萬物榮；夏道長，萬物成；秋道斂，萬物盈；冬道藏，萬物尋。盈則藏，藏則復起，莫知所終，莫知所始」。（二）**聖人配之**：「聖人配之，以為天地經紀。故天下治，仁聖藏；天下亂，仁聖昌；至道其然也。聖人之在天地間也，其寶固大矣」。（三）**因其常而視之，則民安**：「因其常而視之，則民安。夫民動而為機，機動而得失爭矣」。（四）**至道其然**：「至道其然也。……其寶固大矣……故發之以其陰，會之以其陽。為之先唱，天下和之。極反其常，莫進而爭，莫退而讓。守國如此，與天地同光。」

　　以上的分組，係根據，也正是太公為答覆文王的那句話，將語君：「天地之經，四時所生；仁聖之道，民機之情。」之分組。首先，太公要講的重點之「*1、天地之經*」：其實指的是「道」，亦即上一段分組的第四組「至道其然」那整句話；這可以說是〈守國第八〉此篇章整段話，靈魂的重心所在；但是像要將其實現，便必須透過以下三個層次，方為可能。其次，太公要談的是重點之「*2、四時所生*」：也就是告訴文王，須重視第一組「天生四時」，方可以讓大地滋長萬物的天地精華，是只有存在於四時之變動中，它才能使之春生、夏長、秋斂（收）、冬藏，也如此萬物才能夠「榮、成、盈、尋」，由此而萬物生生不息，百姓也安居樂業於其中。接著，太公才能借助前兩項必要之條件，將此要求文王「*3、仁聖之道*」，行第二組「聖人配之」，由此而做一位仁聖之君，主動權在其身上，真乃是「至道其然也。聖人之在天地間也，其寶固大矣」。

　　最後只剩下「*4、民機之情*」了。太公剛告訴文王完一個段落，也就是所謂的保有可把握的主動權，已在自己手中；其它客觀的天然因素「天地之經，四時所生」的物與人，也都具備齊全。但最重要的是要讓當權者能靜心專心聆聽，此時太公得待文王沐浴齋戒完畢後，擇日接著再語重心長地開口，才向其剖析簡報說出，最主觀與最難纏的「人心」關鍵問題，亦即第三組「因其常而視之，則民安」。也就是，在百姓的內心之動向一經啟動後，起初會只是一種動機，但此動機會轉變成契機，契機期待從單一而會一經眾人相互之需要，擴大反映聯合而成一種機動力，其持續發展惡化便會形成鬥爭，大得與大失便在其中，爭議性非常之大。所以必須常去觀照與關懷，才能提早發

現日常生活極細微之所需與微妙之所變，由中獲取的海量情報之有用資訊，以掌握民情與情緒之歸屬，方便進行有效的防禦和導引與解決！

以上，四種都到位，文王或已明瞭，並意識到他的問題已有充分解答與有所掌握了。其實看似已連結牢固，但一經仔細觀察還是會發現少了個東西，也就是至「道」所包藏的「陰陽」。這項第五要素，太公他老人家並未有所保留，不僅馬上告訴了文王，也埋藏於《六韜》字堆裡面，直讓二千年後的子孫，亦即是我們這些廿一世紀新新人類的炎黃之後代加以知情，所謂的「發之以其陰，會之以其陽」。此句話是緊跟在「因其常而視之，則民安」字句之後，他是要告訴我們，處理民情必須使用陰陽之理，必須能夠積極主動「為之先唱」，而後才能得到「天下和之」；反之來如不及了，當「極反其常」之時，也必須秉持「莫進而爭，莫退而讓」。如是守民，如是守國，也才能長久的於天地之間，配享到之所以為聖人，應該有的天下太平之榮耀。

我們用了這麼大的篇幅，詳細解析太公的「守國」第八章至深的道理外，就是可以更清楚地與鬼谷子的主張相對照。太公的「道」、「四時」、「聖人」、「民」與「陰陽」等這五項「守國守民」的觀念，便是我中華民族千萬年以來，從不改變的且相連續不間斷，所要建立「以民為本」的根本政治思想裡面的元素之主要零組件，亦即我先聖先賢夙夜匪懈、日以月繼與苦口婆心，所極力推倡與殷殷期待和熱心盼望「聖人之治」的主張。太公曰：如是懂得「發陰會陽」之「至道其然」，才是真正能夠將此王道的治國理念實現的聖人，他的確才有資格被稱讚之為「其實固大矣」！

以上，從黃帝及炎帝有史以來治國治世的「道統」，算是由太公他的《六韜》才達到集大成的貢獻地步。因為太公與周公協助周王朝經國治世，並綜合發揚黃帝、堯、舜、禹等三皇五帝，既偉大又獨特的王道思想；所以後來才會有，無數的國人打從內心讚美歌頌太公協助周王推翻暴虐的商紂事蹟。當中就屬真正虛心又熱情學習的鬼谷子，也唯有他才有夠資格，算是真正的與稀有的太公謀略的傳人之一。當然最佳的人選，首先應該是曾受過孔子讚美過的管子；除了管子之外，優秀人選固然不少，譬如說晏子亦同；但長久未被重視、始終被漠視，就是屬鬼谷子了。因為鬼谷子他，已能把太公的「謀國、謀政、謀兵、謀民」之思想完全地吸收到，並更能清楚明白又簡易的給再傳達出來。不僅如此，真正可貴的是，他的學說思想能在區區數千言裡，來回貫穿跨越過團體，而直接的激勵及影響到個人，還老少咸宜。我們只要

從《鬼谷子》的首一篇〈捭闔〉觀看，就能明瞭一二；其所言非虛假，事實並非是誇張之辭。以下再觀看《六韜》〈安國第八〉篇章：

> 太公曰：「天生四時，地生萬物。天下有民，仁聖牧之。故春道生，萬物榮；夏道長，萬物成；秋道斂，萬物盈；冬道藏，萬物尋。盈則藏，藏則復起，莫知所終，莫知所始。聖人配之，以爲天地經紀。故天下治，仁聖藏；天下亂，仁聖昌；至道其然也。聖人之在天地間也，其實固大矣。因其常而視之，則民安。夫民動而爲機，機動而得失爭矣。故發之以其陰，會之以其陽。爲之先唱，天下和之。極反其常，莫進而爭，莫退而讓。守國如此，與天地同光。」

以上，文章之中的「聖人配之，以爲天地經紀。……聖人之在天地間也，其實固大矣。因其常而視之，則民安。夫民動而爲機，機動而得失爭矣。故發之以其陰，會之以其陽。」與《鬼谷子》：「粵若稽古聖人之在天地間也，爲眾生之先，觀陰陽之開闔以名命物；知存亡之門戶，籌策萬類之終始，達人心之理，見變化之朕焉，而守司其門戶。故聖人之在天下也，自古至今，其道一也。……達人心之理」。兩篇相對照之下，我們會發現到了，相同的「聖人之在天地間也」，主張「其實固大矣」與「爲眾生之先」，也有了「民安」與「達人心之理」，以及「機動得失」與「變化之朕焉」，「至道其然」與「其道一也」等充分的四要素。

而重要的，就是欠缺「陰陽」（好比今之於電力的正負電之兩極）能量來發動，雖無形卻是必要的動能與勢態，太公所謂的「發陰會陽」與鬼谷子的「觀陰陽之開闔」。名稱雖然相異，但卻是同一把鑰匙，它早就存在於至道之中。鬼谷子當然不會加以遺漏，於〈捭闔第一〉言：「變動陰陽，四時開閉」；但看似欠缺太公所言：「故春道生，萬物榮；夏道長，萬物成；秋道斂，萬物盈；冬道藏，萬物尋」其實不然，我們會在《鬼谷子》的〈持樞〉篇：「持樞，謂春生、夏長、秋收、冬藏，天之正也；……此天道、人君之大綱也」；文中之「天之正也」，不正與「天地經紀」詞異而意同；而「人君之大綱也」與「故天下治，仁聖藏」又同義。縱橫家講究「變的原則」，在於崇高的「天下太平」的深義，絕非後人以爲是私人的「不擇手段」[35]，巧詐騙人爲目的之錯誤的小

---

35 語出陳英略著《鬼谷子鬥法七十二變》〈變的手段之最高原則〉臺北：鬼谷先師紀念堂出版發行、1991 年 7 月三版、頁 18。

－107－

格局，所堪比擬。此乃太公與鬼谷子等古聖先賢之安民、安國「仁義之道」的偉大傳承，亦即孟子言：「行一不義、殺一不辜而得天下，皆不為也」（〈公孫丑上〉），偉大的理想與高尚的情操。

## 八、本節結語

姜太公是有志但不嫌年高，大器晚成之「使老者奮」的典範。不僅為周朝建立了完整、嚴密的政治體系，也早就為齊桓公和管仲的「九合諸侯，一匡天下」（《管子》〈小匡第廿〉）的霸業奠定了堅實基礎。他的軍事思想，在《六韜》、《陰符經》、《太公兵法》、《太公金匱》等著作中都有所論述。歷代著名的軍事家、謀略家如孫武、孫臏、鬼谷子、黃石公、諸葛亮、劉伯溫等，都吸收了《六韜》等著作的精華，並予以發揚光大，至今仍具相當可資借鑑的參考之處。閱讀這些凝聚祖先智慧的偉大著作，對於處在競爭激烈的現代工商經濟社會，不管是為人處事的生活智慧，或則是企業管理、跨國集團，還是治國方法、外交戰略，每多會有所啓迪，可謂是受益良多。皆能在中國的歷史上，於各階段各時期均能大放異彩，並且因而能夠光輝燦爛、名垂不朽。

我們可以這麼說，假如沒有周公的「文韜」和太公的「武略」（建國與治國的大謀略），作為「小邦之國－周」是很難戰勝「龐大帝國－殷商」的；即使是戰勝了，也難以鞏固政權，並創造出那樣燦爛輝煌，至今還影響著華夏子孫生活的周代禮儀文明。如今，我們以實事求是的態度，認真研究太公與鬼谷子的兵權謀思想，正確評價太公的轟功偉業與鬼谷子的道統傳承，尤其是佔其主流的齊、魯文化，對於深入研究與探討民族歷史學術文化，與深厚涵養的中華文明的繼往開來的偉業之上，更具有十足深沉的時代意義。

對國外也有深遠影響的《六韜》，當傳到韓國時，便為其臣民大受歡迎與喜愛，將其改之稱為《六道》，也是該國治國與軍事上必讀的經典！而日本於戰國時代，專門培養軍事顧問的一所名叫「足利」的學校，早就曾把《六韜》與《三略》定為該校的主要教科書。在西方，第一次共有四種中國兵書被翻譯，係於一七七二年在法國、巴黎被出版，當時被合稱為《中國軍事藝術》，《六韜》也是其中之一，可見其重要性之所在。當愈來愈多的西方企業，不惜千金取得中國老祖宗的智慧與經驗，快樂學習、廣泛變造與運用在各種軍事、外交、學術與商業貿易等，各種博弈場合競爭之用；而長期深受如此文化薰陶的國人，

又如何可能錯過這場世紀戰略之爭？這些受盡西方學者青睞的民族瑰寶，都還尚存，在我們身旁，不思用心解讀傳承，竟猛當僞書爭論不休，好似「家有千金當蔽帚」之可笑！而卻甘於國際學術熱中之后，才再狂熱跟進？

　　鬼谷子對太公是推崇的，全本《鬼谷子》除了一些騰蛇介蟲、鷙鳥野獸外，所提人物屈指可數。故〈忤合第六〉：「呂尚，三就文王、三入殷，而不能有所明，然後合於文王」說及太公是有其意義；如同孔子讚美管仲之一般，而更加超出。以上本節，可看出鬼谷學說多起出自於太公思想，（如《六韜、發啓》云：「鷙鳥將擊，卑飛斂翼；猛獸將搏，弭耳俯伏；聖人將動，必有愚色」；《鬼谷子》亦有〈散勢法鷙鳥〉以及〈轉圓法猛獸〉兩篇。又「天下比之神明」之：「人不知，故能成其事而無患。……；主兵日勝，而人不畏也。……不知其所以利；……不知其所以然」（〈摩篇第八〉）主張；與太公「大哉！聖人之德，獨聞獨見，樂哉」之思想：「道在不可見，事在不可聞，勝在不可知」（〈武韜、發啓〉）相同）或爲教材授課亦是可能。由於本書非專門探討鬼谷子與太公思想專書，故就此打住。

## 第二節　鬼谷思想與黃帝內經

　　傳說鬼谷子也是我國戰國時代著名的養生家。其養生說，被認爲是中國最早的養生理論之一，他的「養德安神，調攝心態」、「人動我靜，人言我聽」、「賢能明達之士，善於把握時機」都與中醫理論殊途同歸。他天性「凝神守一，樸而不露」[36]，以「黃老心術」論世事，講求內外損益、養生持身之道。他沒有做過官，史書記載甚簡；一般都知道他是一位精通縱橫、兵謀、術數、商道的謀略大師。從學者甚眾，鬼谷術流傳甚廣，影響至深。其實，他不僅有「鬼谷術」，還是一位善於養性治身的養生大師，只是我們都把「鬼谷子之道」，給已遺忘了。就像蘇秦、張儀只學會鬼谷縱橫術，完全忘記了老師平日殷殷教誨的鬼谷仁義與修心養性之道！

　　向來以鬼谷子爲祖師的縱橫家們，都被認爲是現實主義者。所謂「時有可抵，則爲之謀」，「世無可抵，則深隱以待時」；在「時有可抵」之下，便是政治舞臺上的佼佼者、勝利者；而在「世無可抵」的安居之時，縱橫家們便是山中宰相、世外高人。這時他們既是著書立說、教徒授藝的理論家，又是

---

[36] 據《仙傳拾遺》載：「鬼谷先生『凝神守一，樸而不露，在人間數百歲，後不知所之。』」

服食引導修身養性的仙家。鬼谷子就是這樣一個人物，傳說他常入雲夢山采藥，顏如少童。他們選擇的隱居之所，都是人跡不逢、灰塵罕至的人間仙境。

而歷來談養生者，無不言老子、莊子，而很少有人提及縱橫家鬼谷子。然而，鬼谷學派的養生學說無論系統性，還是實用性，都不在老、莊之下。而眞正能代表鬼谷子學派養生理論的，主要是《本經陰符七術》。《本經陰符七術》雖與《鬼谷子》其他部分的風格截然有別，而致使研究者認爲不是非鬼谷子著作。試問一位教蘇秦、張儀遊說謀略的老師，爲何就不能教授學生注重養生、重視身心健康？就如同指導仁義君子的《論語》，不能與精研吉凶悔吝與變通之學的《易傳》，是同一個靈魂人物，孔子？其實，這祇是那些始終認爲《本經陰符七術》不是鬼谷子著作，而是僞書者的狹隘觀念之說法而已。就像朝廷命官的大儒，於自我宅第，平日養生以道家爲法，便否定其儒學之貢獻之一般。況且鬼谷子本就是常年隱居於山林之士，勤以修身養性自不在話下，故鬼谷學派的養生理論，本屬於樸素的我常民經驗總結，《鬼谷子》一書其養生的主要觀點，清楚表示身心並重，強調精神與身體都要修練，進而追求延年益壽、長生不老之效。如是，有何不可！有何矛盾之有？

鬼谷子言：「人動我靜，人言我聽。」[37]如古言：「仙鶴神清因骨老，駕鴦頭白爲情多」。我國歷來養生家也多主張，情欲不可激動過度，否則會導致內臟功能失常，氣血不調而發生疾病，唯有心志平和，性淡平易，才可以免憂慮，避外邪，所以鬼谷子也說：「懷天心，施德養」（〈盛神法五龍〉）。「無爲而求，安靜五臟，和通六腑，精神魂魄固守不動，乃能內視反聽，定思志之太虛，待神往來」（〈實意法騰蛇〉）。

鬼谷子在漫長的修煉和洞察世事中，總結出「知性則寡累，知命則不憂」[38]，「心平，則仁義著矣」的養生法則。若違背了這個法則，就猶如「草木之術不得時」，「江河無雨潤澤之」。鬼谷子提倡「養志之始，務在安己，己安則志意實，志意實則威勢不分」（〈養志法靈龜〉）。這就是鬼谷子的「全生」之道，一種清靜無爲，忘我無欲，恬淡虛無的養生觀，是相當注重自我修養，

---

[37] 〈反應第二〉：「人言者，動也；己默者，靜也。因其言，聽其辭。言有不合者，反而求之，其應必出。」

[38] 「人動我靜，人言我聽。知性則寡累，知命則不憂；近綠者康，近喧者亡。」鬼谷子自撰的《養生詩》。前兩句出自於唐、馬總（806～820 AD）《意林》。摘錄諸子要語。按馬總所編《意林》，系據庾仲容、南梁（502～556 AD）人，所編《子鈔》周、秦等諸子雜記107家，加以增損而成，取 71 家。此爲其收錄鬼谷子之佚文。

保持樂觀心志的養生之道。在今天看來，對「養生祛病」現代觀念來說，也同樣具有重要的指導意義。

　　《鬼谷子》不僅是一本探討遊說與謀略的書，而且還有多篇勵志與關懷身心健康的文章。在《本經陰符》之〈盛神〉、〈養志〉、〈實意〉、〈分威〉、〈散勢〉、〈轉圓〉、〈損兌〉的七篇文章裡，我們可以看出，修身、養性、勵志的字句充斥其中。我們從鬼谷子注《陰符經》：「經冬之草覆之而不死，露之見傷。」就見得出他對於大自然之觀察，非常之深入，且從這七篇文章之頭一句話：「盛神法五龍」、「養志法靈龜」、「實意法騰蛇」、「分威法伏熊」、「散勢法鷙鳥」、「轉圓法猛獸」、「損兌法靈蓍」，又〈權篇第九〉：「故介蟲之捍也，必以堅厚；螫蟲之動也，必以毒螫」。鬼谷子透過實際觀察，將動植物之活動特徵與意象特質，充分在人之心情意志鍛鍊與身體養生上，加以結合及廣為應用：「故禽獸知用其長，而談者知用其用也」（〈權篇第九〉）。我們從此一所鬼谷私人軍事學院，好似看見今日企業流行的「職業訓練魔鬼營」與社會流行的「健康養生館」之一般，不亦妙哉！

　　當然被後世稱為「智聖先師」的鬼谷子，對於人體自身器官之應用，也不會遺漏，將之拿來對其弟子們的「心志養成」與「身心健康」，做一關懷與勉勵，以待縱橫天下之際，心志與體魄均能保持康健的最佳態勢；雖然似乎都是出於人、事、名、利的動機之上，但確實成就縱橫家對於成就自己與變化時局，產生重大之影響與貢獻。其實在 21 世紀以資本主義，私慾橫流、百業競逐的工商業的社會觀之，對於當今世界村的每一成員還是相當的有所助益。這不就是實現了，主流意識形態之普世價值，「功成名就」與維護「身體健康」兩大項目嗎？這不都是先天人性使然，有什麼禁忌與不可談之處，或必須嚴加禁絕與唾棄而後快之嗎？譬若古言：「由其道，功名之不可得逃，猶表之與影，若呼之與響」[39]，「所染當，故王天下，立為天子，功名蔽天地」、「所染不當，故國殘身死，為天下僇」、「後學顯榮於天下者眾矣，不可勝數，皆所染者得當也。」（《呂氏春秋、仲春紀》〈功名〉）。

　　對於《鬼谷子》在抽象之「勵志、修鍊」與「遊說、謀略」，與《黃帝內經》具象人體之「保健、醫療」上之哲學思想，於學界上較少研究。在歷史

---

[39] 語見《呂氏春秋、仲春紀》〈功名〉：「由其道，功名之不可得逃，猶表之與影，若呼之與響。善釣者出魚乎十仞之下，餌香也；善弋者下鳥乎百仞之上，弓良也；善為君者，蠻夷反舌殊俗異習皆服之，德厚也。水泉深則魚鱉歸之，樹木盛則飛鳥歸之，庶草茂則禽獸歸之，人主賢則豪桀歸之。故聖王不務歸之者，而務其所以歸。」

上將《鬼谷子》與《黃帝內經》拉上關係，首推清代名學者祝文彥，其《慶符堂集》載：「《內經》一書，閒氣堅削，如先秦諸子；而言理該（賅）博，絕似管、荀；造詞質奧，又類鬼谷。」本節係因我的恩師魏元珪教授指示研究，經過一番努力，才得以發現諸多影響與關聯。

鬼谷子以「養神歸諸道，德養五氣」為總則，逐步展開七個（方法）修真養生的步驟。修真養生最主要的在於養神，即精神內守，也叫做「守神、守一」，即《道德經》：「載營魄抱一、專氣致柔、滌除玄覽、天門開闔」[40]講魂魄氣心神，專一修練之，以達到：無妄、無為、能柔、能退與真知之境界。而精神內守的所有方法，必歸之於「道」，以「道」為指導，始終與「道」相跟進，不能離開「道」。那何謂「道」呢？鬼谷子說：「道者，天地之始，一其紀也。物之所造，天之所生，包宏無形，化氣先天地而成，莫見其形，莫知其名，謂之神靈」（〈盛神法五龍〉）；此與老子所說：「有物混成，先天地生。寂兮寥兮，獨立而不改，周行而不殆，可以為天地母。吾不知其名，強字之道，強為之名曰大。」（《道德經》〈第廿五章〉）不是如出一轍嗎？

對於鬼谷子的這句話，陶宏景註解為：「無名，天地之始。故曰：道者，天地之始也。道始所生者一，故曰：一其紀也。言天道混成，陰陽陶鑄，萬物以之造化，天地以生成，包容弘厚，莫見其形，至於化育之氣，乃先天地而成，不可以狀貌詰，不可以名字尋。妙萬物而為言者也，是以謂之神靈。」「道」即宇宙萬物、天地自然的總根源，是萬事萬物的客觀規律，也是鬼谷子所說的「本」。鬼谷子認為「事皆有內捷，素結本始」；況且事之危難險峻，也得「經起秋毫之末，揮之於太山之本」（〈抵巇第四〉）；故國之大事「此謀之大本也」；所以不得使「墻壞於其隙，本毀於其節」，道之於用大矣哉！絕不得輕忽。

鬼谷子接著說：「故道者，神明之源，一其化端。是以德養五氣，心能得一，乃有其術。」道是養神明心、修真養生的根源，也是神仙（修真有成者的稱謂）得以成仙成神的根源。「道生一，一生二，二生三，三生萬物。一為生化之端。」老子《道德經》說：「昔之得一者：天得一，以清；地得一，以寧；神得一，以靈；谷得一，以生；侯王得一，以為天下正。」所以鬼谷子

---

[40] 語見〈玄德章第十〉：「載營魄抱一，能無離乎？專氣致柔，能嬰兒乎？滌除玄覽，能無疵乎？愛民治國，能無知乎？天門開闔，能為雌乎？明白四達，能無知乎？生之、畜之，生而不有，為而不恃，長而不宰，是謂玄德。」此「玄德」即道，據《老子河上公章句》〈能為〉解：「言道行德，玄冥不可得見，欲使人如道也。」

說：「心能得一，乃有其術。」得一者，修真養生的理論方法，以如此之修養步驟，即能全部通達而產生了。如此雖能得「一」（道），鬼谷子卻認為：「故雖有先王之道，聖智之謀」，但必須「揣情隱匿」，否則會「無可索之」，因為「此謀之大本也，而說之法也」（〈揣篇第七〉）。

「心能得一」的前提條件是「德養五氣」。老子《道德經》說：「道生之，德畜之，物形之，勢成之。是以萬物莫不尊道而貴德。道之尊，德之貴，夫莫之命而常自然。故道生之，德畜之；長之育之；成之熟之；養之覆之。生而不有，為而不恃，長而不宰。是謂玄德。」德養即以德畜之。德即循理有成，遵循正確全理的理論方法進行修真養生而有成。五氣，即五臟之精華所謂的「真氣」。五氣之神即五神：「心藏神，肺藏魄，肝藏魂，脾藏意，腎藏志」[41]（《黃帝內經》〈調經論〉）。人的神志活動包括五神（即神、魂、魄、意、志）和五志（即喜、怒、思、憂、恐）。神、魂、意、魄、志及喜、怒、思、憂、驚等精神意識活動都依靠五臟的功能調節，而主導於「心」。

《鬼谷子》全本所指陳之「心」，我們將之稱為「心力與意志」的問題，僅很單純的，直指有關「心智」之「建立、培植、養護與應用」等之問題。在《黃帝內經》上，「心」則有兩層意思，故必須先加以解釋清楚，以免模糊。大凡古人對於「心」之一詞，於無形方面，指的是心靈（Mind），也可以是精神，也可以是靈魂、神識；在有形方面，指的也就是人身體上一種的器官「心臟」（Heart）而言。故《內經》便是持以上所言：其一、是一種個人之精神與意志的表徵，可以是情緒、情感，總括為以「心靈、心智」稱之；其二、更可以表示是人的一種物質之器官，即血液循環器官之一，也可以是中醫傳統理論中的「心」。

此說講得最清楚的，就屬《內經》之「臟象學說」了。「心」指的是，不單純只是心臟一顆而已，而是一整個相關之系統（很合乎當今之所謂「系統科學」[42]之規劃與建造之原理），如《類經》[43]〈經絡類〉中提到：「心當五椎

---

41 《黃帝內經》〈調經論〉：「夫心藏神，肺藏氣，肝藏血，脾藏肉，腎藏志，而此成形，志意通內連骨髓，而成身形五臟，五臟之道，皆出於經隧以行血氣，血氣不和，百病乃變化而生，是故守經隧焉。」〈宣明五氣〉：「臟所藏：心藏神，肺藏魄，肝藏魂，脾藏意，腎藏志，是謂五臟所藏。」〈九鍼論〉：「五臟：心藏神，肺藏魄，肝藏魂，脾藏意，腎藏精志也。」

42 系統　是由相互聯繫、相互作用的要素（部分）組成的具有一定結構和功能的有機整體。從系統的角度觀察研究客觀世界的學科，就是系統科學。它研究的領域橫跨自然科學，社會科學等，除去其中的物理，生物，心理，經濟意義，而著重研究各個系統的本質。系統科學研究系統的元素（或要素），結構，和系統的行為（性質）。一般系統論（或稱普通系統論）是

之下，其系有五：上系連肺，肺下繫心，心下三系連脾肝腎；故心通五臟之氣，而爲之主也」。「心」不單指稱是一個單一器官，而是包含著五個相關連的器官，如此完整的血液循環系統，是人之整體的心血系統，就像是一座大城市的供水設備，有水力供電系統、水庫、發電機、自來水場、自來水管、排水管、消防栓、水錶……等等軟硬系統般之複雜與專業，那邊壞了、故障了，都會是有所相關連，並會有所反映出來。二千多年前，醫學科技不發達的年代，居然有此先進之知識與智慧，不禁令人感到贊嘆與震驚不已！

又《醫學入門、臟腑》說：「有血肉之心，形如未開蓮蕊，居肺下肝上是也。有神明之心，神者，氣血所化，生之本也，萬物由之盛長，不著色象，未有何有，謂無復存，主宰萬事萬物，虛靈不昧者是也」。以上指的是有血肉之心及神識之心的分別，前者指藏於胸腔中、推動血液運行的、可看得見的「心臟」；後者指無具體形態的、不可見的、主宰人精神活動的「心靈」或言「心智」。於此很明顯的，《鬼谷子》之心，所指的就是後者。有關是誰主宰人之心靈與心智，鬼谷子認爲是人之自我本身，有別於西方法國哲學家笛卡兒的傳統認爲，心靈與身體的關聯，必須藉由心靈與上帝的關係來釐清；巴斯卡（Pascal）的傳統認知則主張，心靈（或靈魂）與上帝的關係，必須藉由心靈（或靈魂）與身體的關係來釐清；這種矛盾在東方之我國，由其是鬼谷子完全無此爭論，與《黃帝內經》也完全一致，都僅只是在用之處上著墨。頂多只是表明要依天道而爲，如〈持樞〉篇所言：「天道、人君之大綱也」。

以上所謂一詞兩用、多用，世所多有；就像是「氣」一詞，有的表示是「空氣」，或者是人體內在、或外在人爲、或自然擁有的「能量」，所謂「氣

---

由貝塔郎非創立的一門邏輯和數學領域的科學，其目的在於確立適用於一切系統的一般原則。他於 1948 年出版的《生命問題》一書標誌一般系統論的問世。他提出生物的開放系統理論，爲生物進化的自組織系統理論建立開創了先河。物理學能量守恆與生物進化存在明顯的差異，熱物理學家布里淵提出負熵對應資訊的概念、資訊理論是組織化的度量，奧地利理論物理學家薛定厄著的《生命是什麼？—活細胞的物理學觀》提出生命的負熵原理，普利高津從物理化學提出能量耗散結構的自組織理論，從而架構了物理學與生物學的理論橋樑。艾根應用化學動力學原理提出細胞起源的生物分子超循環理論，進一步在細胞、分子層次探討了自組織系統。

43 《類經》明代著名醫家張景嶽的代表作，也是繼隋代楊上善《太素》之後，對《內經》進行全面分類研究的大作。他將《靈樞》、《素問》細分十二大類，三百九十節，共計三十二卷。全書多從易理，五運六氣、臟腑陰陽氣血的理論來闡發經文蘊義，頗能啓迪後人，深爲後世所推崇。又有《類經圖翼》十一卷：對運氣、陰陽五行、經絡經穴、針灸操作等作圖解說，討論系統。《類經附翼》四卷，爲探討易理、古代音律與醫理的關係，也有闡述其溫補的學術思想之作，如《附翼、大寶論》與《附翼、眞陰論》等重要論文，有部分針灸歌賦。

功」之內功或外功上，有所分別的「炁」；或「氣力」之氣，或「生氣」之氣
而言。以上使我們得知鬼谷子於《本經陰符》上，多所談起心性氣神，使我
們感覺到只從計謀、兵學、遊說來分析鬼谷學說，嚴重發覺有所不足，而《鬼
谷子》的遊說計謀、勵志培欲、固氣養性……等等，由內而外一整套的縱橫
學，應該跟《內經》有關。

　　以下，本節就將之區分爲幾個項目，把《鬼谷子》與《內經》作一部分
的比較研究，探討其中是否借用《內經》的醫學、養生觀念與專業術語，或
有其獨特的意義，以此用來分析兩者是否存在關連性？首先由《鬼谷子》之
「氣」究竟爲何？與《內經》有何異同？依次談起。

## 一、五氣之異同

　　《鬼谷子》曰：「辭言有五：曰病，曰恐，曰憂，曰怒，曰喜。故曰：病
者，感衰氣而不神也；恐者，腸絕而無主也；憂者，閉塞而不泄也；怒者，
妄動而不治也；喜者，宣散而無要也」（〈權篇第九〉）。鬼谷學說將五臟五氣
之原理，一如仿傚大自然之動植物活動，巧妙應用於「遊說言辭」與「人事
名利」之上，與「五志合一」之教材設計，完全有益於門生下山（畢業）於
外，行專業「縱橫遊說術」在情緒[44]控制與意志修練時之用。並表示「此五者，

---

[44] 鬼谷子在傳授縱橫術時，便已能察覺到戰國時期，各國之文化社會風俗民情之差異頗大，所
以便傳授弟子有關情緒與意志之認識與控制之學習訓練之課程，故講出《本經陰符》〈盛神〉、
〈養志〉、〈實意〉、〈分威〉、〈散勢〉、〈轉圓〉、〈損兌〉等之七術來。（有跨文化之研究報告
證明，如果一個人所處的社會環境改變明顯，他的情緒構成也可能會發生極大之改變。）
情緒，情緒既是主觀感受，又是客觀生理反應，且具有目的性，也是一種社會表達。情緒是
多元的、複雜的綜合事件。是對一系列主觀認知經驗的通稱，是多種感覺、思想和行爲綜合
產生的心理和生理狀態。最普遍、通俗的情緒有「喜、怒、哀、驚、恐、愛」等，也有一些
細膩微妙的情緒如「嫉妒、慚愧、羞恥、自豪」等。情緒常和「心情、性格、脾氣、目的」
等因素互相作用，也受到「荷爾蒙和神經遞質」之影響。無論正面還是負面的情緒，都會引
發人們行動的動機。儘管一些情緒引發的行爲看上去沒有經過思考，但實際上意識是產生情
緒重要的一環。常見的基本情緒有：「喜悅（喜）、憤怒（怒）、悲傷（悲→憂）、恐懼（恐）、
厭惡、驚奇」（括號如加上愛，即同於鬼谷子所言的五氣）。常見的複雜情緒有：「窘迫、內
疚、害羞、驕傲」。又分爲「經典情緒」和「穩態情緒」。經典情緒包括「愛、憤怒和恐懼」
等。這些情緒通常由外界環境引發，通過感受器官影響主體（如因爲看到、聽到、聞到的事
物產生愛）。「穩態情緒」是人體內穩態失調產生的，包括「疼痛、飢餓、口渴和疲勞」等，
而由道德因素產生的情緒都是複雜情緒。有研究顯示出「中、美，兩國人民對『基本情緒』
的認知有什麼差異？」。結果，中美文化中的人對於「喜、怒、悲、恐」的認知是一樣。但是
我國人把「愛」看做悲傷的情緒，並且國人認爲「羞惡之心」也是一種基本情緒。美國人的
基本情緒中有兩個正面的（喜悅、愛）和三個負面的（憤怒、悲傷、恐懼）；我國人的基本
情緒中有一個正面的（喜悅）和五個負面的（愛、憤怒、悲傷、恐懼、羞恥）。又跨文化研
究證明，如果一個人所處的社會環境改變，他的情緒構成也可能會發生極大之改變。

精則用之、利則行之」。鬼谷子深明弟子們，將來必須面對各國王君公侯……
等，性格非常人之貴族與高官們，故因此從事如此極端特殊的職業，必須絕
對要求其入門弟子，務必學習瞭解與控制貴我之情緒與心理反應，才能夠遊
說成功，所謂「大行不顧細節，大德不辭小讓」[45]。以上，充分顯露出鬼谷子
之縱橫家不僅精於事功、富於功利主義，而又強調健身養生，調理心性等全
方位之現代化色彩。

有關五氣五臟在《黃帝內經》有更多詳細之說明，於〈素問、陰陽應象
大論〉言：「人有五臟，化五氣，以生喜、怒、悲、憂、恐；故喜怒傷氣，寒
暑傷形；暴怒傷陰，暴喜傷陽」；〈素問、玉機真藏論〉：「憂、恐、悲、喜、
怒，令不得以其次，故令人有大病矣。因而喜大虛則腎氣乘矣，怒則肝氣乘
矣，悲則肺氣乘矣，恐則脾氣乘矣，憂則心氣乘矣，此其道也」；〈天元紀大
論〉：「人有五臟，化五氣，以生喜、怒、思、憂、恐，論言五運相襲而皆治
之」。喜與腎氣、怒與肝氣、悲與肺氣、恐與脾氣、憂與心氣，有加乘效果之
相關。

我們檢視以上三段文句，各發現對於「五氣」之範圍出現三種說法，《鬼
谷子》說：「辭言有五：曰病，曰恐，曰憂，曰怒，曰喜」，這明顯的是運用
五氣之說法。另外在《黃帝內經》〈素問〉，有更深入之解說，但兩者也各有
不同之分類，一曰：「喜、怒、悲、憂、恐」、二曰：「喜、怒、思、憂、恐」。
雖然有前後順序之不同，但都有其共通之處，即是都有「喜、怒、憂、恐」
四種，相異的是：「病、悲、思」（如為：喜怒悲思恐，亦即在五行之中，所
強調的「五志」）。所謂「病者，感哀氣而不神也」、「悲則肺氣乘矣」、「在志
為思。思傷脾，怒勝思」（〈陰陽應象大論〉）；「思慮而心虛，故邪從之」（〈五
臟生成〉）；「餘知百病生於氣也，怒則氣上，喜則氣緩，悲則氣消，恐則氣下，
寒則氣收，炅則氣泄，驚則氣亂，勞則氣耗，思則氣結，九氣不同，何病之
生」（〈舉痛論〉）。

---

45 語出《長短經》〈卷七〉：「今周公不以天下為務，而自取讓名，非為聖達節者也，故孔子非
之。董子曰：『雖有繼體 …… 夫大行不細謹，大德不辭讓，鄉曲各有宜而百官不同功。』」
又「夫大行不細謹，大德不辭讓，鄉曲各有宜而百官不同功。故顧小而忘大，後必有害；狐
疑猶豫，後必有悔。斷而敢行，鬼神避之，後有成功。願子遂之也。」《史記》〈項羽本紀〉：
「沛公已出，項王使都尉陳平召沛公。沛公曰：『今者出，未辭也，為之奈何？』樊噲曰：『大
行不顧細謹，大禮不辭小讓。如今人方為刀俎，我為魚肉，何辭為！』於是遂去，乃令張良
留謝。」兩相出處文字雖稍有不同，但大意卻相雷同。今句稱「細節」，蓋「謹」言詞稍偏
僻故。

　　以上「五氣」的認知是大同小異，但鬼谷子認爲「氣」之可外用於言談上，明顯有別於病理之分析。五氣在我國先秦時期，主要有歸諸感情「四情說」、「六情說」、「七情說」，前者是《中庸》將情感類型分成：「喜怒哀樂之未發，謂之中；發而皆中節，謂之和」，所謂的「四情說」；而「六情說」則爲荀子所倡導之，如《荀子》〈天論第十七〉：「天職既立，天功既成，形具而神生，好惡喜怒哀樂臧焉，夫是之謂天情」；又〈正名第廿二〉：「性之好惡喜怒哀樂謂之情」。最後者的「七情說」，則爲《禮記》〈禮運第九〉：「何謂人情？喜怒哀懼愛惡欲七者，弗學而能。……故聖人所以治人七情，修十義，……舍禮何以治之」。就是說，這幾種情態是與生俱來的，不學就會，自發的本能、原始的情緒。此「七情六慾」[46]，乃是指人們與生俱來的一些心理反應。不同的學術、門派、宗教對七情和六慾的定義稍有不同。但是所有的說法都承認七情六慾是不可避免的。所以鬼谷學說，並不像儒家一樣極力的逃避。反而是借由名利之追求，而達成事功。與《鬼谷子》同屬雜家之《呂氏春秋、仲春紀》〈情欲〉亦曰：「天生人而使有貪有欲。……故耳之欲五聲，目之欲五色，口之欲五味，情也。……雖神農、黃帝其與桀、紂同」，又說「欲有情，情有節，聖人修節以止欲」[47]。聖凡之不同，常是情欲管理差別。不善加以節制疏導宣洩，讓其無窮盡自由發洩，便可能勾引成複合之情緒，一發不可收拾，不幸而釀成危機，傷己亦傷人。

　　以上，不管是四情、六情與七情說，一概爲方便巧妙之用而已。佛教中的說法與《禮記》中的說法基本一致。佛教中的七情是「喜、怒、憂、懼、

---

[46] 關於六欲的說法，最早出自《呂氏春秋、仲春紀》〈貴生〉：引子華子之言曰：「全生爲上，虧生次之，死次之，迫生爲下。」，「所謂全生者，六欲皆得其宜也。所謂虧生者，六欲分得其宜也，虧生則於其尊之者薄矣。其虧彌甚者也，其尊彌薄。所謂死者，無有所以知，復其未生也。所謂迫生者，六欲莫得其宜也，皆獲其所甚惡者，服是也，辱是也。」，「凡六欲者，皆知其所甚惡，而必不得免，不若無有所以知，無有所以知者，死之謂也，故迫生不若死。嗜肉者，非腐鼠之謂也；嗜酒者，非敗酒之謂也；尊生者，非迫之謂也。」東漢哲人高誘的理論是：「六欲，生死耳目口鼻也。」其中「死」不是一種欲，而「不死」才是人們的一種強烈的慾望。這種慾望也就是人們說的「求生欲」。後人又將六欲總結爲：「見欲（視覺）、聽欲（聽覺）、香欲（嗅覺）、味欲（味覺）、觸欲（觸覺）、意欲」。佛教著作《大智度論》中，把六欲解釋爲俗人對異性的六種慾望，這六種慾望統稱爲「情慾」。這六種慾望是：「色慾、形貌慾、威儀姿態慾、言語聲音慾、細滑慾、人想慾」。

[47] 全文參見：「天生人而使有貪有欲。欲有情，情有節。聖人修節以止欲，故不過行其情也。故耳之欲五聲，目之欲五色，口之欲五味，情也。此三者，貴賤愚智賢不肖之若一，雖神農、黃帝其與桀、紂同。聖人之所以異者，得其情也。由貴生動則得其情矣，不由貴生動則失其情矣。此二者，死生存亡之本也。」

愛、憎、欲」。中醫學中也有類似的說法，中醫七情指「喜、怒、憂、思、悲、恐、驚」（但對應五行的只有「怒、喜、思、悲、恐」五種）。中醫認為，這七種情態應該掌握適當。如果掌握不當，例如大喜大悲、過分驚恐等等，就會使陰陽失調、氣血不周，從而這種精神上的錯亂，會演變到身體上，形成各種疾病。

而鬼谷子卻首推出「五情說」[48]，其原因可明顯得之，應是為了與五氣與五臟之說連結。如《本經陰符》之〈實意法騰蛇〉：「無為而求，安靜五臟，和通六腑，精神魂魄固守不動，……，待神往來。」與《黃帝內經》〈宣明五氣〉：「心藏神，肺藏魄，肝藏魂，脾藏意，腎藏志，是謂五臟所藏。」相對應，其「精、神魂魄」與「神魄魂、意志」是相通的。《鬼谷子》〈盛神第一〉：「盛神者，中有五氣；神為之長，心為之舍，德為之大；養神之所，歸諸道」、「是以德養五氣，心能得一」、「五氣得養，務在舍神」、「化有五氣者，志也、思也、神也、德也；神其一長也」、〈散勢法鷙鳥〉：「故善思間者，必內精五氣」。對照《黃帝內經》〈陰陽應象大論〉言：「人有五臟，化五氣，以生喜怒悲憂恐」；〈天元紀大論〉：「天有五行，禦五位，以生：『寒暑燥濕風』。人有五臟，化五氣，以生：『喜怒思憂恐』；論言五運相襲，而皆治之」；《傷寒論》〈平脈法〉：「五臟六腑相乘，故令十一」。所以將五氣五臟分別應用，於此可發現《鬼谷子》與《黃帝內經》等醫書之理，多有相連結之處，此其一也！

與此，我們以雜家之代表經典，觀鬼谷子養生之道。《呂氏春秋》〈貴生〉言：「聖人深慮天下，莫貴於生。夫耳目鼻口，生之役也。耳雖欲聲，目雖欲色，鼻雖欲芬香，口雖欲滋味，害於生則止。在四官者不欲，利於生者則弗為。由此觀之，耳目鼻口，不得擅行，必有所制。譬之若官職，不得擅為，必有所制。此貴生之術也。」

又言「道之真，以持身；其緒餘，以為國家；其土苴，以治天下。由此觀之，帝王之功，聖人之餘事也，非所以完身養生之道也。今世俗之君子，危身棄生以徇物，彼且奚以此之也？彼且奚以此為也？」（同上〈貴生〉）鬼谷子重視聖人之於身體與心靈，認為「心與身」如同「道與德」般之重要。鬼谷子對於「身心並重」[49]的談論，是透過腦，也就是思維，以及意志鍛鍊；

---

[48] 參考許富宏著《鬼谷子研究》，〈第十章、鬼谷子心理學與社會學思想——五情說〉，頁224。

[49] 身心平行論 是在笛卡爾的交感論和赫林克斯（1625～1669 AD）的偶因論之後提出來的，是解決精神與身體關係的又一項嘗試的突破。斯賓諾莎認為，觀念的次序和聯繫與事物的次序和聯繫是相同的；觀念並不以觀念的物件為原因，而是以另一個觀念為原因；身體不能使心

也就是「心」之意識，加上「口」之遊說論辯的配合，謀略因之而出。而後透過優良的人際關係之營造，身體才能力行之，才有實際政治主張之達成可能，而這一切都必須依靠強而有力之意志貫徹，才有可能達成所謂的身口意「知行合一」的境界。如何實現，鬼谷子是在《本經陰符七術》之「盛神、養志、實意、分威、散勢、轉圓、損兌」對於精神意志多有闡釋，明顯的主張心靈指揮身體。而從柏格森[50]的「生命衝動」直覺角度來說，是身體的知覺成果，並非理性思維所致。所以明顯與鬼谷子修練主張不同，但卻與《黃帝內經》身心自律有互異的啓示。

## 二、神、氣與心、舍

　　《鬼谷子》書上對於「五氣」，還另有所發揮，它進一步與「心、神、道、德、舍」相結合。鬼谷子最主要是爲了訓練其弟子，個個都能夠「能言善道、多智善謀、英勇善戰」，完全發揮、成就自我、爲世所用；所以對於「心、神」、

靈思想，心靈也不能使身體動靜。所以，在他那裡已經有了身心平行論的因素。萊布尼茨則是一個比較典型的身心平行論者。他同意赫林克斯的看法，認爲靈魂和肉體就像上帝造的兩架十分精確的鐘錶一樣，它們都按自身的規律而又與對方相一致地運行著。但這種一致既不是由於二者相互作用，也不是由於上帝的隨時調整，而是來自上帝的前定和諧。現代科學已經證明，心理過程是以生理過程爲基礎的，心理過程在一定程度上也可以影響生理過程，有能動作用。就身心關係問題來說，柏格森一生不斷與身心平行論（parallélisme）進行論戰，他說：「衣服跟它掛上的鉤子相互關聯，如果有人拿掉鉤子它就會掉下去，鉤子動它也動，如果鉤子的頭太尖銳，它就會被刺穿、裂開，鉤子的一舉一動怎麼影響它，它就怎麼受影響。鉤子與衣服一點都不相等，更不要提鉤子與衣服是同一件事物了。」他所要反對的身心平行論認爲，身心關係因身體受到某些化學物質的作用而產生聯結，但柏格森認爲這是「抽象下的混淆」（confusion dabstractions），他認爲大腦是精神或心智的工具，讓它能夠認識世界、處理自己的問題。所謂的化學物質，無法影響到精神，而只會影響到它的工具，也就是身體。譬如，對於身體在空間中的定位感，柏格森認爲這是任何論述都不可能掌握的，與精神心智層面的活動完全不同，身體是透過空間影像而運動，而身體自身的影像即成爲這一切空間影像的核心。就此而言，作爲身體與精神之間的仲介表象活動，身體、影像與精神層面的思考活動，形成了極爲有趣的複雜關係。

[50] 柏格森（859～1941 AD）生於巴黎，法國哲學家，曾獲諾貝爾文學獎。宣導的生命哲學是對現代科學主義文化思潮的反撥。他提倡直覺，貶低理性，認爲科學和理性只能把握相對的運動和實在的表皮，不能把握絕對的運動和實在本身，只有通過直覺才能體驗和把握到生命存在的「綿延」，那唯一眞正本體性的存在。「它使人置身於實在之內，而不是從外部的觀點來觀察實在，它借助於直覺，而非進行分析。」（《形而上學導論》這種體認、領悟實在的方法，在哲學史上叫做「直覺主義」。在《創造的進化》中，他還提出和論證了生命的衝動。「生命衝動」即是主觀的非理性的心理體驗，又是創造萬物的宇宙意志。生命衝動的本能的向上噴發，產生精神性的事物，如人的自由意志、靈魂等；而生命衝動的向下墜落則產生無機界、惰性的物理的事物。柏格森的生命哲學具有強烈的唯心主義和神秘主義的色彩，但它對種種理性主義認識形式的批判和衝擊，對於人類精神解放確有重要意義，因而不僅成爲現代派文學藝術的重要哲學基礎，而且對現代科學和哲學也影響很大。

「道、德」、「氣、舍」，其「心鑰之認識」與「攻術之修鍊」兩方面，多所著墨與教導。

〈盛神法五龍〉：「盛神者，中有五氣，神爲之長，心爲之舍，德爲之大；養神之所，歸諸道。道者，天地之始，一其紀也。物之所造，天之所生，包宏無形，化氣先天地而成，莫見其形，莫知其名，謂之神靈。故道者，神明之源，一其化端，是以德養五氣，心能得一，乃有其術。術者，心氣之道所由舍者，神乃爲之使。九竅十二舍者，氣之門戶，心之總攝也。」

以上，此章寫作之方式有如武功秘笈般，除意簡言賅卻又語意深長，所幸！我們卻可以從《黃帝內經》，除「道、德」較少敘述之外，其它之「心、神、氣、舍」，找到豐富之描述與精闢佐證的說明。

本小節之主題，設定出「心」與「神」與「舍」，筆者在《黃帝內經》乙書中，發現對於「神」與「舍」有大量使用之現象。光「心」之一字，就出現有 446 段落與 777 次之多，可見其普及程度，已達到多麼被需要不可；而「舍」一字，便出現有 43 段落與 89 次之多，還眞是重量級的專業層次；「神」一字，更出現有 112 段落與 233 次之多；「心神舍」三字，在此書上一找就對了。但要瞭解它，並非容易的事，更何況鬼谷子要使用它與駕馭它，其困難度何止千萬倍！

我們首先來看《鬼谷子》對於「心」之說明，也有 22 段落 46 次之多。〈捭闔第一〉：「口者，心之門戶也。心者，神之主也」；〈反應第二〉：「其不言無比，乃爲之變。以象動之，以報其心、見其情，隨而牧之」；〈忤合第六〉：「非勞心苦思，不能原事；不悉心見情，不能成名」；〈符言第十二〉：「目貴明，耳貴聰，心貴智」，「心爲九竅之治，君爲五官之長」。以上可看出鬼谷子對於「心」之定義，指明「心」對於個人之意志是非常的重要，所以必須勤加以鍛鍊之，然而想成爲一位翻雲覆雨的辯士，既是遊說家又是權謀家，何其困難！故我們特挑選以下《鬼谷子》三篇之節錄，便可看出此一代宗師，對於弟子們的「志氣與智慧」之養成，處處以循循善誘之言語，不慌不忙來加以教誨的大師姿態！

〈養志法靈龜〉：「養志者，心氣之思不達也。有所欲，志存而思之。志者，欲之使也。欲多則心散，心散則志衰，志衰則思不達。故心氣一則欲不徨，欲不徨則志意不衰，志意不衰則思理達矣。理達則和通，和通則亂氣不煩於胸中，故內以養氣，外以知人。養志則心

通矣，知人則職分明矣。將欲用之於人，必先知其養氣志。知人氣盛衰，而養其志氣，察其所安，以知其所能。」

〈實意法螣蛇〉：「實意者，氣之慮也。心欲安靜，慮欲深遠；心安靜則神策生，慮深遠則計謀成；神策生則志不可亂，計謀成則功不可間。意慮定則心遂安，心遂安則所行不錯，神自得矣。得則凝識氣寄，姦邪得而倚之，詐謀得而惑之；言無由心矣。故信心術守眞一而不化，待人意慮之交會者，聽之候也；計謀者，存亡之樞機。慮不會，則聽不審矣；候之不得，計謀失矣，則意無所信、虛而無實。故計謀之慮，務在實意；實意必從心術始」，「故智者不以言失人之言，故辭不煩而心不虛，志不亂而意不邪。」

《中經》：「動以忌諱，示以時禁，其人恐畏，然後結信以安其心，收語蓋藏而卻之」，「『攝心』者，謂逢好學伎術者，則爲之稱遠；方驗之道，驚以奇怪，人繫其心於己，效之於人，驗去亂其前，吾歸誠於己」，「『守義』者，謂守以仁義，探心在內以合者也。探心，探得其主也。」

　　鬼谷子對於「心」[51]之認識與應用，除少道德之意涵外（《內經》亦同，只多出動物身體器官心臟之指謂），多的是「精神、意志、感受、思維」等較抽象之指陳。例如於〈養志法靈龜〉言：「欲多則心散，心散則志衰，志衰則思不達」，「故心氣一則欲不徨，……。養志則心通矣，知人則職分明矣」；又

---

[51] 西方近代哲學對於「心」之討論，可以法文「esprit」這個語詞之脈絡來瞭解。以三個關鍵詞：âme、esprit、cœur 說明。「âme」的首要意涵是「靈魂、良心」，較趨近「思想與道德」之範疇，雖然「âme」也有「精神、內心」的意指，同時也指向感覺、意志的力量，但就身體現象學大師，梅洛龐蒂《眼與心》一書上，所關注焦點該是較接近「esprit」的，也就是「心靈、心智、精神與思想」的問題。依據 Le Robert 辭典的分析，在 17 世紀的古典生理學中認爲，向動物體內各器官輸送生命和情感的東西，就叫做 esprit，故有 esprits vitaux（生氣、生命精氣）或 esprits。略似 anmiaux（動物精氣）的說法。據譯者龔卓軍說法，書中的 esprit 包含了與笛卡兒形上學與知識論論辯和涵蓋古典之「心神、精氣」的雙重意涵，較少偏向道德意涵上的「靈魂與意志」之問題；換句話說，《眼與心》討論的焦點是另一種「思維」、另一種「生命形式」；以視覺經驗與感覺經驗爲邏輯的生命狀態，而不是以「科學概念」、「科學模型」的運作爲邏輯的生命狀態。「cœur」這個語詞的主要意涵是「心臟、心境、內心情感」的意思，同時也包含了道德意涵上的「心腸、心地」的意指，單就這個部分，譯者感覺到 cœur 缺乏本書所關注的知識論與存有學上的主要意涵，但中文的「心」這個字無疑卻能夠涵蓋 esprit 所帶有的知性與存在意涵。或許 Le Robert 辭典上的一個例子，可以很簡潔地呈現這三個詞的意涵微差：esprits élevés，mais âmes basses; bonnes têtes，mais méchants cœurs.（才智傑出，但靈魂卑劣；頭腦精明，但心腸惡毒。）以上見《眼與心》序文，作者：Maurice Merleau-Ponty，譯者：龔卓軍，臺北：典藏藝術家庭出版，2007 年 11 月。

〈實意法螣蛇〉：「故計謀之慮，務在實意；實意必從心術始」，「意慮定則心遂安，心遂安則所行不錯，神自得矣」，「信心術、心術」，「心不虛，志不亂而意不邪」；《中經》言：「攝心、守義、探心」。以上心理之理路層次分明，方法手段清楚，正是有爲有守之智者。由於身處春秋 戰國之烽火連天，急思解救百姓於水深火熱之年代中，正如同法家、兵家、墨家、儒家……之熱鍋上螞蟻般之主張，所以全然是站在功利主義上，是可以理解之事。

而《詩經》如〈國風〉乃是反應當時各國之時政、民風、家風，又是政府施政的參考，與《鬼谷子》之哲人思考改變世局之大智慧，其差異果如天地之別。我們只要對比《詩經》之幾篇句子中，便可比對出詩人與哲人之對於「心」之用之差異。察〈國風〉中有關「心」，達 73 次之多。如同當今的流行歌曲，都著墨於「情與愛」文學心靈的感受描述之一般，自然受盡歡迎。

如〈草蟲〉：「喓喓草蟲、趯趯阜螽；未見君子、憂心忡忡。」，〈燕燕〉：「燕燕於飛、……瞻望弗及、實勞我心」；〈柏舟〉：「我心匪石、不可轉也。我心匪席、不可卷也」，「我心匪鑒、不可以茹。亦有兄弟、不可以據。薄言往愬、逢彼之怒」，「憂心悄悄、慍於群小。……靜言思之、寤辟有摽」，「心之憂矣、如匪澣衣。靜言思之、不能奮飛。」〈綠衣〉：「心之憂矣、曷維其亡」，「我思古人、實獲我心」；〈雄雉〉：「雄雉於飛、下上其音。展矣君子、實勞我心。」那通篇只是止於憂傷[52]之意，只能「薄言往愬、逢彼之怒」，不然「靜言思之、不能奮飛」，或是「靜言思之、寤辟有摽」而已。

以上多爲抒情之意，當然頗有文學藝術之眞之美。但是那「心」，卻僵化成「不可轉也」、「不可卷也」、「不可以茹」，頑強固執不能改變，只能當成藝術作品欣賞，絲毫無助於世局混亂、國運衰敗與家道中落，力挽狂瀾之用。此時之《詩經》如〈大雅〉〈抑〉：「視爾夢夢、我心慘慘」；〈桑柔〉：「憂心慇慇、念我土宇」；〈雲漢〉：「我心憚暑、憂心如熏」、〈烝民〉：「令儀令色、小心翼翼」。同樣對於「心」也毫無哲學涵蘊，故奈何得了世事之詭譎多變，與事無補呀！未若鬼谷子拿出具體方法，〈捭闔第一〉：「心者，神之主也。志意、喜欲、思慮、智謀，此皆由門戶出入」；〈反應第二〉：「其不言無比，乃爲之

---

[52] 孫思邈認爲人的養生，有五項難處，即：「名利不去爲一難、喜怒不除爲二難、聲色不去爲三難、滋味不絕爲四難、神慮精散爲五難。」而在《詩經》裡面的作者與作品，到處有著如以上所言的「人生五難」，可說是充滿著憂傷之文學與藝術的情緒及氣質，實在是明顯的不利於人類自我身心之健康與養生的。故當然絕不會是，以推行「智慧與養生」主張的鬼谷子學說，所樂以一見。

變。以象動之，以報其心、見其情，隨而牧之」;〈忤合第六〉:「非勞心苦思，不能原事;不悉心見情，不能成名」。這不就是充份反應出，文學家與思想家其「憂心忡忡」、「憂心悄悄」大不同之所在嗎?

　　我們暫離「心」理之無象思維，先來一睹《黃帝內經》對於「心」之作用，於身體醫學、養生、營養、保健……等較為具體之應用，而有所共乘之效果。《黃帝內經》之〈上古天真論〉:「是以志閑而少欲，心安而不懼，形勞而不倦，氣從以順，各從其欲，皆得所願」、「是以嗜欲不能勞其目，淫邪不能惑其心，愚智賢不肖不懼於物，故合於道」;〈靈蘭秘典論〉:「心者，君主之官也，神明出焉」;〈六節藏象論〉:「五氣入鼻，藏於心肺，上使五色脩明，音聲能彰。五味入口，藏於腸胃，味有所藏，以養五氣，氣和而生津液相成，神乃自生。」

　　以上出現之三論篇，所說明之「神明出焉」、「神乃自生」、「五氣入鼻，……音聲能彰。……，味有所藏，以養五氣」、「淫邪不能惑其心，愚智賢不肖不懼於物」，其所論之「心、氣、神」，不就是鬼谷子於〈養志法靈龜〉、〈實意法螣蛇〉、《中經》三篇之中，所談的「心安靜則神策生」、「神自得矣」、「得則凝識氣寄」，「姦邪得而倚之，詐謀得而惑之」。不都是在說同樣的一件道理嗎?只是鬼谷思想，更重視計謀之形成與實現，例如:「心安靜則神策生，慮深遠則計謀成」、「神策生則志不可亂，計謀成則功不可間」、「得則凝識氣寄，姦邪得而倚之，詐謀得而惑之」、「計謀者，存亡之樞機」、「候之不得，計謀失矣」、「故計謀之慮，務在實意」。可說其目的不同，但理論同源，只是「醫者之仁術」與「行者之說術」個別差異。於各自的專注之中，當然存在著有天壤之別的天空。

　　又《鬼谷子》〈捭闔第一〉:「口者，心之門戶也。心者，神之主也」，以及《本經七術》〈分威法伏熊〉:「分威者，神之覆也。故靜意固志，神歸其舍，則威覆盛矣」。《黃帝內經》〈大惑論〉:「心者，神之舍也，故神精亂而不轉」;及〈靈蘭秘典論〉:「心者，君主之官也，神明出焉」;〈六節藏象論〉:「心者，生之本，神之變也」;與〈天年〉:「黃帝曰:何者為神?歧伯曰:血氣已和，營衛已通，五臟已成，神氣舍心，魂魄畢具，乃成為人」。以上《鬼谷子》所言:「心者，神之主也」與《內經》分別有三處提到:「心者，神之舍也;君主之官也;生之本，神之變也」兩書均注意到「心與神」之重要性與關連性，而且意思完全相同。

　　因爲〈大惑論〉：「心者，神之舍也，故神精亂而不轉。卒然見非常處精神魂魄，散不相得，故曰惑也」、「心有所喜，神有所惡，卒然相惑，則精氣亂，視誤，故惑，神移乃復。是故間者爲迷，甚者爲惑」。所以，是故必須去迷化惑，《鬼谷子》與《黃帝內經》，均不約而同的主張，要將「神」安於「心」之「舍」中。鬼谷子認爲「神歸其舍」，則「威覆盛矣。」

　　以上從《黃帝內經》《靈樞經》〈邪客〉：「心者，五臟六府之大主也，精神之所舍也，其藏堅固，邪弗能容也。容之則心傷，心傷則神去，神去則死矣」；〈藏府配像〉：「藏有七神，各何所藏耶？然：藏者，人之神氣所舍藏也。故肝藏魂，肺藏魄，心藏神，脾藏意與智，腎藏精與志也」。我們看出了，鬼谷子之主張「神歸入於舍」，即「神歸其舍」其理論基礎之重要性，於《黃帝內經》中顯露無餘。也就是「說者」之「身心合一」之修煉，有其絕對迫切性之所在。

　　以上已非常清楚，能夠將「神氣心舍」四者，完全連結使用，非《黃帝內經》莫屬了。而鬼谷子將「意志」，即「靜意固志」與神氣心舍相連結，也能於此找到源由與証明，而「智慧」之啓迪與關注，更於這兩本書中均亦多所提及，也是《鬼谷子》乙書之重點所在。與老子《道德經》所鼓吹之反智，〈第十八章〉：「大道廢，有仁義；智慧出，有大僞」，〈第十九章〉：「絕聖棄智，民利百倍」，〈第廿七章〉：「不貴其師，不愛其資，雖智大迷，是謂要妙」，〈第六十五章〉：「古之善爲道者，非以明民，將以愚之。民之難治，以其智多。故以智治國，國之賊；不以智治國，國之福」，有很大之區別。《莊子》〈人間世〉：「且若亦知夫德之所蕩，而知之所爲出乎哉？德蕩乎名，知出乎爭。名也者，相軋也；知也者，爭之器也。二者凶器，非所以盡行也。」有所不同。《莊子》一書，通篇不用「智」字，而用「知」字或取代談論之，卻有 619 次、188 段落之別，還可眞是徹底之「反智」[53]。

　　以上老子與莊子的反智思想，於人類在太平盛世，當然能夠安居樂業；但是當遭逢天災人禍、兵變亂世、窮途末路之時局，享有世襲財富權利的王

---

[53] 其實道家講的是「大智若愚」，是混然天成之智，是顧全大局之大智大慧，不會有後遺症之智，以現代之語言說是不會有垃圾，開發案不會引起環保問題形成之抗爭糾紛。鬼谷子亦深知此「無爲之智」，但亂世亦得用重典，處於世局之惡的年代，鬼谷子主張聖人必須「當其難易，而後爲之謀：因自然之道以爲實。」（〈揣兌第七〉），「非賢智不能守家以義，不能守國以道，聖人所貴道微妙者，誠以其可以轉危爲安，救亡使存也。」（〈中經〉）只能以「有爲之智」守國以義呀！

公貴族，或毫無生產工具無立錐之地的平民百姓，與既得利益者或追求溫飽生存者，思變之心是全然無可遏止，此時就必須以意志與智慧才能出頭與解決問題。因此鬼谷子之提倡「遊說、謀略、智慧、意志」[54]，追求名利遂風起雲湧，當然有其市場。我國古代對於「意志論」多有討論，但以鬼谷子最爲特殊，縱橫家的三寸不爛之舌可爲佐證。

　　以上多起談及「心、神、舍」三件共構。但我國現存之其它古籍，將「心、神、舍」一起討論者並不多見，如《莊子》〈人間世〉：「夫徇耳目内通而外於心知，鬼神將來舍，而況人乎！」此處也非本節所論，莊子所指其人之神識、意識，則是指鬼神之神，非人之意識上之神識。其它也大多只是兩者一起談論而已，如《莊子》〈天地篇〉：「五曰趣舍滑心，使性飛揚」；《文子》〈道原〉：「老子曰：正汝形，一汝視，天和將至；攝汝知，正汝度，神將來舍，德將爲汝容，道將爲汝居」；〈守眞〉：「若夫神無所掩，心無所載，通洞條達，澹然無事，勢利不能誘，聲色不能淫，辯者不能說，智者不能動，勇者不能恐，此眞人之遊也。夫生生者不生，化化者不化，不達此道者，雖知統天地，明照日月，辯解連環，辭潤金石，猶無益於天下也，故聖人不失所守。」可說少之又少了，於此可發現《鬼谷子》與《黃帝內經》相連結之處，此其二也！

　　〈玉機眞藏論〉：「藏受氣於其所生，傳之於其所勝，氣舍於其所生，死於其所不勝。病之且死，必先傳行至其所不勝，病乃死。此言氣之逆行也，

---

[54] 鬼谷說服術在國外也頗有影響。德國著名歷史哲學家斯賓格勒曾高度稱讚鬼谷子，說他有察人之明，知識淵博，善於洞察歷史和掌握外交技巧，是當時聯盟（合縱）觀念的創始人。斯賓格勒被稱爲基辛吉的眞正老師。他的觀點影響了當代縱橫家——基辛吉的外交活動。他說：「王詡（即鬼谷子）是一個淵博的懷疑論者。」

斯賓格勒對鬼谷說服術給予了高度讚揚，他說：「蘇秦、張儀這些人物通常被描寫爲詭辯派。他們是詭辯派，但其意義僅象同時代的羅馬領袖人物是斯多噶派那樣，就是受過希臘東方的哲學和修辭學的教育。他們都是研習致精的雄辯家，而且時常擬定哲學著作，凱撒和布羅特斯並不亞於伽圖和西塞祿，但他們不是作爲職業的哲學家才這樣做的，而是因爲悠然自適是高雅君子的習尚。在執行職務的時刻，他們不論是在戰場上還是在重大的政治問題上，都是駕馭實際的能手，張儀和蘇秦兩位丞相確實也完全是這樣，那位打倒白起將軍的受人敬重的外交者范雎、秦國的立法者衛鞅、始皇帝的呂不韋以及其他一些人物也是這樣。」

斯賓格勒在書中爲蘇秦、張儀做了註腳，寫道：「他們兩人也象當時大多數的政治領袖一樣，都是鬼谷子的學生。鬼谷子的察人之明，對歷史可能性的洞察以及對當時外交技巧（合縱連橫的藝術）的掌握，必然使他成爲當時有影響的人物之一。在他以後的另一個具有同等重要的人物是上面提到的思想家和軍事理論家孫子。」

美國在70年代出了一個穿梭外交家——基辛吉。基辛吉生於德國，到美國後在就學期間，大量地閱讀了現代了一些著名史學家的理論，他最佩服的兩個人是斯賓格勒和湯恩比，而這兩人都對中國古代文化予以極高評價。基辛吉深受《西方的沒落》一書影響，有人說基辛吉的行動與斯賓格勒的理論屬同一模式。因此有人說斯賓格勒是現代的蘇秦、張儀。

故死。肝受氣於心，傳之於脾，氣舍於腎，至肺而死。心受氣於脾，傳之於肺，氣舍於肝，至腎而死。脾受氣於肺，傳之於腎，氣舍於心，至肝而死。肺受氣於腎，傳之於肝，氣舍於脾，至心而死。腎受氣於肝，傳之於心，氣舍於肺，至脾而死。此皆逆死也。一日一夜五分之，此所以占死生之早暮也。」

〈本神〉：「肝藏血，血舍魂，肝氣虛則恐，實則怒」，「脾藏營，營舍意」，「心藏脈，脈舍神，心氣虛則悲，實則笑不休」，「肺藏氣，氣舍魄，肺氣虛，則鼻塞不利少氣，實則喘喝胸盈仰息」，「腎藏精，精舍志，腎氣虛則厥，實則脹。五臟不安。必審五臟之病形，以知其氣之虛實」。

以上《黃帝內經》對於「舍」之兩篇，其做為人體看不見的支器官之「血舍、營舍、脈舍、氣舍、精舍」，相對於人體看得見之主器官「心、肝、脾、肺、腎」關連之五大作用，做了非常充分的說明。

〈上古天眞論〉：「夫上古聖人之教下也，皆謂之虛邪賊風，避之有時，恬惔虛无，眞氣從之，精神內守，病安從來」；〈生氣通天論〉：「故聖人傳精神，服天氣，而通神明」。更彰顯出《鬼谷子》：「術者，心氣之道所由舍者，神乃為之使。九竅十二舍者，氣之門戶，心之總攝也」（〈盛神法五龍〉），並非言之無物，或胡亂瞎說。千百年來，對於鬼谷子所謂之「十二舍」，學界一直苦思不知所指為何？但只要對照《內經》中黃帝與歧伯有關「十二藏」與「十二官」[55]之對話；當知鬼谷子所說之十二舍是有所本，是「五臟六腑」外再加上「膻中」，即「上、中、下」之三焦為一器官，統一稱謂之；並非少數人所指《鬼谷子》是偽書。找不出古書相關證據，便以為是因為受到魏晉以後外傳佛教之「十二識」與「十二塵」所影響，或說是疑為晉人註文所加入（謂「九竅十二舍者，氣之門戶，心之總攝也。」[56]15 個字）。事實上「九竅」

---

[55] 《內經》〈靈蘭秘典論〉：「黃帝問曰：願聞十二藏之相使，貴賤何如。歧伯對曰：『悉乎哉問也，請遂言之。心者，君主之官也，神明出焉。肺者，相傅之官，治節出焉。肝者，將軍之官，謀慮出焉。膽者，中正之官，決斷出焉。膻中者，臣使之官，喜樂出焉。脾胃者，倉廩之官，五味出焉。大腸者，傳道之官，變化出焉。小腸者，受盛之官，化物出焉。腎者，作強之官，伎巧出焉。三焦者，決瀆之官，水道出焉。膀胱者，州都之官，津液藏焉，氣化則能出矣。』」「凡此十二官者，不得相失也。故主明則下安，以此養生則壽，歿世不殆，以為天下則大昌。主不明則十二官危，使道閉塞而不通，形乃大傷，以此養生則殃，以為天下者，其宗大危，戒之戒之。」

[56] 俞誠之（1895～1969 AD）所著《中國政略學史》民國 22 年出版，之後由陳克艱、劉海琴從新整理點校，將之與《鬼谷子新註》合併出版。俞誠之認為：「『九竅十二舍者，氣之門戶，心之總攝也。』按此此十五字，疑係晉人注文。」不知根據為何？上海：上海社會科學院出版，2009 年 3 月一版一刷，頁 471。

是外在器官，「十二舍」是內部器官，這點對鬼谷子來說是非常之清楚，絕不含糊。但一些學人雖終日潛藏於研究工作之中，卻不諳《內經》，無暇於鍛鍊身體，也無緣練習氣功丹道；有則受佛家空門影響，大抵以修心爲重。認爲《鬼谷子》非先秦著作，遂使國人於千年以來，始終都誤解了鬼谷子！國人註解，率都採用前人之註解爲多，至今依筆者所見，鄭傑文的註解[57]，是最先採用《內經》之說。

## 三、眞人、聖人與陰陽

鬼谷子對於眞人與聖人，有其明確分別的主張：「生受於天，謂之眞人；眞人者，與天爲一。而知之者，內修練而知之，謂之聖人；聖人者，以類知之。故人與生生一出於化物。知類在竅，有所疑惑，通於心術，心無其術，必有不通。其通也，五氣得養，務在舍神，此謂之化。化有五氣者，志也、思也、神也、德也；神其一長也。靜和者，養氣；氣得其和，四者不衰。四邊威勢無不爲，存而舍之，是謂神化；歸於身，謂之眞人。眞人者，同天而合道；執一而養產萬類，懷天心、施德養，無爲以包志慮思意，而行威勢者也。士者，通達之神盛，乃能養志」[58]（《本經七術》〈盛神法五龍〉）。

可見鬼谷子之「眞人」是生受於天，不受於人，離世超俗；通於心術，得養「志、思、神、德」，則「四者不衰」，故總氣能「得其和」（共五氣）。將五氣存而舍之，即能神化之，便是眞人了。〈素問、六微旨大論〉：「與道合同，惟眞人也」；亦即與《鬼谷子》之「眞人者，同天而合道」，以上兩則所言，不管是「與道合同」或「同天合道」，各去一歧字，即「道合同」、「同合道」，都是指「眞人」之資格而言。

而眞人也是聖人，但聖人不一定是眞人了！其位階先是至人，而後是眞

---

[57] 鄭傑文著《鬼谷子人生智慧》「13.、十二舍：即中醫所謂十二髒。先秦醫家以心、肺、肝、膽、膻中、脾、胃、大腸、小腸、腎、三焦、膀胱爲十二宮，稱十二髒（見《素問、靈蘭秘典論》）。」北京：清華大學出版社、2008 年 2 月一版、頁 210。許宏富撰《鬼谷子集校集註》北京：中華書局 2008 年 12 月一版，2009 年 7 月第 2 次印刷，頁 201，對於「12 舍」註釋最爲詳盡；又譯註的《鬼谷子》北京：中華書局 2013 年 7 月第 5 次印刷，頁 145，亦從之。惜陶弘景以佛家六根六塵註解（陶氏距之不遠，令人不解？）蕭登福據之作解。

[58] 〈盛神法五龍〉：「生受於天，謂之眞人；眞人者，與天爲一。而知之者，內修練而知之，謂之聖人；聖人者，以類知之。故人與生生一出於化物。知類在竅，有所疑惑，通於心術，心無其術，必有不通。其通也，五氣得養，務在舍神，此謂之化。化有五氣者，志也、思也、神也、德也；神其一長也。靜和者，養氣。氣得其和，四者不衰。四邊威勢無不爲，存而舍之，是謂神化。歸於身，謂之眞人。眞人者，同天而合道，執一而養產萬類，懷天心，施德養，無爲以包志慮思意而行威勢者也。士者，通達之神盛，乃能養志。」

人，再後是聖人，最後則是賢人。以上除賢人之外，都知陰陽、法陰陽、和陰陽；而賢人雖法天地、能別四時，但卻逆從陰陽。聖人與賢人同，是因爲都「嗜欲」；至人與眞人不嗜俗欲、離世俗，因爲它們生養受之於天，不受之於人，故能爲之。總而言之，此四種人都知天道、明陰陽、別四時；其分別，則在於逆陰陽、嗜俗欲。而另一階層－「士人」，很想明白通達生命神化之境界，卻只能從「養志」開始，如鬼谷子言：「士者，通達之神盛，乃能養志」；這也是他在《本經》上，所要指導縱橫家子弟的七種術法的原因。春秋，戰國封建已破，階級也已大亂，受盡人爲名相的有形階級雖已沒落了，但是生命本質之中的無形階級乃存在著。這是道家與醫家，都發覺與認定的生命之眞相，無可奈何，想要改變，於世俗界能依循學習鬼谷子的《本經》而行也算是好，除非未來科學與醫學上對於生命眞相，有最新的學術研究報告出現。

以上全文，正如同在《內經》〈上古天眞論〉所言：「上古之人，其知道者，法於陰陽」，又黃帝曰：「余聞上古有眞人者，提挈天地，把握陰陽，……此其道生。中古之時，有至人者，淳德全道，和於陰陽，調於四時，去世離俗，……，亦歸於眞人。其次有聖人者，……適嗜欲於世俗之間，……。其次有賢人者，法則天地……，逆從陰陽，分別四時」[59]。要久湮於世俗名利有形享樂的士族之人，感知體驗和熟稔無形之「陰陽」，是何其的困難。聖人對於先秦諸子百家而言，始終是最重要的期待，於紛亂時期誕生的九流十家，無不渴望聖人之降臨於世。誠然對身爲諸子一分子的鬼谷子的學說而言，聖人之重現也是相當必要；古代聖人既逝且遠，現代又無聖人，所以只有自己親自培養了。

於此要求弟子成爲有用的賢人，其實只要資質夠，便輕易可期；但欲成聖則雖同小可了，乃至於如同登天之困難，除必須有明師外，還得願意接受嚴格與有效訓練的高徒，但卻常是可遇而不可求。鬼谷子不願當聖人，因爲他要離世俗、絕俗欲；只願當個受生於天，不食人間煙火的眞人；又不忍世人悲苦，故只有開山廣爲傳授思想主張；最爲有所成就的，便是政治外交遊

---

[59] 語出〈素問、上古天眞論〉黃帝曰：「余聞上古有眞人者，提挈天地，把握陰陽，呼吸精氣，獨立守神，肌肉若一，故能壽敝天地，无有終時，此其道生。中古之時，有至人者，淳德全道，和於陰陽，調於四時，去世離俗，積精全神，遊行天地之間，視聽八達之外，此蓋益其壽命而強者也，亦歸於眞人。其次有聖人者，處天地之和，從八風之理，適嗜欲於世俗之間，无恚嗔之心，行不欲離於世，被服章，舉不欲觀於俗，外不勞形於事，內无思想之患，以恬愉爲務，以自得爲功，形體不敝，精神不散，亦可以百數。其次有賢人者，法則天地，象似日月，辯列星辰，逆從陰陽，分別四時，將從上古合同於道，亦可使益壽而有極時。」

說謀略之學了。所以除了《六韜》加《鬼谷子》專門對外的兵權謀一本教材，尚嫌不夠，還必須有教授內在自我的身、心、情、欲、意、志、靈的《本經陰符七術》才行。

而這本高級班的寶貴教材，由於編得夠好，幾乎所有門生各自傳抄成一冊，以便隨身攜帶，得以隨時閱讀。在幾千年前竟能以活生生的動物為例子，當做學習的導引，正如同當今迪士尼或夢公園的教學帶影片，是以高傳眞的三 D 立體卡通電腦繪製而成之一般，展現出生動活潑有趣與超強的接受度。光看教材就興奮無比，全冊被分成七個部分，分別由龍、龜、蛇、熊、鳥、獸等與靈蓍草，各自導引成一篇完整的篇章。例如：如何從象徵「五龍」的五氣，學習到「盛神」之功夫？如何從「靈龜」身上的個性，學習到養志的功夫？如何從「騰蛇」的特質，學習到超凡扎實的計謀？如何培育出孔武有力的「伏熊」，從中學習為你聽話，分享驚人的威力？如何借用「鷙鳥」堅定的意志力，治療自己的心志不一與精神不專，與擁有那精準無比的視力，隔空如同飛上天，站立於高處完全掌控、扭轉形勢，給敵人致命的最後一擊？再次如何可能，引用鬼谷子他那穿越時空，廿一世紀才被新創出的古典仿生學，……給我們的華夏子民一絲絲的驕傲。

終於，所有學員們，如同參加暑期野外成長營般，充滿著無比的興趣與高度的期待，踴躍的報名參加，熱情的學習。彼時，鬼谷先師在課堂上，與弟子們一起席地而打坐的同時，說：首先要將心放下「無為而求」，然後深深吸氣再吐氣（來回三四次的，反覆的做起調息的動作）；肩膀放輕鬆、全身放鬆，感覺身體不再僵硬了、全身柔軟、關節好靈活。好了，同學們！閉上眼睛，請安靜感知五臟「安靜五臟」；清楚知道五臟形狀、顏色與大小，再感覺五臟的位置。再放慢呼吸，「和通六腑」把氣灌入五臟六腑之中：首先，想到青綠綠的肝臟，秉持意到、心到、氣也到，並微觀到細細小小的「肝小葉」[60]；接著想到紅通通似火的心臟，同樣感覺到它的溫熱、眼也看到火紅、氣也都進入心臟了；接著想到黃橙橙的胃，知道它的存在、它的樣子、它的顏色，

---

[60] 肝小葉（hepatic lobule ）是肝臟結構和功能的單位，呈多角形，小葉的中央有一條圓形中央靜脈的橫切面，管壁由內皮細胞構成肝的結構和功能的基本單位，多角棱柱狀，高約 2MM，寬約 1MM .人的肝小葉間結締組織較少，故小葉分界不明顯，每個肝小葉中央有一條中央靜脈、肝細胞、肝板、肝血竇、竇周間隙及膽小管以中央靜脈為中軸，共同組成肝小葉的複雜立體構型。成人肝臟約有 50 到 100 萬個肝小葉。肝小葉呈多角棱柱體，約 1×2 毫米大小。肝細胞以中央靜脈為中心呈放射狀排列，形成肝細胞素。

那空蕩蕩的袋子，甚至微觀到胃壁上的細胞之一的「胃小凹」[61]；還有對肺臟，也感知到它，那白皚皚的兩片大肺葉，如同山川水脈連綿不斷的碎形的幾何圖案，意到、心到、氣亦到，那千千萬萬可愛模樣的「肺小葉」[62]；還有如同深海顏色，黑水般的腎臟、那千千萬萬可愛的「腎小球」[63]，……它們都很有規律的辛勤工作著；是時，你的心識也已進入了，大腸、小腸那寬闊無比的腸壁面上，當你站立在那充滿著無數凸出物的絨毛纖維小細胞上時，彷彿是站立在臺北 101 大樓的尖頂，你會感覺到自己是何其渺小；之後在把注意力放在膀胱……等等。你不只看到感覺到，甚至於還會聽到他們的聲音，以及不同的味道[64]。以上，同一時間你還必須將「會陰穴」的水源以抽井水般，延著督脈將泉水輸送至鵲橋[65]，再分送至十二舍；如是「精神魂魄固守不動」。此時，外面世界與你何相干！

　　這堂課一期，鬼谷子足足上了三個月之久。一些不耐煩的同學，早也就

---

[61] 胃小凹（gastric pit）在胃區中，用放大鏡觀察，胃區表面有許多小凹陷細胞，稱之，是胃腺開口之處。在胃空虛時，胃腔面爲許多皺襞，飽食後胃擴張，皺襞變小或消失，粘膜上皮向固有層內凹陷形成了胃小凹。

[62] 肺小葉（pulmonary lobules）每一細支氣管連同它的分支和肺泡，組成一個肺小葉。細支氣管及其分支包括：細支氣管、終末細支氣管、呼吸性細支氣管、肺泡管、肺泡囊和肺泡。肺細胞不稱之爲肺小泡，如形成肺小泡就有可能變化爲肺大泡，兩者都是不正常細胞。

[63] 腎小球（glomerulus）爲血液篩檢程式，腎小球毛細血管壁構成過濾膜。從內到外有三層結構：內層爲內皮細胞層（厚約 40nm）；中層爲腎小球基膜（厚約 240～370nm），電鏡下從內到外分爲三層，即內疏鬆層、緻密層及外疏鬆層，爲控制濾過分子大小的主要部分，是機械屏障的主要部分；外層爲上皮細胞層（厚約 40nm））。

[64] 《難經》〈藏府配像〉：三十四難曰：「五臟各有聲、色、臭、味，可曉知以不？」然，《十變》言：「肝色青，其臭臊，其味酸，其聲呼，其液泣；心色赤，其臭焦，其味苦，其聲言，其液汗；脾色黃，其臭香，其味甘，其聲歌，其液涎；肺色白，其臭腥，其味辛，其聲哭，其液涕；腎色黑，其臭腐，其味鹹，其聲呻，其液唾。是五臟聲、色、臭、味、也。」藏有七神，各何所藏耶？然：「藏者，人之神氣所舍藏也。故肝藏魂，肺藏魄，心藏神，脾藏意與智，腎藏精與志也。」《難經》，原名《黃帝八十一難經》，扁鵲（秦越人）所作，戰國盧國人。本書以問答解釋疑難的形式編撰而成，共討論了 81 個問題，故又稱《八十一難》，全書所述以基礎理論爲主，還分析了一些病證。其中一至二十二難爲脈學，二十三至二十九難爲經絡，三十至四十七難爲臟腑，四十八至六十一難爲疾病，六十二至六十八爲腧穴，六十九至八十一難爲針法。

[65] 鵲橋 即人體任督二脈交接處，將之搭起，稱之爲搭鵲橋。古人修身養性、練氣功丹道是相當之專業，常借用詩詞或隱語密文，以增強故事性方便理解與記誦，或示各家各派傳承體驗、方法門道之不同；也由於練功練氣，會引起身體之諸多不同反應，常必須師徒傳承，以防走火入魔，無法自行處理，而傷害身心至巨，難以承受；也防不明就裡的人，糊塗拿來自行練習，無師承教誨下，不知方法禁忌與嚴守教規，害了自己與別人。與「纖雲弄巧，飛星傳恨，銀漢迢迢暗渡。金風玉露一相逢，便勝卻人間無數。柔情似水，佳期如夢，忍顧鵲橋歸路。兩情若是久長時，又豈在朝朝暮暮。」〈鵲橋仙〉作者秦觀（1049～1100AD），北宋詞人，字少遊。原是爲詠牛郎、織女的愛情故事而創作的樂曲；完全無關。

離開而去了。有些留下來的，有長期確實跟著做的同學，居然出現了有「乃能內視反聽」的現象與能力；有人說看見五臟，漂浮在他身體四周，他人好像坐在地球的內部向四周仰式之一般；有人說從身體內部（大都是由腦袋裡發出的聲音），聽到別人的聲音；還有的被一團藍色發亮但不刺眼的光芒籠罩住，可以清楚看見一個出口通向外面，那距離應該大約是可量測；還有一個個類似無重量、不規則、美美的、亮亮的圈圈餅，依序進入閉目的眼瞼裡；如果不是有過同樣經驗的人，還真會是被嘲笑神經病，就如同老子說過的話「上士聞道，勤而行之；中士聞道，若存若亡；下士聞道，大笑之。不笑不足以為道」（〈第四十一章〉）。此時，鬼谷先師感覺很欣慰，覺得有進步了，就進一步要求大家「定、志、慮」要更加用心、更專注於打坐得要持久一些（最少一次二小時以上），才能攸遊於「太虛」。座中有位同學提問起來，什麼是「待神往來」？終於有位同學，分享他這幾個月來，在打坐靜坐之中，出現有一位無形的老師；起初只在一旁觀看，後來跟他親近說話了，有時還會言教……。

　　鬼谷先師繼續講授下去：「而知之者，內修練而知之，謂之聖人」，「聖人者，以類知之。故人與生生一出於化物。知類在竅，有所疑惑，通於心術，心無其術，必有不通」（〈盛神法五龍〉）；又心、志、神、舍須專一「以觀天地開闢，知萬物所造化，見陰陽之終始，原人事之政理。不出戶而知天下，不窺牖而見天道；不見而命，不行而至；是謂道知。以通神明，應於無方，而神宿矣」（〈實意法螣蛇〉）。才會有了氣動與神往之化，宛如螣蛇之一般，穿梭來回於體內、體表、體外，得以進入了陰陽虛實的境域。如是《內經》〈素問、四氣調神大論〉言：「是故聖人不治已病，治未病；不治已亂，治未亂，此之謂也」；又「故陰陽四時者，萬物之終始也，死生之本也，逆之則災害生，從之則苛疾不起，是謂得道。道者，聖人行之，愚者佩之。」終於透過陰陽體驗，進而參悟到「道」之化境。

　　〈生氣通天論〉：「故聖人傳精神，服天氣，而通神明。」又：「是以聖人陳陰陽，筋脈和同，骨髓堅固，氣血皆從。如是，則內外調和，邪不能害，耳目聰明，氣立如故」；〈素問篇〉所述陰陽，乃是《鬼谷子》開宗明義的重點，通篇不離聖人、道與遊說。《靈樞經》〈大惑論〉：「故陰陽合傳而精明也。目者，心使也。心者，神之舍也」；與《鬼谷子》言：「心氣之道所由舍者，神乃為之使」同樣是說一件事情。以上，此句也說明《內經》之經文，諸多

被鬼谷子引用，但鬼谷子是先秦、戰國時期的人物，所以說有學人以爲《內經》是魏、晉著作，那不就產生了相互之間的矛盾情形。

〈陰陽繫日月〉：「且夫陰陽者，有名而無形，故數之可十，離之可百，散之可千，推之可萬，此之謂也」；與鬼谷子言：「變動陰陽，以化萬物」，「爲小無內，爲大無外；⋯⋯皆以陰陽禦其事。」(〈捭闔第一〉)；「無爲而求，安靜五臟，和通六腑，精神魂魄固守不動，⋯⋯知萬物所造化，見陰陽之終始，⋯⋯應於無方，而神宿矣」(〈實意法螣蛇〉)。以上《黃帝內經》言陰陽：「有名而無形，可數、可離、可散、可推」，這和《鬼谷子》言陰陽：「爲小無內、爲大無外，變動陰陽、以化萬物、陰陽終始、應於無方」之認識與瞭解，及其主張與言論充滿共通之處。兩者均通曉陰陽之虛實「妙與用」，印證鬼谷子「養生與遊說」之意志訓練所言不虛，蓋有所之本。

## 四、轉圓無窮、環之無端

鬼谷子學說上有一重要的理論，也就是「轉圓」、轉圓延伸出於「環轉因化、化轉環屬」。這項概念於《鬼谷子》之：〈忤合第六〉與〈轉圓法猛獸〉兩篇之中，有很詳實說明：

〈內揵第三〉：

> 「環轉因化，莫知所爲，退爲大儀。」

〈忤合第六〉：

> 「凡趨合背反，計有適合。化轉環屬，各有形勢，反覆相求，因事爲制。是以聖人居天地之間，立身、禦世、施教、揚聲、明名也；必因事物之會，觀天時之宜，因以所多所少，以此先知之，與之轉化。」

〈轉圓法猛獸〉：

> 「轉圓者，無窮之計也。無窮者，必有聖人之心，以原不測之智；以不測之智而通心術，而神道混沌爲一。以變論萬象類，說義無窮。智略計謀，各有形容，或圓或方，或陰或陽，或吉或凶，事類不同。故聖人懷此，用轉圓而求其合。故與造化者爲始，動作無不包大道，以觀神明之域。」。

有關鬼谷子之「環」與「圓」，與一般古籍所言是不一樣。《詩經、齊風》

〈盧令〉：「盧重環、其人美且鬈」；《詩經、秦風》〈小戎〉：「小戎俴收、五楘梁輈。遊環脅驅、陰靷鋈續、文茵暢轂、駕我騏馵。言念君子、溫其如玉。在其板屋、亂我心曲」；《山海經》〈海外西經〉：「左手操翳，右手操環，佩玉璜」；〈海內北經〉：「環狗，其爲人獸首人身，一曰蝟狀如狗，黃色」；《周禮》〈冬官考工記〉：「良輈環灂，自伏兔不至軓七寸，軓中有灂，謂之國輈」；《六韜》：「渡溝塹，……環利通索張之。渡大水，……以環利通索張之。天浮鐵螳螂，……環絡自副……山林野居，結虎落柴營，環利鐵鎖，……環利大通索，……。環利中通索，……。環利小徽縲，……萬二千枚」[66]，之「玉環、環狗、環灂、環利通索……」等，都是指陳爲有形器物的指稱。

　　鬼谷子之「環、轉、圓」，是因「智略計謀，各有形容，或圓或方，或陰或陽，或吉或凶，事類不同」，在「各有形勢，反覆相求，因事爲制」之中而形成。這點表示《鬼谷子》的「環與圓之無端」，與《內經》指的是人體內部各種各類的循環系統連結之無端，可謂之不相同。鬼谷子不僅學習到了，還能將之完全駕馭；且加創新並應用於政事、軍事、人事，乃至於萬事變化之用；更超越《六韜》的智慧與經驗，因爲太公只懂得運用於軍械運輸工具之上；「環與圓之無端」於哲學上之理解，與實際應用是戰國以後之事。爲何身爲國師卻不能懂得，或許沒看過《內經》？因爲是深藏於秘府之密典，不准借閱？也或許存在於太公的佚文裏頭，當等待古墓有幸出土，才得以解密！也或許千年《內經》經過無數戰亂，早已散亂遺失，後流入民間後，經醫家口述傳承，而加以整理，才得以重新成冊。

　　鬼谷子之「環轉、轉圓」，也與《楚辭》〈天問〉：「慕王巧梅，夫何爲周流？環理天下，夫何索求？」，「何環穿自閭社丘陵爰出子文」詞意均不同。與《山海經》〈海內西經〉：「後稷之葬，山水環之，在氐國西」；〈海外北經〉：「范林方三百里，在三桑東，洲環其下」；〈大荒北經〉：「共工臣名曰相繇，九首蛇身，自環，食於九土」，「姑射國在海中，屬列姑射，西南，山環之」；〈犬韜、均兵〉：「縱橫相去百步，周環各復故處」。前者指地理學上，山川地

---

66　語出姜太公《六韜》〈虎韜、軍用〉：「渡溝塹，飛橋一間，廣一丈五尺，長二丈以上，著轉關轆轤八具，以環利通索張之。渡大水，飛江廣一丈五尺，長二丈以上，八具，以環利通索張之。天浮鐵螳螂，矩內圓外，徑四尺以上，環絡自副，三十二具。以天浮張飛江，濟大海，謂之天潢，一名天舡。山林野居，結虎落柴營，環利鐵鎖，長二丈以上，千二百枚，環利大通索，大四寸，長四丈以上，六百枚。環利中通索，大二寸，長四丈以上，二百枚。環利小徽縲，長二丈以上，萬二千枚。」

形環繞之意思；而〈均兵〉也只是軍旅對行軍布陣差別而已，兩者也都大不相同。

又與《周禮》〈夏官司馬〉：「環人：掌致師，察軍慝，環四方之故。巡邦國，搏諜賊。訟敵國，揚軍旅，降圍邑」；〈秋官司寇〉：「環人：掌送邦國之通賓客，以路節達諸四方。舍則授館，令聚柝；有任器，則令環之。凡門關無幾，送逆及疆。」此處所指之「環人」意思，係與縱橫家出於「行人」之後，同樣都只是官人之職稱，無關環轉之抽象應用。

在探求道家經典方面，對於「環」之認知而言。《文子》〈道原〉：「陶冶萬物，終始無形，寂然不動，大通混冥，深閎廣大不可為外，折毫剖芒不可為內，無環堵之宇，而生有無之間也」；〈守真〉：「辯解連環，辭潤金石」。《莊子》〈齊物論第二〉：「彼是莫得其偶，謂之道樞。樞始得其環中，以應無窮。是亦一無窮，非亦一無窮也。故曰『莫若以明』」；〈寓言第廿七〉：「萬物皆種也，以不同形相禪，始卒若環，莫得其倫」；〈天下第卅三〉：「惠施多方，其書五車，……連環可解也」；〈則陽第廿五〉：「冉相氏得其環中以隨成，與物無終無始，無幾無時日。」由此，約略可見戰國之後，「環」的理解與應用，已有了不同的見解了。

再看法家思想，《韓非子》〈五蠹〉所提到：「自環者謂之私，背私謂之公」，〈人主〉：「其當途之臣得勢擅事以環其私，左右近習朋黨比周以制疏遠」《管子》〈君臣下〉：「兼上下以環其私，爵制而不可加，則為人上者危矣」。以上三句所指的「環」之字，係指私自「攬權」之意思，當然不同於《內經》與《鬼谷子》之「環」了。

再看一次《鬼谷子》〈中經〉之〈轉圓法猛獸〉第二段所言：

> 「天地無極，人事無窮，各以成其類；見其計謀，必知其吉凶成敗之所終也。轉圓者，或轉而吉，或轉而凶，聖人以道，先知存亡，乃知轉圓而從方。圓者，所以合語；方者，所以錯事。轉化者，所以觀計謀；接物者，所以觀進退之意。皆見其會，乃為要結以接其說也。」

以上《鬼谷子》之「轉圓」，隱含著有一種變化「天地、人事」之乾坤、計謀、進退之意味，可以轉吉亦可轉成凶，可以轉方亦可轉為圓，與《孫子兵法》〈兵勢〉：「戰勢不過奇正，奇正之變，不可勝窮也。奇正相生，如循環之無端，孰能窮之哉！」奇正之運用有同樣之意思了。「環之無端」之理論出

現於春秋五霸時期，也在戰國之初期、中期、晚期出現。但出現子書裡，並沒有縱橫家《鬼谷子》與醫家《內經》如此廣泛，且又專門的被應用。

《荀子》〈王制〉：「以類行雜，以一行萬。始則終，終則始，若環之無端也，舍是而天下以衰矣」；又〈臣道〉：人臣之論「朋黨比周，以環主圖私為務，是篡臣者也」[67]。《淮南子》〈精神訓〉：「淪於不測，入於無間，以不同形相嬗也，終始若環，莫得其倫」；〈主術訓〉：「智欲圓者，環複轉運，終始無端，旁流四達」；〈人閒訓〉：「故交畫不暢，連環不解，物之不通者，聖人不爭也」。《呂氏春秋》〈孟冬紀、節喪〉：「題湊之室，棺槨數襲，積石積炭，以環其外」。《京氏易傳》〈蠱〉：「適六爻陰陽上下，本道存也。氣運周而復始，……八卦循環始於〈巽〉，歸魂內象見還元」，〈頤〉：「六位上下，周而復始。……吉凶起於六四，次環六位星宿躔次也」。這補充說明了，《易經》雖無「環」之字詞，但已早從陰陽四時理論中產生出周而復始之概念，即八八六十四卦之錯綜複雜，與卦爻間相互影響的「循環」理論了。

而後之西漢，劉向《說苑》〈建本〉：「夫君臣之與百姓，轉相為本，如循環無端」；〈脩文〉：「味尚甘，聲尚宮，一而復者，故三王術如循環，故夏後氏教以忠，而君子忠矣；小人之失野，救野莫如敬，故殷人教以敬，而君子敬矣。小人之失鬼，救鬼莫如文，故周人教以文，而君子文矣。小人之失薄，救薄莫如忠，故聖人之與聖也，如矩之三雜，規之三雜，周則又始，窮則反本也」[68]。〈貴德〉孔子曰：「君子以忠為質，以仁為衛，不出環堵之內，而聞千里之外；不善以忠化寇，暴以仁圍，何必持劍乎？」此文亦見於《孔子家語》〈好生第九〉：孔子曰：「古之君子，忠以為質，仁以為衛，不出環堵之室，

---

[67] 語見〈臣道〉：人臣之論「有態臣者，有篡臣者，有功臣者，有聖臣者。內不足使一民，外不足使距難，百姓不親，諸侯不信；然而巧敏佞說，善取寵乎上，是態臣者也。上不忠乎君，下善取譽乎民，不卹公道通義，朋黨比周，以環主圖私為務，是篡臣者也。內足使以一民，外足使以距難，民親之，士信之，上忠乎君，下愛百姓而不倦，是功臣者也。上則能尊君，下則能愛民，政令教化，刑下如影，應卒遇變，齊給如響，推類接譽，以待無方，曲成制象，是聖臣者也。故用聖臣者王，用功臣者彊，用篡臣者危，用態臣者亡。態臣用則必死，篡臣用則必危，功臣用則必榮，聖臣用則必尊。故齊之蘇秦，楚之州侯，秦之張儀，可謂態臣者也。韓之張去疾，趙之奉陽，齊之孟嘗，可謂篡臣也。齊之管仲，晉之咎犯，楚之孫叔敖，可謂功臣矣。殷之伊尹，周之太公，可謂聖臣矣。是人臣之論也，吉凶賢不肖之極也。必謹志之！而慎自為擇取焉，足以稽矣。」

[68] 語見〈脩文〉：「味尚甘，聲尚宮，一而復者，故三王術如循環，故夏後氏教以忠，而君子忠矣；小人之失野，救野莫如敬，故殷人教以敬，而君子敬矣。小人之失鬼，救鬼莫如文，故周人教以文，而君子文矣。小人之失薄，救薄莫如忠，故聖人之與聖也，如矩之三雜，規之三雜，周則又始，窮則反本也。」

而知千里之外」。班固《白虎通》〈三教〉：「繼周尚黑，制與夏同。三者如順連環，週而復始，窮則反本。」

以上有關「環」一字演化，「環主圖私、環之無端、環其私、連環、環中、環堵、循環、環複」字詞之出現，在各典籍中，可說是零星而爲之。「環之無端」之出現於《荀子》一書中，但未若《黃帝內經》大量應用。查此書出現「環」一字，共出現 42 次，共 31 段。

《靈樞經》〈衛氣〉：「陰陽相隨，外內相貫，如環之無端」，〈邪氣藏府病形〉：「陰之與陽也，異名同類，上下相會，經絡之相貫，如環無端」；《素問》〈六節藏象論〉：「五運相襲，而皆治之，終朞之日，周而復始，時立氣布，如環無端，候亦同法」，「五運之始，如環無端，其太過不及何如」；〈經水〉：「凡此五臟六府十二經水者，外有源泉，而內有所稟，此皆內外相貫，如環無端，人經亦然」；〈脈度〉：「氣之不得無行也，如水之流，如日月之行不休，故陰脈榮其藏，陽脈榮其府，如環之無端，莫知其紀，終而復始，其流溢之氣，內溉藏府，外濡腠理」，〈營衛生會〉：「陰陽相貫，如環無端」；〈動輸〉：「營衛之行也，上下相貫，如環之無端」、「此所謂如環無端，莫知其紀，終而復始，此之謂也。」

以上能將「環轉因化」與「環之無端」，由「陰陽」之交相變化、循環不已之理論中，蛻變而出兩者之抽象哲學理論，巧妙用於人事、醫理之上，首推《鬼谷子》與《黃帝內經》了。於此可發現《鬼谷子》與《黃帝內經》相連結之處，此其三也！

鬼谷子不僅重視精神內在，又講究形體鍛練，每有「神、氣，心、舍」之「形、識」兼顧，其理都於《黃帝內經》多有提及。若說縱橫家未爲〈論六家要旨〉所談論，但「由是觀之，神者生之本也，形者生之具也。不先定其神形，而曰『我有以治天下，何由哉？』」[69]而言，我們倒可以看出，《鬼谷子》明瞭人之生命能活動著是因爲有著精神，而精神卻必須寄託於形體器具之中。想身爲一位出色的政治家，便不得精神過度使用、形體過度勞累，否則就會疲憊、衰竭，大幅影響了身體健康，而「形、神分離」就會早死而亡。精神是人生命的根本，形體是生命的依託。不先安定自己的精神和身體，卻如司馬談指著六家說，侈談「我有辦法治理天下」，憑藉的將又會是什麼呢？所以這便是鬼谷子學說，特別重視「勵志與養生」，而異於諸子百家，出色之

---

[69] 語見司馬談〈論六家要旨〉。

地方。《鬼谷子》〈反應第二〉言：「己不先定，牧人不正，事用不巧」，「是謂忘情失道。」不就是這個道理嗎！

　　總結本節，我們發現《鬼谷子》書裡的「五氣」與「神、氣、心、舍」和「眞人、聖人、陰陽」、「環之無端」等，與《黃帝內經》醫學理論詞彙諸多相通處，可以推論鬼谷子是看過《黃帝內經》，思想理論受其影響，《黃帝內經》應早於《鬼谷子》。或說懂得醫學，至少是看過部份相關之醫書（《內經》是古醫書的綜合），這可說《鬼谷子》成書在《內經》之後。若說鬼谷子深知天地人養心練氣之理，而將平日百姓、修眞之士普遍之健身養生心得，用之於人事遊說謀略上，也無不可。則便與號稱「醫道通天道」的《內經》無先後之問題了，故古人有言：「藥理與事理相合，醫法與心法不二」。但說《內經》編纂在魏晉後，則當然是《鬼谷子》成書在前。但光憑考究成書先後，並無助於說明兩書有無相互影響之事實，除非有最新的考古資料出土。

# 第三節　鬼谷思想與道家

　　鬼谷子向來被列入雜家，因其思想裡面包涵著有各家思想學說的精華。第一節裡我們探討過與姜太公的思想淵源，也於第二節探討過與醫家《黃帝》學說之關連。而本節，乃進一步研究鬼谷子的思想與道家，以探討會有何思想相通與關連之處。

　　眾所皆知一家學派之建立，皆有其時代與其歷史發展之因素。鬼谷子之學說，亦離不開時代之需求與文化傳統等思想之背景。尤其中華民族文化血脈之淵源流長，查《鬼谷子》一書不僅用字遣詞古稀，語意內容博大深湛，思想精邃奧遠，邏輯篤慎嚴密，且延用優良傳統智慧，並能依時代發展之變化，提出前衛之主張，被譽稱爲「天下第一兵典」。我們還可以從鬼谷子其原典裡面，發現到《易經》之陰陽，與老子《道德經》師法自然之道的天地人關係，與聖賢治國淑世之精神，莊子之內聖外王[70]……等，道家傳統各類理論

---

[70]　參閱謝仲明教授著《儒學與現代世界》，〈序文〉蔡明厚，臺北：學生書局，1991 年，頁 5。蔡仁厚先生說「內聖所開顯的乃是生活原理和生命途逕，……無所謂時代問題。現代化應從外王一面來講，那是政治問題、知識技術，亦即民主與科學的問題。」儒家思想基本分爲「內聖」與「外王」，即個人修養與政治主張兩類。又「內聖外王，實際上是對儒家思想的高度概括，具有豐富的思想內涵，它集中反映了儒家學者的人格理想和政治理想。儒家思想作爲中國封建社會的主導意識形態，引導著中國人的價值趨向，影響著中國人的思維方式，規範著中國人的行爲，塑造了中華民族的性格」文出〈淺析內聖外王思想與大學生人格塑造〉作者唐威成。

於其中。由鬼谷子傳承之華夏學術思想中，觀察出代表鬼谷學派的縱橫家菁英們，其一貫政治主張亦不脫離道家思想之範疇。

鬼谷思想於戰國期間，廣為策士們所爭相採用，一般的說法是遊說縱橫之術。由此可以瞭解到遊說縱橫功效之厲害。戰國時期策士張儀、蘇秦、公孫衍、孫臏、龐涓、陳軫、虞卿、范雎……等優秀的政治家，運用縱橫、捭闔、反覆、象比……的鬼谷子理論，從布衣而入仕，乃至卿相，影響世局頗為深遠。

縱橫家所崇尚的是權謀策略及言談辯論之技巧，其指導思想與儒家所推崇之仁義道德大相徑庭。傳說王禪著作多起，唯《鬼谷子》為後世學術界所接受，是唯一受到正統學術界所接受的代表著作。然而，歷來學者對《鬼谷子》一書推崇者甚少，而譏詆者極多。其實以當代國際社會來說，外交戰術之得益與否，常關係著國家民族之安危興衰；而國際貿易、生意談判與競爭之策略應用是否得當，也關係到營利事業之成敗得失；即使在日常生活中的升斗小民，言談技巧也影響到個人之處世為人之得體與否。

當年蘇秦憑其三寸不爛之舌，合縱六國，配六國相印，統領六國共同抗秦，顯赫一時。而張儀又憑其謀略與遊說技巧，將六國合縱土崩瓦解，為秦國立下不朽功勞。所謂「智用於眾人之所不能知，而能用於眾人之所不能。」潛謀於無形，常勝於不爭不費，此為《鬼谷子》之精髓所在。《孫子兵法》側重於總體戰略，而《鬼谷子》則專於具體技巧，兩者可謂是天下奇書，可說是相輔相成。世有稱《孫子兵法》為武兵法，而《鬼谷子》為文兵法之說。即《尉繚子》言：「兵者，以武為植，以文為種；武為表，文為裏。」（〈兵令上〉），波譎雲詭、超凡脫俗的兵法聖典，影響不可不謂深遠重要。連清末康有為於戊戌政變失敗後，還都會想起鬼谷子，寫下：「六鰲搖動海山傾，誰入滄海斬巨鯨？……我欲青溪尋鬼谷，不論禮樂只談兵。」乙詩。孫中山先生早期還稱他想學鬼谷子，只願差遣門生搞革命。

鬼谷思想到底是何能耐，可以被中華民國的國父與維新派康有為先生，於救國救民急迫之際所引用與學習？鬼谷子思想是可以效法學習來革命的？我們於前一節便已探討過《鬼谷子》與姜太公《六韜》的淵源，基本上太公是幫周文王、周武王父子搞革命是無庸置疑的，所以除了遊說、計謀、兵法……之外，應該還有其中心思想在裡面，才能驅策仁人志士勇往直前、犧牲奮鬥！

深究的結果，發現有其一貫的道理與深沉意涵，無時無刻無不在吸引著

憂國憂民之志士。它就是所謂的「道與道統」[71]，從宋代以來的知識份子與愛國家、愛民族之情操的理論依靠。只是這大一統的思想，卻早在春秋戰國時代便已受人民所渴望，或周朝及以前均存在了。雖然分分合合，在中國歷史上是常態。

　　因此只要是知識份子及有心人，與身受其害其苦的百姓，無不思忖著如何終結這亙久的苦難與亂局！做為智聖先師的鬼谷子，當然不可能沒反應。他不僅大大的引介姜太公的諸多思想與主張，還加以發揚光大；推行教育與授課，將遊說、計謀、兵法……等，一一的傳授出去，造就許多名揚當時、流傳後世的學生。鬼谷子的淑世思想，初看起來不是屬於那種很炫，及很招搖的，歌功頌德的經典類型，他會批評、會修理，也會教導。

　　〈揣篇第七〉：「故計國事，則當審權量；說人主，則當審揣情。」，
　　〈飛箝第五〉：「將欲用之於天下，必度權量能，見天時之盛衰，……諸侯之交孰親孰疏、孰愛孰憎，心意之慮懷。」〈抵巇第四〉：「天下紛錯，上無明主，公侯無道德，則小人讒賊、賢人不用、聖人竄匿，貪利詐偽者作；君臣相惑，土崩瓦解而相伐射，父子離散，乖亂反目，是謂萌牙巇罅。」

---

[71] 道統　這一名詞的正式創用與成為時代焦點是在宋代，但在先秦儒家思想體系中已具有道統思想的成分，只是尚未明確提出，其理論針對性也不明確。直到唐代的韓愈，以弘揚儒家聖人之道為己任，明確提出儒家聖人之道的「內涵」和「傳授系統」，以挽救儒家倫理道德規範不為人所重視下，造成的社會動盪之局面。韓愈的〈原道〉標誌著儒家「道統」觀念的明確提出，又北宋前期的道學先驅，孫復與石介師徒亦繼承韓愈的道統思想。時至北宋中期，張載與二程為孔、孟之後的儒家倫理道德規範提供形上學的理論依據，以求更有效地反擊佛、老學說，再次將儒學積極入世的精神加以發揚，所以張載與二程皆否定漢、唐諸儒的傳道地位，而程頤以程顥接續孟子以後失傳的儒家聖人之道，也開啟了宋代道學家建立儒家聖人「心傳」的道統思想。時至南宋的朱熹，在〈中庸章句序〉中正式創用「道統」一詞，認為儒家聖人之道的「內涵」是《古文尚書・大禹謨》：「人心惟危，道心惟微：惟精惟一，允執厥中。」這是內聖與外王合一的上古聖人，聖聖相承的「道統」精義（「道體」），也是《中庸》所詮釋的幽微至理；又朱熹認為儒家聖人之道的「傳授系統」，重點人物是孔子開創「道學」以保存與發明內聖外王合一的「道體」。因此，宋代道學承繼的是先秦孔、孟闡明內聖外王之「道體」的使命，以「內聖之學」的探討為其特色，但「內聖之學」的闡明目的不僅是達到聖賢的道德造詣，而是能夠實現「外王事業」，對於人間秩序進行合理的重建。宋儒秉持著對於朱熹「道統」的信仰，立身治學並不循功名利祿之途，而是試圖從格物、致知、誠意、正心、修身的個人修養，達到齊家、治國、平天下的社會理想，不僅顯示出中國文化重視內省修養的特點，亦形成中國文化崇尚聖賢的理想人格和以倫理為本位的價值取向，以及重文化傳統的特色，這是中國文化與西方文化互相區別之處。如此，宋儒的道統思想，其影響可謂深遠。以上係出自黃瀚儀論文《宋儒道統思想之研究》〈宋儒道統思想的淵源與意義〉政治大學、中國文學研究所。

在那個混亂慘烈的時代,「天下紛錯,上無明主,公侯無道德,則小人讒賊、賢人不用、聖人竄匿,貪利詐偽者作;君臣相惑,土崩瓦解而相伐射,父子離散,乖亂反目」,深陷如此水身火熱之中的普天下人民要怎麼辦?那已經不是坐而言、而是要起而行,迫在眉睫的時代了!所以世人期盼著一位聖人的誕生,就像目前全美國的 2012 年經濟與就業危機,迫使得美國其影視工業「好萊塢」,創下多達十多億美金票房記錄的「復仇者聯盟 The Avengers」,如此集結虛擬超級英雄(其中包括鋼鐵人、綠巨人浩克、雷神索爾、美國隊長、鷹眼與黑寡婦……等漫畫中人物)的娛樂電影,還會受盡影迷及無數觀眾的歡迎,可見亂世期待救世英雄的出世,古今中外的人心是完全一樣的。

# 一、聖人與道

鬼谷子亦深知當今的英雄或聖人,不比古代於自然之中就有聖人誕生及出現,而是必須經過人為之培訓才能產生。我們由此來比對鬼谷子心目中的聖人與道家所主張之「聖人」有何雷同之思想:

〈捭闔第一〉:「粵若稽古聖人之在天地間也,為眾生之先,觀陰陽之開闔以名命物;知存亡之門戶,籌策萬類之終始,達人心之理,見變化之朕焉,而守司其門戶。故聖人之在天下也,自古至今,其道一也。」

《莊子》〈雜篇、天下篇〉:「天下之治方術者多矣,皆以其有為不可加矣。古之所謂道術者,果惡乎在?曰:「無乎不在。」曰:「神何由降?明何由出?」,「聖有所生,王有所成,皆原於一。」

以上出自於各自原典,《鬼谷子》書上於〈捭闔第一〉所言聖人:「故聖人之在天下也,自古至今,其道一也。」這裡所指的:「其道一也」,與道家莊子在〈天下篇〉上所言之:「聖有所生……,皆原於一」,這兩處所表示的「一」,無不是告訴我們:「知存亡之門戶,籌策萬類之終始,達人心之理,見變化之朕焉,而守司其門戶」,與「天下之治方術者多矣,皆以其有為不可加矣。古之所謂道術者,果惡乎在?曰:『無乎不在』」;就是方術、就是道術、就是天下之門戶。〈天下第卅三〉:「以天為宗,以德為本,以道為門,兆於變化,謂之聖人」,鬼谷子強調「見變化之朕焉」,一如《莊子》說「兆於變化」;也才能守得住「天下蒼生」之門戶,如此才是真正夠資格稱之為聖人。

〈知北遊第廿二〉:「故萬物一也,是其所美者為神奇,……神奇復化為

臭腐。故曰：『通天下一氣耳』，聖人故貴一」；老子《道德經》〈第廿二章〉：「是以聖人抱一爲天下式」；〈第卅九章〉言「昔之得一者：天得一以清；地得一以寧；神得一以靈；谷得一以盈；萬物得一以生；侯王得一以爲天下貞」；這一字不就是指那「道」字，與鬼谷子所要嚴守之門戶，不就是同一件事？。

　　以上是鬼谷子和道家之「聖人」與「一」之關連，我們接著由此再由鬼谷子對於「道」之不同主張與應用，來比較道家之思想。

　　《鬼谷子》〈本經陰符、實意第三〉：

　　　「不見而命，不行而至；是謂道知。」

　　《道德經》〈第七十三章〉言：

　　　「天之道，不爭而善勝，不言而善應，不召而自來」

　　顯然的，鬼谷子對於「道」之動向，是與老子的看法一致：「不見而命，不行而至」，「不爭而善勝，不言而善應，不召而自來」。以上「不行而至」與「不召自來」，完全不就是一樣的語意。鬼谷子受老子影響，當可想而知。

　　《莊子》〈天道第十二〉：「故知天樂者，無天怨，無人非，無物累，無鬼責。故曰：其動也天，其靜也地，一心定而王天下；其鬼不崇，其魂不疲，一心定而萬物服。言以虛靜推於天地，通於萬物，此之謂天樂。天樂者，聖人之心，以蓄天下也」；〈刻意第十五〉：「精神四達並流，無所不極，上際於天，下蟠於地，化育萬物，不可爲象，其名爲同帝。純素之道，惟神是守，守而勿失，與神爲一，一之精通，合於天倫。野語有之曰：『眾人重利，廉士重名，賢人尚志，聖人貴精。』故素也者，謂其無所與雜也；純也者，謂其不虧其神也。能體純素，謂之眞人」；〈知北遊第廿二〉：「夫知者不言，言者不知，故聖人行不言之教。道不可致，德不可至。仁可爲也，義可虧也，禮相僞也。故曰：『失道而後德，失德而後仁，失仁而後義，失義而後禮。禮者，道之華而亂之首也。』」

　　莊子隨後又表示：「不離於宗，謂之天人。不離於精，謂之神人。不離於眞，謂之至人。以天爲宗，以德爲本，以道爲門，兆於變化，謂之聖人。」我們對照《鬼谷子》的「見變化之朕焉」與「兆於變化」，都是認爲聖人敏於變化，於覺察全部（一即一切）之中，自然世界與人文社會之間，萬事萬物的變化，每每發端於徵兆，這就是聖人所擁有的不變之眞理。〈大宗師第六〉：「夫道，有情有信，無爲無形；可傳而不可受，可得而不可見；自本自根，

未有天地，自古以固存；神鬼神帝，生天生地；在太極之先而不爲高，在六極之下而不爲深；先天地生而不爲久，長於上古而不爲老。」

　　《鬼谷子》出現「聖人」一辭，達 32 次、24 段落。初看起來不比《莊子》樂於談論聖人，一詞達 442 次，與 267 段落之多，但是卻超過老子與列子所論還多一些，這是原典文本總字數，就比《莊子》一書少。論「聖人」明顯與道家先哲主張有所同，也有所不同。但卻與《列子》八篇，所論聖人也不少，涉及七篇，15 段落、20 次之多，率皆雷同，故先將與之比較論述之。

　　如〈天瑞第一〉：「昔者聖人，因陰陽以統天地」，與〈捭闔第一〉：「聖人……觀陰陽之開闔」同義。又「天地無全功，聖人無全能，萬物無全用。故天職生覆，地職形載，聖職教化，物職所宜」，就聖人牧民、育民、教民，真乃是天職，是與〈忤合第六〉：「聖人居天地之間，立身、禦世、施教、揚聲、明名也」；都是蔚爲聖人之聖職，兩人所述所言均一致。又「聖人之教，非仁則義；萬物之宜，非柔則剛」，前者與〈中經〉：「守以仁義……聖人所貴道微妙者」同，後者與〈轉圓第六〉：「乃知轉圓而從方」，柔乃圓、方乃剛，固屬同義。

　　於《列子》〈黃帝第二〉：「聖人藏於天，故物莫之能傷也」與〈謀篇第十〉：「天地之化，在高與深；聖人制道，在隱與匿」說法相同。然列子所言：「聖人取童智而遺童狀，眾人近童狀而疏童智」，聖人因修練而智慧與形骸互異，是否即〈盛神第一〉所言：「內修練而知之，謂之聖人」。又「聖人無所不知，無所不通」與〈摩篇第八〉：「聖人謀之於陰，故曰神；成之於陽，故曰明」於事的處理上，因決策的用心與作事的用力而言，如神明般精準與無所不通，故列子與鬼谷子兩相說法道理是對的。而「聖人以智籠群愚，亦猶狙公之以智籠眾狙也」這點與《鬼谷子》之〈反應第二〉：「聖人所誘愚智，事皆不疑」相同。

　　於〈仲尼第四〉：「聖人孰謂？」曰：「老聃之弟子，有亢倉子者，得聃之道，能以耳視而目聽。」亢倉子曰：「我體合於心，心合於氣，氣合於神，神合於無」；〈力命〉：「以德分人，謂之聖人；以財分人，謂之賢人」；〈湯問第五〉：「大禹曰：「六合之間，四海之內，照之以日月，經之以星辰，紀之以四時，要之乙太歲。神靈所生，其物異形；或夭或壽，唯聖人能通其道。」夏革曰：「然則亦有不待神靈而生，不待陰陽而形，不待日月而明，不待殺戮而夭，不待將迎而壽，不持五穀而食，不待繒纊而衣，不待舟車而行。其道自

然，非聖人之所通也」大禹與夏革對於聖人的討論其觀點，是表示出聖人非萬能，這觀點應該是正確的。所以鬼谷子認爲聖人不應該對不明的物件與事情，過早下定論與決策，如〈權篇第九〉言：「物有不通者，聖人故不事也」。

又〈說符第八〉：「聖人見出以知入，觀往以知來，此其所以先知之理也」這句跟《鬼谷子》之〈捭闔第一〉：「粵若稽古聖人之在天地間也，爲眾生之先」與列子認爲聖人是先知，這點是相同的觀點。「聖人恃道化而不恃智巧」，而「聖人之言先迕後合」與〈內揵第三〉：「事有不合者，聖人不爲謀」，〈轉圓第六〉：「聖人懷此，用轉圓而求其合」皆同；〈轉圓第六〉：「聖人以道，先知存亡」與「聖人不察存亡，而察其所以然」則不相同。以上鬼谷子之聖人觀點與列子諸多雷同，是否傳說鬼谷子與老子相交遊，思想相互影響有關，實無法驗證，因爲如是鬼谷子的年紀不符合。但鬼谷子的聖人觀點，除了在有爲與無爲主張大不相同之外，是與道家較爲接近，乃是不爭之事實。

又鬼谷子認爲「聖人」，是可以經過訓練可以有成的，因爲鬼谷子認爲成聖成賢，從來都有方法、有原則的。〈摩篇第八〉言：「故謀莫難於周密，說莫難於悉聽，事莫難於必成：此三者，唯聖人然後能任之」；〈決篇第十一〉：「聖人所以能成其事者有五：有以陽德之者，有以陰賊之者，有以信誠之者，有以蔽匿之者，有以平素之者」；對照《莊子》內篇〈大宗師第六〉：「夫卜梁倚有聖人之才，而無聖人之道，我有聖人之道，而無聖人之才，吾欲以教之，庶幾其果爲聖人乎！不然，以聖人之道告聖人之才，亦易矣」；於此處的莊子，也認爲是可以教導培訓而成的，聖人從古至今都是有模有樣，不是嗎？

鬼谷子的「聖人」是有「爲」、有「謀」的成份較多了些。《鬼谷子》認爲〈摩篇第八〉：「故聖人所以獨用者，眾人皆有之；然無成功者，其用之非也」；〈忤合第六〉：「是以聖人居天地之間，立身、禦世、施教、揚聲、明名也」、又「聖人無常與，無不與；無所聽，無不聽。成於事而合於計謀，與之爲主」；〈抵巇第四〉：「聖人知之，獨保其身；因化說事，通達計謀」；《莊子》外篇〈駢拇第八〉也談到：「小人則以身殉利，士則以身殉名，大夫則以身殉家，聖人則以身殉天下。故此數子者，事業不同，名聲異號，其於傷性以身爲殉，一也」；如此之「聖人」不就很平民化、亦很踏實，這就是鬼谷子學說也部份與道家相同之處。對比起儒家「聖人」說之貴族化，可說兩相之差異極大吧！《論語》〈述而第七〉：「聖人，吾不得而見之矣；得見君子者，斯可矣。」

　　只是《莊子》〈外物〉：「聖人之所以駴天下，神人未嘗過而問焉；賢人所以駴世，聖人未嘗過而問焉；君子所以駴國，賢人未嘗過而問焉；小人所以合時，君子未嘗過而問焉。」覺得「聖人」對於「功名」，還不能完全拋卻。又〈外物篇〉說：「聖人之所以駴天下，神人未嘗過而問焉。」以上這個「駴」古字，同「駭」之意，有驚動，驚擾的意思；也就是「聖人」還都以天下為己念私利，這也就如同當今普遍「功利」主義的概念。惟《列子》〈楊朱第七〉：「其唯聖人乎！公天下之身，公天下之物，其唯至人矣！此之謂至至者也」，有不同看法，此處可看出《列子》是集合眾說之小故事使然，但是聖人之所以尚為聖人，不能為至人，就因為他喜嗜欲有關，這我們在前一節《黃帝內經》時已論述過了，楊朱此義有故意高估之態。我們可以發現《道德經》中老子說起治理天下，不就還得把「聖人」給搬出來！可見「聖人」雖可「無名」，但不能做到完全「無功」。所以說「聖人」不如「神人」，神人已無功之念頭，因為尚有「己」之觀念，當然也就懶得去理會了。

　　鬼谷子對於「聖人」是很重視，但莊子卻有另一面之看法，《莊子》〈人間世第四〉：「天下有道，聖人成焉；天下無道，聖人生焉。」那是一種自然生成，不僅未若儒家之抬舉，卻還存在諸多有所貶抑，他在外篇〈胠篋第十〉說：「掊擊聖人，縱舍盜賊，而天下始治矣。夫川竭而谷虛，丘夷而淵實。聖人已死，則大盜不起，天下平而無故矣。聖人不死，大盜不止。雖重聖人而治天下，則是重利盜蹠也」；又「彼聖人者，天下之利器也，非所以明天下也。故絕聖棄知，大盜乃止；擿玉毀珠，小盜不起；焚符破璽，而民樸鄙；掊斗折衡，而民不爭；殫殘天下之聖法，而民始可與論議。」看起來在莊子眼裡，有聖人存在，還真是種過錯與不幸！對比其他學派真是大不同。

　　《莊子》〈馬蹄第九〉：「及至聖人，蹩躠為仁，踶跂為義，而天下始疑矣。澶漫為樂，摘僻為禮，而天下始分矣。……毀道德以為仁義，聖人之過也。……故馬之知而能至盜者，伯樂之罪也。夫赫胥氏之時，民居不知所為，行不知所之，……及至聖人，屈折禮樂以匡天下之形，縣跂仁義以慰天下之心，而民乃始踶跂好知，爭歸於利，不可止也。此亦聖人之過也。」莊子指出「聖人」尚存在有許多過失，並非完全的完美無缺。莊子思維過人，視野寬闊，真乃一大哲人也！鬼谷子無此觀點，《鬼谷子》書中並未言及，但於《本經陰符》多有鼓勵聖人進一步修行。或許《鬼谷子》一書是專門給縱橫家上課當教材，實用性質居多，便少有《莊子》批評與評論之篇章內容了。

## 二、道、無爲、言可爲

　　《莊子》〈在宥第十一〉言：「何謂道？有天道，有人道。無爲而尊者，天道也；有爲而累者，人道也。主者，天道也；臣者，人道也。天道之與人道也，相去遠矣，不可不察也。」我們於此對比出，鬼谷子之「道」與莊子之「道」，若以莊子之超高標準言，便可得知鬼谷子聖人之「道」，是以「人道」爲先。

　　魏元珪先生對於「人道」，於《老子思想體系探索》書上表示說：「人間之道是人對於自然現象和社會現象的描述，其描述因時地而有變更，老子揭示了宇宙的大道本根，這本根超乎人間語言的描述，雖可言說，但未必盡意」[72]；《莊子》〈大宗師第六〉：「夫道，有情有信，無爲無形」；〈天地第十二〉：「夫道，覆載萬物者也，……無爲爲之之謂天，無爲言之之謂德」；〈天道第十三〉：「寂寞無爲者，萬物之本也」，又「夫帝王之德，以天地爲宗，以道德爲主，以無爲爲常」；此〈天道篇〉所言：「無爲也，則用天下而有餘；有爲也，則爲天下用而不足」。則是莊子本人，難得站在物質與經濟層面考量，不就甚爲具體明瞭，更能爲當代人接受了。

　　以上《莊子》之「無爲」說出現 70 次、30 段落，雖出自於老子僅 11 次，但更勝有之。《道德經》：〈第三章〉：「爲無爲，則無不治」，「是以聖人處無爲之事，行不言之教」；〈第卅七篇〉：「道常無爲而無不爲」；〈第四十三篇〉：「不言之教，無爲之益，天下希及之」；〈第五十七章〉：「故聖人云：我無爲，而民自化」；〈第六十四章〉：「是以聖人無爲故無敗；無執故無失。」

　　前段所言之「道」皆爲「無爲」之「天道」，而鬼谷子所要推倡的，則是爲「有爲」之「人道」了。爲什麼鬼谷子要講「有爲」？然莊子卻說〈知北遊〉：「禮者，道之華而亂之首也」，這就是因爲鬼谷子，不忍心見亂世眾生之悲苦，〈捭闔第一〉：「皆見其權衡輕重，乃爲之度數，聖人因而爲之慮」；〈中經〉：「非賢智不能守家以義，不能守國以道，聖人所貴道微妙者，誠以其可以轉危爲安，救亡使存也。」

　　因爲鬼谷子秉持著太公相同的主張要「守家守國」，才能「轉危爲安」、使之「救亡使存」，否則亡國滅種，則天下蒼生荼毒乎！因爲「屬其志，言可爲，可復，會之期喜」，以「遊說」代替「兵刀劫」，才能「其不言無比，乃

---

[72] 參見魏元珪著《老子思想體系探索》下冊，〈本論〉、第一篇〈老子道辯證第五章〉、〈道可道非恆道、名可名非恆名〉，頁第 428，臺北：新文豐出版公司，1997 年 8 月初版。

為之變」。〈內揵第三〉：「乃揣切時宜，從便所為，以求其變」，又「故聖人立事，以此先知而揵萬物」；〈忤合第六〉：「成於事而合於計謀，與之為主」；〈謀篇第十〉：「既用，見可否，擇事而為之，所以自為也。見不可，擇事而為之，所以為人也。」也才能「聖人謀之於陰，……所謂主事日成者」，「主兵日勝者，常戰於不爭，國不費」。鬼谷子如此認為聖人唯有積極「有為」，才能消弭戰事爭鬥，百姓於如此氛圍下「而民道之，不知其所以然」，「而民不知所以服，不知所以畏」，「而天下比之神明也」。這便是鬼谷子所追求的國泰民安，聖人不僅要有先天之「道」，還要有人道之「謀」，以及必要時，爭鬥具備之「兵」了，這也就是道家也離不開「兵」。

有關《鬼谷子》的「為」[73]，意義是相當豐富。根據陳蒲清的著作《鬼谷子詳解》，所分析的「為」有五種意思。是「行為、作為」，「成為、是」，「充當、當任」，「當作」，「介詞」。包括《鬼谷子》全本之上、中、下三卷，共講了 80 次、45 段落的「為」字。本書只將「為」之當作「作為」等重點論述之。如「無為」即不作為，作為哲學語意，是清淨順其自然發展，不加干預。這在道家典籍上講得特別的多，也是鬼谷子思想學說的重點之一

鬼谷子明白講上「無為」，可有五次之多。〈捭闔第一〉：「無為以牧之」；〈謀篇第十〉：「以此觀之，亡不可以為存，而危不可以為安；然而無為而貴智矣」；〈盛神第一〉：「懷天心，施德養，無為以包志慮思意，而行威勢者也」；〈實意第三〉：「無為而求，安靜五臟，和通六腑」；〈損兌第七〉：「故聖人以無為待有德，言察辭，合於事」。這五個「為」，是不作為的「為」，但都是關係到原則的部分，也就是若「非 A 則 B」之邏輯形式。第一組「無為以牧之」（〈捭闔第一〉）；第二組「無為而貴智」（〈謀篇第十〉）；第三組「無為以包志」（〈盛神第一〉）；第四組「無為而求」（〈實意第三〉）；第五組「聖人以無為待有德」（〈損兌第七〉）。

都可改成「無為＋以＋B」的格式展開：第一組「無為以牧之」，第二組「無為以貴智」，第三組「無為以包志」，第四組「無為以求」，第五組「無為

---

[73] 若依字典說法，「為」字：音發「危、Wei」，則有六種詞性。一、作動詞者：不完全內動詞，就同「是」解；外動詞，同「做」解、又可同「有」解、同「治理」、同「謂」；被動之助動詞，同「見」。二、作副詞：表態通「偽」、表時間，通「將」。三、作介詞，同「於」字。四、作連接詞，表假設，同「如」字。五、助詞用於句中，賓語倒裝時；表「疑問」；表「感嘆」。六、名詞，「姓」的一種。如「為」字：音發「位、Wey」則有兩種詞性。一、介詞：「替」也，「因」也，同「與」字，表被動同「被」字。二、動詞，「助」也。（以上依據薛頌留主編的《新編中國辭典》，臺北：大中國圖書公司印行，1999 年 8 月三版一刷，頁 939。）

以待有德」。這五組為什麼說是重點？就是因為全都是，說到了要怎樣做，才能有怎樣的成就。依道家的主張，也就是必須「無為」才行！而鬼谷子說出這五句話，就代表著他本身也認同，且強調聖人該做好的天職。聖人要管理照顧老百姓；聖人要貴智；聖人要堅定意志；聖人無所求；聖人要有仁義。句法結構，以「若 A 則 B，是 C、是 D、是 E 等」的展開。如是含藏著內聖外王的修身養性，雖於道家的無為、無欲統合之下，但卻有著儒家的聖賢仁義之牧民德操，以及縱橫家貴智、重志與嗜欲於其中，才能成就天職。

第一組「無為以牧之」：則「審定有無，與其實虛，隨其嗜欲以見其志意。」則「周密之貴，微而與道相追」，是「聖人因而自為之慮」，是「此天地陰陽之道，而說人之法也。為萬事之先，是謂圓方之門戶。」本組可見是「聖人」、「陰陽之道」、這事則是「說人之法也。為萬事之先，是謂圓方之門戶」。

第二組「無為以貴智」：則「智用於眾人之所不能知，而能用於眾人之所不能見」，是「先王之道陰」，是「天地之化，在高與深；聖人制道，在隱與匿。」本組講「先王」、「聖人」，講「制道」；若說做事，這事則是「智」。

第三組「無為以包志」：則「行威勢者也」，是「士者，通達之神盛」是「養志。」是「內修練而知之，謂之聖人」，是「真人者，同天而合道，執一而養產萬類，懷天心，施德養」。此段不僅是說有志「士」，也是在說「聖人」，更是說「真人」、「合道」；若說做事，這事則是「修練」。

第四組「無為以求」：則「安靜五臟，和通六腑，精神魂魄固守不動，乃能內視反聽，定志慮之太虛，待神往來」，是「以觀天地開闢，知萬物所造化，見陰陽之終始，原人事之政理」，是「不出戶而知天下，不窺牖而見天道；不見而命，不行而至；是謂道知」，是「以通神明，應於無方，而神宿矣。」當然是聖人，才有必要原人事之理；當然是聖人，才有必要不出戶而「知天下」；有必要進一步完成「道知」（知道），事則是「而後通神明，以神宿」。以上，這些是一般平民百姓，所不需要的。

第五組「無為以待有德」：則「合於事」，是「聖人不為之辭」，是「智者不以言失人之言」，是「辭不煩而心不虛，志不亂而意不邪，是「因自然之道以為實」。也是在說「聖人」，講「自然之道」，這事則是「圓者不行，方者不止」。

如此費事地分析，以上五組的詞與句法完全相同，都是在講聖人，講道，講事。可以看出鬼谷子的用心與苦心，幾乎完全先秉持著道家「無為」的精

神，要求想做聖人的人，必須學習做人、做事與不忘求道。我們絕不能小看這僅僅的五次，因為其實比講「有為」還多四次，換句話說「有為」才用上一次。如〈摩篇第八〉：「微摩之以其所欲，測而探之，內符必應；其所應也，必有為之。」以上，次數比換算成數學比率就是：百分之七十五比上百之廿五；改由阿拉伯符號的寫法：即 75% 與 25%；也就是四比一的國際足球賽事，他隊進四球，我隊只進一球，如是差別立即見輸贏。這說明了什麼，表示鬼谷子根本沒有反對「無為」的主張，那這樣不是非常的矛盾嗎？我們再拿另一個詞，「不為」來看。「不為」與「無為」是很相像。

鬼谷子講「不為」有三次，三段落。如〈內揵第四〉：「事有不合者，聖人不為謀」；〈盛神第一〉：「四邊咸勢無不為，存而舍之，是謂神化」；〈損兌第七〉：「兌者，知之也；損者，行之也。損之兌之，物有不可者，聖人不為之辭。」聖人不為謀，不為詞，擁有的威勢也保存起來不用，可見是多麼的持戒與謙虛。「無為」與「不為」之下，還是有事要怎麼辦，總之會碰上困難之事，鬼谷子的如何界定，又其看法如何？

鬼谷子講「難為」有三次，三段落。如〈揣篇第七〉：「常有事於人，人莫能先，先事而至，此最難為」；〈權篇第九〉：「是故，與智者言，將以此明之；與不智者言，將以此教之；而甚難為也」；〈決篇第十一〉：「故夫決情定疑，萬事之機，以正治亂，決成敗，難為者。故先王乃用蓍龜者，以自決也」。也就是說，再有能力的人，再聰明賢達的人，事情無法避免。任憑處理完畢或則防範在先，自然也會找上門，這是最感困難之事。因為是意料之外的意外之事，那才是最最棘手的大事。鬼谷子也告訴我們說，要請教智者等賢能之人，問題的前提當然是先自己，行萬事之機宜於決情定疑之前。都沒辦法了，才去問烏龜，問蓍草（卜、筮）。

其實鬼谷子也非全然主張「有為」，我們在雜家的另一部的代表經典《淮南子》，也看見許多「無為」之言論，如〈原道訓〉：「無為為之而合於道，無為言之而通乎德」，「所謂無為者，不先物為也；所謂無不為者，因物之所為」；〈主術訓〉：「人主之術，處無為之事，而行不言之教」，「清靜無為，則天與之時；廉儉守節，則地生之財；處愚稱德，則聖人為之謀」，「人莫得自恣，則道勝；道勝而理達矣，故反於無為。無為者，非謂其凝滯而不動也，以其言莫從己出也」，「是故君人者，無為而有守也，有為而無好也」；〈詮言訓〉：「故聖人掩明於不形，藏跡於無為。」

　　當然身爲被歸類於雜家的鬼谷子，又深受道家思想影響濃厚，除了主張「有爲」之外，也能相容並畜，也就會有「無爲」之意見，如〈盛神第一〉：「懷天心，施德養，無爲以包志慮思意，而行威勢者也」；〈謀篇第十〉：「故聖人之道陰，愚人之道陽；智者事易，而不智者事難。以此觀之，亡不可以爲存，而危不可以爲安；然而無爲而貴智矣。智用於眾人之所不能知，而能用於眾人之所不能見」；〈損兌第七〉：「故聖人以無爲待有德，言察辭，合於事」；〈實意第三〉：「無爲而求，安靜五臟，和通六腑」。一來、縱橫家都出自於飽讀詩書的儒家菁英，擁有積極入世的德行與及情操；二來、鬼谷子本身出世觀念與意味之濃厚使然，所以並不感意外。

　　以上看起來，什麼都「無爲」，那麼鬼谷子的思想幾乎不就等同於道家了，那就該「無所作爲」了！怎麼可能會是兩位－叱吒風雲，非常傑出的縱橫家蘇秦、張儀的老師？爲此我們倒要看看鬼谷子，除了如此標準之「無爲」，到底還有什麼可能之觀念、主張或可能之異想與作爲，否則徒獲千古美名，豈不就是等同浪得虛名乎！

　　以上，鬼谷子大辣辣講「無爲」之道，其實也才只有五次，但卻已是包括道家所要求的了，說是重量級之份量也行。換句話說講起「有爲」也不多，才用上一次。〈摩篇第八〉：「微摩之以其所欲，測而探之，內符必應；其所應也，必有爲之」。又另一同義詞「可爲」，鬼谷子講「可爲」也是僅有一次。如〈中經〉：「稱其行，屬其志，言可爲」。如是之主張甚爲不平衡，更不成比率。

　　以上談到「可爲」之「可」，它既是肯定句，又可以是以否定句的形式出現。所以在「可」與「可否」之間，鬼谷子做何作爲之建議？我們真的找到了，在此最難抉擇的問題上，其原則應如何？鬼谷子終於告訴我們。於〈謀篇第十〉言：「見可否，擇事而爲之」、「見不可，擇事而爲之」，這就是赫赫有名的思想「擇事而爲」，鬼谷子所謂的兩者都是「擇事而爲之」，其實是有所分別的，不同的是前者是「所以自爲也」、後者卻是「所以爲人也」；即如〈忤合第六〉所言：「因事爲制」。與縱橫家「擇交安民」、「擇主而從」，所構成一個自律的「爲己爲人」系統性之思維。這個觀點突破了諸子百家，傳統以來各家制式之思惟，也算是解決道家，出世入世都只能以無爲框架之。縱橫家讓自家子弟可以擁有彈性化選擇性，只要能夠將問題處理完善。

　　以上，鬼谷子的「有爲」、「無爲」之主張，交相並用之，走出另外的第

三條路來。這就像是在前後兩條路之中間，奇蹟式地開拓出第三條，所謂的從原本胡同的死路，開闢出一條逃生的活路來。這就是一種創意，一般人很少有的思惟，多數會進行二擇一的選擇方式。也就是謀略地應用，在對立的情況下，必須思惟出正反之外的方法。故平素觀念的訓練，如《道德經》上有的對立觀，也可以是一種既對立又統一的觀念：「故有無相生，難易相成，長短相較，高下相傾，音聲相和，前後相隨」，看似原始樸素的對立，但在智慧者的眼光裡卻是非常和諧，可以為之一用；又例如《莊子》〈人間世〉之主張，巧妙地活在出世與入世之間，無不是中華民族長期困頓下，刻苦耐勞面對貧富、死生、毀譽等極端對立之中，終其一生根本無法得到與追求之下，所能結晶出的生活經驗與智慧，憂喜參半、半死不活、絕處逢生、差不多就好。鬼谷子思想，事實上就是想破除這無奈地牢籠，亮麗的活著。鼓勵縱橫家子弟，先行走出去。

其實自古以來，我們中華民族，除對「知」的追尋之外，即是一支非常講究「行」的民族，我們面對天災人禍始終勇於對抗。雖然人為世界有其階級存在，但是真正的生命裏頭，卻不存在此項限制。鬼谷子〈損兌第七〉言：「兌者，知之也；損者，行之也。損之兌之，物有不可者，聖人不為之辭。」也唯有在「兌與損」、「利與弊」、「優與劣」之間有所增減採用，於此我們也看出了所謂「知與行」，也就是後來王陽明學說的「知行合一」的原型，竟出於《鬼谷子》的縱橫理論之實踐。王陽明不是一位百無一用是書生的人而是為一介儒將，非只是習於紙上談兵的人，必須以謀略面對兵家作戰，隨時所可能產生大量的生死與民族存亡，嚴肅又嚴重的問題，那勝與不勝之間的差別何其之大？是故「謀之知」易與「戰之行」難，或反之亦然，存在的兩相抉擇也何其之困難。如是聖人的「事易事難」的決定條件，在於智與不智「智者事易，而不智者事難」（〈謀篇第十〉），模糊不彰顯之地帶；而鬼谷子的獨特觀點，乃是「見可否，擇事而為之；見不可，擇事而為之」，無不都在於「擇事而為」；唯有如此才能「智用於眾人之所不能知，而能用於眾人之所不能見」。以上，「所以自為也」、以及「因事為制」（〈忤合第六〉），不就是消解了道家「無為」與「有為」的部分難題。只是為己或為人之差別而已，因此「可與不可，為與不為」皆非難事矣！

〈謀篇第十〉：「天地之化，在高與深；聖人制道，在隱與匿」、「非獨忠信仁義也，中正而已矣」，「故聖人之道陰」，「故先王之道陰」。前者曰：「制

人者，握權也；見制於人者，制命也」，後者曰：「擇事而爲之，所以爲人也」，理由是相同的，無不都是爲了和天下之太平、安天下之蒼生。此便合乎《易經》之「不易、變易、簡易」（三易說），尚且還隱含著「交易、互易」之（五易說）成分的道理，另外有「容易、平易」之（七易說）。前者若說是出世的道家自然理念的經驗智慧，那後者則是儒家積極入世的人際社會關係的禮俗法則；如是「有爲（無不爲）、無爲」，都乃是事物之一體兩面。

## 三、能因則無敵於天下

上一小節，強調就事論事以「擇事而爲」把事做成功，但倘若還眞遇上難事，無法確認把事辦成時，鬼谷子接著再建議我們改而採用第二層次，進入所謂因緣聚會的「因」[74]字一門了。此字好用，因爲要「擇事而爲」，必然除了事情的作法擺在眼前之外；其他所要顧慮的，便是屬於人際關係的範疇了。探其理由，有二：首先、就是人與事，「人事」總是會擺在一起；其次、我國一向是以「人情」爲優先的民族，儒家強調以禮治國《禮記》言：「體天地，法四時，則陰陽，順人情，故謂之禮」，所依靠的就是人情「人情者，聖王之田也」、「達天道順人情之大竇也」（〈禮運〉）。

「情」被擺在第一順位，原因很自然。由於，古代交通不發達的年代，人民血緣關係濃厚，不是同宗、就是同族、或是同鄉、要嘛是同學、還有可能是同姓同黨！都是自己人，睜睜欠欠無所謂，都是朋友親戚嘛，當然好辦事。而「理」字，一向總是排在第二順位。《莊子》言：「應之以人事，順之以天理，行之以五德，應之以自然，然後調理四時，太和萬物」（〈天運〉）。那天高皇帝遠的律「法」，更不用說了。鬼谷子當然看在眼裡，也充分瞭解，道家爲何總是堅持「無爲」？因爲道家始終認爲人之智慧、能力再強，也強不過天道！所以只要順天理、因應人性、人情義理也就行了。老子曰：「明於天地之道，通於人情之理，大足以容眾，惠足以懷遠，智足以知權，人英也。

---

[74] 《康熙字典》解字「因」：仍也，襲也。《論語》：「殷因於夏禮」。《孟子》：「爲高必因丘陵，爲下必因川澤」。《書、堯典》：「日永星火，以正仲夏，厥民因」。《禮、禮器》：「因天事天，因地事地，因名山升中於天，因吉土以享帝於郊。」又依也。《論語》：「因不失其親，亦可宗也。」又托也。《孟子》「時子因陳子而以告孟子」。又由也。《鄒陽、上梁王書》：「夜光之璧，以暗投人於道，莫不按劍相眄者，無因至前也」。又緣也。《傳燈錄》：「欲知前世因，今生受者是。欲知後世因，今生作者是。」又姓。《左傳、定二年》：「遂人四族，有因氏。」《正字通》：「明有因禮、因綱。」又《六書正譌》：「借爲昏姻之姻，言女有所因。」基本解釋：原故，原由，事物發生前已具備的條件：原因、因素、因果、病因。理由：因爲、因而。依，順著，沿襲：因此、因之、因循（1. 沿襲；2. 遲延拖拉）。因噎廢食、陳陳相因。

德足以教化，行足以隱義，信足以得眾，明足以照下」[75]（《文子》〈上禮〉）。所以只要順應依靠自然天理、依照根據傳統習俗，尊重隨順個別人性需求，因循承襲做事經驗規則等，才能事半功倍的完事。

以上，鬼谷子深自以爲道家「爲人處事」的原則，具備有深刻的「無爲」效益的妙用。而此「因」一字，所衍生出來的辭，有：因襲、因緣、因循、因革、因人成事、因利乘便、因事制宜、因時制宜、因勢利導、因禍得福；還有依靠、依舊、依戀、依賴、依循、依照、依偎、依據、依從、依附、依然、依稀、依法、依次，依依不捨、依然如故、依然故我、依舊畫葫蘆；以及隨順、承襲等詞句。這些文字，也都是我們日常生活的語言，以及我們的行爲舉止習慣，意識形態，乃至於是我們個人的人格習性。所以光「因」一字，就存在有豐富的意思，在我國語言文字發展的脈絡上，有其沿線可循；隨後哲學意涵也出現。

首先在《尙書》上，〈堯典〉：「厥民因，鳥獸希革」，「因」作「襲、就」高地而居；〈五子之歌〉：「有窮後羿因民弗忍，距於河」，「因」作「因爲」解；《周書》〈多方〉：「因甲於內亂，不克靈承於旅」，「因」作「因爲」解，「因用婦人爲政，出了亂事」；〈君陳〉：「惟民生厚，因物有遷」，「因」作「因爲」解，「言人自然之性敦厚，因所見所習之物，有遷變之道」；《周易》〈乾卦、文言〉：「故乾乾因其時而惕，雖危無咎矣」，「因」作「隨順著」解。戰國前，多用於「因爲」而言。戰國中期之後，則出現了許多哲學意涵的「因」，「諸子各家紛紛把『因』，引入到各自領域，用來思考、解釋、發展各自的學說」[76]。例如：韓非子就很會善用「因」，於《韓非子》書中就達233次、149段落，以充分發揮他學說思想，如：「道者、下周於事，因稽而命，與時生死。……道無雙，故曰一」（〈揚權第八〉）。

例如：《莊子》的最有名之一篇，〈齊物論〉言：「彼出於是，是亦因彼。……因是因非，因非因是。是以聖人不由，而照之於天，亦因是也」。又「指

---

[75] 《文子》〈上禮〉老子曰：「明於天地之道，通於人情之理，大足以容眾，惠足以懷遠，智足以知權，人英也。德足以教化，行足以隱義，信足以得眾，明足以照下，人俊也。行可以爲儀表，智足以決嫌疑，信可以守約，廉可以使分財，作事可法，出言可道，人傑也。守職不廢，處義不比，見難不苟免，見利不苟得，人豪也。英俊豪傑，各以大小之材處其位，由本流末，以重制輕，上唱下和，四海之內，一心同歸，背貪鄙，嚮仁義，其於化民，若風之靡草。今使不肖臨賢，雖嚴刑不能禁其姦，小不能制大，弱不能使強，天地之性也。故聖人舉賢以立功，不肖之主舉其所與同，觀其所舉，治亂分矣，察其黨與，賢不肖可論也。」

[76] 語自許宏富著《鬼谷子研究》〈第四章從思想史的角度看鬼谷子的眞僞〉頁92。

喻指之非指，不若以非指喻指之非指也；以馬喻馬之非馬，不若以非馬喻馬之非馬也」，「天地，一指也；萬物，一馬也……適得而幾矣。因是已」。還有赫赫有名的「朝三暮四」之「兩行論」：「名實未虧，而喜怒爲用，亦因是也。是以聖人和之以是非，而休乎天鈞，是之謂兩行」。後又再論：「天地與我並生，而萬物與我爲一」，「一與言爲二，二與一爲三。自此以往，巧歷不能得，而況其凡乎！故自無適有，以至於三，而況自有適有乎！無適焉，因是已」。莊子用了二個「因是也」、二個「因是已」，當然指的都是這四個因爲「因是」的關係，可見「因」之重要！

　　第一則：莊子乃是要說明聖人，是不會讓自己混淆於區分於「彼此、對立」之中；而是隨順自然，而是「莫若以明」。第二、三則：是論「勞神明以爲一」，猶如「朝三暮四」是「是以聖人和之以是非，而休乎天鈞」，「分合、是非、少寡」對於聖人來說，是不必要的，他所最關心的是自然之道的均衡。第四則之後：莊子要借上幾則故事，用以告訴我們的是，不要拘泥於「始與終」、「成與汙」、「相與類」、「無與有」、「無適有適」、「生與死」、「醒與夢」、「然、不然、果然」，忘掉生死年歲、忘掉是非仁義、忘掉一切，只要隨從自然，因循所有自然之道！何需再執著與辯論，相以堅持與爭執？故能「和之以天倪，因之以曼衍，所以窮年也」，就能與「道」合爲一，所以也就能夠永遠的長命百壽了！

　　以上，就是莊子道家用「因」，來闡釋他以「天道」來化解「人道」的侷限之主張。由此可見，莊子的一個「因」字，便可以消解世間所有的一切「對立與矛盾」的名相。同樣的道理，鬼谷子他遇上了遊說的原則問題，尤其是「無爲與有爲」之間的「對立與無解」之時，雖已以「自爲之」與「擇事而爲」消解之了，但當「人與事」相糾葛，更「難爲」之時，將何以待之？

　　《鬼谷子》起初並未談及這個字，直到第十篇，就是在〈謀篇第十〉，才一下子突然出現了多達 7 個「因」的字。其字總數才 22 次的「因」，〈謀篇〉就有了 7 次之多，出現頻率不可不謂之高。主要是要說明「智、仁、勇」這三種人才，他們個性都有所不同，想要他們配合做事，便需要取得他們高度的同意。鬼谷子在以下短短幾句，便教導我們認識清楚，由於「夫仁人輕貨」，所以「不可誘以利」，但「可使出費」；由於「勇士輕難」，所以「不可懼以患」，但「可使據危」；由於「智者達於數、明於理」，所以「不可欺以不誠」，但「可示以道理，可使立功」。這也就是「因」字，於「尊重隨順個人性格」上之好

用。還有可能碰上三才之外，必然還會面對另外第二類別的人，他們就是「愚、不肖、貪」者，此時同樣的也可以採用以前的「擇事而爲」。但鬼谷子卻用上另一個詞「因事而裁」[77]，因爲這必須面對另一種元素，也就是有人之成分參與存在之同時。此乃是如《韓非子》所言：「因可勢，求易道，故用力寡而功名立」(〈觀行〉)。縱橫家子弟等所有可能的辯士、遊士、策士、謀士都好，誰不思因可勢、求易道、施力寡、功名立。

這也就如同文子轉述老子之言：「先王之法非所作也、所因也，其禁誅非所爲也、所守也，故能因則大」；又「作即細，能守則固，爲即敗」。以上，嚴重告誡，先王維繫天下的方法是：「沒有作爲，是因循；沒有作爲，是守成；如果做了，那是捨本逐末，只有能守成才能眞正的固守，如果胡作非爲，就將會敗得一蹋糊塗。」好像非常的灰暗與毫無生氣，文子接著再以老子的話說出「循道理之數，因天地之然」，「故聖人隨時而舉事，因資而立功；守清道，拘雌節，因循而應變」(《文子》〈道原〉)。文子言下之意，表示聖人還是可以有自己做事的揮灑空間，也可循順先人之規矩而應變的，沒有那麼的嚴肅與嚴重吧！「因資而立功，進退無難，無所不通」(〈精誠〉)。此話，如耳灌頂般的鼓勵到，所有受苦於保守之人，不知鬼谷子是否有受其影響。「故聖人曰：無因循，常後而不先，譬若積薪燎，後者處上」(〈上德〉)，而大快人心！

那鬼谷子的「因事而裁之」原則，還可以應運、應變於那些事。他說在人際關係的「親與疏」上，因親疏有「夫禮者所以定親疏，決嫌疑，別同異，明是非也」(《禮記》〈曲禮上〉)之效用；鬼谷子也有相同之言：「立勢而制事，必先察同異，別是非之語，見內外之辭，知有無之數，決安危之計，定親疏之事」(〈飛箝第五〉)。親疏所牽扯的人與事的問題，每每都會是夾雜在人情之中；所以韓非子言：「凡治天下，必因人情」(〈八經〉)；「何謂人情？喜怒哀懼愛惡欲七者，弗學而能」《小戴禮記》(〈禮運〉)。鬼谷子認爲大有用途之地：「故外親而內疏者，說內；內親而外疏者，說外」(〈謀篇第十〉)。表示六個方法可以應用得上：故「因其疑，以變之」，「因其見，以然之」，「因其說，以要之」，「因其勢，以成之」，「因其惡，以權之」，「因其患，以斥之」；以上

---

[77] 〈謀篇第十〉「夫仁人輕貨，不可誘以利，可使出費；勇士輕難，不可懼以患，可使據危；智者達於數、明於理，不可欺以不誠，可示以道理，可使立功：是三才也。故愚者易蔽也，不肖者易懼也，貪者易誘也，是謂因事而裁之。」

分別從「疑、見、說、勢、惡、患」；而能達到「變之、然之、要之、成之、權之、斥之」。

以上就是鬼谷子應用「因」，隨順依循對方的性格、個性與盲點、缺點和性情的喜好、怨惡等訊息資料，而迅速的改變，轉變親疏與優劣勢之局面。雖《尹文子》言：「親疏係乎勢利，不係於不肖與仁賢，吾亦不敢據以爲天理，以爲地勢之自然者爾」（〈大道〉）；但對於統治者而言，向來卻是非常之好用。《禮記》言：「故聖人作則，必以天地爲本……禮義以爲器，人情以爲田」（〈禮運〉），可說全都是因循、因化之功勞。不費多大功夫便能化被動爲主動，把親疏之難事消解，更直接進入遊說的門檻。正是所謂的「因物以識物，因人以知人」（《文子》〈下德〉），還眞是一把遊說的鑰匙；同韓非子言「故因物以治物。下眾而上寡，寡不勝眾，者言君不足以遍知臣也，故因人以知人」（〈難三〉）。因於知人遊說、治物用事效益莫大。

道、法、縱橫三家，對於知人、識人、用人，都能持「因人而異」之觀點，應無異議。唯法家持「勿變勿易，與二俱行；行之不已，是謂履理也」，但卻在法家講究不要變更，不要改動，按照自然和人類所有的法則去行動，不停頓地做下去，即所謂的遵循事理。國家以法爲要，也以此爲興，但國家亦因以此而敗。秦國實施嚴苛峻法，不通人情而迅速滅亡，就是一例鐵錚錚的例子。所以，三家皆同意「用一之道，以名爲首，名正物定，名倚物徒」；但即使對「道」之認知，均同義無別；《韓非子》認爲聖人之用人：「執一以靜，使名自命，令事自定」，也都會是「因而任之，使自事之；因而予之，彼將自舉之」；也能「形名參同，用其所生。二者誠信，下乃貢情」（〈揚權〉）。所以理論上，看似君賢、臣能、民安定，但爲何還會有問題產生？

問題，也就還是出自於「因」之用了。「因」是主觀與客觀的互動，如是之下，得明白它是具有多變、善變、自變性的角色。鬼谷子學說中，便主張時時對事與人細心查辨，才不會無法使事，有所阻礙無法達成任務。所以「因」是一把萬能鑰匙，也是表演魔術的魔術師們的道具；諸子百家借用了它，將學說思想演活了，有如一齣齣拍案叫絕的精彩幻劇，它爲主人給出了璀璨的亮點，把不可能變成可能。鬼谷子將之幻化成「遊說」的絕活，猶如在一座絢麗的國際表演舞臺上，演出千年之後，居然還能倍受觀眾吸睛的莎士比亞著名話劇，年復一年重複的上演卻始終賣座，隨時有既喝采又讚美的掌聲。

　　鬼谷子就是位國際級的大魔術師，也是這齣百看不厭大戲的大導演，他最是傑出的，受盡學習與敬仰。可以把學問變成有如幻術之一般，這不也是廿一世紀科學界所追求的夢想嗎？我們擁有一位能協助我們把夢想變成真實存在，實現人類心中遙遠的夢想，面對如此世界級的大師，我們有何去排斥與責難的必要？透過心理、人性的互異互動，而進行有效溝通，以達成各自之需求，這才是心靈的解放。反觀法家學說，嚴刑峻法過於嚴苛，昧於人性終究無法與百姓的生活融合為一，為人民所接受，所以僅止於國家名器之用。

　　這位人類心靈的偉大指導之大師，曾在歷史上讓我們的民族菁英奔騰，一起邁向沒有不可能實現的夢想之域。而如今，事實上人們每天都在「溝通」，人人都試圖「遊說」說服對方，依循自我的要求，相互交換意見以能達成個人之目的；也就是積極謀求執行，個人最佳、最大的利益之實現。所以遊說的背後，必須有一套輕鬆簡易就可以掌握的精密邏輯，才能完成實踐自我。這套邏輯、這套辦法之原理原則，都如同物理化學般有固定與不固定的理論。不用害怕、不用懷疑，尖端的科技也如是一般，如同奈米科學與量子力學之領域，將引領人類進入有若迷幻，但卻又是真實的生活世界。鬼谷子思想，也算是打開人類心靈領域的一種學問，雖然已與今世隔相遙遠，但其學說一點也不古老，雖然已經可以向聯合國教科文組織－申請為保護非物質文化遺產之骨董級寶貝，但也是日常之用的活兒。若他尚生存於世，以上除了「遊說」的知識與實踐之外，究竟還會要帶引我們前往哪裡去？容我慢慢述說，請拭目以待！

　　鬼谷子於〈謀篇第十〉上，予以加料曰：「摩而恐之，高而動之，徵而證之，符而應之，擁而塞之，亂而惑之」，「是謂計謀」。如此之「因」，也就成了「權謀」利器的「萬向接頭」[78]了。鬼谷子的遊說與計謀，可說是全方位的

---

[78] 萬向接頭　是連接兩根槓桿（力學上助力的器械：有支點、力點、重點）的接頭，接頭由一對相對方位為 90° 的普通鉸鏈組成，使桿能轉嚮往任何方向，現在仍廣泛應用於車輛的傳動裝置中。萬向接頭的主要問題——即使在驅動軸的旋轉軸以恆定的速度轉動，從動軸在旋轉軸變動，造成振動、磨損和速度上的差異，主動軸的速度變化取決於連接的配置，可指定的三個變量：軸 1 的旋轉角度、軸 2 的旋轉角度、兩聯接軸的偏離角度，若兩軸為直線連接，則此角度為零。以上，本文筆者將諸子百家思維上，所常用的「因」字，比擬為萬向接頭，意思是：自己的學說猶如一支槓桿，透過名為「因」的這個萬向接頭，便可連接上「天道之理、人德之情」，依序順時而滾動出「物理之用」（是謂聖人之大功）。所以這個關鍵詞思維，甚為重要。諸子都明瞭也會用，但後頭的機械設備卻接錯了，大量接上了軍用武器的生產機器，民生物質的生產卻給完全分略了。於是製造出給極權獨裁的君王專用，可以無限量使用的名為「權勢」的器材，這便是法家所主張一敗塗地之理。儒家卻接上了「禮」，上下以禮

「爲人，凡謀有道，必得其所因，以求其情」，爲了能「安民平天下」的聖人，實現「天之大道、人之大德」之使用，「皆見其權衡輕重，乃爲之度數，聖人因而爲之慮；其不中權衡度數，聖人因而自爲之慮」（〈捭闔第一〉）聖人無法將事情喬好，都會倍感焦慮；一國之君日夜眞誠的爲國是操勞費心，並非是唆使小人害己誤人的卑劣伎倆，鬼谷子說「小人比人，則左道而用之，至能敗家奪國」（〈中經〉）。正如文子引老子曰：「以道治天下，非易人性也，因其所有而循暢之，故因即大，作即小」，對「古之瀆水者，因水之流也；生稼者，因地之宜也；征伐者，因民之欲也；能因則無敵於天下矣」；能因則無敵於天下，還眞是聖人莫屬了。「得道之宗，並應無窮，故不因道理之數，而專己之能，其窮中遠。夫人君者不出戶以知天下者」（《文子》〈下德〉）；鬼谷子也說：「能因能循，爲天地守神」（〈抵巇第一〉）。綜合「因」而言，它從人性的自然之道下，需求的感性慾望層面而出發，並使用了天理自然之道的理性謀略而發揮，予以達成「爲己爲人」之目的。鬼谷子好像有所預感，會有後人誤解他的美意，遂感嘆的說：「非賢智不能守家以義，不能守國以道；聖人所貴道微妙者，誠以其可以轉危爲安，救亡使存也」（〈中經〉）。

　　人人常會誤將「謀略」比作「權勢」，須知謀略人人可共用，後者太底都只是某專門的貴族或據勢的權貴，所利用的惡勢力獨自享用。他們也常僅能用權勢買取或盜取謀略，自古使然中西皆同，少有例外。筆者稱鬼谷子之偉大，在於他所推廣提倡的「遊說計謀」，就是人人皆可以享用之功勞。如同你的老闆聘用你上班，用薪資與可能的獎金，獲得你所提供的行銷計畫或者是研究專利，以獲得更優渥千百萬倍的利潤。老闆有大權、幹部有小權，與技師、專員有能有謀；那權勢可能是錢財換取的，有可能是有能有謀之後所獲得的。當然更有可能是世襲所得。這「謀」、「權」與「勢」的優先順序，還眞會讓人傷透腦筋。不過如道家，將此權勢所換取的「名位」，強調爲「因天道」而行，上下都能遵循之，當然就不會傷神了。

　　也才能如《莊子》〈大宗師第六〉：「魚相造乎水，人相造乎道。相造乎水者，穿池而養給；相造乎道者，無事而生定。故曰：魚相忘乎江湖，人相忘乎道術」。「權、謀、勢」與「無爲、有爲」，不都將如「魚與水、人與道」之

---

（人情）相互治國又治民，但久之會僵化成殭屍，毫無活力可言，國家衰敗人民無生氣。反之縱橫家接上了屬於「智」的槓桿，人人都能使用的相互溝通的「遊說」略謀器材，如此之萬向接頭便是相當具備有活力。

自然存在，根本不必區分彼此，宜如何才能停止討論，並早以給予遺忘，才能造福世人，真正為深陷水火之中，苦難的平民百姓能離苦得樂？那「有為、無為」之孰優孰劣、孰是孰非、孰正孰負，絕不是爭議的問題！如此道理甚明，所以全本《鬼谷子》根本就不存在著衝突。今日文明之所以能夠持續維持，也就是承認一切都「因於人性」使然；為了滿足人性無窮需求，讓生活無比舒適與經濟無比繁榮，就得使工商業的生產與消費相對擴大，一切只有借助科技無限成長。而封建時代一切物質相對的匱乏之下，連帶權勢便十足之稀奇。都因於鬼谷子創造遊說與謀略，借助非政治力，或許以經濟力量把錢「權謀勢」，加以大量化與普及化之下（意即將餅作大）。猶如今日之中國大陸經濟繁榮之一般，人人都能因而享受之、而滿足之，國家竟隨著民富而國強，國勢也能蒸蒸日上，如是驗證著我國《尚書》所言：「皇祖有訓，民可近，不可下，民惟邦本，本固邦寧」（《夏書》〈五子之歌〉）。

　　《文子》轉述了老子的言語：「古之瀆水者，因水之流也，生稼者，因地之宜也，征伐者，因民之欲也，能因則無敵於天下矣」（〈自然〉）。相對於道家的「能因則無敵」，來說明其「無為」之理論，儒家則以「仁者無敵」堅持其以「仁義」救世之理論；墨家以非攻兼愛：「督以正，義其名，必務寬吾眾，信吾師，以此授諸侯之師，則天下無敵矣。」（〈非攻下〉）見證無敵；法家韓非子則認為：「國以功授官與爵，此謂以成智謀，以威勇戰，其國無敵」（〈飭令的五十三〉）。司馬遷則對於道家的「因」，特別有感遂提出他的寶貴看法：「其術以虛無為本，以因循為用」，應該是觀史者精明的智慧之語！也是大史學家司馬遷的肺腑之言：「道家無為，又曰無不為，其實易行，其辭難知」，認為道家「無成勢，無常形，故能究萬物之情。不為物先，不為物後，故能為萬物主」是好的，但必須「有法無法，因時為業；有度無度，因物與合」。最後還舉出了鬼谷子的話，概然而言：「故曰：聖人不朽，時變是守」，表達了鬼谷子能夠如《易經》〈隨卦〉言：「而天下隨時，隨時之義大矣哉」，讚嘆鬼谷子所言：「虛者道之常也，因者君之綱也」。如是，發揮與解放了老子「無為無不為」的僵局是嗎？所以太史公認為一切無不是「在所欲用耳，何事不成？」太史公看盡天下英雄、看盡蒼海桑田，寫下《史記》如此偉大之歷史鉅作，最後以「而曰：『我有以治天下』，何由哉？」（《史記》〈太史公自序〉）以此句作結尾，算是對於諸子百家，競逐安民平天下之道的最後評語嗎？

## 四、道與兵、權、謀

　　鬼谷子體察出，事情要解決除了講「道」理之外，必須在出現困難無解與紛爭難解的兵戎相見之前，最好就是有「謀」略的輔助，如此歷經可能之三階段才會有助於事。首先我們發現鬼谷子將「道」與「謀」於〈揣篇第七〉言：「故雖有先王之道，聖智之謀，非揣情隱匿，無可索之」，「王之道，聖智之謀」很清楚的有所區分，對照與老子之「天之道……繟然而善謀」（〈第七十三章〉），道理竟然一致。問題就在於天道之謀，寬廣無邊如同天網，可說是自然存在無懈可擊，四時系統永遠正常運作。但是「人之道」可就無法相比了，因爲人德常有違天道，所謂要效法《易經》：「天行健，君子以自強不息」（〈乾、象傳〉）。人永遠無法滿足，但必須矯正與鼓勵和節制，方能一直持續向上與向善。

　　因此鬼谷子認爲應該好好效法天道，唯有透過聖人此位天道之代言人與執法者「聖人者，天地之使也」；這位天使，將此無所不在之「道」，充分應用於遊說與謀略之中，才能解決人世間最大的難題（政治權力問題）；遊刃有餘之後，世間的任何難事，也便都能迎刃而解了。〈捭闔第一〉言：「周密之貴，微而與道相追」，「道之大化，說之變也」，「此天地陰陽之道，而說人之法也」；〈抵巇第四〉：「抵巇之隙爲道術用」，又「察之以捭闔，能用此道，聖人也。聖人者，天地之使也。世無可抵，則深隱而待時；時有可抵，則爲之謀」。《鬼谷子》通篇談「謀」、談「計謀」，就是從未將「權謀」兩字排在一起使用，他將其分得非常之清楚，也就是「權」屬於君王的，以當今的時代背景而言，就是出主意的是夥計，採納與否是老闆的事；當是時，鬼谷子有此分野還眞是非常之先進。他將「權」解釋爲「策選進謀者，權也」，「謀者所不用也。故曰：事貴制人，而不貴見制於人。制人者，握權也。見制於人者，制命也。」計謀雖間接也能制人，但那是屬於掌權者的權力範圍之內。鬼谷子，不只是希望不要戰爭，不得不在戰爭之下，則是希望將傷害降到最低之狀況，而提倡遊說計謀的無形外交戰爭。

　　鬼谷子對於「道」之理解，「此道，可以上合，可以檢下。能因能循，爲天地守神」；顯然的是想使用其奧秘，即是那種無所不在、無所不能「道」的力量。將之運用在「說人之法」之上，而且「可以上合，可以檢下」，這不就是人間社會自然之「道」了。也是人世間最好的標準之依據，不僅是遊說話術、談判、訴訟、信用……等證實搜證，如經濟工商管理之倉儲物料、品管

檢驗與現場生產，及各類之作業標準說明書（SOP），或是政府之行政法規，可以作爲上下查核、稽徵、監督……等管理之依據！謀一切法，合一切道，鬥一切兵。善以謀策規劃研究與發展，各種專業技術與辦法規則（法）；善以對應學習自然系統無礙之天道（理）；善以擅長防範與面對各種艱難與迎接挑戰和阻礙（情），這就是鬼谷子縱橫家，永遠不屈不撓的奮鬥精神（志）。人世間的動盪紛擾越來越常態，事理團的迷茫千絲萬縷超阻礙；所以鬼谷子不忍眾生悲苦，結合儒、道、兵、法……等傳統思想，特別指導我們，一概堅守合情合理合法好家園，總逃不出信守古聖先賢好嘉言。

　　誠如魏元珪老師所言：「道爲人間生存的法則與社會規範之導向」[79]。此來源於自然所運行永恆不變的鐵律－萬物之「道」，它相對成就於人世間而言，就是大家所願意奉行的一切人事道理與價值衡量之標準，而貴爲各式管理之所用。不管大自政府外交、戰爭、貿易折衝，或小至企業集團、社會團體、家庭個人之糾紛；一切的一切，都會在鬼谷子所綜合的道家之天「道」，儒家之「禮」制，兵家之「兵」戰，及縱橫家之言「謀」……等，之國家大戰略裡面。

　　談及鬼谷子之謀略，當然脫離不了與用兵與作戰相連結，〈忤合第六〉：「非至聖達奧，不能禦世；非勞心苦思，不能原事；不悉心見情，不能成名；材質不惠，不能用兵」；〈摩篇第八〉：「主兵日勝者，常戰於不爭」，「主兵日勝，而人不畏也」；〈分威第四〉：「故神存兵亡，乃爲之形勢」。

　　莊子在〈大宗師第六〉也談及聖人用兵：「故聖人之用兵也，亡國而不失人心」；〈天道第十三〉：「三軍、五兵之運，德之末也」；〈讓王第廿八〉：「今周見殷之亂而遽爲政，上謀而下行貨，阻兵而保威，割牲而盟以爲信，揚行以說眾，殺伐以要利，是推亂以易暴也」；〈列禦寇第卅二〉：「聖人以必不必，故無兵；眾人以不必必之，故多兵。順於兵，故行有求。兵，持之則亡。」

　　道家大宗師老子之論兵，更爲後世百家之師，老子《道德經》〈第卅章〉：「以道佐人主者，不以兵強天下」；〈第五十七章〉：「以正治國，以奇用兵，以無事取天下」；〈第七十六章〉：「是以兵強則不勝」；都是一種迴避的心理；〈第六十九章〉所謂：「用兵有言：吾不敢爲主，而爲客」；這種思想〈第卅一章〉：「兵者不祥之器，非君子之器，不得已而用之，恬淡爲上」；也影響到

[79] 參閱魏元珪著《老子思想體系探索上冊》〈第一篇老子道論辨証、第一章老子道的內涵〉，頁275～277，臺北，新文豐出版公司，1997年8月初版。

兵家《孫子兵法》〈謀攻第三〉：「是故百戰百勝，非善之善者也；不戰而屈人之兵，善之善者也」。

　　鬼谷子不僅談「遊說」，更是談「計謀」，「謀」字其出現之次數達 43 次與 26 段落之多；其中包含「計謀」一詞者有 16 次、10 段落；「智謀」相連僅用一次；「謀慮」連用 4 次 3 段。「權謀」兩字從未連用。〈抵巇第四〉：「時有可抵，則爲之謀」；〈揣篇第七〉：「故雖有先王之道，聖智之謀，非揣情隱匿，無可索之。此謀之大本也，而說之法也」；〈摩篇第八〉「故謀莫難於周密」、「故謀必欲周密，必擇其所與通者說也」；〈謀篇第十〉：「故變生事，事生謀，謀生計」、「計謀之用，公不如私，私不如結」。鬼谷子與孫子之主張《孫子兵法》〈始計第一〉：「兵者，詭道也。……攻其無備，出其不意，此兵家之勝」；〈謀攻第三〉：「故上兵伐謀，其次伐交，其次伐兵，其下攻城」；所持的觀點都是相同的。

　　而莊子〈在宥第十一〉：「故聖人觀於天而不助，成於德而不累，出於道而不謀」；〈天道第十三〉：「知謀不用，必歸其天，此之謂太平，治之至也」；〈刻意第十五〉：「聖人之生也天行，……不思慮，不豫謀；……乃合天德」；〈庚桑楚第廿三〉：「至義不物，至知不謀，至仁無親」；〈徐無鬼第廿四〉：「無以謀勝人，無以戰勝人」；〈讓王第廿八〉：「上謀而下行貨，阻兵而保威，割牲而盟以爲信，揚行以說眾，殺伐以要利，是推亂以易暴也」；《鶡冠子》〈武靈王〉：「用計謀者，熒惑敵國之主，使變更淫俗，哆恭憍恣，而無聖人之數」；《文子》〈道原〉：「故聖人不以事滑天，不以欲亂情，不謀而當，不言而信，不慮而得，不爲而成。」常思不可謀、不要謀，可以禁止自己，但是永遠無法要別人不可用謀，這也算是道家的一片天真之情。身爲縱橫家祖師的鬼谷子，深知現實之可怕，所以盛讚謀略，更善思巧計；不僅增強智慧式謀略爲天羅，還更加強化語言式謀略爲地網，作爲保家、衛國、平天下之神秘利器。

　　以上道家諸子對於「謀略」，持反對與不支持的看法之言論，不就是《道德經》〈第六十五章〉：「故以智治國，國之賊；不以智治國，國之福。」老子一向反智學說之翻版。雖然〈第六十四章〉說：「其安易持，其未兆易謀」，也僅是表示謀之時機而已。所以與鬼谷子倡導智慧〈中經〉：「非賢智不能守家以義，不能守國以道」；〈謀篇第十〉：「智用於眾人之所不能知，而能用於眾人之所不能見」；〈轉圓第六〉：「智略計謀，……故聖人懷此，用轉圓而求其合」完全不相同。所以如果鬼谷子的縱橫家，能夠持續執政下去，「以智因

天道、以欲因人性、以遊說因人情、以計謀因事理」，如此正常發展的下去，則中國歷史可能會是走向以倡導，勇氣、意志、智慧、知識等理性來治國。如是說人、說家、說國，焉有不能說天下之理？

　　雖然鬼谷子也說這樣子的用「智」行為，如〈轉圓第六〉言：「故與造化者為始，動作無不包大道，以觀神明之域」，亦合於「天道」。但是與老子根本反智是絕然不同的。老子只重視「天道」，對「人道」是絕不看好的。〈第七十三章〉：「天之道，損有餘而補不足。人之道，則不然，損不足以奉有餘」，又「天之道，不爭而善勝，不言而善應，不召而自來」。所以說一生以鼓動「遊說、計謀」，還需要一說再說〈，捭闔第一〉：「由此言之，無所不出，無所不入，無所不可。可以說人，可以說家，可以說國，可以說天下。」不有句古語，言：「盡人事，而聽天命」。但是以鬼谷子為首的縱橫家，不僅如此而已，還要擁有如墨家「巧奪天工」的藝能；更要思索善盡「人定勝天」，可能的意志力。

　　以講究「有為有守」之理論的鬼谷子，當然於此積極「入世有為」的堅守崗位上而言，絕非是老子之同謀；但在「出世無為」的修為養性上，則可確切的說，他們原本就是同志了。故，在二千多年前，已不存在有任何的矛盾。所以還有民間流傳，老子、鬼谷子與張道陵來到了西域，結伴進入印度與歐洲，成了東方三聖者之傳說。像當今廿一世紀的現代台灣人來說，就有許多人於年青的時候，必須為家為妻小而拼命工作以求名求利，賺夠了錢之後安心放下，而後才能退休；到老的時候，也就不再過問人事，開始吃齋念佛、參禪打坐，或打拳習藝、或含貽弄孫、以享天倫；也就正式過起與世無爭，出世與平靜無礙的生活。以上，便可以解消千古以來，歷史上的眾多研究者對於整部《鬼谷子》的「出世與入世」與「有為無為」並存的一體兩面的矛盾現象，大大的誤解。其實多起因於不同的社會制度，以及不同的經濟結構與生活方式所使然。誠如筆者所言，鬼谷子的思想是超越時代，亦即「前衛」之意。

## 五、大道與無為待有德

　　鬼谷子講到「道」之處，非常之多。總計全本《鬼谷子》，出現該字多達54次與36段之多。其「道」，蓋不脫於道家之領域。茲列舉如下：

　　　　〈捭闔第一〉「故聖人之在天下也，自古至今，其道一也」，「周密之貴，微而與道相追」，「捭闔者，天地之道」，「捭闔者，道之大化，說之變也」，「捭闔之道，以陰陽試之」，「此天地陰陽之道，而說人

之法也」；〈反應第二〉「道合其事」，「未見形，圓以道之」，「己不先定，牧人不正，事用不巧，是謂忘情失道」；〈內揵第三〉：「外內者，必明道數」，「或結以道德」，「由夫道德、仁義、禮樂、忠信、計謀，先取《詩》《書》，混說損益，議論去就」；〈抵巇第四〉：「抵巇之隙爲道術用」、「天下紛錯，上無明主，公侯無道德」，「察之以捭闔，能用此道，聖人也」，「此道，可以上合，可以檢下」；〈忤合第六〉：「故忤合之道，己必自度材能智睿，量長短遠近孰不如。乃可以進，乃可以退；乃可以縱，乃可以橫」；〈摩篇第八〉：「用之有道，其道必隱」，「積善也，而民道之」，「夫事成必合於數，故曰：道數與時相偶者也」；〈權篇第九〉：「參調而應，利道而動」；〈謀篇第十〉：「智者達於數、明於理，不可欺以不誠，可示以道理，可使立功」，「故陰道而陽取之也」，「故聖人之道陰，愚人之道陽」，「故先王之道陰」，「非獨忠信仁義也，中正而已矣。道理達於此之義，則可與語」；〈盛神第一〉：「道者，天地之始，一其紀也」，「故道者，神明之源」，「術者，心氣之道所由舍者，神乃爲之使」，「同天而合道」；〈實意第三〉：「不出戶而知天下，不窺牖而見天道；不見而命，不行而至；是謂道知。」

以下茲將老子《道德經》所言之「道」，達 37 段落、70 幾次之多，都搜集羅列於後，以便和《鬼谷子》之「道」相對照：

〈第一章〉：「道可道，非常道」；〈第四章〉：「道沖而用之或不盈」；〈第八章〉：「上善若水。水善利萬物而不爭，處眾人之所惡，故幾於道」；〈第九章〉：「功遂身退天之道」；〈第十四章〉：「視之不見，名曰夷……執古之道，以禦今之有。能知古始，是謂道紀」；〈第十五章〉：「保此道者，不欲盈」；〈第十六章〉：「致虛極，守靜篤。……天乃道，道乃久，沒身不殆」；〈第十八章〉：「大道廢，有仁義」；〈第廿一章〉：「孔德之容，唯道是從。道之爲物，唯恍唯惚」；〈第廿三章〉：「希言自然，……故從事於道者，道者，同於道；……同於道者，道亦樂得之」；〈第廿四章〉：「企者不立；……其在道也，曰：餘食贅行。物或惡之，故有道者不處」；〈第廿五章〉：「……吾不知其名，字之曰道，……故道大，……人法地，地法天，天法道，道法自然」；〈第卅章〉：「以道佐人主者，不以兵強天下。……物壯則

老，是謂不道，不道早已」；〈第卅一章〉：「物或惡之，故有道者不處」；〈第卅二章〉：「道常無名」、「譬道之在天下，猶川谷之於江海」；〈第卅四章〉：「大道汎兮，其可左右」；〈第卅五章〉：「道之出口，淡乎其無味」；〈第卅七章〉：「道常無爲而無不爲」；〈第卅八章〉「故失道而後德」「道之華，而愚之始」；〈第四十章〉：「反者道之動；弱者道之用」；〈第四十一章〉：「上士聞道，勤而行之；中士聞道，若存若亡；下士聞道，大笑之」，「明道若昧；進道若退；夷道若纇」，「道隱無名。夫唯道，善貸且成」；〈第四十二章〉：「道生一，一生二，二生三，三生萬物」；〈第四十六章〉：「天下有道，卻走馬以糞。天下無道，戎馬生於郊」；〈第四十七章〉：「不闚牖見天道」；〈第四十八章〉：「爲學日益，爲道日損」；〈第五十一章〉：「道生之，德畜之，物形之，勢成之。是以萬物莫不尊道而貴德。道之尊，德之貴，夫莫之命常自然。故道生之，……是謂玄德」；〈第五十三章〉：「使我介然有知，行於大道，唯施是畏。大道甚夷，而民好徑……非道也哉」；〈第五十五章〉：「物壯則老，謂之不道，不道早已」；〈第五十九章〉：「是謂深根固柢，長生久視之道」；〈第六十章〉：「以道蒞天下，其鬼不神」；〈第六十二章〉：「道者萬物之奧。雖有拱璧以先駟馬，不如坐進此道。古之所以貴此道者何」；〈第六十五章〉：「古之善爲道者，非以明民……是謂玄德」；〈第六十七章〉：「天下皆謂我道大，似不肖」；〈第七十三章〉：「是以聖人猶難之。天之道，不爭而善勝」；〈第七十七章〉：「天之道……人之道……孰能有餘以奉天下，唯有道者」；〈第七十九章〉：「天道無親，常與善人」；〈第八十一章〉：「天之道，利而不害；聖人之道，爲而不爭」。

以上老子之「道」，從首章講到末尾章，講了七十一次之多，幾乎快超越總章數八十一，於此看到了老子對「道」情有獨鍾，絲毫不願意輕鬆放過「道」一字。其範疇與意義甚廣，爾後諸子百家所談論之「道」，大抵也不超出於此。鬼谷子並不想超越，只論有爲之「道」；莊子當然也未能跨越，但卻能更加的豐富有趣。《莊子》外篇〈知北遊第廿二〉中，有一個有關「什麼是道」的千古有名之對話，使人對認識「道」多有啓迪，至今方興未艾：

東郭子問於莊子曰：「所謂道，惡乎在？」莊子曰：「无所不在。」
東郭子曰：「期而後可。」莊子曰：「在螻蟻。」曰：「何其下邪？」

曰：「在稊稗。」曰：「何其愈下邪？」曰：「在瓦甓。」曰：「何其愈甚邪？」曰：「在屎溺。」？下愈況。汝唯莫必，无乎逃物。至道若是，大言亦然。周咸三者，異名同實，其指一也。」，「嘗相與游乎无何有之宮，同合而論，无所終窮乎！嘗相與无爲乎！澹而靜乎！漠而清乎！調而閒乎！寥已吾志，无往焉而不知其所至。去而來而不知其所止，吾已往來焉而不知其所終；徬徨乎馮閎，大知入焉而不知其所窮。物物者與物无際，而物有際者，所謂物際者也。不際之際，際之不際者也。謂盈虛衰殺，彼爲盈虛非盈虛，彼爲衰殺非衰殺，彼爲本末非本末，彼爲積散非積散也。」

　　以上是莊子回答東郭子提問「道是甚麼」；大意是說：「『道』是無始無終，無所不包，無處不在。人要瞭解『道』，就要先向大自然開始學習，例如去觀查鼻涕蟲，看看屎尿便溺，……等等所有的動、植、礦等物體，都得仔細詳加研究，不得隨意放過，才能得知『道』的法，其眞正的原則與偉大之處。」

　　這也就是《道德經》：「人法地，地法天，天法道，道法自然。」《道德經》又言：「道可道，非常道；名可名，非常名」，「道生一，一生二，二生三，三生萬物」；《易傳、繫辭》說：「一陰一陽之謂道」，「天之道，曰陰與陽」；並引用孔子的話：「形而上者謂之道，形而下者謂之器」，所以說儒家認同：「道者，陰陽變化之理也」；〈繫辭〉又說：「易有太極，是生兩儀，兩儀生四象，四象生八卦」。

　　以上觀之道家對於「道」的解釋，即宇宙運行，自然變化的法則。我們老祖宗便是從「天、地」之大自然中，完整的體會出，合乎於人情與事理與物性之間，相應又合諧且能完美運作的大道理。總之「道」是無處不在，道在萬物之中，不可用言語表達，袖產生萬物，陰陽就是道。之後「道」又衍生變化於人世間複雜繁瑣的社會，以人事爲主的情感與制度與器物……等等千千萬萬錯綜複雜之關係。即所謂道與德之問題，它包含著：仁愛、信義、禮法、刑名、兵戰……等倫理道德、國家政治之統一的思想信念與主張與作法等活動於其中。

　　老子的《道德經》雖然選擇了冷漠，但由於其冷峻的智慧，使我們更能清楚的看到信念和良心的現實與理想之間的眞實鴻溝，進而萌生出如何可能進一步產生消除現狀疑慮之動力。由冰冷的理性而進化到一股狂熱感性的衝動，這對於眞實的道家之徒來說，幾乎是不可能的宿命。道家完全認清「生

命的奧妙與宇宙的眞象」，人存在的價值，根本不必受外界之肯定；所以社會
國家的動亂與太平、貧窮與富有、幸福與痛苦、生存與死亡，原本都是自然
之現象，何必計較。逃避與潛藏、浸淫於天地、配合著演化，便是人間世的
最大應對與莫大之幸福來著了。還好道家的無爲理論加上其「無心插柳、柳
成蔭」，深邃智慧的如不間斷的湧泉般，將其智慧與偉大道理的營養，生生不
息的提供與灌漑，滋養著過去、現在與未來，所有可能願意接近的人們。

　　雖然莊子認爲「道術將爲天下裂」是正確的，道家所在乎的是合乎自然
天道之道統，爭先恐後於區區的人爲所做出來的「道統」，明顯的已違反了「以
道蒞天下，其鬼不神」（〈第六十章〉）；恐將違反眞正的天道是「天之道，不
爭而善勝」（〈第七十三章〉）。然而事實與理想總是有所出入，所以春秋戰國
時期，眞正道家純正思想是無法執政，當然也不會參與政治。直到戰國期間，
秦、漢之際稷下黃老思想（道家後期思想）[80]才形成，西漢在漢武帝執政前有
一段不短的歲月（前漢達 70 年），政治上實際操作成功，才是後起道家（黃
老學派）大顯發揮之時。

　　老子道家發展的一段路程中，由原本「天道」之精神，生出「道」與「德」
之「道德」，鬼谷子除以「道爲體」之主張，並發展出「德爲用」來，如〈捭
闔第一〉：「以陽動者，德相生也。以陰靜者，形相成也。以陽求陰，苞以德
也」；〈內揵第三〉：「或結以道德」、「故遠而親者，有陰德也」、「由夫道德、
仁義、禮樂、忠信、計謀，先取《詩》《書》，混說損益，議論去就」，「策無

---

[80] 語見陳麗桂著《戰國時期的黃老思想》聯經出版社、1991 年 4 月、頁 1～4。「戰國、秦漢之
　　際我國哲學史上出現了一個很特殊的思想，叫做「黃老」。這種思想結合是「黃帝」與「老
　　子」做標幟，本來是戰國以來眾多黃帝傳說的主流，其後因爲吸收各家學書精華，終於形成
　　政治性的哲學思想；入漢以後益臻完熟，竟體現爲實際之治術；到了東漢末年社會動亂之際，
　　又淪爲宗教仙道。戰國有名的道法人物，諸如申不害、慎到、環淵、接子、韓非等人，太史
　　公說他們「學本於黃老而主刑名」，或「學黃老道德之術」；西漢有名的文景治術稱「黃老」，
　　東漢張角等人的道教也叫「黃老」；……諸多面貌歧異，思想色彩不大相同的學說史書統
　　之爲「黃老」。……始終是籠罩一團迷霧，……一直到 1973 年長沙馬王堆三號漢墓帛書出
　　土，……隸篆雙體的《老子》前後附抄古佚書，正是漢代黃老合卷的明證。……具體顯示了
　　黃學的主要思想內容。……《黃帝四經》和《伊尹九主》。……讓我們逐漸邁入黃老學研究
　　的坦途。……透過分析發現都充滿道法色彩，都是從天道上去講治道，它們下降老子的道去
　　整合刑名，爲刑「名」取得合理根源，也用「刑名」去詮釋老子的「無爲」。繼承並改造老
　　子的雌柔哲學轉化爲正靜、因時的政術。同時擷取陰陽家與儒家的理論，去調合潤飾這些因
　　道全法的理論。全不思想呈現著王霸雜治的色彩，……便是戰國以迄西漢間黃老思想具體兒
　　詳細的內容。……從心術去推衍治術。……其間《管子》四篇和申不害、慎到、韓非等人之
　　著作外，《荀子》、《莊子》外雜篇，乃至於《禮記》的〈大學〉、〈中庸〉裡也散見著一些黃
　　老理論。下迄《呂氏春秋》和《淮南子》黃老道家思想理論益臻完備。

失計，立功建德，治名入產業，曰捷而內合」；〈抵巇第四〉：「天下紛錯，上無明主，公侯無道德」；〈摩篇第八〉：「所謂主事日成者：積德也，而民安之，不知其所以利」；〈決篇第十一〉：「聖人所以能成其事者有五：有以陽德之者」；〈符言第十二〉：「德之術曰：勿堅而拒之，許之則防守，拒之則閉塞。高山仰之可極，深淵度之可測，神明之德術正靜，其莫之極歟。右主德」，「理生於名實之德，德生於和」；〈盛神第一〉：「故道者，神明之源，一其化端，是以德養五氣，心能得一，乃有其術」，「化有五氣者，志也、思也、神也、德也；神其一長也」，「懷天心，施德養」；〈損兌第七〉：「故聖人以無為待有德，言察辭，合於事」；〈中經〉：「施之能言、厚德之人」，「施德者，依道」，「蓋士遭世異時危，或當因免填坑，或當伐害能言，或當破德為雄，或當抑拘成罪，或當戚戚自善，或當敗敗自立。故道貴制人，不貴制於人也。制人者，握權；制於人者，失命」，「以道為形，以德為容」。以上，無不證實鬼谷子是相當的重視道「德」，還清楚道與德之分野，更明瞭接引天道為人德之所用。

　　爾後，「德」漸漸演變到黃老學派之「道、『刑、名、法、術』」，以法「天道」而出「政道」之「治道」。如此「道」之營養，乃能使得兵家、法家、縱橫家……的綠葉發華枝。以「道」為天下式，彷彿大水庫之一般的無窮無盡的、無污染的、無毒的優質水；開始流入大江河、小溪流、小川溝，直進入家裡的小水管裡；雖然不復當初大水庫般之水流，卻也能以涓涓滴滴的水，為蒼生之滋養，而朝向「真理之道」，繼續為平凡百姓與蒼生的生命，無止盡的追求奮鬥與努力。

　　傳統道家選擇逃避與離開，像是完全沒有責任之一般，使得世間停格不轉動，只留下「墨家、儒家、兵家、法家、縱橫家、醫家、農家、名家……」繼續為人間蒼生而奮戰，不止見到口水（爭辯）、也看得到血水（已戰宜死、未戰亦死、自然亦死），例如《秦策一》〈張儀說秦王〉張儀說秦王曰：「臣聞之，弗知而言為不智，知而不言為不忠。為人臣不忠當死，言不審亦當死」；《秦策三》〈范雎至秦〉：「死不足以為臣患，亡不足以為臣憂，漆身而為厲，被髮而為狂，不足以為臣恥。五帝之聖而死，三王之仁而死，五伯之賢而死，烏獲之力而死，奔、育之勇焉死。死者，人之所不免也……臣死而秦治，賢於生也。」

　　范雎遊說秦昭王，不願立即發表自己的政治見解，並非擔心個人之生死榮辱，而是「交淺言深」，無益也。其實也都反應出，身為一位縱橫的策士們，

在進行遊說時，就常有了性命不保之打算，這是種危及身家性命的工作。古人能「因仁、因義、因聖、因賢、因主」而樂於就逝，才真算是有點價值。所謂「今也制民之產，仰不足以事父母，俯不足以畜妻子，樂歲終身苦，凶年不免於死亡」（〈梁惠王上〉）。然而事實上處於亂世，人命卻是何等之卑微貧賤，連一張破草蓆也不如。因此理想的政治主張，還得為現實的社會而屈就。

有志之士亦見識過奔波勞累、奢華無功，例如《墨子》〈非攻中〉：「古者吳闔閭教七年，奉甲執兵，奔三百里而舍焉」；《墨子》〈辭過〉：「大國累百器，小國累十器，……是以富貴者奢侈，孤寡者凍餒，雖欲無亂，不可得也」；《墨子》〈非命下〉：「昔三代暴王桀、紂幽厲，貴為天子，富有天下，於此乎，不而矯其耳目之欲，而從其心意之辟，外之毆騁、田獵、畢弋，內湛於酒樂，而不顧其國家百姓之政，繁為無用，暴逆百姓，遂失其宗廟。」

更還會目睹，其臭無比的屍水（意謂戰死沙場），例如《秦策二》〈宜陽未得〉：「宜陽未得，秦死傷者眾」；《秦策四》〈頃襄王二十年〉：「韓、魏父子兄弟接踵而死於秦者，百世矣。本國殘，社稷壞，宗廟毀，剖腹折頤，首身分離，暴骨草澤，頭顱僵僕，相望於境；父子老弱系虜，相隨於路；鬼神狐祥，無所食，百姓不聊生，族類離散，流亡為臣妾，滿海內矣」；《齊策六》〈燕攻齊取七十餘城〉：「燕攻齊，取七十餘城，唯莒、即墨不下。齊田單以即墨破燕，殺騎劫。初，燕將攻下聊城，人或讒之。燕將懼誅，遂保守聊城，不敢歸。田單攻之歲餘，士卒多死，而聊城不下。……故解齊國之圍，救百姓之死，仲連之說也」，「四戰之後，趙亡卒數十萬，邯鄲僅存。」

以上可見說客仲連之功，但社會的不公不義、戰爭的慘烈，百姓的貧困痛苦，全都在風中飄蕩；連帶身受道統知識，所影響的士族份子其哀慟，更加久久無法消散。但不管是旁觀者或是直接的參與者，或有不在場證明者，他們都共同見證到了中國傳統政治思想「道統」的爭奪與建構，不管是消極或者是積極，一概都作出了嶄新的詮釋。鬼谷先生深受道家影響，〈謀篇第十〉：「天地之化，在高與深；聖人制道，在隱與匿」；長期隱居於鬼谷，不理人間是非。但卻以一部《鬼谷子》傳世，教化子弟，讓遊說理論得以更加堅實，使得縱橫學說繼續影響天下。蘇秦、張儀首倡「合縱、連橫」之術，而化天下之窘局，以成對立為貳；將政事、人事化繁為簡，江山歸於一統。

其實歸根結底，不論是老子之道家之「道」或孔子之儒家之「道」，後世

儒家所遵循的「道統」；前者是自然生命與自然之規律下的「心性自然之道」理性的定理，後者是民族文化與良好之政治制度下的「人格教化之道」感性的情懷，都是爲了人文的一種應運變異現象思想之具體應用。它從來都是如影相隨的，而且早就已經從古自今、由外而內，始終流竄於中華民族的心靈與血液之中，早就已成爲我們每個人自身中之體驗及一種責任，也是我們大家所共同承擔的，只是被過多的歷史與文化和人治興衰所隱瞞起來。如老子言：「天大、地大、王亦大」，代表崇高如神格天之：「道者萬物之奧」；假如王者「不出戶知天下」，也能知道天下百姓之喜好，並且能加以良善的滿足他們的需求；還能夠：「以道佐人主者，不以兵強天下」，因爲：「天之道，利而不害；聖人之道，爲而不爭」；聖王用天道與人道：「損不足以奉有餘。孰能有餘以奉天下」（〈第七十三章〉），則再也沒有一位霸主，願意冒著普天下眾民之諱，力抗之。

　　所謂：「水可載舟、亦可覆舟」[81]，中華民族爲之驕傲的「貞觀之治」，唐太宗此位傑出的創造者，曾和魏徵、房玄齡……等大臣，於政務對話時就論證過「民水君舟」[82]，水之可載舟亦可覆舟的道理。一再的強調「載舟亦覆舟，所宜深慎」，「爲君之道，必須先存百姓」。李世民意味深長地說：「有道則人推爲主，無道則人棄而不用，誠可謂也」[83]，這些議論成爲「輕君」、「賢臣」互相唱和。此即是孔子千古名言：「水可載舟、亦可覆舟」[84]，也正是二千年

---

[81] 子曰：「夫君者舟也，人者水也。水可載舟，亦可覆舟。君以此思危，則可知也。」

[82] 語出唐代陸贄《奉天論延訪朝臣表》：「故喻君爲舟，喻人爲水，言水能載舟亦能覆舟也，舟即君道，水即人情，舟順水之道乃浮，違則沒，君得人之情乃固，失則危。」

[83] 語出《貞觀政要》卷第一〈君道第一〉貞觀初，太宗謂侍臣曰：「爲君之道，必須先存百姓。若損百姓以奉其身，猶割股以啖腹，腹飽而身斃。若安天下，必須先正其身，未有身正而影曲，上治而下亂者。朕每思傷其身者不在外物，皆由嗜欲以成其禍。若耽嗜滋味，玩悅聲色，所欲既多，所損亦大，既妨政事，又擾生人。且復出一非理之言，萬姓爲之解體，怨讟既作，離叛亦興。朕每思此，不敢縱逸。」諫議大夫魏徵對曰：「古者聖哲之主，皆近取諸身，故能遠體諸物。昔楚聘詹何，問其治國之要，詹何對以修身之術。楚王又問治國何如，詹何曰：『未聞身治而國亂者。』陛下所明，實同古義。……」〈政體第二〉「貞觀六年，太宗謂侍臣曰：「看古之帝王有興有衰……可愛非君可畏非民……天子者，有道則人推而爲王，無道則人棄而不用，誠可畏也。」魏徵對曰：「自古失國之主，皆爲居安忘危，處理忘亂，所以不能長久。……君又聞古語云：『君，舟也；人，水也。水可載舟、亦可覆舟』陛下以爲可畏，誠如聖旨。」唐、吳競　撰《貞觀政要》40篇、286章，謝保成　集校《貞觀政要集校》北京、中華書局，2003年11月，頁11、頁34。

[84] 語出《孔子家語》〈五儀解〉公曰：「善哉！非子之賢，則寡人不得聞此言也。雖然，寡人生於深宮之內，長於婦人之手，未嘗知哀，未嘗知憂，未嘗知勞，未嘗知懼，未嘗知危，恐不足以行五儀之教，若何？」孔子對曰：「如君之言，已知之矣，則丘亦無所聞焉。」公曰：「非吾子，寡人無以啓其心，吾子言也。」孔子曰：「君入廟如右，登自阼階，仰視榱桷，俯察

有古以來，我國「道統」延續之威力。始終影響著歷代明君賢臣，無不盡力以此爲鏡鑑，從而才能使得國家隨時處於長治久安之道。唐太宗便是善於採用且化爲政策，最能夠正確的處理愛民與使民的關係，終究贏得民心向背，成就了中華史上最輝煌的大唐帝國。唐初對《道德經》之重視，亦如漢初成就「文景之治」的黃老思想一般，採用經濟開放政策，盡量用不擾民的私營經濟，以利自由發展，寄富於民。[85]

「王者天下無敵」，儒家所支持之「道統」，與道家所主張尊奉無所不在的「天道」之「聖人之道」，不就是完全如出一轍。《鬼谷子》亦言「能用此道，聖人也」。鬼谷先生的人之「道」，也是沿襲至「天道」之「道」。〈損兌第七〉：「故聖人以無爲待有德，言察辭，合於事」；他進一步說：「持樞……，謂春生、夏長、秋收、冬藏，天之正也」[86]，這裡所言「天之正」，就是作者鬼谷先生所表明「一位領導者、人君在掌握事情之關鍵，就必須依循『天之正』（同老子之「天之道」）其大自然的時運之理，天候給予的四季運行之理；而且這種「天之道」：「不可干而逆之。逆之者，雖成必敗」；會成就「地之理」：「故人君亦有天樞，生、養、成、藏」；兩者會聯合起來，進一步的影響到人君、臣子與百姓。〈中經〉：「施之能言、厚德之人」，「施德者，依

機筵，其器皆存，而不睹其人，君以此思哀，則哀可知矣；昧爽夙興，正其衣冠，平旦視朝，慮其危難，一物失理，亂亡之端，君以此思憂，則憂可知矣；日出聽政，至於中冥，諸侯子孫，往來爲賓，行禮揖讓，慎其威儀，君以此思勞，則勞亦可知矣；細然長思，出於四門，周章遠視，睹亡國之墟；必將有數焉，君以此思懼，則懼可知矣；夫君者、舟也；庶人者、水也。水所以載舟，亦所以覆舟，君以此思危，則危可知矣。君既明此五者，又少留意於五儀之事，則於政治何有失矣！」

[85] 參閱《鹽鐵論》卷二〈非鞅篇第七〉文學曰：「昔文帝之時，無鹽鐵之利而民富，今有之而百姓困乏，未見利之所利也，而見其害也。且利不從天來，不從地出，一取之民間，謂之百倍，此計之失也。……自天地不能兩盈，而況於人事乎？故利於彼者必耗於此，猶陰陽之不並曜，晝夜不長短也。商鞅峭法長利，秦人聊生，相與哭孝公。吳起長兵攻取，楚人搔動，相與泣悼王。其後楚日以危，秦日以弱。故利蓄而怨積地廣而禍搆，惡在利用不竭而民不知，地盡西河而人不苦也？今商鞅之冊任於內，吳起之兵用於外，行者勤於路，居者匱於室，老母號泣，怨女嘆息。文學雖欲無憂，其可得也？」三民書局印行、1995年7月、頁93。漢昭帝始元六年（81BC），召開鹽鐵會議，以財政經濟問題爲中心內容的大規模討論會。與會除官方丞相田千秋、御史大夫桑弘羊、丞相屬員丞相史等，與民間全國各地薦舉的賢良、文學共60餘人。除針對當時之經濟政策外，還大量涉及軍事、政治、學術、生活等各方面。前者代表朝廷之官方，激烈反擊賢良、文學們，對於漢武帝時期內外政策的指責；後者是儒家經典哺育出來的知識份子，來自民間較明瞭地方基層問題，故雙方展開激烈之辯論。漢宣帝時恒寬，重新將之整理寫成《鹽鐵論》60篇傳世，以「究治亂，成一家之言」。

[86] 語出《鬼谷子》下卷〈持樞〉：「持樞，雄而不滯，其猶決水轉石，誰能當禦哉！持樞，謂春生、夏長、秋收、冬藏，天之正也；不可干而逆之。逆之者，雖成必敗。故人君亦有天樞，生、養、成、藏，亦復不可干而逆之；逆之者，雖盛必衰。此天道、人君之大綱也。」

道」，「故道貴制人，不貴制於人也。制人者，握權；制於人者，失命」，「以道爲形，以德爲容」。所謂「人之德」：「亦復不可干而逆之；逆之者，雖盛必衰」；絕不可逆勢而爲，不遵從此天樞，國家雖強亦會敗亡。可見鬼谷子的縱橫術擁有深沉的教化，絕非外人所言，只有術，而無學之淺薄。

　　鬼谷子認爲身爲領導者，必須遵守將「地之道」之所代表著「生、養、成、藏」；化之爲「人之道」，即所謂「人之德」；所以才是「此天道、人君之大綱也」。如同孔子曰：「文、武之政，布在方策，其人存，則其政舉；其人亡，則其政息。人道敏政，地道敏樹」（《中庸》）；方策佈置妥當，則「人存政舉」。所以「天道」雖然重要，也總得有四時、陰陽正常之「地道」相配合；當然，還必須講究「人道」，而「人道」之興衰存廢，則除了上者有「聖人、明君」主導外，更須需要「賢能之士」輔佐成良好之「治道」，加以共同彰顯推行，否則「人亡政息」可見之一般。

　　文子在〈道原〉中，將「道」與「聖人」與「德」作了連結。「是以聖人執道，虛靜微妙以成其德，故有道即有德，有德即有功，有功即有名，有名即復於道，功名長久，終身無咎，王公有功名，孤寡無功名，故曰聖人自謂孤寡，歸其根本。」因爲天道如人道般，德在其中，雖然老子《道德經》說「故失道而後德」〈第卅八章〉。但是就因爲天道有德〈第五十一章〉：「道生之，德畜之，物形之，勢成之。是以萬物莫不尊道而貴德。道之尊，德之貴」，如文子補充說明：「虛靜微妙以成其德」，所以「聖人執道」，才能「有功」，而後「有名」，之後「即復於道」，終至於「功名長久」，進而「終身無咎」，便可以得到百姓之愛戴。

　　這在於《鬼谷子》書中，也有同樣之道理，所謂〈抵巇第四〉：「察之以捭闔……聖人者，天地之使也」，「故聖人以無爲待有德，……因自然之道以爲實。是謂大功。」只是必須透過「言察辭」才能「合於事」，並且積極的「圓者不行，方者不止」（《本經陰符》〈損兌第七〉）；便能成就「大功」，以此貴爲聖人。從來「聖王」之治或西方《聖經》（*the Holy Bible*）上之「救世主」（the Saviour，the Redeemer），基督教對耶穌基督（Jesus Christ）的稱呼，或佛教之「彌勒佛」（幾億年後的未來佛），都是永遠的活在人民的心坎裡，可望而不可及。這向來仿佛如同「久旱望甘霖」一般的深植於人心之中，都希望他們能早日降臨。所秉持的，都是無形之「天道」[87]：「德」、「仁」、「愛」

---

[87] 謝仲明著《儒學與現代世界》〈天道論〉：「就天之概念本身而言，乃是一形式概念，其實踐

與「慈悲」而已。有道、儒、墨，與後來釋的成分在。

　　為了強調民本論的重要價值，中國古人乾脆把「以民為本」昇華到「道」的本體論高度上去認識：「天視自我民視，天聽自我民聽。」（《尚書‧周書》）一種追求「天人合一」的神秘宇宙觀，被清晰地展露在「民情、民意」，乃是老天爺獎懲，凡間統治者的憑據的說法當中。就如同當代中國大陸鄧小平充滿睿智的下述論斷：「舊中國留給我們的，封建專制傳統比較多，民主法制傳統很少」之一般。才能成就新中國於國際經濟大位的大功，所以鬼谷子說：「故聖人以無為待有德，……因自然之道以為實；是謂大功。」鬼谷子認為聖人在「主事日成，而人不知；主兵日勝，而人不畏也」如是安民不擾民之下，如蔣經國所言：「安安心心的工作，安安心心的生活。」使「道」以「實」為，行建「大功」，以利人；這不也是出於道家所強調自然不勞民，才能利民樂民的一貫主張。本節，論道家與《鬼谷子》之道與德，內容格局尚嫌屬不足，如有為者望多能著墨，幸矣！

## 第四節　鬼谷思想與先秦陰陽家

　　鬼谷子學說之中，另有一邏輯基礎也就是「陰陽」，全本《鬼谷子》有33次20段落提到「陰」、30次19段落「陽」、9次8段落「陰陽」。也就是72次47段落直接使用這字眼，其出現頻率夠高。說話術之得之於「陰陽」理論之建構，此原則容後討論，本節主要是為鬼谷子與陰陽家之關連。

　　首先觀察鬼谷子其陰陽大義為何？茲將《鬼谷子》書中有提及「陰陽」

---

意義，有待乎進一步的規定；而此實質意義的規定依不同思想背景，亦有所不同。『天』乃指一超越的至高無上的存有（supreme being）。但此『超越的至高無上的存有』，根本是『天』此概念之意義。因而天是一超越的、至高無上的存有乃是一分析定義，其中並無提共任何實質內容。如果僅就其形式意義而言則『天』與『天帝』、『太極』、『大一』、『天道』、『上帝』、『神』等其他名目，都是同義詞，即它們都相同的意指一超越的、至高無上的存有。在此形式意義中，並無規定什麼是那超越的、……莊子可言『天道』、墨子亦言『天志』、荀子也說『天』、《詩經》《尚書》亦有『天帝』『上帝』之辭……作為一形式概念，『天』或『天道』或『上帝』之概念，乃是公共的而不限於某一體系。……此種投身（commitment），有其嚴肅的文化、道德及宗教意義。……對天之實質意義之規定可有兩種進路；我們將分別稱之為理論的、及實踐的。理論的進路，乃依乎一特定的哲學系統，……在康得『上帝』便依此而被引進及界定……亦不必通過個人之身體力行而可獲得。相對地，經由實踐的進路所決定的『天』之實質意義，……而是具體的、有熱誠的、也是內在的、繫乎個人生命的。……自古典經籍中，天固然含有有原始宗教的主宰神明之意義，……在儒學，『天』之實質意義，依道德實踐之進路而得規定。……由孔子踐仁知天而證得。」臺北；台灣學生書店，1986年二版，頁95～98。

二字之字句攤開，共有九句如下：如〈實意第三〉言：「見陰陽之終始，原人事之政理」；及〈內揵第二〉：「善變者：審知地勢，乃通於天，以化四時，使鬼神，合於陰陽，而牧人民」；和提到「陰陽」二字七次之多的〈捭闔第一〉：「陰陽相求，由捭闔也」、「此天地陰陽之道，而說人之法也」，「爲小無内，爲大無外；益損、去就、倍反，皆以陰陽禦其事」，「捭闔之道，以陰陽試之。故與陽言者，依崇高。與陰言者，依卑小」，「捭闔者，以變動陽，四時開閉，以化萬物；縱橫反出，反覆反忤，必由此矣」，「觀陰陽之開闔以名命物」，「陰陽其和，終始其義」。

　　以上可得知，《鬼谷子》並未將陰陽之義加以解釋清楚，只是加以實際應用與使用於人事計謀上罷了。換句話說，也就是此「陰陽」二字，在鬼谷子之時代，已是大家深明且已知之詞藻語彙了，只管用了都再清楚不過的事。如孫子所言：「天者，陰陽、寒暑、時制也」。此處陰陽意思，並非是卜筮算卦，而是張預[88]曰：「夫陰陽者，非孤虛向背之謂也，蓋兵自有陰陽耳。」《國語》范蠡言：「後則用陰，先則用陽。盡敵陽節，盈吾陰節而奪之。」此皆言兵戰對立、剛柔強弱等人事陰陽之用，非天官、日時等自然陰陽之意。

　　孟氏註曰：「兵者，法天運也。陰陽者，剛柔盈縮也。用陰，則沉虛固靜；用陽，則輕捷猛屬。後則用陰，先則用陽。陰無蔽也，陽無察也。陰陽之象無定形，故兵法天。天有寒暑，兵有生殺；天則應殺而制物，兵則應機而制形。故曰『天』也。」（《孫子兵法十家註》〈卷上、始計篇〉），亦即「陰陽學說」，早就深植在中國哲學諸子百家與後繼之學中。除陰陽家與《周易》非常講究之原理原則外，就屬鬼谷子才能將陰陽思想靈活應用於遊說外交、計謀策略……，並且發揮得空前的淋漓盡致，說是縱橫家學說思想所獨有的特色，

---

[88] 張預（字公立）北宋、東光（今河北省東光縣）人編寫《十七史百將傳》又稱《百將傳》、《正百將傳》，從十七史中選出一百位名將編寫傳記。後著《張預注孫子》、《通志·藝文略》著錄乙卷。其注收入《十家注》（十家指曹操、李筌、杜牧、陳皡、賈林、孟氏、梅堯臣、王皙、何延錫、張預。）後單行本不久即亡佚。現存《十家注》系統各本中。其注在十一家中數量最多（今《孫子十家注十三卷》：（漢）曹操，（梁）孟氏，（唐）李筌、（唐）杜佑、（唐）杜牧、（唐）陳皡、（唐）賈林、（宋）梅堯臣、（宋）王皙、（宋）何延錫、（宋）張預註；（清）孫星衍、（清）吳人驥校）；他特別的注意《孫子》各篇之間內在的聯繫，而不單是訓解字、詞，在探討《孫子》自身理論構架、系統理解《孫子》思想方面有所不同。在對其詞、句的解釋和闡發上也多有新見。如註《軍事篇》「朝氣銳」句爲：「朝喻始，晝喻中，暮喻末，非以早晚爲辭也」，糾正了前人的錯誤說法；對《九地篇》「將有五危」的解釋，注意各條之間相互制約的關係，反對「一守而不知變」，甚有見地。其注引錄不少的《孫子》佚文和諸葛亮、李靖等人的言論，頗有史料價值。

也算是受陰陽家所影響，均無不可。這便是屬於「政治陰陽」的部分。

我們從千年後的《李衛公問對》一書對唐太宗講到范蠡所言：「後則用陰，先則用陽。盡敵陽節，盈吾陰節而奪之」。便可得知陰陽理論於兵家之妙用。（意思是後發制敵用陰謀，先發制敵用陽謀，把敵人的意志與銳氣盡數奪之）。今觀尉繚子〈天官〉：「刑以伐之，德以守之，非所謂天官時日陰陽向背也。黃帝者，人事而已矣。」其意義最為明朗了。《大白陰經》也有〈天無陰陽〉之篇，皆著為卷首，不就表示要一決世人之惑。太公曰：「聖人欲止後世之亂，故作為讖書，以寄勝於天道，無益於兵也。」是亦然矣。唐太宗亦曰：「兇器無甚於兵。行兵苟便於人事，豈以避忌為疑也。」欲誠如杜牧曰：「陰陽者，……咸稱祕奧，察其指歸，皆本人事。」[89]以上，可知鬼谷子以人事縱橫陰陽之用，化解兵家之應機制形，來自於「兵陰陽家」之學為大多數。

陰陽家，是中國於東周之戰國中期的主要學派之一。陰陽家主要由三大流派，士陰陽、兵陰陽、術陰陽組成。漢武帝罷黜百家，獨尊儒術之後，陰陽學派流落民間，後人不察其大道，而學其小術，故封建迷信興。致淪為看相算命測風水之江湖術士。以提倡「陰陽、五行學說」為宗旨，故名陰陽家，又稱「陰陽五行家」或「五行家」。「陰陽講世間萬象的二元對立，五行講世間萬象的五位迴圈」[90]。司馬談《論六家要旨》列「陰陽家」為六大學派之首。《漢書、藝文志》列為「九流」之一，主要代表人物有戰國末期齊國的鄒衍，為稷下諸子之首。《史記》說：「鄒衍之術，迂大而宏辨」。[91]我們今日以此得

---

[89] 杜牧曰：「陰陽者，五行、刑德、向背之類是也。今五緯行止，最可據驗。巫咸、甘氏、石氏、唐蒙、史墨、梓慎、稗竃之徒，皆有著述，咸稱祕奧，察其指歸，皆本人事。」

[90] 文自李零《〈周易〉是本什麼樣的書》：「《易經》是西周筮占的經典，《易傳》是戰國、秦、漢新舊占卜雜交的產物。在《易傳》的闡釋下，《易經》才成為中國自然哲學的源泉之一。陰陽講世間萬象的二元對立，五行講世間萬象的五位迴圈，它們一靜一動，構成古人解釋世界的兩把鑰匙。我說的自然哲學，就是指這兩把鑰匙。」北京大學中文系教授（觀察者網http：//www.guancha.cn/LiLing/2014_06_23_237530_s.shtml）

[91] 《孟子荀卿列傳》：「孟軻，騶人也。受業子思之門人。道既通，游事齊宣王，宣王不能用。適梁，梁惠王不果所言，則見以為迂遠而闊於事情。當是之時，秦用商君，富國彊兵；楚、魏用吳起，戰勝弱敵；齊威王、宣王用孫子、田忌之徒，而諸侯東面朝齊。天下方務於合從連衡，以攻伐為賢，而孟軻乃述唐、虞、三代之德，是以所如者不合。退而與萬章之徒序詩書，述仲尼之意，作孟子七篇。其後有騶子之屬。其次騶衍，後孟子。騶衍睹有國者益淫侈，不能尚德，若大雅整之於身，施及黎庶矣。乃深觀陰陽消息而作怪迂之變，終始、大聖之篇十餘萬言。其語閎大不經，必先驗小物，推而大之，至於無垠。先序今以上至黃帝，學者所共術，大並世盛衰，因載其禨祥度制，推而遠之，至天地未生，窈冥不可考而原也。先列中國名山大川，通谷禽獸，水土所殖，物類所珍，因而推之，及海外人之所不能睹。稱引天地剖判以來，五德轉移，治各有宜，而符應若茲。以為儒者所謂中國者，於天下乃八十一分居其一分耳。中國名曰赤縣神州。赤縣神州內自有九州，禹之序九州是也，不得為州數。中國

知，鄒衍為首的陰陽家，學問淵博，對於天文地理、人文歷史、蟲魚鳥獸、山川水文，無所不知；堪稱為天文學家、地理學家、博物學家、歷史學家、人類學家、倫理學家……一個大學問家；然而卻治國無方「王公大人初見其術，懼然顧化，其後不能行之。」又：「其術皆此類也。然要其歸，必止乎仁義節儉，君臣上下六親之施，始也濫耳」(《史記》〈孟子荀卿列傳〉)。陰陽家思想被瓜分與分享，也不足為奇！但其實早在鄒衍的陰陽家開創之前，陰陽理論早就存在。《數術略》所區分的：「天文、曆譜、五行、蓍筮、染占、刑法」，亦即「五行數術陰陽」。

我們皆知鄒衍學說，是以「大九州說」和「五德終始說」為主。陰陽家學派在魏、晉以後，便已不復存在（少在官府不為官學，轉入民間發展）。《漢書、藝文志》著錄陰陽家著作「二十一家，三百六十九篇」，可惜都沒有流傳下來（近年考古已陸續出土，於金雀山漢墓有《地典》、《曹氏陰陽》）。只是從董仲舒的《春秋繁露》中，還可以看到一些關於陰陽家的學說內容。《漢書、藝文志》云：「陰陽家者流，蓋出於羲和之官，敬順昊天，曆象日月星辰，敬授民時，此其所長也」。因此有關天文曆法、氣侯氣象、地理災荒、人文異象、兵戰天象、山川量測、農務糧種、計數田畝、……無不與之陰陽家有關，影響所及擴及諸子百家。但其於宮府有所貢獻者，當屬「天文曆算」由其是觀測天文之「度數量測」理論：「夫日月之術，日循黃道，月從九道。以赤道儀，日冬至去極俱一百一十五度。其入宿也，赤道在鬥中十一，而黃道在鬥十九。兩儀相參，日月之行，曲直有差，以生進退。故月行井、牛，十四度以上；其在角、婁，十二度以上。皆不應率不行。以是言之，則術不差不改，不驗不用。天道精微，**度數難定**，術法多端，曆紀非一，未驗無以知其是，未差無以知其失。失然後改之，是然後用之，此謂允執其中。」

以上是陰陽家對於國計民生，最有用途的是「度數」量測在於：天文曆數、四季農作、氣候軍戰參考實用。而其另外之理論「陰陽」之用，較為無

外如赤縣神州者九，乃所謂九州也。於是有裨海環之，人民禽獸莫能相通者，如一區中者，乃為一州。如此者九，乃有大瀛海環其外，天地之際焉。其術皆此類也。然要其歸，必止乎仁義節儉，君臣上下六親之施，始也濫耳。王公大人初見其術，懼然顧化，其後不能行之。」「是以鄒子重於齊。……鄒衍其言雖不軌，儻亦有牛鼎之意乎？……自鄒衍與齊之稷下先生，如淳于髡、慎到、環淵、接子、田駢、鄒奭之徒，各著書言治亂之事，以干世主，豈可勝道哉！……鄒奭者，齊諸鄒子，亦頗采鄒衍之術以紀文。……荀卿，趙人。年五十始來遊學於齊。鄒衍之術迂大而閎辯；奭也文具難施；淳于髡久與處，時有得善言。故齊人頌曰：『談天衍，雕龍奭，炙轂過髡。』」

形與虛無，但卻發展成爲我國哲學的一種範疇，本指事物兩種相互對立的方面。《周易》、〈繫辭傳〉：「一陰一陽之謂道」；莊子將之定義爲「氣」，爲所包含的矛盾對立之要素，《莊子》〈則陽第廿五〉：「陰陽，氣之大者也」。其後陰陽家則把陰陽矛盾作用，所引起的變易推演到神秘化之境界；如《史記》〈列傳〉言：「深觀陰陽消息，而作怪迂之變」。然而號稱國學，承襲並改造自《連山易》、《歸藏易》的《乾坤易》，不也以一部深研「陰陽消息」資訊變化，服務世人指導人生趨吉避凶、維繫關係、和諧發展的單一經典，而至今還流傳千古的《易經》聞名於世。而比之更專業的陰陽家，司馬遷言：「其後戰國並爭，在於彊國禽敵，救急解紛而已，豈遑念斯哉！是時獨有鄒衍，明於五德之傳，而散消息之分，以顯諸侯」（《史記》〈歷書〉）。

若欲獨門探究虛無的能量世界，必竟無法比得上現實有形的物質世界，那麼的切膚之痛與清楚明瞭，「書言神僊使鬼物爲金之術，及鄒衍重道延命方，世人莫見」（《漢書》〈楚元王傳〉），和能即時滿足飢餓的迫切需要。再說陰陽家那艱澀的時空能量理論與空泛不切實際的博學言論，實在難以爲當時深陷於複雜的政治鬥爭環境，與慘酷的亡國滅族之兵戰危機下，終日面對以上現實社會民生問題而忙碌苦惱的在朝君臣們，其積極入世的主流思想所能接受與理解。只能定位爲科研人才，只是在物質匱乏兵荒馬亂的時代與歲月裡，還真沒那個份兒。

韓非子對於陰陽家有嚴厲之批判言：「鑿龜數筴，兆曰大吉，而以攻燕者趙也。鑿龜數筴，兆曰大吉，而以攻趙者燕也。劇辛之事，燕無功而社稷危。鄒衍之事，燕無功而國道絕。……龜筴鬼神不足舉勝，左右背鄉不足以專戰。然而恃之，愚莫大焉」[92]。試論，打仗殺人比不上兵家、權勢爲官比不上法家、策略戰鬥比不上縱橫家、邏輯論辯鄒衍卻以談天之辯，把名家給比下了：「平原君厚待公孫龍。公孫龍善爲堅白之辯，及鄒衍過趙言至道，乃絀公孫龍」（〈平

---

[92] 《韓非子》〈飾邪第十九〉：「鑿龜數筴，兆曰大吉，而以攻燕者趙也。鑿龜數筴，兆曰大吉，而以攻趙者燕也。劇辛之事，燕無功而社稷危。鄒衍之事，燕無功而國道絕。趙代先得意於燕，後得意於齊，國亂節高，自以爲與秦提衡，非趙龜神而燕龜欺也。趙又嘗鑿龜數筴而北伐燕，將劫燕以逆秦，兆曰大吉，始攻大樑而秦出上黨矣，兵至釐而六城拔矣，至陽城，秦拔鄴矣，龐援揄兵而南則鄣盡矣。臣故曰：趙龜雖無遠見於燕，且宜近見於秦。秦以其大吉，辟地有實，救燕有有名。趙以其大吉，地削兵辱，主不得意而死。又非秦龜神而趙龜欺也。初時者魏數年東鄉攻盡陶、衛，數年西鄉以失其國，此非豐隆、五行、太一、王相、攝提、六神、五括、天河、殷搶、歲星非數年在西也，又非天缺、弧逆、刑星、熒惑、奎台非數年在東也。故曰：龜筴鬼神不足舉勝，左右背鄉不足以專戰。然而恃之，愚莫大焉。」

原君虞卿列傳〉)。醫術治病比不上醫家、耕田存糧比不上農家、巧工熱情比不上墨家、入世仁義禮教比不上儒家:「臣聞鄒衍曰:『政教文質者,所以云救也,當時則用,過則舍之,有易則易也,故守一而不變者,未睹治之至也。』」[93]、出世曠達比不上道家;又「齊有三鄒衍之書,瀇洋無涯,其文少驗,多驚耳之言」(《論衡》〈案書第八十三〉)。陰陽家的學問難以驗證,眞也是一時難以受到當時之國君所重用,《鹽鐵論》:「鄒衍非聖人,作怪誤,熒惑六國之君,以納其說。此春秋所謂『匹夫熒惑諸侯』者也。」[94]。因爲政治一事,乃關係國事,國家人民存亡之大計,不比科學或哲理之可反覆實驗,推理論證之;所以唐堯時代天下洪荒,鯀治水無方,乃受死罪可看出其嚴肅性。

　　哪個有爲的年輕人能夠耐得住寂寞,與生活的困頓與無望?所以在欠缺生存條件之下的門生,實在難以學習與發展,兩極化漂浮不定的存在及不確定情境,只得活在論禍福吉凶與出世與入世間勉強生存下來。雖於日後千百年裡也間接或直接的,參與了宮廷的軟硬體設施與建設之活動與鬥爭;只是陰陽家學派的消失,往後淪落進入於隱性社會,是必然與可能絕非偶然之事。究其許多因素,最終被那萬物萬事均屬於陰陽之學所綁架。「因秦滅六國,兵戎極煩,又升至尊之日淺,未暇遑也。而亦頗推五勝,而自以爲獲水德之瑞,更名河曰「德水」,而正以十月,色上黑。然曆度閏餘,未能睹其眞也」(《史記》〈曆書〉);司馬遷明顯對於陰陽家,沒有好感,而對於縱橫家則較爲好評。如此極端之大與極端之細微,無所不包之大學問與大思想所困。屈原還特別在《楚辭》寫出這段話來「仲尼兮困厄,鄒衍兮幽囚」,是不言可喻。以上,這些問題絕非身爲智者的鬼谷子,所願以身試之及不喜樂見弟子遭毀譽及困

---

[93] 《漢書》〈朱吾丘主父徐嚴終王賈傳下〉:「臣聞鄒衍曰:『政教文質者,所以云救也,當時則用,過則舍之,有易則易也,故守一而不變者,未睹治之至也。』今天下人民用財侈靡,車馬衣裘宮室皆競修飾,調五聲使有節族,雜五色使有文章,重五味方丈於前,以觀欲天下。彼民之情,見美則願之,是教民以侈也。侈而無節,則不可贍,民離本而徼末矣。末不可徒得,故撱紳者不憚爲詐,帶劍者誇殺人以矯奪,而世不知愧,故姦軌浸長。夫佳麗珍怪固順於耳目,故養失而泰,樂失而淫,禮失而采,教失而僞。僞、采、淫、泰,非所以範民之道也。是以天下人民逐利無已,犯法者衆。臣願爲民制度以防其淫,使貧富不相燿以和其心。心既和平,其性恬安。恬安不營,則盜賊銷;盜賊銷,則刑罰少;刑罰少,則陰陽和,四時正,風雨時,草木暢茂,五穀蕃孰,六畜遂字,民不夭厲,和之至也。」

[94] 《鹽鐵論》〈論鄒第五十三〉:「文學曰:堯使禹爲司空,平水土,隨山刊木,定高下而序九州。鄒衍非聖人,作怪誤,熒惑六國之君,以納其說。此春秋所謂『匹夫熒惑諸侯』者也。孔子曰:『未能事人,焉能事鬼神?』近者不達,焉能知瀛海?故無補於用者,君子不爲;無益於治者,君子不由。三王信經道,而德光於四海;戰國信嘉言,而破亡如丘山。昔秦始皇已吞天下,欲並萬國,亡其三十六郡;欲達瀛海,而失其州縣。知大義如斯,不如守小計也。」

頓窮乏。

他們彼此之間的差別，在於陰陽家是將陰陽學問應用於「天文自然」學科之上「鄒衍吹律，寒谷可種。燕人種黍其中，號曰黍穀」(《論衡》〈寒溫第四十一〉)既精通於氣象，也是農業專家。而鬼谷子的「遊說計謀」，則只將陰陽應用於「人文社會」學科的「人事與政治」裡面。論其所需的活動成本來說：前者花費大、動員人數多，後者僅可能一人「夫賢人在而天下服，一人用而天下從」(〈秦策一〉)或一組臨時編制數人；所以所費成本不必太多：「不費鬥糧，未煩一兵，未張一士，未絕一弦，未折一矢」，便能夠把事情喬好，或做出驚天動地的事情來「橫歷天下，廷說諸侯之王，杜左右之口，天下莫之能伉」。再從思想的實施時效論：前者成就慢，而後者可以馬上立竿見影。

還有需求面上考量：後者需求性因戰國世局險惡、國事如麻，迫切急於需要可以立即解決此方面的外交軍事等問題的人才，《戰國策》所言：「式於政，不式於勇；式於廊廟，不式於四境之外」(〈蘇秦始將連橫〉)。也因為各國久經戰亂，朝野早已厭倦於戰爭，所以無不希望能夠不戰而屈人之兵；《說苑》舉出當時燕國需人才，應用郭隗大計廣招天下賢才，就有二位非兵家人物受到大重用：「燕王常置郭隗上坐南面，居三年，蘇子聞之，從周歸燕；鄒衍聞之，從齊歸燕；樂毅聞之，從趙歸燕；屈景聞之，從楚歸燕。四子畢至，果以弱燕並彊齊；夫燕齊非均權敵戰之國也，所以然者，四子之力也」(〈君道〉)。蘇子之後的發展卻比鄒衍還行，可見專精於政治作戰的縱橫家，的確較為國君所喜愛；因此比之於陰陽家是較受歡迎，也較容易生存。如《論衡》所記：「鄒衍無罪，見拘於燕，當夏五月，仰天而歎，天為隕霜」(〈感虛第十九〉)，鄒衍不知何罪被燕王給被關起來了。

陰陽家五德終始說影響所及，秦朝就因而採信。《史記·秦始皇本紀》：「始皇推終始五德之傳，以為周得火德，秦代周德，從所不勝。方今水德之始，改年始，朝賀皆自十月朔。」《漢書·郊祀志上》：「今秦變周，水德之時。昔文公出獵，獲黑龍，此其水德之瑞。」據推演黃帝木德→少昊火德→顓頊土德→帝嚳金德→堯帝水德→舜帝木德→夏禹火德→商湯土德→周文王金德→秦水德。水德尚黑，所以秦朝的禮服旄旗等都用黑色的。所謂「古之王者，必改正朔、易服色，異度數」[95]。一般常看電視歷史連續劇的人們，皆知不同

---

[95] 語出《學禮管釋》〈釋三代皆授田百畝〉清、夏炘是晚清一位著名學者，在《詩》學、《禮》學以及程朱理學等領域有諸多成就。著有《學禮管釋》十八卷、《三綱制服尊尊述義》三卷、

朝代總有其不同的官服，官服即「正服」[96]。以清氣象、以明耳目。但對其原本國家通行的「度數」，由於政治現實被改變了尚不知情，其實與不同個朝代有不同的官方語言是相同的道理。於此就見著「改正朔、易度數」之重要了，而這就是早期陰陽家掌管國家天文、地理、器物之法治規定的職責。而這裡面便充滿著天數、道數、度數、算數、計數……等等數理法則之掌控。《論衡》：「鄒衍之言『天地之間，有若天下者九。』……如鄒衍之書，若謂之多，計度驗實，反為少焉。」（〈談天第卅一〉）；又「下無法守也，朝不通道，工不信度，君子犯義，小人犯刑，國之所存者幸也」（《孟子》〈離婁上〉）。

　　可見「度數」之重要。若說鬼谷子與陰陽家有關，除了陰陽之意應用不同，還有關係的就屬「度數」了。「度數」於先秦諸子多也被廣為加以沿用。為治國理政、國計民生的重要標準依據，絕對不能有所缺失。《管仲》言：「地大國富，民眾兵強，此盛滿之國也；雖已盛滿，無德厚以安之，無度數以治之，則國非其國，而民無其民也；故曰：『失天之度，雖滿必涸。』」（〈形勢解〉）；鶡冠子亦言：「天用四時，地用五行，天子執一以居中央，調以五音，正以六律，紀以度數，宰以刑德」。秦統一天下後，馬上實施「車同軌，書同文」與幣制劃一；所以「度數」對一統國家之重要。《小戴禮記》言：「是故先王本之情性，稽之度數，制之禮義。合生氣之和，道五常之行，使之陽而不散，陰而不密，剛氣不怒，柔氣不懾，四暢交於中而發作於外，皆安其位而不相奪也」（〈樂記〉）。所以「度數」與「名類」一樣，是百姓使用物質、國家管理物質，聖人治國的最佳數據與工具，缺它不可。

　　其實我們的先秦典籍，講出「度數」的次數並不多，為數很少。都是國家內政制度管理與曆書天文等專業上所使用，其重要性，等同於分「類」之重要，可說已是屬於科學進步的文明管理了。甚至於《管仲》言：「凡所謂忠臣者，務明法術，日夜佐主，明於度數之理以治天下者也」（〈明法解〉），表示一位臣子應明白「度數」，將之管理好是其職責本分。《淮南子》也說出懂「度數」人才之重要：「為是釋度數而求之於朝肆草莽之中，其失人也必多矣」（〈氾論訓〉）。因此鬼谷子也能夠說出「度數」字句，也是屬於相當的不易了。

---

《詩古韻表二十二部集說》二卷、《景紫堂文集》十四卷、《漢唐諸儒與聞錄》六卷、《述朱質疑十六卷附釋字》一卷等。

[96] 古代朝廷之禮儀所規定的正式服裝，包括「朝服、祭服、喪服」。軍服當然隨著時代進步，與旗幟圖騰之互易而改變，百姓服裝並不在其中。《論語》〈鄉黨〉：「紅紫不以為褻服」。何晏集解，引三國、魏、王肅曰：「褻服，私居服，非公會之服，皆不正。」

其他諸子卻少用於思想，<u>孔</u>、<u>孟</u>（說到「度」一個字）未提到，整部《荀子》也才說出一句：「尺寸尋丈，莫得不循乎制、度、數、量然後行，則是官人使吏之事也，不足數於大君子之前。」<u>荀子</u>認爲「度數」不是屬大人物所要去知道的事。這或許是我國科學落後的主要原因！

「度數」是一種標準或規則而言：《周禮、春官、墓大夫》：「令國民族葬，而掌其禁令。正其位，掌其度數。」<u>鄭玄</u>注：「度數，爵等之大小。」《商君書、錯法》：「法無度數而事日煩，則法立而治亂矣」。<u>宋</u>、<u>陳善</u>《捫虱新話》卷一：「詩人之語，要是妙思逸興所寓，固非繩墨度數所能束縛」。也是顏色的標準：<u>明</u>、<u>胡應麟</u>《少室山房筆叢、莊嶽委談下》：「後世所爲副、淨等色，有自來矣。唐制如《霓裳》等舞，度數至多，而名號粧束，不可深考」。「度數」對算家而言，也不輸工匠：「各如遊儀所至之尺，爲度數」（《周髀算經》〈卷下〉）。「度數」[97]若以度爲單位計量而得的數目：《周禮、天官、小宰》「其屬六十。」<u>漢</u>、<u>鄭玄</u>注：「六官之屬，三百六十，象天地四時、日月星辰之度數。」<u>賈公彥</u>疏：「周天三百六十五度四分度之一，舉全數亦得雲三百六十也。」<u>北齊</u>、<u>顏之推</u>《顏氏家訓、歸心》：「日月五星、二十八宿，各有度數。」《朱子語類》卷二：「度，卻是將天橫分成許多度數」。

---

[97] 其實「度數」也就如同當今科學越進步、學問越廣泛之時，各種度量衡也就越加多樣。如資訊業出現後微米（$10^{-6}$）、奈米（$10^{-9}$）、飛米（$10^{-15}$），這種肉眼看不見的微觀細小之世界，我們人類竟也深入量測了。其他自古有之角度、長度、高度、寬度、廣度、深度、容積、面積、體積等等。如果再深入一點，精度、密度、斜度、厚度、軟度、硬度、難度、力度、法度、淫度、濕度、溫度。屈光度，或稱焦度、弧度、進度、幾度、限度、大度、中度、強度、調度、速度、適度、跨度、亮度、低度、零度、準度、制度、量度、熱度、年度、過度、百度、印度、彩度、經度、緯度、溶度、熔度、鎔度、酸度、甜度、色度。尺度、程度、等級。風度、氣度、態度。度量衡。知名度、認同度、好感度、忍耐度、信賴度、高感度、容忍度、依存度、複雜度、準確度、積極度、精準度、困難度、可信度、深淺度、精密度、穩定度、信用度、沒法度、無感度、知名度、極度不安、共度難關、強渡關山、輕度颱風、風度翩翩、首度出航。以上有關「度數」名詞實在太多，一時無法收羅殆盡。

有關「度數」之成語也好，日常用語也好，這種以「度數」爲主的名詞、形容詞，從古自今的發展從不間斷。代表著人類越來越瞭解「天道」之奧妙，不枉費先聖先賢之苦口婆心，但接受教誨心向之、領受之、惜愛「天道」，向「天道」靠近，可能還是少數人（聖人）能爲之。

可見鬼谷子使用三次之「度數」，純是個人因素，因爲在<u>先秦</u>古籍裡面透過電腦網路之搜索，也才勉強找到 79 次、69 段之多而已。（不含電子化而未列入或尚未出土之書籍。）但是已表示諸在戰國以前，也就是<u>春秋</u>時代<u>老子</u>與<u>孔子</u>，並未使用上「度數」在他的思想裡。純粹只是工匠們以及有關管理人員會使用。道家數十萬字的一本《莊子》，也才用上三次；《鶡冠子》七次最多了。儒家諸子，也就<u>荀子</u>本人一次提到君子不必懂得度數。儒家《禮記》《春秋繁露》《說苑》《白虎通》《新序》各一次，《論衡》三次。《史記》只〈夏本紀〉出現一句「天下皆宗禹之明度數聲樂，爲山川神主。」《韓非子》五次。《漢書、律曆志》出現多。

「度數」於人體內部也被使用：《黃帝內經、素問》「夫聖人之起度數，必應於天地，故天有宿度，地有經水，人有經脈。」又《靈樞經》言：「聖人之爲道者，上合於天，下合於地，中合於人事，必有明法，以起度數，法式檢押，乃後可傳焉。故匠人不能釋尺寸而意短長，廢繩墨而起平水也，工人不能置規而爲圓，去矩而爲方。知用此者，固自然之物，易用之教，逆順之常也。」另外「度數」也作氣質水準、德行相應解，《論衡》：「非文王、高宗爲二臣生，呂望、傅說爲兩君出也。君明臣賢，光曜相察，上脩下治，度數相得」，「不王不長，所稟不同，度數並放，適相應也」（〈偶會〉）。

「度數」是屬於「道理」的意涵：如《韓非子》言：「君有道，則臣盡力而奸不生；無道，則臣上塞主明而下成私。管仲非明此度數於桓公也，使去豎刁，一豎刁又至，非絕奸之道也」（〈難一〉）；《朱子語類》：「他只是說，人做這箇去合那天之度數」（〈卷八七〉）。「度數」作器量、胸襟：《三國志、魏志、袁尚傳》：「太祖乃還救譚，十月至黎陽」；裴松之、注引：晉、孫盛著《魏氏春秋》：「仁君度數弘廣，綽然有餘，當以大包小，以優容劣」。「度數」還代表測算意思，《清史稿、選舉志一》：「西人制器之法，無不由度數而生」。

道家對於「度數」的看法卻是不同：《莊子》言：「本在於上，末在於下；……禮法度數，形名比詳，治之末也」[98]（〈天道〉）。《鶡冠子》言：「道有度數，故神明可交也，物有相勝，故水火可用也，東西南北，故形名可信也……天地不倚，錯以待能，度數相使，陰陽相攻，死生相攝，氣威相滅，虛實相因。……變化無窮，何可勝言」（〈世兵〉）。道家對「度數」雖只區區二三數言，但已表明對其充分之瞭解，又能夠與其他相比對而加於評筆，實在是精彩感動到不忍閉目就寢。所以之故，鬼谷子爲何能夠將世事人性看透，以及思想如此之玄妙與實際與高超。原來我國先聖先賢的思想，早已經是如此的深邈之不可測了。

兵家尉繚子，更將「度數」置放於〈十二陵〉之中：「威在於不變；……無過在於度數；……得眾在於下人」，可見「度數」在治軍作戰中的十二條致勝的原則與經驗，以及十二條防敗的教訓與戒律之中，是何等之重要，缺它完全不可！法家對於「度數」也有看法，《韓非子》言「夫有術者之爲人臣也，

---

[98] 《莊子》言：「本在於上，末在於下；要在於主，詳在於臣。三軍、五兵之運，德之末也；賞罰利害，五刑之辟，教之末也；禮法度數，形名比詳，治之末也；鐘鼓之音，羽毛之容，樂之末也；哭泣衰絰，隆殺之服，哀之末也。此五末者，須精神之運，心術之動，然後從之者也」（〈天道〉）。

得效度數之言，上明主法，下困姦臣，以尊主安國者也。是以度數之言得效於前，則賞罰必用於後矣。……上不能說人主使之明法術、度數之理，以避禍難之患，下不能領禦其眾，以安其國」（〈姦劫弒臣〉）；「今先生立法術，設度數，臣竊以爲危於身而殆於軀。……然所以廢先王之教，而行賤臣之所取者，竊以爲立法術，設度數，所以利民萌便眾庶之道也」（〈問田〉）。只重法治，不認外交對國家有利的韓非，把「立法術、設度數」對君王國家、政治、法治之整體中央集權制的安全立於第一順位；只顧「利民萌便眾庶」強調國家物質實力，雖如將有吳子、商君「危於身而殆於軀」竟在所不惜！

以上，我們由古代「度數」語意的轉變使用，其發展已豐富了許多。也就能不難瞭解，鬼谷子之將「度數」用之於人事遊說的縱橫術上，便不覺有奇怪不解之處了。《鬼谷子》〈捭闔第一〉言：「捭之者，料其情也；闔之者，結其誠也。皆見其權衡輕重，乃爲之度數，聖人因而爲之慮；其不中權衡度數，聖人因而自爲之慮。」又《本經陰符》〈散勢第四〉言：「散勢者，神之使也。用之，必循間而動。威肅內盛，推間而行之，則勢散。夫散勢者，心虛志溢；意衰威失，精神不專，其言外而多變。故觀其志意，爲度數，乃以揣說圖事，盡圓方，齊短長。」將精密使用的所謂「度數」應用在「權衡輕重」，應用在「觀其意志」之兩方面，可見鬼谷子對於縱橫術學說是多麼的慎重，彷彿必須嚴格要求拿有形的圓規、墨線、矩尺，來丈量驗測無形之心力、威勢，那麼的小心翼翼之一般。做事必須細心到用工具量測「度數」，這話的意義，就如同今日人類眼力不好得戴眼鏡，也深怕眼鏡度數不夠。度數不夠了，影響視力，看不清事物眞相。所以鬼谷子的心思，就這樣簡單「眼光要犀利，眼力要好，才能用心眼去觀察人與事物，才能判斷正確不至於失誤，而影響大局」。所以，應該跟陰陽家的天文之量測無關，筆者認爲只是代表老師在教學的言詞上，表示學生們要精準用心，俗語說「人人心中都有一把尺」常言道「世上無難事，只怕有心人」，善用之而已。要進行縱橫術可算是一種高度艱難困苦的，也是一種極其技術與專業的工作，不僅如「逆水行舟、不進則退」，還更是有如「上刀山、下火鍋」之一般要命！所以訓練必須極端嚴格。縱橫家的積極態度，非立足於學識與意志、欲望之上不可。

總之有關「度、數、類」這三者合乎科學的關鍵字眼用語，雖只用在陰陽家上之計量單位等數字駕馭，卻代表著《鬼谷子》思想與學問之縝密，以及力求可能之毫無空隙、漏洞，所謂「欲說者務隱度，計事者務循順」（〈內

捷第三〉），巧妙融入「計」謀層次之中。而這項算數的訓練，也早就是春秋戰國的貴族士族，所必須學習六藝「禮、樂、射、禦、書、數」[99]（周朝教育國子的學科），之一的數科；若再加上鬼谷子要求一位縱橫家弟子應懂得：「言必詩書，行不淫僻」、「先取詩書，混說損益」[100]，即孔子的五經「詩、書、禮、樂、易」之前兩本《詩經》、《書經》經書。縱橫家的功課與課業，不可謂不繁重。

　　鬼谷子談「變動陰陽」，欲掌握天之道、地之理。故將自然世界的規律破解，從而轉化為人間規矩以深明「人之德」，建立起「人之情」、「人之欲」，貴為弟子方便學習與縱橫家使用。所以之故，絕不能不對於陰陽家的學問思想有所精研，才行。若以春秋、戰國時期，幾部經典而言，如楊子所言：「說天者莫辯乎《易》，說事者莫辯乎《書》，說體者莫辯乎《禮》，說志者莫辯乎《詩》，說理者莫辯乎《春秋》」[101]（《法言》〈寡見卷第七〉）；以上雖為儒家經

---

[99] 周王官學要求士族學生掌握的六種基本才能：「禮、樂、射、禦、書、數」。關於小藝於《周禮、保氏》曰：「保氏掌諫王惡而養國子之道，乃教六藝：一曰五禮，二曰六樂，三曰五射，四曰五馭，五曰六書，六曰九數」。段玉裁注云：「國子者，公卿大夫之子弟，師氏教之，保氏養之，而世子亦齒焉。六書者，文字聲音義理之總匯也。」又言小節：「乃教之六儀：一曰祀祭之容，二曰賓客之容，三曰朝廷之容，四曰喪紀之容，五曰軍旅之容，六曰車馬之容。」可見在周朝的士族教育中，小學指的是學習教授六藝和六儀，即小藝小節是也。五禮：「吉、凶、賓、軍、嘉」。六樂：「雲門、大咸、大韶、大夏、大濩、大武」等古樂。五射：「白矢、參連、剡注、襄尺、井儀」。五馭：「鳴和鸞、逐水車、過君表、舞交衢、逐禽左」謂行車時與馬鳴之聲相應，隨曲岸疾馳而不墜水，經過天子的表位有禮儀，過通道而驅馳自如；行獵時追逐禽獸從左面射獲……等等周代之駕馭馬車的技術。六書：東漢、許慎於《說文解字》曰：「周禮八歲入小學，保氏教國子，先以六書。」，「象形、指事、會意、形聲、轉注、假借」。今為：讀書、書法、書寫、識字、作文、公文。數：算術與數論知識。東漢的鄭玄在他的《周禮注疏》〈地官司徒・保氏〉中引鄭司農（鄭眾）所言：「『九數：方田、粟米、差分、少廣、商功、均輸、方程、贏不足、旁要』；今有重差、夕桀、勾股也。」劉徽《九章算術注、敘》曰：「周公制禮而有九數，九數之流，則九章是矣。」

[100] 《鬼谷子》〈中經〉言：「有守之人，目不視非，耳不聽邪，言必詩書，行不淫僻」，〈內揵第三〉：「由夫道德、仁義、禮樂、忠信、計謀，先取詩書，混說損益，議論去就。」

[101] 《法言》〈寡見卷第七〉：「說天者莫辯乎《易》，說事者莫辯乎《書》，說體者莫辯乎《禮》，說志者莫辯乎《詩》，說理者莫辯乎《春秋》。」當代新儒家的代表、哈佛燕京學社（Harvard Yenching Institute）社長杜維明指出：儒家對人的複雜性問題進行了深刻的探討。儒家五經，從抽象和象徵的意義上說，分別探討的是人的情感性問題（《詩》）、社會性問題（《禮》）、政治性問題（《書》）、歷史記憶問題（《春秋》）、形而上問題（《易》）。金海峰教授接受了杜維明的思想，在講學過程中多次強調：閱讀五經，能夠從五個角度理解人生，即：《周易》——哲學角度；《尚書》——政治角度；《詩經》——藝術角度；《禮記》——社會角度；《春秋》——歷史角度。

漢朝儒教聖經《白虎通義》五經篇曰：「以為孔子居周之末世，王道凌遲，禮樂廢壞，強凌弱，眾暴寡，天子不敢誅，方伯不敢伐。閔道德之不行，故周流應聘，冀行其聖德。自衛反魯，自知不用，故追定五經以行其道。」也就是說，孔子祖述堯舜、憲章文武，編訂五經宗

典，但各家也無不閱讀。當然貴爲戰國時期名爲策士、謀士、辯士，遊士等的縱橫家，也不脫閱讀以上周朝教育造就士族的傳習的幾本經籍，「順先王詩書禮樂以造士。春、秋教以禮樂，冬、夏教以詩書」（《禮記、王制》）。這對於縱橫家的專業知識來說便已足夠了，所剩的是智慧的反應與言詞的表達，卻正是《鬼谷子》之所專長。但唯獨無陰陽家之「五行說」？是縱橫所少論及的。「五行」最早見於《尚書、洪範》：「五行：一曰水，二曰火，三曰木，四曰金，五曰土。」戰國時「五行說」相當之流行，有相生相剋即「木生火、火生土、土生金、金生水、水生木」和「水克火、火克金、金克木、木克土、土克水」的觀點。陰陽家以「五行」爲「五德」，認爲歷史朝代的嬗變，皆遵守著五行「相生相剋」之道，是爲「五德終始說」。

　　以上鬼谷子學說，借助於陰陽邏輯明顯可見，而完全屬於「兵陰陽」與「政治陰陽」（「事陰陽」），但毫無「怪迂之變」，也絲毫不見陰陽家之「五行說」之「相生相剋」。如果遊說初見於陰陽，但不見有五行之影子，則更使人有一推論，鬼谷子是否早於鄒衍，甚或一點都不見受陰陽家的學說之影響。況且鬼谷子始終強調遊說，皆盡在於人事之用力與否！例如〈內揵第三〉：「不得其情而說之者，見非」；〈抵巇第四〉：「因化說事，通達計謀」，此兩句意思不就是遊說之成功，除得依靠深得其情、也得有智謀之參考。〈揣篇第七〉所

---

周以成王道。在樂經散失之前，其實有六經：詩書禮樂易春秋。《禮記、王制》：「順先王詩書禮樂以造士。春、秋教以禮樂，冬、夏教以詩書。」詩書禮樂是周朝的貴族教科書。雖然詩書禮樂是儒家遞相傳習的典籍。但儒家之外，戰國各家也多傳習。《莊子、外篇》〈天運第七〉：「孔子謂老聃曰：『丘治《詩》、《書》、《禮》、《樂》、《易》、《春秋》六經，自以爲久矣，孰知其故矣，以干者七十二君，論先王之道而明周、召之跡，一君無所鉤用。甚矣夫！人之難說也，道之難明邪！』」。

《小戴禮記》〈滑稽列傳〉：「孔子曰：『六藝於治一也。《禮》以節人，《樂》以發和，《書》以道事，《詩》以達意，《易》以神化，《春秋》以義。』太史公曰：天道恢恢，豈不大哉！談言微中，亦可以解紛。」《小戴禮記》〈經解〉：「孔子曰：「入其國，其教可知也。其爲人也：溫柔敦厚，《詩》教也；疏通知遠，《書》教也；廣博易良，《樂》教也；潔靜精微，《易》教也；恭儉莊敬，《禮》教也；屬辭比事，《春秋》教也。故《詩》之失，愚；《書》之失，誣；《樂》之失，奢；《易》之失，賊；《禮》之失，煩；《春秋》之失，亂」《孔子家語》〈問玉〉：「其爲人溫柔敦厚而不愚，則深於《詩》者矣；疏通知遠而不誣，則深於《書》者矣；廣博易良而不奢，則深於《樂》者矣；潔靜精微而不賊，則深於《易》者矣；恭儉莊敬而不煩，則深於《禮》者矣；屬辭比事而不亂，則深於《春秋》者矣。天有四時，春夏秋冬，風雨霜露，無非教也。地載神氣，吐納雷霆，流形庶物，無非教也。清明在躬，氣志如神，有物將至，其兆必先。是故天地之教，與聖人相參。其在《詩》曰：『嵩高惟嶽，峻極於天。惟嶽降神，生甫及申。惟申及甫，惟周之翰。四國于蕃，四方于宣。』此文、武之德也。矢其文德，協此四國，此文王之德也。凡三代之王，必先其令問。《詩》云：『明明天子，令問不已。』三代之德也。」漢武帝、建元五年（前 136 BC）設立五經博士，奠定了儒家經典的尊貴地位。

謂：「此謀之大本也，而說之法也」、「故計國事，則當審權量；說人主，則當審揣情。謀慮情欲，必出於此」；並非純天意或符籤咒語迷信輕易使然。所以遊說，古之出於「行人之官」，可能比出於「羲和之官」之資料收集與統計分析、歸納的工作，較爲合乎現實與實際之變化多了！

## 第五節　鬼谷思想與先秦兵家

　　鬼谷先生有何通天之本領？可以讓其主張及影響力，強烈而廣泛的貴爲王公諸侯與士族菁英們所爭相採用？其實，鬼谷子的縱橫術亦不離《孫子兵法》之言，所謂的「兵者，國之大事」（〈始計篇〉），這其中奧妙多有所潛藏。由此，本節繼續推論鬼谷子與先秦兵家之兵學主張其異同。

　　鬼谷子談到「兵」之相關字句並不多，在全本《鬼谷子》僅〈忤合第六〉簡單談到：「非至聖達奧，不能禦世；⋯⋯材質不惠，不能用兵；⋯⋯乃可以縱，乃可以橫」；〈摩篇第八〉：「主兵日勝，而人不畏也」，「主兵日勝者，常戰於不爭，國不費」；〈分威第四〉：「故神存兵亡，乃爲之形勢」。如此之以四句，僅五次的談到「兵」（鬼谷子的「作戰」），是否單薄了些，不足以建立其兵法之理論？然而一點也不影響《鬼谷子》被稱爲兵法之說。反而更加的有效用，如《尉繚子、武議》言：「故兵不血刃，而天下親焉。」這就是鬼谷子所建立的一種不見兵刃的無形刀劍（武力），不見血汗的實質（智力）鬥爭，一種異於常態的無形戰爭，超越間諜戰、心理戰的遊說與外交激烈舌戰群雄的戰法。亦即，鬼谷子所謂的「計謀」，此一詞共出現在十段落之上，前後共使用了十六次之多。從不用「權謀」一詞。而《孫子》也僅講「計謀」一次：「運兵計謀，爲不可測」（〈九地第十一〉），「計」一字出現十次；而《鬼谷子》的「計」出現九次而言，明顯形成對比。

　　兵家典籍幾乎不見「權謀」二字併用，僅《六韜》一次「無智略權謀，而以重賞尊爵之，故強勇輕戰，僥倖於外，王者慎勿使爲將」；儒家僅《荀子》用了 11 次，如：「故用國者，義立而王，信立而霸，權謀立而亡」（〈王霸第十一〉）；雜家《淮南子》一次：「萇宏知天道而不知人事，蘇秦知權謀而不知禍福」（〈氾論訓〉）；《說苑》〈權謀〉：「君子之權謀正，小人之權謀邪。」[102]《藝

---

[102] 語見《說苑》：「聖王之舉事，必先諦之於謀慮，而後考之於蓍龜。白屋之士，皆關其謀；芻蕘之役，咸盡其心。故萬舉而無遺籌失策。傳曰：『眾人之智，可以測天，兼聽獨斷，惟在一人。』此大謀之術也。謀有二端：上謀知命，其次知事。知命者預見存亡禍福之原，早知

文志》言：「權謀者，以正守國，以奇用兵；先計而後戰，兼形勢，包陰陽，用技巧者也。」；《史記、孝文本紀》：「皇帝即日夕入未央宮。……夜下詔書曰：『間者諸呂用事擅權，謀爲大逆，欲以危劉氏宗廟，賴將相列侯宗室大臣誅之，皆伏其辜。』」談權最多的法家，居然全不用上，由此可見「權」與「謀」區分的重要性，否則便犯上奪皇權之大忌。

以上，可以說「權謀」兩字併用成一詞，開始流行使用起於戰國晚期，秦後西漢始多數出現。恥於權謀的道家，《莊子》頂多說出幾句的「智」與「謀」之言，所謂：「聖人不謀，惡用知？」（〈德充符〉），還高調說：「知謀不用，必歸其天，此之謂太平，治之至也」（〈天道〉）；所以連「計謀」，談都不願意談了；只《鶡冠子》批評一下計謀：「工者貴無與爭，故大上用計謀，其次因人事，其下戰克。用計謀者，熒惑敵國之主，使變更淫俗，哆恭憍恣，而無聖人之數」（〈武靈王〉）。道家不用智、不用謀、不用計、不用巧之主張，兩千多年都已過去了，中華民族血脈也差點被講究「奇器巧計」的西方列強所毀滅。所以要救天下蒼生，就只能輪到儒、墨、兵、法、縱橫、雜家或黃老之術了！只是倡導兼愛、非攻的墨家，與極權的法家早就消失無蹤，然儒家卻也因過於仁慈理想與保守而僵化；故於此亂世，也只能讓講究現實與「計謀」的兵家與縱橫、雜家費盡一切心力，努力的去加以發揮了！

講「計」謀，就是「兵法」嗎？我們看看唐、李筌註《孫子兵法》怎麼說：「『計者，兵之上也。』《太一遁甲》：『先以計神加德宮，以斷主客成敗。』故孫子論兵，亦以計爲篇首。」又北宋、張預註曰：「《管子》曰：『計先定於內，而後兵出境。』故用兵之道，以計爲首也。」無怪乎《孫子兵法》之首篇爲〈始計篇〉。孫子曰：「兵者，國之大事。故經之以五事，校之以計，而索其情」；曹操註曰：「計者：選將、量敵、度地、料卒、遠近、險易」又曰：「謂下五事七計，求彼我之情也」；鬼谷子言：「計謀者，存亡之樞機」；亦繼《六韜》講「計謀」，善用人情親疏，教人方圓以成事；故以此觀之，我們可

---

盛衰廢興之始，防事之未萌，避難於無形，若此人者，居亂世則不害於其身，在乎太平之世則必得天下之權；彼知事者亦尚矣，見事而知得失成敗之分，而究其所終極，故無敗業廢功。孔子曰：「可與適道，未可與權也。」夫非知命知事者，孰能得權謀之術。夫權謀有正有邪；君子之權謀正，小人之權謀邪。夫正者，其權謀公，故其爲百姓盡心也誠；彼邪者，好私尚利，故其爲百姓也詐。夫詐則亂，誠則平，是故堯之九臣誠而興於朝，其四臣詐而誅於野。誠者隆至後世；詐者當身而滅。知命知事而能於權謀者，必察誠詐之原而以處身焉，則是亦權謀之術也。夫知者舉事也，滿則慮溢，平則慮險，安則慮危，曲則慮直。由重其豫，惟恐不及，是以百舉而不陷也。」

以說《鬼谷子》全書，就是一部兵法，一部治人之兵法。雖乍看起來很異類吧！但孫子卻正經的說：「將聽吾計，用之必勝，留之；將不聽吾計，用之必敗，去之。」與兵打戰就是求勝利，孫子明白說出要用「計謀」；如不聽我的「計謀」的將軍，此人絕對要棄之不可用，因爲不用「計謀」必敗。〈始計篇〉又言：「兵者，詭道也」；鬼谷子雖未說詭道，但卻大談「計謀」。又「故能而示之不能，用而示之不用，近而示之遠，遠而示之近。利而誘之，亂而取之，實而備之，強而避之，怒而撓之，卑而驕之，佚而勞之，親而離之。攻其無備，出其不意」實與縱橫家〈謀篇第十〉：「摩而恐之，高而動之，微而證之，符而應之，擁而塞之，亂而惑之，是謂計謀」相差無及，所以《鬼谷子》乃徹徹底底的兵書。

再說《道德經》〈第七十六章〉亦言：「是以兵強則不勝」，不正是合乎此意。如果以今日 21 世紀科技軍事之文明來說，那彷彿是種古代「超限戰」[103]，以掌控龐大的戰場現況之電腦資訊、網路情報與科技整合、社會經濟、權力組織、人脈族群、心理……等，通過不流血手段達到傳統戰爭，甚至是不可能達到的效果，完全立足於現代暴力衝突的演變，與現代經濟文化科技領域

---

[103] 《超限戰》作者喬良（1955 年生於山西、忻縣，著有政治軍事預言《末日之門》、革命歷史《靈旗》、《大冰河》……小說，大型電視《百年恩來》專題總撰稿之一，2007 年起在百家講壇主講《新解三十六計》，長期潛心軍事理論研究與人合著合編《軍官素質論》、《全球軍力排行榜》等）；與王湘穗（1954 AD 生於廣州，北京航空航太大學教授，戰略問題研究中心主任；合著有《新戰國時代》、《世界軍事列強博覽》、《世界歷次大戰錄》）。於 1999 年，首次提出「超限戰」－「超國家組合，超領域組合，超手段組合，超台階組合」等理論，並出版發行，受到世界各國的高度關注。《超限戰》出版以來暢銷中國享譽全世界，當之無愧地被譽爲「中國人自己的軍事經典」、「中國軍事戰略著作的必讀書」、「全球化時代的新戰爭論」。作者認爲是一種可以超越實力局限和制約的戰爭方式；對處於強勢和弱勢和國家，都具有相同價值和意義。驚動了美國五角大樓，被認爲「世界上最先進的軍事理論，在前蘇聯解體後遇到首次的強力挑戰」。（繁體字由台北，左岸文化出版，2004 年 12 月）
「超限戰」的嶄新概念，涵括了戰爭與戰法兩個方面。廿世紀的「全面戰爭」，開啓了新的戰爭時代。戰爭啓動，不分平民和軍人，皆會受戰爭的威脅。超限戰是與傳統戰爭不同的新的戰爭手段，是盡一切可能超越傳統戰爭範圍的新型戰爭形式。它包括了傳統人員兵器，也同時包括貿易戰、金融戰、新恐怖主義以及生態戰。超限戰通過不流血手段達到傳統戰爭所不可能達到的效果，也是立足於現代暴力衝突的演變與國際經濟文化科技領域的高速發展。強調技術在未來戰爭中的地位，同時也提出軍事思想仍是現代軍隊的重要組成部分。
《超限戰》一書立足於美國在越戰後的歷次戰爭，特別是第一次波斯灣海戰爭與科索沃戰爭；並且與網路攻擊、亞洲金融風暴、國際極端恐怖主義相結合；認爲未來的戰爭將是無處不在，何時何地都將是戰場。一本在海外被翻譯、傳播、評論最廣的當代中文名著；且精準預言「九一一」事件爆發的「新戰爭論」；並繼《孫子兵法》之後的影響全世界最大，還被美國列入西點軍校學員課後必讀的「中國兵法」，此書被美國人譯爲《Unrestricted Warfare》；更是一本讓歐盟各國高級將領讚賞，欽佩的「新戰略聖經」。身爲中華民族一份子，還眞是與有榮焉。

的高速發展有關。克勞塞維茨《戰爭論》主要觀點「戰爭是政治的繼續」。因為，戰爭沒有固定模式，千變萬化的戰爭每次都各具特色，互不相同。說明了戰爭是為政治目的而服務，也就是政治的工具，政治是戰爭的母體。所以可以這麼說，講究政治鬥爭的鬼谷子其兵戰思想，已涵蓋同時代之兵家思想。

我們在上一節談過鬼谷子的用兵理念，〈忤合第六〉：「非至聖達奧，不能御世；……材質不惠，不能用兵」，強調用兵之人須有何等之能耐才夠資格；又〈摩篇第八〉：「主兵日勝者，常戰於不爭」、「主兵日勝，而人不畏也」；戰爭之勝利，可以是無形且看不見的，國家之專責機關，可以在默默進行之中，甚至於根本不是見血見肉的兵器戰爭。他於〈分威第四〉言：「故神存兵亡，乃為之形勢」中，已明白說出戰爭的形勢，終將會是常備軍隊、有形兵力、重裝備的逐漸消失。莊子也於〈列禦寇〉說過：「聖人以必不必，故無兵；……兵，持之則亡」；以上莊子之意，就是窮兵黷武必敗。所以要嘛，是一種無形的、精神層次的、瓦解人心機制的，低成本、廉價的，靈活的新戰爭趨勢之對抗於焉形成了，如《超限戰》的核心理論「劍走偏鋒」的主張，不與可能之敵人進行正面交鋒的消耗性作戰。將之對照於《孫子兵法》〈謀攻第三〉：「是故百戰百勝，非善之善者也；不戰而屈人之兵，善之善者也」，世人公認的兵聖孫子也都曾如此說了：「故善用兵者，屈人之兵，而非戰也」；可見鬼谷子以遊說與謀略為主張的兵學理論，還真是劃時代的前衛。

鬼谷子用兵之道，不在兵器刀刃而是在於「謀略」，在敵對國家之各個層級的領導人手中，運用不同之人際關係與各類場合和喜好，積極使用人性之弱點，以博取並迎合人心，盡量合乎我意，重點遊擊的「遊說」外交戰術。將可能威脅國家安全的所有因素，利用一切之可能力量與方式，將危險盡數阻止於境外之地。老子《道德經》〈第卅章〉：「以道佐人主者，不以兵強天下。」這裡的「道」，不就是超越平凡人狹隘的認知，以及原始的刺蝟反射防衛式衝動心理，一種「天道」宏觀的新思維、不流血的人道、善巧方便的方法─所謂的仁義「王道」；莊子也於〈讓王〉：「今周見殷之亂而遽為政，上謀而下行貨，阻兵而保威，割牲而盟以為信，揚行以說眾，殺伐以要利，是推亂以易暴也。」

以上莊子的意思，是借用孤竹國君的長子與次子，恥於趁他國混亂之混亂，批評周用謀略與武力奪取他國，認為：「昔者神農之有天下也，時祀盡敬而不祈喜；其於人也，忠信盡治而無求焉。樂與政為政，樂與治為治，不以

人之壞自成也，不以人之卑自高也，不以遭時自利也。」深嘆：「嘻！異哉！此非吾所謂道也。」於是：「二子北至於首陽之山，遂餓而死焉。」莊子結語曰：「高節戾行，獨樂其志，不事於世，此二士之節也。」向姜太公學習的鬼谷子，當然絕不會讚美伯夷、叔齊如此嚴重的誤解「王道」，也不會愚癡到對商紂王的殘暴到無知無感之地步。有戰鬥精神與有正義道德的鬼谷子言：「知存亡之門戶，籌策萬類之終始，達人心之理，見變化之朕焉」，「故聖人之在天下也，自古至今，其道一也。」如此才是眞正懂得「道」，「皆見其權衡輕重」與「必豫審其變化，吉凶大命繫焉」領導百姓的聖人。哪有如此輕視生活與生命，甚至於笨到將自己餓死的人，盡失人性！有何資格談「道」？

　　何況鬼谷子看到了百姓生活，已經到了如同人間煉獄的險境，如《孟子、離婁上》描述的：「爭地以戰，殺人盈野；爭城以戰，殺人盈城」，《墨子、非樂上》：「飢者不得食，寒者不得衣，勞者不得息」殘酷戰爭的悲慘世間。《鬼谷子》〈抵巇第四〉更深切的表明，當時的社會是：

> 「天下紛錯，上無明主，公侯無道德，則小人讒賊、賢人不用、聖人竄匿，貪利詐偽者作；君臣相惑，土崩瓦解而相伐射，父子離散，乖亂反目，是謂萌牙巇罅。聖人見萌牙巇罅，則抵之以法。世可以治，則抵而塞之；不可治，則抵而得之；或抵如此，或抵如彼；或抵反之，或抵覆之。五帝之政，抵而塞之；三王之事，抵而得之。諸侯相抵，不可勝數，當此之時，能抵爲右」。

　　如此「諸侯相抵，不可勝數」的轄伐時代，到底是要像伯夷、叔齊一樣大家都去絕食了斷生命，還是要學習「五帝之政，抵而塞之；三王之事，抵而得之」挽救生靈免於塗炭？「伊尹[104]五就湯，五就桀，而不能有所明，然後合於湯。呂尚三就文王，三入殷，而不能有所明，然後合於文王。此知天命之箝，故歸之不疑也。」智慧的鬼谷子當然也不願看到流血的軍事作戰，將它國原本安和樂利的平靜社會，推向於混亂毀滅的境域，而讓武力暴力侵略

---

[104]　伊尹（1649 BC～1549？BC）名伊，因爲其母親爲侁民，在伊水住居（今欒川縣伊河），故以伊爲氏。一說名摯，夏末商初人。一說商時有莘國（今山東省曹縣北）人，一說出生於莘之野（今河南省欒川縣），一說出生空桑之野（今山東省東明縣）。他本是有莘氏的陪嫁奴隸伊尹有遠大抱負，不甘作奴隸，於是利用向商湯進食機會向他分析天下形勢。便被取消奴隸身份，並提拔爲宰相。輔佐商湯王建立商朝，伊尹爲我國著名丞相、政治家，是中華廚祖。尹爲官名是右相之意，甲骨卜辭中稱他爲伊，金文則稱爲伊小臣，奉祀爲「商元聖」，是歷史上第一個以負鼎俎調五味而佐天子治理國家的傑出庖人。他創立的「五味調和說」與「火候論」，至今仍是中國烹飪的不變之規。

衝突，離棄千辛萬苦之下才達成和平的目的；這並非只是縱橫家看到了，連儒家也看到了，孟子還稱讚之「仁也」[105]；太公助周王伐商紂，荀子讚之爲：「周之太公，可謂聖臣矣」(《荀子》〈臣道〉)；孟子亦讚太公稱爲聖人[106]。

　　因此鬼谷子採用另類的兵戰方式，不願採取過多慘酷的殺伐，所以效法太公助文王；只要使用「兵略、政略、戰略」等三大謀略智取商紂，而代之以建立周王朝。鬼谷子認爲：「志意、喜欲、思慮、智謀」，才能「故關之以捭闔，制之以出入。……此天地陰陽之道，而說人之法也。爲萬事之先，是謂圓方之門户。」聖人是立足於人民之上，沒有了人民，那只夠進入修道修眞的領域，以成爲莊子口中所謂的至人（「古之至人，先存諸己，而後存諸人」）[107]、眞人（「生受於天，謂之眞人；眞人者，與天爲一」《鬼谷子》〈盛神〉）而已。「天道」必須落實於「人道」，才有眞實意義。因此爲保衛國家人民，鬼谷子認爲聖人[108]（「而知之者，内修練而知之，謂之聖人；聖人者，以類知之。」

---

[105] 《孟子》〈告子下〉：「淳於髡曰：『先名實者，爲人也；後名實者，自爲也。夫子在三卿之中，名實未加於上下而去之，仁者固如此乎？』孟子曰：『居下位，不以賢事不肖者，伯夷也；五就湯，五就桀者，伊尹也；不惡汙君，不辭小官者，柳下惠也。三子者不同道，其趨一也。一者何也？曰：仁也。君子亦仁而已矣，何必同？』」

[106] 《孟子》〈盡心下〉：「孟子曰：『由堯舜至於湯，五百有餘歲，若禹、皋陶，則見而知之；若湯，則聞而知之。由湯至於文王，五百有餘歲，若伊尹、萊朱則見而知之；若文王，則聞而知之。由文王至於孔子，五百有餘歲，若太公望、散宜生，則見而知之；若孔子，則聞而知之。由孔子而來至於今，百有餘歲，去聖人之世，若此其未遠也；近聖人之居，若此其甚也，然而無有乎爾，則亦無有乎爾。』」

[107] 《莊子》〈天下〉：「不離於宗，謂之天人。不離於精，謂之神人。不離於眞，謂之至人。以天爲宗，以德爲本，以道爲門，兆於變化，謂之聖人。以仁爲恩，以義爲理，以禮爲行，以樂爲和，薰然慈仁，謂之君子。」〈人間世〉：「古之至人，先存諸己，而後存諸人」；〈應帝王〉：「至人之用心若鏡，不將不迎，應而不藏，故能勝物而不傷」；〈天運〉：「古之至人，假道於仁，託宿於義，以遊逍遙之虛，食於苟簡之田，立於不貸之圃」；〈知北遊〉：「天地有大美而不言，四時有明法而不議，萬物有成理而不說。聖人者，原天地之美而達萬物之理。是故至人無爲，大聖不作，觀於天地之謂也」。《文子》〈微明〉：「上五有神人、眞人、道人、至人、聖人。……聖人者以目視，以耳聽，以口言，以足行。眞人者，不視而明，不聽而聰，不行而從，不言而公。故聖人所以動天下者，眞人未嘗過焉，賢人所以矯世俗者，聖人未嘗觀焉」。〈上禮〉：「老子曰：上古眞人，呼吸陰陽，……下至夏、殷之世，嗜欲連於物，聰明誘於外，性命失其眞。……是故至人之學也，欲以反性於無，遊心於虛。世俗之學，擢德攬性，内愁五臟，暴行越知，以譊名聲於世，此至人所不爲也」。以上可看出至人是聖人的榜樣，也是一道鴻溝，眞有如雅、俗之差別。但這卻是人間的幸運，獨留聖人於世。

[108] 《莊子》〈齊物論〉：「是以聖人和之以是非，而休乎天鈞，是之謂兩行。」「請言其畛：有左，有右，有倫，有義，有分，有辯，有競，有爭，此之謂八德。六合之外，聖人存而不論；六合之内，聖人論而不議。春秋經世，先王之志，聖人議而不辯。故分也者，有不分也；辯也者，有不辯也」；〈胠篋〉：「聖人已死，則大盜不起，天下平而無故矣。聖人不死，大盜不止。雖重聖人而治天下，則是重利盜跖也。」以上包括幾部道家的書籍，聖人觀點

《鬼谷子》〈盛神〉[109]）必須是位「捭闔者」才能眞正守護住這個由天道與人道，根據天地陰陽之道所建構而成的人間生死之「門戶」。

鬼谷子的謀略兵戰思維，當然並非是開始於他自己的首創，而是姜太公他早有的「尚謀」思維。《六韜、文韜》周文王問所謂「六守」，太公便直接回答〈六守第六〉說：「一曰仁，二曰義，三曰忠，四曰信，五曰勇，六曰謀，是謂六守。」更說：「事之而不窮者、謀也」；〈上賢第九〉：「無智略權謀，……王者愼勿使爲將」；〈兵道第十二〉：「陰其謀，密其機；……欲其西，襲其東。」正如莊子所言「今周見殷之亂而遽爲政，上謀而下行貨」。

我們也在《孫子兵法》看到「謀略」之重要，如〈始計第一〉：「兵者，詭道也。……攻其無備，出其不意，此兵家之勝」；〈謀攻第三〉：「故上兵伐謀，其次伐交，其次伐兵，其下攻城」，「必以全爭於天下，故兵不頓，利可全，此謀攻之法也」；〈虛實第六〉：「故策之而知得失之計」，「故形兵之極，至於無形；無形，則深間不能窺，智者不能謀」；〈九地十一〉：「易其事，革其謀，使人無識」。故「兵與謀」無不都是鬼谷子與兵家一起強調：所謂一種「精神力量」搭配「物質力量」戰勝敵人的最好明證，我們是否應該將其劃上等號？

兵家對於「謀」之重視，由以下之敘述可知其重要性。《吳子兵法》〈圖國第一〉：「昔之圖國家者，……不敢信其私謀，必告於祖廟，啟於元龜，參之天時，吉乃後舉」，「夫道者，所以反本復始。義者，所以行事立功。謀者，所以違害就利」；〈論將第四〉：「凡戰之要，必先占其將而察其才……輕變無謀，可勞而困」。《司馬法兵法》〈定爵第三〉：「進退無疑，見敵而謀」。《尉繚子》〈將令第十九〉：「將軍受命，君必先謀於廟」。以上由吳子與尉繚子之兵

---

相當之豐富其定位也十分清楚，當然鬼谷子也非常明瞭聖人之用，所以整部《鬼谷子》也因有「聖人與道」之運作，才能爲士與爲世之所用與所存，乃至於傳之於未來世。這也就是筆者所言，「諸子學」不能離異鬼谷子，不將之合在一起談論，「道統」將只是一種清談，「王道」便只有永遠失去實現之可能。有關鬼谷子與莊子對聖人之不同之觀點，於本書本論之第三章「聖德觀」再論。

[109] 《鬼谷子》〈盛神〉原題爲〈盛神法五龍〉，是陳道年《鬼谷子箋註》（2014 年 1 月、合肥黃山書社出版）自己所更改之；其他《本經陰符七術》之七篇文，均將改爲原篇章之前兩字，例〈養志法靈龜〉改〈養志〉，〈實意法騰蛇〉改〈實意〉，〈分威法伏熊〉改〈分威〉，〈散勢法鷙鳥〉改〈散勢〉，〈轉圓法猛獸〉改〈轉圓〉，〈損兌法靈蓍〉改〈損兌〉，有其簡便與統一之效（其實李天道編著《鬼谷子兵法》臺北：華文網公司，2004 年 9 月出版，都已使用）。另外，例〈揣篇第七〉作〈揣情〉，〈摩篇第八〉作〈摩意〉，〈權篇第九〉作〈量權〉，〈謀篇第十〉作〈謀慮〉而從之；陳道年也跟著《太平禦覽》將之作爲兩個字。又〈決篇第十一〉則跟清、周廣業《鬼谷子鈔本、跋》改稱爲〈決事〉篇。

法，看出古代之用「謀」，必告諸於祖廟之上，（曹操註《孫子》亦言：「計於廟堂也。」）可說是相當之愼重，絕不能隨便爲之。

兵家在戰爭指導上，創造性地提出了以「道」制勝的觀點。兵家之致「道」，即我們現在所說的戰爭規律。如《孫子兵法》：「一日道，二日天，三日地，四日將，五日法」。提出了完整「戰道」的概念，含義基本相同，但可惜卻沒有展開論述。孫臏則對「道」的內容作了全面的概括：「知道者：上知天之道，下知地之理；內得其民之心，外知敵之情；陣則知八件之經，見勝而戰，弗見而諍；此王者之將也。」也就是說「道」的內容包括：天時、地利、民心、士氣、敵情、戰法、戰機……等等，多方面之內容。戰爭的指導者，只要掌握住這個「道」，也就是它有一項超越世間人之知見，自然界所最完全、最完整的系統性之力量，無不是古人所追求的，也才會有想利用自然與超自然之力量的「兵陰陽」[110]學派的產生。因爲能夠以貴制於人，便可以贏得戰爭的最終之勝利。但是鬼谷子的《鬼谷子》一書卻不步之搬神弄鬼於後塵，而是以

---

[110] 兵陰陽家 中國先秦、漢初研究軍事理論，從事軍事活動的學派，兵家四大流派之一。〈兵書略〉將兵家分爲「兵權謀家、兵形勢家、兵陰陽家、兵技巧家」四類。《漢書、藝文志》兵陰陽家有《萇弘》15篇今佚。《漢書、藝文志》中有經典的描述：「陰陽者，順時而發，推刑德，隨鬥擊，因五勝，假鬼神以爲助者也。」順時、刑德、鬥擊、五勝云云，表明兵陰陽家實際上是在陰陽五行框架支配下，使用多種術數形式在軍事理論和實踐中的運用或延伸；而「假鬼神以爲助」，則意味著一切借助鬼神的方術巫法在軍事上的應用，也都可以歸入兵陰陽的範圍。兵陰陽家既包含了以往各種軍事術數，諸如卜筮、占星、占雲氣、占夢、祭祀、禳禱、詛咒、厭勝和形形色色的雜占、巫術等，又與以往軍術不同，兵陰陽家是陰陽五行化的軍事術數，它的出現標誌著我國軍事術數史進入了新階段。漢代是中國軍事著作創作高峰之一，漢初張良、韓信「序次兵法」，共得兵書182種，「定著三十五家」；至東漢初《漢書、藝文志》收錄兵書53家，790篇，另有12家，451篇或省去或入他類。兵陰陽家著作隨之大量出現。《漢志》著錄兵陰陽家13種，當今考古發現的多種此類文獻並不在其中。以最重要的幾次發現爲例：湖南長沙「馬王堆」、山東臨沂「銀雀山」和安徽阜陽「擂鼓墩漢墓」出土術數文獻都在10餘種以上，其中可歸入兵陰陽家者有：「馬王堆」之《五星占》、《天文氣象雜占》、《刑德》（甲乙丙三種）、《辟兵圖》、《陰陽五行》（甲乙兩種）；「銀雀山」之《地典》、《雄牝城》、《天地八風五行客主五音之居》及擬題《占書》中的若干種；「擂鼓墩」之《五星》、《星占》、《刑德》（甲乙兩種）。這幾項合計已在16種以上。還未包括漢代源源不斷湧現的各種雖非兵陰陽的專門著作，但同樣包含有大量兵陰陽內容的術數文獻。以堪稱漢代星占大全的《史記、天官書》和《漢書、天文志》爲例，其所述大部屬於軍占。據統計，《天官書》的星占學內容共有321款。兵陰陽在東漢以前大爲發展，軍中設有「日者」與兵陰陽軍官，皇室當之爲秘書診藏。秦朝設〈妖言令〉，漢代曾廢除之，但不久之後即恢復。成書於西漢的《禮記、王制》（1994 AD 上博簡發現〈緇衣〉論證爲先秦作品）曰：「執左道，以亂政者殺……假於鬼神、時日、卜筮以疑眾，殺」，亦無法禁止民間學習使用，影響深遠。古代將軍多少都會兵陰陽術數，《孫子兵法》、《六韜》……內容多有涉及。尤其是「陣行」之排法，所在都有。

「遊說計謀」等縱橫術，正確的教導我們「事求可、功求成、用力少、見功多者，聖人之道。」[111]善用己身人爲之能力，以磨合眾議、消解矛盾、排解紛爭，而戰勝困難、導引世局。

在作戰指導上，孫子提出了「必攻不守」的觀點。在《孫臏兵法》中，與「必攻不守」意思相近的是「批亢搗虛」。「亢」，本義爲咽喉，引申爲要害。所謂「批亢搗虛」，就是攻擊敵人要害且薄弱的關節點，這與吳子「審敵虛實而趨其危」有異曲同工之妙。孫臏的認識還不止於此。在與田忌對話時，對於田忌提出的「賞、罰、權、勢、謀、詐」，孫臏認爲這些「可以益勝，非其急者也」；而兵之急者，則在於「必攻不守」。也就是說，「攻虛擊弱」乃是取勝的關鍵所在，也是作戰理論的核心內容。千餘年後，唐太宗[112]也不無感慨地說：「用兵識虛實之勢，則無不勝焉……不能致人，而反爲敵所致故也。」肯定更豐富了孫子的虛實相合理論。

---

[111] 《莊子》〈天地〉：「子貢卑陬失色，頊頊然不自得，行三十里而後愈。其弟子曰：『向之人何爲者邪？夫子何故見之變容失色，終日不自反邪？』曰：『始以爲天下一人耳，不知復有夫人也。吾聞之夫子：『事求可、功求成、用力少、見功多者，聖人之道。』今徒不然。執道者德全，德全者形全，形全者神全。神全者，聖人之道也。託生與民並行，而不知其所之，汒乎淳備哉！功利、機巧，必忘夫人之心。』」

[112] 唐太宗曰：「諸家兵書，無出孫子，孫子十三篇，無出虛實，用兵識虛實之勢，則無不勝。今諸將之中，但能言背實擊虛，及其臨敵，則鮮識虛實者。蓋不能致人，而反爲敵所致故也。」《唐太宗李衛公問對》又稱《李衛公問對》，簡稱《唐李問對》。舊題李靖所撰。由於新舊唐書都沒有此書的記載，所以許多人懷疑此書是僞作。北宋陳師道等認爲是宋人阮逸僞托，元朝馬端臨則認爲是宋神宗熙寧年間王震等人所校正。現在一般認爲此書是熟悉唐太宗、李靖的思想的人根據他們的言論所編寫的，係唐太宗李世民與衛國公李靖多次談兵的言論輯錄，涉及的內容較爲廣泛，包括「軍制、陣法、訓練、邊防」諸問題，但主要討論作戰指揮。該書體裁是傳統的問答式，全書共有九十八次之問答。這種體裁結構雖鬆散，但論及之處頗爲廣泛，並常旁徵博引，對前人軍事思想大膽地評說揚棄。雖是問對，卻是有問無對，蓋唐太宗本是一位嫻於騎射、富有疆場戰鬥經驗的馬上君主，而李靖又是滿腹韜略的軍事家，他們之間的問對，往往能相互引發，啓迪軍事思維。譬如李靖對用兵「奇正」的獨到見解，則是與唐太宗思維碰撞之中產生的。可見，問對論兵模式本身具有優點，同時也是古代文人對戎事筆錄的一個傳統。該書十分重視部隊的軍事教育與管理。強調將帥要深曉兵法，「教得其道，則士爲樂用；教不得法，雖朝督暮責，無益於事矣。」提出訓練要由少及多、由簡單到複雜，循序漸進，還要根據部隊的不同特點，區別對待。該書的另一特點，是詳舉戰例研究戰爭的方法，將抽象的軍事理論具體化，如該書引用西晉馬隆討伐涼州樹機能使用八陣圖、偏箱車的戰例，得出「正兵古人所重」的結論；或先舉理論，再依戰例闡明，如李靖對分合作戰原則的闡述。該書開史論結合研究軍事之先河，影響後世兵書一般都以詳舉戰例爲特點。該書另一重要貢獻在於：對《孫子兵法》戰略戰術思想的進一步發揮和闡述，例如「奇正、攻守、虛實、主客」，著重探討了爭取作戰主動權的問題。並對陣法布列、古代軍制、兵學源流等一系列問題也進行了探討。南宋、戴少望《將鑒論斷》稱其：「興廢得失，事宜情實，兵家術法，燦然畢舉，皆可垂範將來。」

有關兵戰所講究「致人而不致於人」,《孫子》言:「故善戰者,致人而不致於人」(〈虛實第六〉)(「致」,招致、引來,引申爲調動之意。善於指揮作戰的人,總是能夠主動調動敵人,而不爲敵人所撼動);《鬼谷子》進而,更以「道與貴」發揮出:「故道貴制人,不貴制於人也。制人者,握權;制於人者,失命」(〈中經〉)(「制」,制服、控制之意);明顯看出講究「無爲」,而能得天下的老子說:「故不可得而親,不可得而疏;不可得而利,不可得而害;不可得而貴,不可得而賤。故爲天下貴」(〈第五十六章〉);同理,乃有爲之謀出於無爲之謀,而能致人獲取天下之最後勝利。也正是《孫子》所言:「非利不動,非得不用,非危不戰」,愼戰思想的終極發揮。鬼谷子將兵家孫子與道家老子的名言奧義融合,成爲縱橫家「制人而不制於人」最高指導原則。這現象也在二千多年後的毛澤東兵法[113],充分掌握到鬥爭主導權的應用,便是見證到了《李衛公問對》所說:「兵法,千章萬句,不出於致人,而不致於人而已」(〈中卷〉)。可見「致人而不致於人」,實爲古代作戰兵法與今日中外戰

---

[113] 坊間流傳有三本,其一、張鷥著《毛澤東兵法》2004 年 11 月,由中共黨史出版社出版。其二、孔見少將(廣州軍區某集團軍副軍長)主編的《毛澤東兵法十三篇》漓江出版社 2003 年 2 月,全書共設 128 節:具體內容是:「戰爭觀和方法論、政治建軍、人民戰爭、積極防禦、持久戰、遊擊戰爭、運動戰、殲滅戰、戰略反攻與進攻、指揮藝術、謀略策略、戰鬥作風、保衛國防。這十三個部分,涵蓋了毛澤東軍事思想的方方面面。」其三、另一本民間版本:「在當今林林總總研究兵法謀略的著作中,劉濟昆君的《毛澤東兵法》可算獨樹一幟,別開生面。……卻是他二十五年來悉心研究毛澤東生平、詩詞和軍事思想的結晶。這之前,他編著的《毛澤東詩詞全集》和《毛澤東詩詞演義》早已享譽海外,《毛澤東兵法》今年三月在港甫出問世,……接著又在臺灣公開發行。……毛澤東軍事思想和戰略戰術,紀錄國民黨在大陸崩潰實情的著作,……最成功的軍事戰略家。他以無產階級革命家的氣概,……所向披靡。正如本書作者所說:『毛澤東千秋功罪,任人評說。但是,毛澤東的軍事思想是無可批判的。』……遊擊戰、運動戰的論述,都是對孫子兵法的發展,……根據人民戰爭的特殊規律,在幾十年戎馬倥偬的實戰中,總結出人民軍隊從小到大,由弱變強,達到『以弱制強』的戰略和謀略,……『他以所謂「小米加步槍」戰勝了國民黨的「飛機加大炮」,從十幾個人、七八條槍開始,發展到一支二、三百萬人的解放軍,「槍桿子裡出政權」,最終指揮紅色江山。』……本書總結的毛澤東兵法四十八計,……謀略上達到了『出神入化』……獨特的思維方式,不信邪,不怕鬼,敢於想人之未想……能『不拘一格』,『出奇制勝』。……有時強調『寸土不爭』,有時卻講『寸土不讓』,有時講『窮寇莫追』,……用兵之『奇』,……運用之妙,存乎一心,得到了中國傳統兵法的真諦。……書中談到 1949 年渡江解放南京之後,英國軍艦「紫石英」號強闖我軍防線,被我開炮擊傷。毛澤東以解放軍總部發言人身份,發表了一篇義正詞嚴的聲明。……是自 1840 年鴉片戰爭之後一百年來痛斥英國佬的最痛快淋漓的聲明,……這個人,平生最不怕的就是洋鬼子。反共人士也承認,自從毛澤東席捲神州大陸,坐上民族元首寶座,洋鬼子就奈何不了我們中華民族了。這確實一語道出了當前海內外興起「毛澤東熱」的「玄機」,說出了炎黃子孫心裡的話,令人拍案叫絕。」以上轉載自譚洛非 1992 年 7 月 3 日「《毛澤東兵法》寫在劉濟昆《毛澤東兵法》出版前」。

爭思想的最主要核心所在。

　　黃石公《三略》〈上略〉：「端末未見，人莫能知。天地神明；與物推移。變動無常，因敵轉化。不爲事先，動而輒隨。故能圖制無疆，扶成天威。康正八極，密定九夷。如此謀者，爲帝王師」；〈中略〉：「非譎奇無以破姦息寇，非陰謀無以成功」；〈下略〉：「釋近謀近者，勞而無功。釋遠謀者，佚而有終」。歷史上以劉邦採用張良之屢屢獻計，而終至於建立大漢帝國的偉業，這也就是「謀略」勝過於「兵刃」偉大之處。

　　以上，乃是鬼谷子與先秦兵家「兵與謀」相同之處，而相異之處在於《鬼谷子》通篇所論述的「遊說」理論；與兵家的所重視之「兵力」等軍事理論之建構，其敵人與戰場雖是一樣，但實則方法與工具，則完全是南轅北轍，絕對的不相同。兵家所謂的戰爭場面，其特點是「有形的、有死傷的、空間性的、兩軍對峙的、花費驚人的」；而縱橫家的戰爭場面，卻是「無形的、變化的、無死傷的、非空間性的、隨時存在的、花費較少的」。以當今世界各強國之間的現代戰爭相比擬，即是所謂的外交戰、情報戰、經貿戰、心理戰、媒體戰……等。再以民間企業的電子科技誇國集團而言，則更是講究法律、專利的對抗。

　　它的共通性，就是以國家形成爲主題；但其差異性是：兵家主張需在配備冷「兵器」（《韓非子》〈五蠹〉說：「上古之世，人民少而禽獸眾」；而《淮南子》〈氾論〉說：「爲鷙禽猛獸之害傷人而無以禁禦也，而作爲之鑄金鍛鐵，以爲兵刃，猛獸不能爲。」）下，與「武裝人員」等武器之各式裝備，成之爲「軍隊」的國家武力，去進行侵略或自衛或以國家安全、競爭爲目的，名目互異之各式戰爭，也就是以生命與物質消耗爲主的「傳統戰爭」。

　　而以鬼谷子理論爲首，則是以一人一隊爲主的外交官員，或是一小組反間情報人員，完成任務（《孫子兵法》〈用間第十三〉：「故明君賢將，能以上智爲間者，必成大功」，「非聖智不能用間，非仁義不能使間，非微妙不能得間之實」）。甚至於身負重任的縱橫家子弟，在毫無外援且無兵刃之下（與墨者有當地邦國之助益，是完全不同），「以言語爲兵將、以喉舌爲武器」，深入敵方艱難險阻後方地，「沒有宣戰，沒有固定戰場，沒有正面搏殺，大多數情況下不會有硝煙、炮火和流血」，「誰組合好誰贏，誰就是超限戰的勝利者。」[114]進行著那完全看不見的攻擊戰、防衛戰、以及情報戰。

---

[114] 語出自於《超限戰》之法文版，再版之序文。

我國歷年兵書除著名的《武經七書》[115]之外，還存在著幾千種之多的兵法[116]；但若以「遊說」之精神兵器爲用，其「以少勝多」爲主要述求的純粹精神之兵法爲體，眞正完整被保留下就只有《鬼谷子》一本了。它指導需要的人們，活用「計謀」（計畫、謀略）於人事、政事、戰事、國是之中，宛如海水巨浪、江水溪流、風吹雲動，靈活運作、滔滔不絕，永不匱乏！這也就是《鬼谷子》寶貴之處。它還可以對付未來「沒有限制」的，不分實體或虛擬之戰爭，我們何其有幸擁有此本，屬於我中華民族不朽的傳世寶典。過去在歷史上，有多位道學者以國家民族命脈之存亡圖續爲觀點，去看待先秦兵家之價值，但卻以極高之倫理道德觀點，高調去評價度量與摧殘毀棄鬼谷子的兵學理論。這就如同當今不明瞭，全球化時代的戰爭正在發生著根本性的變化，出現了與傳統軍事性戰爭並列的非軍事戰爭，例如：金融戰、網路戰、輿論戰[117]、法規戰、貿易戰、專利戰、空間戰、新恐怖戰……等；而一味的故

---

[115] 《武經七書》是由宋朝所頒佈的，除了屬於唐朝的《唐太宗李衛公問對》外，其餘的六書：《孫子兵法》、《六韜》、《三略》、《司馬法》、《吳子》、《尉繚子》，其中就有四本是出於齊國，而七書中的《吳子》、《尉繚子》則是戰國時代的兵書。由此可見，在春秋時期，齊國的兵學是舉世無雙、獨步天下的。姜太公是齊國開國之祖，而齊國則是先秦兵學的發源地，而先秦兵學則又是中國兵學的總源頭。在這個國家中，除了開國的姜太公外，又先後誕生了四位兵學天才，分別是《管子》的作者管仲、《司馬法》的作者田穰苴、《孫子兵法》的作者兵聖孫武及《孫臏兵法》的作者孫臏，而孫臏則是孫武的後代。那爲什麼齊國會出產如此多的兵法名著呢？這除了其開國始祖爲姜太公，及其固有的民族性兩個因素外，其地理環境是最大的動力。《商君書》〈兵守〉曾說：「四戰之國貴守戰，負海（背海）之國貴攻戰。」在春秋、戰國時期，地理位置既「背海」而又有實力施行「攻戰」之策的國家，春秋前期也只有齊國，而後期則又有吳、越二國。在這個時期內，齊國首先稱霸，至於吳、越兩國後來也都相繼稱霸了。而春秋五霸，此佔其三。齊桓公稱霸時，有管仲輔佐；吳王闔閭稱霸時，有伍子胥、孫武輔佐；越王句踐稱霸時，則有范蠡、文種輔佐。而這些輔王成霸的功臣都是兵家。而且這些兵家，不僅皆著有兵法，且更具有豐富的實戰經驗。

[116] 其它之兵法，如楚、吳系統中：最有名的是伍子胥寫的《水戰兵法》及《伍子胥》兵法（可能是一本書，也可能是兩本書）及白公勝寫的《公勝子》兵法。楚、越系統中：最有名的是范蠡寫的《范蠡兵法》及文種寫的《大夫種》兵法。在晉國系統中：最有名的是師曠寫的《師曠》兵法。在周朝系統中：最有名的是萇弘寫的《萇弘》兵法。司馬遷寫了〈律書〉，這應該就是司馬氏用兵思想的總結了，可惜，〈律書〉也如其它一些兵法一般，在漫長的歷史洪流中失傳了。

[117] **輿論攻防戰** 隨著資訊時代的來臨，傳統戰爭的界線已被打破，輿論攻防已成爲國家軍事戰略與維護國家安全的重要一環。2003年中國解放軍發佈的「政治工作條例」中，將輿論戰、心理戰、法律戰列爲「三戰」，並視爲現代戰爭中新的作戰趨勢，其中的輿論戰強調應創造、掌握新聞輿論，通過造勢、震懾、離間等策略，藉由各種現代傳播媒介散播特定資訊，形成輿論壓力，創造有利於己的戰場態勢。戰爭雙方透過各類傳播媒介，有計畫、有目的的向敵方傳遞經過選擇的訊息，引導控制並形塑有利於自己的輿論態勢，冀改變敵我雙方的整體力量對比，進而對後續行動形成助益。對己方虛虛實實的戰爭決心、戰略意圖、作戰方式等大力宣傳，進行有效的戰爭威懾，使敵對國在戰與不戰、何時應戰、出兵何地等事

步自封，主張完全鎖國一般之愚蠢。因為已經無法阻止無所不在的電子虛擬世界的無形武器「電腦病毒」，當今包括軍隊的政治宣傳作戰，傳統如收買民間媒體如報章雜誌、電台廣播、電視新聞……等等，更都已算是落伍，退居為第二線了。主力作戰，應該是當今<u>中</u>、<u>美</u>等國，所各自成立人數龐大的網路資訊作戰部隊，<u>中國</u>大陸簡稱為「網軍」[118]，以癱瘓敵對國家之軍事武器、指揮系統、雷達監視、後備支援、電力設施……，尤其以<u>美國</u>[119]成立最早。網路戰的主要體現在四個方面：駭客攻擊、病毒傳播、通道干擾、節點破壞。諸如此類性質之作戰，可說都是<u>鬼谷子</u>主張之超越傳統軍事作戰，無形戰爭與遊說的現代進化版。<u>孫子</u>亦言：「故善用兵者，避其銳氣，擊其惰歸……以逸待勞。」規避對方精銳兵力武器等直接衝突，充分利用晝夜間之怠惰與歸心；隨時攫取並斷絕資訊與情報的傳遞，以低成本與低動員而打勝戰爭。

　　<u>鬼谷子</u>的兵學思想相隔二千多年，因為種種歷史的因素，所以沒有直接傳承發展下來；但是由於人性與政治體制的發展，至今除了國際間，國與國家之間的利益（如<u>美國</u>總統歐巴馬便公然又赤裸裸的宣稱：<u>中國</u>主張南海九段線是侵犯其本國利益）與歷史仇恨衝突之外；其實不僅是敵對兩國如是，連只要是標榜民主政治的當代國家，由其是其社會內部的兩黨選戰策略，不

---

關戰略全域的重大問題上難定決心，從而貽誤戰機。（國防部政治作戰服務網）我們從<u>中</u>、<u>日</u>之釣魚台主權紛爭，看出中共之應對策略即是「輿論動員、外交談判、軍事準備」。由此觀之，根本上並未離開<u>鬼谷</u>學說的遊說、外交、兵法等謀略之應用。

[118] **網軍** 以其功能區分為 **防禦對抗部隊**：負責對各類病毒的預防和受病毒攻擊後的清除任務，並負責研究建設性的、周密有效的防攻保護體系。**保障維護部隊**：負責對電腦網路戰設備的保障以及擔負對網路戰指揮員、技術人員、駭客等的警衛、保護工作等。一個國家對網路部隊的建設，還得設置總部統率機關，其作用是統一領導整個網路部隊，協調各網路分隊與其他軍種的協同作戰，協調全軍網路戰的配套建設，負責與國家資訊技術部門的聯絡，並直接領導指揮直屬分隊、研究機構、培訓網路戰官兵的專門軍校等。**總部直屬的網路戰分隊**：主要負責廣義上的網路戰，即對敵國國家政治、軍事指揮系統的破壞和對敵反攻的防禦，對敵國經濟、社會網路資訊系統的攻擊破壞等等。與之相適應，聯絡軍隊和民間對外宣傳等網站，廣泛開展宣傳戰、心理戰，從根本上動搖敵國民心，使其社會土崩瓦解。

[119] <u>美國</u>擁有最大的網路戰力量，三軍都有網路部隊。早在 2002 年，<u>美</u>軍就組建了世界上第一支網路駭客部隊——網路戰聯合功能構成司令部（簡稱 JFCCNW）。這支部隊由世界頂級電腦專家和「駭客」組成，其人員組成包括<u>美國</u>中央情報局、國家安全局、聯邦調查局以及其他部門的專家，所有成員的智商都在 140 分以上，因此被戲稱為「140 部隊」。2013 年<u>美國</u>五角大樓網路作戰部隊成立，4000 網路作戰部隊馬上就位。網路作戰部隊組建完成後，主要負責發動網路攻擊和執行網路防禦行動。部隊由<u>美國</u>國安局局長亞歷山大指揮。這是一支供國防部調遣的攻擊性部隊，用於在<u>美國</u>網路空間遭到襲擊時捍衛國家。<u>美國</u>網路部隊由 40 支隊伍組成，其中 13 支為進攻性部隊，主要開發網路戰武器，27 支隊伍為防禦部隊，另外還有一系列隊伍來保護<u>美國</u>的電腦系統和資料。

管是選舉期間或是非選舉時候，正常議會的民意代表，對於法案表決幾乎動不動就行駛使廝殺戰略（美國共和黨與民主黨之鬥爭更是激烈）。而議場之外，早就使用網路進行朝野的民意攻防戰，戰況可說是相當激烈。變本加厲，幾乎不管你死我活，已經到了只管是否能夠奪取政權，完全不管是非對錯，栽贓、抹黑、毒化、欺騙、顛倒……無所不用其極。比起鬼谷子之戰國時代，尚且講究王道、聖人與仁義，根本無法相比。如此撕裂扭曲的民主政治制度，完全踐踏國家與民族百姓利益於不顧。回憶及國共內戰，乃至於共產黨內部之鬥爭，無不處處見證到，故兵法之重要不可不加以重視。

## 第六節　鬼谷思想與先秦法家

　　《鬼谷子》之貴為子書，但相對於其它諸子百家而言，於縱橫家卻為獨一無二的理論指導書籍，（史載有一本《蘇子》[120]傳世，但卻早已失傳了）。其它也有諸多縱橫家之著作，也都於歷史無情的洪流之中消失殆盡，如《漢書、藝文志、諸子略》就著錄有先秦縱橫家著作五種，與秦漢縱橫家著作七種：「《蘇子》、《張子》、《龐煖》、《闕子》、《國筮子》」，後者為「《秦零陵令信》、《蒯子》、《鄒陽》、《主父偃》、《徐樂》、《莊安》、《待詔金馬聊蒼》」共十二種。「這十二種著作，當時就註明，除《蘇子》殘缺外，其它各種都已經亡佚，六朝末年《蘇子》也散亡了」[121]，所以說鬼谷思想的理論著作，初看起來根本無法與法家的眾多理論體系相匹敵。若說還有一本《戰國策》[122]，但那僅是有

---

[120] 《漢書、藝文志》縱橫家類著錄《蘇子》三十一篇。帛書《戰國縱橫家書》保存其書信和遊說辭十六章。

[121] 參見陳蒲清著《鬼谷子詳解》一書，〈鬼谷子的價值論〉頁 176，〈縱橫家獨存之子書〉，湖南：長沙岳鹿出版社、2006 年二次印刷。

[122] 《戰國策》（Intrigues of the Warring States）是一部國別體史書。主要記述了戰國時期的縱橫家的政治主張和策略，展示了戰國時代的歷史特點和社會風貌，是研究戰國歷史的重要典籍。西漢末劉向編定為三十三篇，書名亦為劉向所擬定。宋時已有缺失，由曾鞏作了訂補。有東漢高誘注，今殘缺。宋鮑彪改變原書次序，作新注。吳、原師道作《校注》，近代人金正煒有《補釋》，今人繆文遠有《戰國策新注》。是中國古代的一部歷史學名著。它是一部國別體史書（《國語》是第一部）又稱《國策》。主要記載戰國時期謀臣策士縱橫捭闔的鬥爭。全書按東周、西周、秦、齊、楚、趙、魏、韓、燕、宋、衛、中山國依次分國編寫，分為十二策，卅三卷，共四百九十七篇。所記載的歷史，上起 490 BC 智伯滅范氏，下至 221BC 高漸離以筑擊秦始皇，約十二萬字。是先秦歷史散文成就最高，影響最大的著作之一。是我國古代記載戰國時期政治鬥爭的一部最完整的著作。它實際上是當時縱橫家（即策士）遊說之辭的彙編，而當時七國的風雲變幻，合縱連橫，戰爭綿延，政權更迭，都與謀士獻策、智士論辯有關，因而具有重要的史料價值。該書文辭優美，語言生動，富於雄辯與運籌的機智，描寫人物繪聲繪色，常用寓言闡述道理，著名的寓言就有「畫蛇添足」、「亡羊

別於正史的故事歷史記載（總共四百九十七篇）之散文著作而已，並非是一人之作；而後出土的《戰國縱橫家書》也僅只是十六篇書信性質的文章集結彙編。才會，使後代對於縱橫家之理論根據的研究，淪為百般困難之原因。不過近幾年來，海峽兩岸已有許多學者闕文研究，發表論文並出版專書大作，已然頗有所成。以上，使我們認為「《鬼谷子》才是理論著作，……《戰國策》是歷史著作，……《戰國縱橫家書》只是活動著作。」[123]

鬼谷子學說理論後來未能宏大，除了秦國採用商鞅變法開始，更於秦始皇統一天下後，完全以法家治國及李斯的「挾書律」外；就是董仲舒的「獨尊儒術」[124]了，這兩個階段中，使許多策士、謀士為之消耗殆盡；另外還有最

---

補牢」、「狡兔三窟」、「狐假虎威」、「南轅北轍」等。這部書有文辭之勝，在我國古典文學史上亦佔有重要地位。亦是我國一部優秀散文集，他文筆恣肆，語言流暢，論事透闢，寫入傳神，還善於運用寓言故事和新奇的比喻來說明抽象的道理，具有濃厚的藝術魅力和文學趣味。《戰國策》對我國兩漢以來史、傳、文、政、論文的發展，都產生過積極影響。

[123] 此句話是出自陳蒲清著《鬼谷子詳解》一書，〈鬼谷子的價值論〉，頁176～177。

[124] **獨尊儒術** 全稱「罷黜百家，獨尊儒術」，是指在政權和國家上層建築中完全使用儒家思想。該名詞源於1916年，是易白沙在《青年雜誌》上發表的《孔子評議》，稱「罷黜百家，獨尊儒術，利用孔子為傀儡，壟斷天下之思想，使失其自由。」
漢初，在政治上主張無為而治，經濟上實行輕徭薄賦，在思想上，主張清靜無為和刑名之學的黃老學說受到重視。由於當時的學者還是各尊各道，沒有統一的思想。西漢初年，漢高祖不喜儒學，使儒家的學術源流幾乎斷絕。博士制度雖承秦制依然存在，但博士人數不多，且僅具官待問而已，在傳授文化方面難以起多大作用。惠帝廢《挾書律》，使諸子學說復復甦，其中儒、道兩家影響較大。在學術思想發展的低潮中，道家的黃老無為思想為漢初統治者所提倡，居於支配地位，各種不同流派的思想家也都樂於稱說黃老之言。文、景時期，出現了由無為到有為、由道家到儒家的嬗變趨勢。（又當時發生：舊秦博士伏生出其壁藏《尚書》廿九篇，文帝派晁錯從其受業。此時，博士之總數達到七十餘人，百家雜陳而儒家獨多。）武帝即位時，從政治上和經濟上進一步強化專制主義，中央集權制度已成為封建統治者的迫切需要，主張清靜無為的黃老思想，已不能滿足上述政治需要，更與漢武帝的好大喜功相抵觸；而儒家的春秋大一統思想，仁義思想和君臣倫理觀念，顯然與武帝時所面臨的形勢和任務相適應。
漢武帝正式即位後，權臣衛綰、田蚡、竇嬰等主張尊崇儒術，貶抑法家，同主張道家思想的竇太后展開政治鬥爭，建元二年（139 BC），竇太后一度得勝。建元六年（135 BC），竇太后去世，支持儒家的官員重新得勢。漢武帝於元光元年（134 BC）召集各地賢良方正文學之士到長安，親自策問。其中著名儒生董仲舒在對策中指出，春秋大一統是「天地之常經，古今之通誼」，現在師異道，人異論，百家之言宗旨各不相同，使統治思想不一致，法制數變，百家無所適從，於是提出：「諸不在六藝之科孔子之術者，皆絕其道，勿使並進」，得到漢武帝的贊同，在全國的思想、仕進上只採用儒家思想的觀點。其實該思想，已非春秋戰國時期儒家思想的原貌。而是摻雜「道家、法家、陰陽五行家」的一些思想，是一種與時俱進的新思想。它維護了封建統治秩序，神化了專制王權，因而受到中國古代封建統治者推崇，成為兩千多年來，中國傳統文化的正統和主流思想。「罷黜百家，表章六經」，是董仲舒建議漢武帝實行的統治政策。於是，在思想領域，儒家終於取代了道家的統治地位。易白沙將其曲解為罷黜百家，獨尊儒術。

主要因素，應該就是縱橫家以上十二種著作，這批書籍的亡佚，所各自形成了主客觀之因素。只是我們翻開歷史仔細詳讀之，就可得知一個思想學派之興衰，當然沒有以上那麼幾句話，就可以簡單交代過的。必須將其思想與當時與政治環境和歷史軌跡之互動背景，互為關係加以參考方能看出其真相來。以下，筆者特將《鬼谷子》與法家思想，作進一步之分析：

## 一、與管仲「道與功」主張之異同

鬼谷子的「道」，我們先前於〈鬼谷子與道家思想〉一節之中，提到在莊子的分類裡面是比較注重「人道」。鬼谷子則是認為要將本於聖人由天而得之美好自然的「天道」，用來實施於不完美的人間社會，在當時險惡的政治氛圍之下，必須以有別於道家之「無為」的「有為」，強力作為之主張下，才有改變之可能。這也就是本節所要探討：鬼谷子以「人道」思想為主的學說，與法家主張集權「霸道」的學說，究竟有何多大差別之處。

先說《鬼谷子》之道，〈盛神第一〉：

> 「道者，天地之始，一其紀也。物之所造，天之所生，包宏無形，化氣先天地而成，莫見其形，莫知其名，謂之神靈。故道者，神明之源，一其化端，是以德養五氣，心能得一，乃有其術。」

這句話裡面，有好多是從老子《道德經》之〈第十四章〉：「執古之道，以禦今之有。能知古始，是謂道紀」；〈第廿五章〉：「有物混成，先天地生。寂兮寥兮，獨立不改，周行而不殆，可以為天下母。吾不知其名，字之曰道」；〈第卅二章〉：「道常無名」；之中擷取。分析其字詞雷同或與意思相同者，如：「道者，……一其紀也」，與老子：「執古之道，……是謂道紀」同。「物之所造，天之所生」，與老子：「有物混成，先天地生」同；「莫知其名，謂之神靈。故道者，神明之源」，與老子：「吾不知其名，字之曰道」同。「一其化端」、「心能得一」，與老子〈第卅九章〉：「昔之得一者：天得一以清；地得一以寧；神得一以靈；谷得一以盈；萬物得一以生；侯王得一以為天下貞」。以上「一」所蘊涵的意思，與「道」是相同的。

〈實意第三〉言：「不出戶而知天下，不窺牖而見天道；不見而命，不行而至；是謂道知。」不就與老子〈第四十七章〉：「不出戶知天下；不闚牖見天道。其出彌遠，其知彌少。是以聖人不行而知，不見而名，不為而成。」字句與意思幾乎一模一樣了！不說《鬼谷子》抄襲《道德經》，因為諸子百家

在春秋戰國，學術思想鼎盛之年代，各家各派之學說常有所傳承與影響，所以鬼谷子受到老子之影響自不在話下。尤其貴爲師之輩的鬼谷子，其思想代表著作《鬼谷子》一書，當然會是老師本人，口述加以引用前人思想的結晶老子《道德經》，而弟子於上課時將其心頌下來；回到宿舍後，再共同書寫記錄於竹簡上，成爲爲課後之筆記，如是《鬼谷子》一書成。由此而說，由老子之道而衍生出鬼谷子之道，而且法家之形上學之「道」，也發源於道家是可信的。

我們由將鬼谷子之「道」與道家之「道」相同作連結，原本就起源於道家之「道」。再論及法家之「道」，再以作連結，也是毫無疑問的。早於鬼谷子的春秋時代「齊法家」的代表人物管子，其「《管子》學派、與愼到、尹文子皆受黃老之影響，其『道生法』即屬其特徵；其次齊、魯相鄰，因而齊法家也接受儒家的仁義道德。以『禮、義、廉、恥』爲國之四維」[125]一書，〈形勢第二〉言：「道之所言者一也，而用之者異」，法家對於「道」之理論，前者說「道之所言者一也」，與道之爲與鬼谷子之〈盛神第一〉中之：「**道者，天地之始，一其紀也。物之所造，天之所生，包宏無形，化氣先天地而成，莫見其形，莫知其名，謂之神靈。故道者，神明之源，一其化端，是以德養五氣，心能得一，乃有其術**」。鬼谷子於句中所言之「一」，實際上即表示「道」字，出處來自於老子《道德經》；所以毫無疑問是道家所言之「道」，是同樣之「道」，而且其後之發展也都是相同。因爲管子「*而用之者異*」，與鬼谷子「*心能得一，乃有其術*」，不都是將「道」給帶進了，有功利之色彩的「用」的場域裏去了嗎？

《莊子》〈在宥第十一〉：「一而不可不易者，道也」；〈天地第十二〉：「泰初有無，無有無名，一之所起，有一而未形」；老子《道德經》〈第四十二章〉也說：「道生一，一生二，二生三，三生萬物」，這裡就不都表示「道」即「一」，法家與鬼谷子均毫無疑問的認同而使用。又〈在宥第十一〉「何謂道？有**天道**，有**人道**。無爲而尊者，**天道也**；有爲而累者，**人道也**。主者，**天道也**；臣者，**人道也**。天道之與人道也，相去遠矣，不可不察也」；在老子《道德經》之〈第卅九章〉：「昔之得一者：天得一以清；地得一以寧；神得一以靈；谷得一以盈；萬物得一以生；侯王得一以爲天下貞」；不也是早已經說出來了「**天道、地道、人道**」這個概念！「王」一字，便由此而來，所以「王道」乃是貫穿

---

[125] 參見李增《先秦法家哲學思想》〈導論〉國立台灣編譯館、第二頁、2001 年 2 月出版。

天地人之道理，行「王道」即是兼顧天地人之道。「道」是共性，合乎自然界所有物類存在標準的真理，《莊子、秋水篇》：「以道觀之，物無貴賤」，所以以聖人為主的王道，是人人處於一視同仁的公平、正義裏頭。又〈天下篇〉言：「萬物畢羅，莫足以歸，古之道術有在於是者。」所以「王道」，已經完全涵蓋超出西方所謂的核心價值，此為中華民族對於人類世界政治之偉大貢獻。

管子[126]法家與鬼谷子均知道：「天地雖大，其化均也；萬物雖多，其治一也」、「通於一而萬事畢」[127]，《道德經》〈第廿二章〉：「是以聖人抱一為天下式」；明白於「用」，以用來解天「道之用」，而應用於「地道、人道」之中，「道通為一。……復通為一。唯達者知通為一，為是不用而寓諸庸。庸也者，用也；……謂之道。」[128]所以要將「天道」之美與好，運用於人世間，就不得不用「人道」實施了。所以《管子》〈霸言第廿二〉：「立政出令，用人道。施爵祿，用地道。舉大事，用天道」；〈五輔第十〉：「天時不祥，則有水旱。地道不宜，則有饑饉。人道不順，則有禍亂；此三者之來也，政召之」。將「道」以「用」帶入「富國強兵」，不就要以治國之「功」為理念，也才能夠以彰顯成效？

管仲乃是齊桓公之宰相，當然非常明瞭唯有「富國強兵」，才能使齊國稱霸於世，如何治理國家更是霸權維繫之最重要因素。所以他說：「人卒雖眾，其主君也。君原於德而成於天，故曰：玄古之君天下，無為也，天德而已矣。以道觀言而天下之君正，以道觀分而君臣之義明，以道觀能而天下之官治，以道汎觀而萬物之應備。故通於天地者，德也；行於萬物者，道也；上治人者，事也；能有所藝者，技也。技兼於事，事兼於義，義兼於德，德兼於道，道兼於天」[129]。哪會不知曉「君、臣」上下關係，道理之所在？

《管子》一書，就能夠將道家之「道」，轉為法家之己意而行之。〈宙合第九〉：「章道以教，明法以期，民之興善也如此，湯、武之功是也。」「故聖

---

[126] 管仲，春秋初期政治家，名夷吾，字仲。早年經商，西元前 685 年為齊卿，輔佐桓公，在經濟、政治方面有很多革新，齊國因之富強，桓公成為春秋第一個霸主。

[127] 語出《莊子》〈天地第十二〉。

[128] 全文出自《莊子》〈齊物論第二〉：「天地，一指也；萬物，一馬也。可乎可，不可乎不可。道行之而成，物謂之而然。惡乎然？然於然。惡乎不然？不然於不然。物固有所然，物固有所可。無物不然，無物不可。故為是舉莛與楹，厲與西施，恢恑憰怪，道通為一。其分也，成也；其成也，毀也。凡物無成與毀，復通為一。唯達者知通為一，為是不用而寓諸庸。庸也者，用也；用也者，通也；通也者，得也。適得而幾矣。因是已。已而不知其然，謂之道。」

[129] 語出《莊子》〈天地第十二〉。

人博聞、多見、**畜道**、以待物」；〈樞言第十二〉：「道之在天者日也，其在人者心也」；〈法法第十六〉：「使君子食於道，小人食於力。君子食於道，則上尊而民順。小人食於力，則財厚而養足。上尊而民順，財厚而養足，四者備體，則胥足上尊時而王不難矣。」如此將「道」以「章道」而「畜道」，聖人「畜道」而君子「食於道」，小人「食於力」；以上相較於道家將「道」抽象化之說法而言。《管子》此處所喻，以實用之角度上言，還眞是相當活潑有趣又具象多了。管仲認爲只要：「上尊而民順，財厚而養足」，如此則「稱王稱霸」之道路就不遠了。

　　以上，一路由道家之「天道」到「人道」，再由「王道」到「霸道」；其裡面牽涉到一個「功」字，因爲「功」者來自於私利，由「人」之私利進化到「王」之私欲，與發展爲「民族」之共同私利。這個「道」字，眞是如西方哲人柏拉圖的「理型」主張，無處不在、無不可用，無比珍貴之一般。說起「功」，老子亦有一句《道德經》〈第七十七章〉：「孰能有餘以奉天下，唯有道者。是以聖人爲而不恃，**功成而不處**，其不欲見賢」；〈第九章〉：「持而盈之，不如其已；揣而銳之，不可長保。金玉滿堂，莫之能守；富貴而驕，自遺其咎。**功遂身退天之道**」，這裡便說出了兵家與法家，重視「軍功」之弊病。

　　因爲《莊子》〈天地第十二〉借子貢回答弟子，以孔子的話說：「事求可、**功求成**、用力少、見**功**多者，聖人之道……**功利、機巧**，必忘夫人之心」；〈天道第十三〉：「天不產而萬物化，地不長而萬物育，帝王無爲而天下**功**。故曰：莫神於天，莫富於地，莫大於帝王。故曰：帝王之德配天地。此乘天地，馳萬物，而用人群之道也」；〈刻意第十五〉：「無**功**名而治，無江海而閒，不道引而壽，無不忘也，無不有也，澹然無極而眾美從之，此天地之道，聖人之德也」。

　　道家的見解一向秉持「天道、無爲、無功」，隨順自然之法則；然而戰國中晚期，國勝兵強民富之主張，蔚爲當時的主流價值。諸侯烈強的爭相較勁併吞，越發使百姓生靈塗炭。所以《莊子》〈刻意第十五〉：「語大**功**，立大名，禮君臣，正上下，爲治而已矣，此朝廷之士，尊主強國之人，致**功**並兼者之所好也。」如此講究以「功」治國的「富國強兵」，法家當然會風起雲湧起來。可惜的是，「君主專制」制度獨裁的發展，形成了一去不回頭的大災難。

　　法家重視功業，尤其「管仲[130]功業自春秋以至於秦併六國，堪稱第一」[131]。

---

[130] 《論語》〈憲問〉：孔子在子路問：「桓公殺公子糾，召忽死之，管仲不死。」曰：「未仁乎？」

察《管子》[132]一書有關「功」一字，便達 287 次、160 段落之多。其對於「功」之重視，乃得以在治理國政有相當之成效。「管仲尊王攘夷、一匡天下之功，奠基於齊國自身之實力。齊國國力之培養非由外力促成，乃自基層政治之改革入手。管仲於齊國之政治社會、經濟、軍事，均有一番因時因地而制宜之法制。經此徹底之改革，齊國既富且強，乃能成此霸功。此一富國強兵，先內政而後外交之政治原則，正是後世法家所遵用者。……管仲之學見稱於法家之書，而未見於重於道家之門者，或以此也」[133]；或我國自古即有三不朽：「立德、立功、立言」[134]之說，法家採用「立功」；這不就如：唐人孔穎達在《春秋左傳正義》上，所言：「立功謂拯厄除難，功濟於時」[135]。

---

以及子貢問：「管仲非仁者與？桓公殺公子糾，不能死，又相之。」，孔子回答說：「桓公九合諸侯，不以兵車，管仲之力也。如其仁！如其仁！」，「管仲相桓公，霸諸侯，一匡天下，民到於今受其賜。微管仲，吾其被髮左衽矣。」管仲（約 723～645 BC）名夷吾，字仲，又稱敬仲，春秋時期齊國著名的政治家、軍事家，潁上（今安徽潁上）人。管仲少時喪父，老母在堂，生活貧苦，不得不過早地挑起家庭重擔，為維持生計，與鮑叔牙合夥經商後從軍，到齊國，幾經曲折，經鮑叔牙力薦，為齊國上卿（即丞相），被稱為「春秋第一相」，輔佐齊桓公成為春秋時期的第一霸主，所以又說「管夷吾舉於士」。管仲的言論見於《國語、齊語》，另有《管子》一書傳世。《管子》是託管仲之名而博采眾家之長的一部論文集，寫作年代可能始於戰國中期直至秦、漢時期，不是一人一時所作。收入《國語、齊語》和《漢書、藝文志》。《管子》共廿四卷，八十五篇，今存七十六篇，內容極豐，包含道、名、法等家的思想以及天文、輿地、經濟和農業等方面的知識，其中《輕重》等篇，是古代典籍中不多見的經濟文作，對生產、分配、交易、消費、財政、等均有論述，是研究我國先秦農業和經濟的珍貴資料。

[131] 語見徐漢昌著《管子思想研究》〈第二篇管子書考〉頁 63，臺灣學生書局出版，民國 79 年 6 月初版。

[132] 劉安《淮南子》〈要略〉：「齊桓公之時，天子卑弱，諸侯力征，南夷北狄，交伐中國，中國之不絕如線。齊國之地，東負海而北障河，地狹田少，而民多智巧，桓公憂中國之患，苦夷狄之亂，欲以存亡繼絕，崇天子之位，廣文、武之業，故《管子》之書生焉。」

[133] 同上 130 註。

[134] 語出《左傳》〈襄公二十四年〉：「二十四年春，穆叔如晉。范宣子逆之，問焉，曰：『古人有言曰：「死而不朽」，何謂也？穆叔未對。』宣子曰：『昔匄之祖，自虞以上為陶唐氏，在夏為御龍氏，在商為豕韋氏，在周為唐杜氏，晉主夏盟為範氏，其是之謂乎？』穆叔曰：『以豹所聞，此之謂世祿，非不朽也。魯有先大夫曰臧文仲，既沒，其言立，其是之謂乎！豹聞之，『太上有立德，其次有立功，其次有立言』，雖久不廢，此之謂三不朽。若夫保姓受氏，以守宗祊，世不絕祀，無國無之，祿之大者，不可謂不朽。」

[135] 唐人孔穎達在《春秋左傳正義》中對「德、功、言」三者分別做了界定：「『立德謂創制垂法，博施濟眾；立功謂拯厄除難，功濟於時；立言謂言得其要，理足可傳。『三不朽』中，『立德』有賴於見仁見智、眾口難調的外界評價，『立功』需要擠身壟斷性和風險性極強的官場，這些往往非一介書生的能力所及」；於是，文人每以「立言」為第一要務，以求不朽，這誠如曹丕《典論·論文》講：「蓋文章經國之大業，不朽之盛事。年壽有時而盡，榮樂止乎其身，二者必至之常期，未若文章之無窮。是以古之作者，寄身於翰墨，見意於篇籍，不假良史之辭，不托飛馳之勢，而聲自傳於後。」

　　管子將「功」，說成了與「天」有關，所謂「順天者天助之，逆天者天違之」，又「違天必敗，順天者有功，「逆天懷其凶，不可復振」[136]。我們不將管子說成他有意將此處之「天」給神格化，但對照於鬼谷子之對於「功」之講究處，卻未有早期法家之全部與「道」連結之影響，反而演變成更徹底的現實與實際，看到的只是更多人為的努力與積極之主張罷了！

　　如〈摩篇第八〉言：「故聖人所以獨用者，眾人皆有之；然無成功者，其用之非也。」鬼谷子認為聖人之位階與眾人無異，為何不能成其功，是因為所用方法不對！故他對「功」下定義表示，如〈損兌第七〉所言：「圓者不行，方者不止，是謂大功」，能夠使圓的球體不再轉動、卻可以使方的立方體滾動不止，充分運用自我之意志，將不可能的奇蹟給創造出來。鬼谷子通透了「天道」之奧妙與神秘「天際無極、人事無窮」，所以能夠為「說者」，指出了一條寬廣，又有大功勞、高效率的明路。

　　〈謀篇第十〉：「智者達於數、明於理，不可欺以不誠，可示以道理，可使立功」；〈實意第三〉：「心安靜則神策生，慮深遠則計謀成；神策生則志不可亂，計謀成則功不可間」；〈中經〉：「強隙既鬥，稱勝者，高其功，勝其勢；弱者，哀其負，傷其卑，汙其名，恥其宗。故勝者聞其功勢，苟進而不知退」；〈內揵第三〉：「策無失計，立功建德，治名入產業」。雖然僅只是遊說者，但是其身為「策士、謀士」之本質未變，一但成功，也能「立功建德」以享聲名功勳、得配享俸祿，因而容華富貴。

## 二、與商鞅「兵與法」主張之異同

　　上一節，以管仲為述求，乃是因為管仲輔佐齊桓公稱霸，使得春秋正式進入五霸之戲臺。而這一節選擇了商鞅[137]，則是因為商鞅入秦後，為秦孝公所重用，因之大肆改革「變法修刑，內務耕稼，外勸戰死之賞罰」《史記》〈秦本紀〉。商鞅在秦國執政近廿年，使秦國一躍而成為當時國富民強的國家，為秦爾後奠定了統一中國，結束戰國時期堅實的基礎。以上兩位之共通之處，

---

[136] 語出《管子》〈形勢第二〉：「其功順天者天助之，其功逆天者天違之；天之所助，雖小必大；天之所違，雖成必敗；順天者有功，逆天者懷其凶，不可復振也。」

[137] 商鞅（390 AD～338 AD），複姓公孫，名鞅。戰國中期著名的政治家、軍事家。商鞅出身於衛國貴族，早年做魏相公孫痤的家臣，西元前 361 年入秦，得秦孝公重用，因功被封於商邑，稱商君，故又稱商鞅。秦孝公死，惠文王立，有人告其「欲反」，惠文王派人捕殺了他，並車裂其屍，滅其全家。著有《商君書》也稱《商子》，現存 24 篇，戰國時商鞅及其後學的著作彙編，是法家學派的代表作之一，《商君書》的大多數篇章都涉及軍事。

也就是都扮演著一位成功改革者的角色。前者是法家思想醞釀萌芽之時期，大致在春秋時代。這一時期，隨社會的發展，一些先進的諸侯國逐步開始實行社會的變革。如在經濟上實行新的稅制改革，在政治上實行公佈「刑法」的法制改革等。於此之時，春秋時代也出現了，一批新的社會改革家，例如：齊國的管仲、晉國的郭偃、鄭國的子產和鄧析等人。他們在思想上或多或少的從不同層面上，提出了許多要求社會變革的新形意識，可說就是「富國強兵」與「法治思想」的萌芽之思想觀念。這些嶄新的思想與觀念，之後也都能實際的發展開來，形成後來我國法家學派重要的思想內容。他們這些新人物，實際上是成就了，以後法家學派的先驅人物。

為這個時期的戰爭形態，基本上還是以「車戰」為述求，並且都盡量「以道佐人主者，不以兵強天下」《道德經》〈第廿五章〉，仁義之師的戰爭。然而進入了戰國時期之後，兵戰則轉變成更加之激烈，幾乎完全是以「步、騎」為主，動不動上百萬之戰師，相當之慘烈。這也就是鬼谷子學說，興盛起來的大好時期。我們可以從歷史上觀察得知，連商鞅要想見秦王（秦孝公在秦國國內，頒布「求賢令」，後由魏入秦），也必須透過關係賄賂秦王寵臣景監，這不就是蘇秦與張儀之寫照嗎！接著商鞅受秦王接見，連續幾次與秦王談話，均不得秦王之首肯而接納，直到第四次[138]才得以為其重用。這過程不就是鬼谷子整套「遊說」術的重演，遊說受到高度與普遍之重視，自不言而喻。

我們只要詳閱《鬼谷子》的「遊說」術，就能見得出商鞅，幾次遊說秦孝公失敗的原因。第一次商鞅跟為孝公講「五帝之道」，彼時「孝公時時睡，弗聽」；商鞅碰上了問題，首先是出在於「不得其情而說之者，見非」[139]，不明「五帝」是何時人也？但在孝公心眼裡面，這些五帝不就是遠古之傳說人物嗎？孝公他認為，自己只是位是處於家國衰微、受盡外國欺凌、背負喪權

---

[138] 商鞅入秦後，通過孝公寵臣景監的關係求見孝公。秦孝公前後四次接見商鞅。第一次商鞅說孝公以帝道（五帝之道），「孝公時時睡，弗聽」。第二次商鞅說孝公以王道（三王之道），亦不中孝公之意。第三次商鞅說孝公以霸道，孝公才欲用商鞅，並約他第四次相見。在第四次相見中，相談「數日不厭」，兩人情投意合，從此秦孝公重用商鞅實行變法。可見孝公不欲帝王之道（即仁政德治的儒家之道），而信霸道，這正與商鞅的法家思想相合，主張用暴力來解決問題，所以孝公才能與商鞅之思想一致，也才可以在秦國推行最為徹底的變法運動。商鞅在秦國前後實行了兩次變法，比較徹底地廢除了舊制度，實行了新制度，使得秦國很快強盛起來，成為戰國時期第一等強國。但之後商鞅本人卻遭到貴族保守派的誣陷，被處以車裂極刑，為社會變革獻出了自己的生命。

[139] 語出自《鬼谷子》〈內揵第三〉。

辱國之屈恥大辱，地處西拓之貧窮國家的一撮小王而已！商鞅當然會遭逢遊說，那不就是雞同鴨講嗎？

　　第二次商鞅再與之遊說，竟然會去說出什麼「三王之道」不合乎時宜，遙不可及的、人盡皆知的、老不掉牙的、古老故事？這不就是又犯了「不見其類而爲之者，見逆」[140]了嗎?，那三王施行的是「王道」，而孝公他連保家衛國的能力都沒啦？哪有什麼心思去想做「仁義之師」，什麼天下之帝王？孝公他當然心知肚明，自己與那三王五帝，根本是非同類也！這不已明顯表示出，商鞅剛開始要進行遊說之前，對於孝公治國爲政深層之想望，根本上是完全的不知情！

　　受到兩次重大失敗與教訓之打擊後的商鞅，於是對秦王做出進一步的深思。加以「審其意，知其所好惡，乃就說其所重」[141]，而「因化說事，通達計謀」[142]，直陳孝公最喜愛之「霸道」，捨去了什麼古老的「帝道」，與不合時宜的「王道」思想。直接切入鬼谷子所主張：「說人主，則當審揣情。謀慮情欲，必出於此」[143]小道理，商鞅他才能有第三次與孝公「以識細微。經起秋毫之末，揮之於太山之本」[144]；談論起切合國家之現實，所急迫需要與目前天下大事之實況。商鞅本人終能取得孝公之信賴「由此言之，無所不出，無所不入，無所不可」[145]。第四次以後，才終於能夠獲得孝公完全的信認與重用，並將大權交予給他，而使商鞅得以發揮長才，使得秦國擁有長達廿多年之影響力。這不就是《鬼谷子》「可以說人，可以說家，可以說國，可以說天下」[146]之一說，強而有力的見證？就此使得秦國奠定出統一中國之前，富國強兵之堅實基礎。

　　以上充分表現出商鞅「雖有先王之道，聖智之謀」，假如不能懂得「揣情隱匿」，便不能對孝公有所進言，當然也就「無可索之」。沒有最高領導者權力支持，與國家背後龐大之資源爲後盾，他哪能在秦國作出兩次之偉大之改革，使商鞅能夠毫無旁務，完全投入內政外交與國防軍事的種種努力，做出如此留名青史之豐功偉業呢？這些不都驗證了，《鬼谷子》整套遊說術之精華

---

140 同上。
141 語出自《鬼谷子》〈飛箝第五〉。
142 語出自《鬼谷子》〈抵巇第四〉。
143 語出自《鬼谷子》〈揣篇第七〉。
144 語出自《鬼谷子》〈抵巇第四〉。
145 語出自《鬼谷子》〈捭闔第一〉。
146 同上。

所在,「此謀之大本也,而説之法也」[147],之確切性與實際性與必要性與適時性。

　　商鞅雖已取得主子的同意,但是國家也非孝公一人所能管理,朝廷上又有許多國家重臣與謀士與家族勢力,不是嗎?所以孝公爲使商鞅的改革能夠成功推展開來,特地爲他舉辦一場辯論會。首先商鞅得到孝公之開場白:

　　「代立不忘社稷,君之道也;錯法務明主長,臣之行也。今吾欲變法以治,更禮以教百姓,恐天下之議我也。」他得到國君之大力支持,於是便放高調言:「公孫鞅曰:「君亟定變法之慮,殆無顧天下之議之也。……郭偃[148]之法曰:『論至德者,不和於俗;成大功者,不謀於眾。』……可以強國,不法其故;苟可以利民,不循其禮。」[149]當然在所難免,也是預料中之事,會出現反對意見,甘龍曰:「不然。臣聞之,聖人不易民而教,知者不變法而治。因民而教者,不勞而功成;據法而治者,吏習而民安。今若變法,不循秦國之故,更禮以教民,臣恐天下之議君,願孰察之。」公孫鞅(即商鞅)曰:「子之所言,世俗之言也。……三代不同禮而王,五霸不同法而霸,故知者作法,而愚者制焉;賢者更禮,而不肖者拘焉。拘禮之人,不足與言事;制法之人,不足與論變。君無疑矣。」此時杜摯一聽也說話了:「臣聞之,利不百,不變法;功不十,不易器。臣聞法古無過,循禮無邪。君其圖之。」終於遇

---

[147] 語出自《鬼谷子》〈揣篇第七〉。全文「故計國事,則當審權量;説人主,則當審揣情。謀慮情欲,必出於此。乃可貴,乃可賤;乃可重,乃可輕;乃可利,乃可害;乃可成,乃可敗:其數一也。故雖有先王之道,聖智之謀,非揣情隱匿,無可索之。此謀之大本也,而説之法也。常有事於人,人莫能先,先事而至,此最難爲。故曰:揣情最難守司。言必時其謀慮。故觀蜎飛蠕動,無不有利害,可以生事美。生事者,幾之勢也。此揣情飾言,成文章而後論之也。」

[148] 郭偃　春秋時期晉國大夫。主張從經濟領域入手實施改革,進而擴展到用人制度。「郭偃之法」雖然沒有否定傳統的「親親」的用人政策,但更強調「尚賢」。「郭偃之法」還改革了分配體制,採用「君食貢」制度,要求國君不保留土地,而是從土地擁有者那裡收取稅賦。在春秋時代,齊國首先向封建制轉化。管仲相桓公,施行了一系列的封建化的改革。在這個基礎上,齊國在東方成爲最強盛國家,齊桓公成爲春秋時期的最早的一個霸主。接著齊國而興起的是晉國。晉文公是在時間上次於齊桓公的霸主。他所以能成霸主,也是晉國比較早地封建化的成果。當時幫助晉文公在晉國實行封建化的人是郭偃。到秦漢以後,管仲的名氣還是很大,都知道他是齊國封建化改革的主要創始者和推動者。可是郭偃這個名字很少人注意。其實,在春秋戰國時期,齊桓、晉文是齊名的;管仲、郭偃也是齊名的。

[149] 全文見《商君書》〈更法第一〉:公孫鞅曰:「臣聞之,『疑行無成,疑事無功,』君亟定變法之慮,殆無顧天下之議之也。且夫有高人之行者,固見負於世;有獨知之慮者,必見訾於民。語曰:『愚者闇於成事,知者見於未萌。民不可與慮始,而可與樂成。』郭偃之法曰:『論至德者,不和於俗;成大功者,不謀於眾。』法者,所以愛民也;禮者,所以便事也。是以聖人苟可以強國,不法其故;苟可以利民,不循其禮。」

上保守勢力「以古非今」之反撲。唇槍舌劍式的激烈之辯，於春秋戰國無時無刻無不發生，各家各門派的菁英份子，每一場自我推薦的方式，沒有一次能夠逃離開鬼谷子的遊說門檻。

公孫鞅再曰：「前世不同教，何古之法？帝王不相復，何禮之循？……各當時而立法，因事而制禮。禮法以時而定，制令各順其宜，……『治世不一道，便國不必法古。』……殷、夏之滅也，不易禮而亡。」[150]此處所言「禮」乃是「法」也。孝公曰：「善！吾聞窮巷多怪，曲學多辨。愚者之笑，智者哀焉；狂夫之樂，賢者喪焉。拘世以議，寡人不之疑矣。」於是遂出「墾草令」[151]。

「商鞅此次變法即是爲秦變更舊法、重新建立制度、制定國家政策、設定賞罰之法律與君之治法。」[152]所以商鞅說：「凡將立國，制度不可不時也，治法不可不慎也，國務不可不謹也，事本不可不摶也。制度時，則國俗可化，而民從制。治法明，則官無邪。國務壹，則民應用。事本摶，則民喜農而樂戰。」[153]。由此看來商鞅變法，非只限於法律或刑法上，也包含了政治制度之

---

[150] 全文如下：「前世不同教，何古之法？帝王不相復，何禮之循？伏義、神農教而不誅，黃帝、堯、舜誅而不怒，及至文武，各當時而立法，因事而制禮。禮法以時而定，制令各順其宜，兵甲器備各便其用。臣故曰：『治世不一道，便國不必法古。』湯、武之王也，不循古而興；殷、夏之滅也，不易禮而亡。然則反古者未可必非，循禮者未足多是也。君無疑矣。」

[151] 墾草令　在秦國成功實施後，秦孝公於 356 BC 任命商鞅爲左庶長，在秦國實行第一次變法。變法主要內容是：「改革戶籍制度、實行什伍連坐法、明令軍法、獎勵軍功、廢除世卿世祿制度、建立二十等軍功爵制、嚴懲私鬥、獎勵耕織、重農抑商、改法爲律、制定秦律、推行小家庭制等。」

秦孝公爲便於向函谷關以東發展，於 350 BC 命商鞅徵調士卒，按照魯國、衛國的國都規模修築冀闕宮廷，營造新都，並於次年將國都從櫟陽（今陝西省渭南市富平縣東南）遷至咸陽，同時命商鞅爲秦國再進行第二次變法。此次變法主要內容是：「開阡陌封疆、廢井田、制轅田、允許土地私有及買賣，推行縣制，初爲賦（即人頭稅），統一度量衡，燔詩書而明法令、塞私門之請、禁遊宦之民，執行分戶令。」經過兩次變法後，秦國力更加強大。周顯王派使臣賜予秦孝公霸主的稱號，諸侯各國都派使者前來祝賀。348 BC，韓昭侯親自前往秦國，與秦孝公簽訂停戰盟約。342 BC，秦孝公派太子馴率領西戎九十二國朝見周顯王，顯示出其西方霸主的地位。

初爲賦　是廢除了井田制實行了土地私有制之後的產物。也由於一律要求按照土地的數量大小和質量好壞來徵收稅，所以說「開阡陌封疆」而能做到「賦稅平」。這是秦國的一次土地制度和稅收制度的根本性變革，它對後來整個封建社會的土地制度具有巨大的影響。既然土地實行了私人所有，就可以允許在社會上進行土地的買賣轉讓。所以《漢書、食貨志》說：「（秦）用商鞅之法，改帝王之制，除井田，民得買賣，富者田連阡陌，貧者亡立錐之地。」土地私有和允許買賣的結果，必然會造成土地集中於少數富人（地主）之手，而大多數人則會失去土地成爲窮人。這種兩極分化以及兩極的鬥爭，也就成爲了我國古代社會中經濟、政治鬥爭的主要內容。而這一社會的基本特徵，則與商鞅變法有密切的聯繫。

[152] 語見李增著《先秦法家哲學思想》頁 154。

[153] 語見《商君書》〈壹言第七〉。

建立。商鞅又強調說：「夫民之不治者，君道卑也；法之不明者，君長亂也。故明君不道卑，不長亂，秉權而立，垂法而治，以得姦於上而官無不，賞罰斷而器用有度。若此則國制明而民力竭，上爵尊而倫徒舉。」可見法家不僅是站立在國君權力上之考量，「民之不治者，君道卑也；法之不明者，君長亂也」，而且是因治理國家之方便，「以得姦於上而官無不，賞罰斷而器用有度」，可見立法與執法何等之重要呀！才能「秉權而立，垂法而治」。

　　法家學派除重法治以外，還有以下幾個基本特徵：（一）、主張社會變革，反對因循守舊。（二）、主張富國強兵，重視耕戰。（三）、主張嚴刑峻法，提倡賞罰分明。（四）、主張中央君主集權，反對分封世襲制。司馬談就指出：「法家不別親疏，不殊貴賤，一斷於法」[154]；如此之特徵，也造就了商鞅其人其法：「人性刻薄、濫用酷刑、愚民政策、敗壞道德……等」[155]，以及不聽趙良之勸告（商鞅在秦國執政廿一年，很多貴族宗室都怨恨他。）以招致嚴重指責與嚴重後果「作法自斃」[156]。

　　總之雖然商鞅為求國治民安：「是以明君修政作壹，去無用，止浮學事淫之民，壹之農，然後國家可富，而民力可摶也。今世主皆憂其國之危而兵之弱也，而強聽說者。說者成伍，煩言飾辭，而無實用。主好其辯，不求其實。

---

[154] 司馬談：《論六家要旨》，載《史記》卷一百三十《太史公自序》。

[155] 司馬遷在《史記、卷六十八、商君列傳》中對商鞅評價不高，他認為商鞅用膚淺的帝王之術取悅秦孝公、通過秦孝公的寵臣景監走門路，這些以不光彩之手段獲得重用之後，在秦國國內採用近乎「暴力」的手段進行快速改革、處罰公子虔、欺騙公子卬、不聽趙良的勸告，這些足以證明他是個刻薄少恩的人。原文如下：「後五月而秦孝公卒，太子立。公子虔之徒告商君欲反，發吏捕商君。商君亡至關下，欲舍客舍。」客人不知其是商君也，曰：「商君之法，舍人無驗者坐之。」商君喟然嘆曰：「嗟乎，為法之敝一至此哉！」去之魏。魏人怨其欺公子卬而破魏師，弗受。商君欲之他國。魏人曰：「商君，秦之賊。秦彊而賊入魏，弗歸，不可。」遂內秦。商君既復入秦，走商邑，與其徒屬發邑兵北出擊鄭。秦發兵攻商君，殺之於鄭黽池。秦惠王車裂商君以徇，曰：「莫如商鞅反者！」遂滅商君之家。」，「太史公曰：商君，其天資刻薄人也。跡其欲干孝公以帝王術，挾持浮說，非其質矣。且所因由嬖臣，及得用，刑公子虔，欺魏將卬，不師趙良之言，亦足發明商君之少恩矣。余嘗讀商君開塞耕戰書，與其人行事相類。卒受惡名於秦，有以也夫！」另外班固也認為：「商鞅變法造成百姓貧富懸殊加劇，以及諸侯國之間相互兼併，嚴重影響了社會的安定。他還批評商鞅鼓勵發動戰爭，致使橫屍遍野生靈塗炭」。

[156] 西元 338 BC，秦孝公病危，想傳位於商鞅，商鞅推辭不接受。同年，秦孝公去世，其子秦惠文君繼位。商鞅想要告老退休，有人向秦惠文君說：「大臣功高蓋主就會危害國家社稷，對身邊的人過於親近就會惹來殺身之禍。現如今秦國的男女老幼只知道商鞅的新法，而不知道君上您。況且君上您與商鞅有仇，願君上早下決斷。」公子虔等人也告發商鞅謀反，秦惠文君於是派人捉拿商鞅。商鞅逃至邊關，晚上想住宿旅店，因未帶身份證件，店主不知道是商鞅本人，害怕新法連坐而不敢留宿。商鞅感嘆到：「制定的新法竟然遺害到了這種地步」，這就是成語「作法自斃」的來歷。

說者得意，道路曲辯，輩輩成群。」[157]但卻爲統一國家思想與明確法令，及排除復古思想的干擾，商鞅下令焚燒《詩經》、《尙書》，以及諸子百家的著作[158]來明確法令。他同時下令在秦國國內杜絕走後門的私人請託，禁止他國士子通過遊說獲得官職。這明顯的反應出商鞅，在獲取政權之後，明的一面，就開始排斥鬼谷子的「遊說思想」；但他其實還是有其黑暗的一面，在與魏國「西鄙之戰」[159]的期間，還是應用了「謀略思想」手法，誘殺對方將領公子卬，以獲得戰爭的勝利。所以人之善謀，乃是無法消除得掉的事實，因爲這兩者從有人類以來，就是「人性」，如影相隨的隨時與人同在。而主張以「人性弱點」，來營造保證遊說一定能夠成功的「遊說術」創始者鬼谷子，當然會不解爲何商鞅會愚蠢到自我作繭，遭遇到慘遭車裂與抄家滅族之窘局，一生爲秦國辛苦創建、艱辛維護，竟在其一手所創造的「嚴苛峻法」之下，屍首分離把命喪！

　　以上，其實一向是法家謀士，主張嚴刑峻罰之宿命與下場，之後之李斯也是遭到同樣之下場。整本《鬼谷子》，看不出有何「制法」之字句，這難道是受道家之「無爲」而治之影響，與相當重視養生有關嗎？莊子終其一生都不願出世爲官，而鬼谷子整輩子也都深居簡出，那會是狂妄的說出：「民弱國彊，民彊國弱，故有道之國，務在弱民」[160]，還貶斥儒家學說，將所推崇的「禮

---

[157] 語見《商君書》〈農戰第三〉。

[158] 商鞅主張治理國家要「一斷於法」，賞罰分明，甚至提出嚴刑峻法，輕罪重罰（「重其輕者」），並認爲只有這樣才能達 到「以刑去刑」則國治的結果。連坐法就是這種思想的一個具體的表現。商鞅崇尙暴力，崇尙以刑法解決社會問題，因此他對儒家的道德教化的思想進行了猛烈攻擊。他認爲儒家的仁義道德教化是有損於農戰的，違背了富國強兵的政策，認爲它既不能多增糧食，又不能增強兵力，它的作用只能是「削國」和「貧國」。這就完全否定了道德教化的社會作用。這顯然是一種狹隘的功利主義思想。這種只要暴力而不要道德教化的思想，也就爲後來強大的秦王朝埋下了速亡的種子。

[159] 西元 341 BC，秦國聯合齊、趙兩國攻打魏國。同年九月，秦孝公派商鞅進攻魏河東，魏派公子卬迎戰。兩軍對陣時，商鞅派使者送信給公子卬，說：「我當初與公子相處的很快樂，如今你我成了敵對兩國的將領，不忍心相互攻擊，我可以與公子當面相見，訂立盟約，痛痛快快地喝幾杯然後各自撤兵，讓秦、魏兩國相安無事。」公子卬赴會時被商鞅埋伏的甲士俘虜，商鞅趁機攻擊魏軍，魏軍大敗。魏惠王被迫割讓河西部分土地求和，此時魏惠王說：「寡人眞後悔沒有聽公叔痤的話。」商鞅因戰功獲封於商十五邑，號爲商君。原文《史記》卷六十八〈商君列傳〉如下：「魏使公子卬將而擊之。軍既相距，衛鞅遺魏將公子卬書曰：『吾始與公子驩，今俱爲兩國將，不忍相攻，可與公子面相見，盟，樂飲而罷兵，以安秦、魏。』魏公子卬以爲然。會盟已，飲，而衛鞅伏甲士而襲虜魏公子卬，因攻其軍，盡破之以歸秦。魏惠王兵數破於齊、秦，國內空，日以削，恐，乃使使割河西之地獻於秦以和。而魏遂去安邑，徙都大梁。梁惠王曰：『寡人恨不用公叔座之言也。』衛鞅既破魏還，秦封之於商十五邑，號爲商君。」

[160] 語見《商君書》〈弱民篇第十九〉。

樂、詩書、孝悌、修善、誠信、貞廉、仁義、非兵、羞戰」，譏諷爲「六蝨」
[161]，自認爲，必須將其去除，國家才能強大？這也因此使得實行法家，強力主
張實施霸道與專制政權的秦國，統一中國之後國祚不長的原因，還是學術界
裡頭，大多數學者之看法。

　　商鞅其主要的軍事思想，可以概括爲以下四個方面：（一）積極主張戰爭：
它認爲戰國時代是武力征伐的時代，「萬乘莫不戰，千乘莫不守」（〈開塞篇〉）；
在這個特殊的歷史條件下，戰爭直接關係到國家的生死存亡，要立足天下，
稱王稱霸，就必須從事戰爭，主張「國之所以興者，農戰也。」[162]及反對所謂
「非兵」、「羞戰」的論調，明確肯定戰爭的合理性和必要性。「以戰去戰，雖
戰可也」（〈畫策篇〉）。（二）結合農戰：商鞅認爲，農耕爲攻戰之本，因爲農
業生產不僅爲戰爭提供物質基礎，而且人民致力於農耕，才會安土重居，從
而爲保衛國土而戰。農、戰結合才能使國富兵強。（三）重刑厚賞，以法治軍：
「賞使之忘死，威使之苦生……何不陷之有哉」（〈外內篇〉）；通過「刑、賞」，
以強勢造成人民「樂戰」的風氣，「民聞戰而相賀也，起居飲食所歌謠者，戰
也」（〈賞刑篇〉）。（四）提出具體的戰略、戰術：主張明察敵情，量力而行，
權宜機變，靈活主動。強調用兵作戰要「謹」，反對盲動。注重士氣在作戰中
的作用。在〈兵守篇〉中探討了守城防禦作戰的原則和方法。

　　我們在本章第五節中，曾談及〈鬼谷思想與兵家〉，於此學界一向也都常
有所敘述，例如：「《鬼谷子》一般人認爲是縱橫家的著作，不是兵家著作，
但是在論述遊說與謀略時，不也必須涉及到對軍事理論之認識，其中孕育了
豐富的軍事思想。」又「縱橫家從事的活動主要是政治活動，但是政治和軍
事的關係是貫穿於一切軍事動的一個根本性問題。」[163]以上，許宏富所言，也
就是軍事與政治原本就是一相關性問題，其本質是相同的，都是權力與意志
之一環。「毛澤東把軍事與政治的關係概括爲『戰爭就是政治，戰爭本身就是

---

[161] 《商君書》〈靳令篇第十三〉：「國貧而務戰，毒輸於敵，無六蝨，必強。國富而不戰，偷生
於內，有六蝨，必弱……六蝨：曰禮樂，曰詩書，曰修善，曰孝弟，曰誠信，曰貞廉，曰
仁義，曰非兵，曰羞戰。」

[162] 整本《商君書》的軍事思想，帶有強烈的時代和階級的局限性。因爲它鼓吹好戰，將戰爭
抬高到國家及壓倒一切的地位，商鞅過於認爲以爲戰爭是萬能的，可以解決一切問題，可
惜在當初就在秦始皇統一中國之後，就已見出端倪嘗試以後果。當然以今天的時空看起來，
其主張顯然是片面的。至於「能勝強敵者，必先勝其民」〈畫策篇第十七〉的觀點，則更反
映了它與農民工廣大人民，眾多尖銳對立的階級立場。所以說只能致力於一時局面，不能
讓國家永久處於安定與繁榮。

[163] 見許宏富著《鬼谷子研究》第九章、第二節〈鬼谷子哲學與軍事思想〉第 214 頁。

政治性質的行動，從古以來沒有不帶政治的戰爭」[164]。」因此，積極參與政治活動的縱橫家之策士謀士，而後得權勢與大位的各國重臣，其言論會對軍事作為沒半點影響力？其行為之中對作戰也會毫無作為？就如《隋書》〈經籍志〉所言：「縱橫者，所以明辨說、善辭令，以通上下之志也。」這在應用於溝通與傳達上下之意志裡面，其實早就隱藏著自己強烈的企圖心。

## 三、與韓非「君與臣」主張之異同

　　鬼谷子對世局非常的清楚，他於〈抵巇第四〉說：「天下紛錯，上無明主，公侯無道德，則小人讒賊、賢人不用、聖人竄匿，貪利詐偽者作」，「父子離散，乖亂反目」。此時，世上所有的人，不管是在最高上位的領導者或是一些王公、貴族、大臣們，連小人、賢人、聖人等，幾乎都亂了分寸；根據鬼谷子所言，那個時代沒有什麼壞事，是不敢做出來的。無獨有偶，《管子》於〈法法第十六〉也有同樣之說法：「故春秋之記，臣有弒其君，子有弒其父者矣」。

　　對於君臣之關係，鬼谷子更是一點也都不含糊、不說假話，他說：「君臣相惑，土崩瓦解而相伐射」。如此之亂世，被世人號稱「智聖先師」，不拖泥帶水更乾脆的說了，下了一句千古重話：「世可以治，則抵而塞之；不可治，則抵而得之；或抵如此，或抵如彼；或抵反之，或抵覆之」身為智者的他，以不太長的這句話，反應出無可奈何內心的悲慟，因為只能且必須做出體制外之改革，才能結束數百年來的混亂與苦難。當年周文王與姜子牙，不就是對於紂王，慘無人道的暴政徹底失望，才起來革命的嗎？

　　鬼谷子又舉出當時各家各派與老幼婦孺都清楚不過，都能朗朗上口的「三皇五帝」[165]古老的故事：「五帝之政，抵而塞之；三王之事，抵而得之。」面

---

[164] 同上，頁 215。《毛澤東選集》第二卷，頁 479，人民出版社，1991 年版。

[165] 「皇」的原義是「大」和「美」，不作名詞用。《楚辭》中的西皇、東皇、上皇等。時又有天皇、地皇、泰皇之名，稱為「三皇」。在《周禮》、《呂氏春秋》與《莊子》中也始有指人主的「三皇五帝」，《管子》並對皇、帝、王、霸四者的不同意義作瞭解釋，但都未實定其人名。三皇五帝是中國在夏朝以前出現在傳說中的「帝王」。現在看來，他們都是部落首領，由於實力強大而成為部落聯盟的領導者。而後，秦始皇為表示其地位之崇高無比，曾採用三皇之「皇」、五帝之「帝」構成「皇帝」的稱號。但是不同史家對「三皇五帝」都有不同的定義，三皇有八說，五帝有六說。具體三皇是誰，五帝是誰，存在多種說法。基本上，無論是按照史書的記載，還是神話傳說，都認為三皇所處的年代早於五帝的年代。大致上，三皇時代距今久遠，或在四五千年至七八千年以前乃至更為久遠，時間跨度亦可能很大；而五帝時代則距夏朝不遠，在 4000 多年前。三皇：皇是上古的「伏羲氏、女媧氏、神農氏」。以天道泰德王天下為「天皇泰帝」。女媧氏建立婚姻制度，以人道倫德王天下為「人皇娘娘」。神農氏建立農耕制度，以地道炎德王天下為「地皇炎帝」。

對此不可抹去的歷歷在目之歷史真現，不禁會問那時不都如此，如今還不都一樣：「諸侯相抵，不可勝數」怎麼辦？所以鬼谷子主張必須馬上將此社會大問題、人間大漏洞，給解決掉；認為：「聖人見萌牙巇嶁，則抵之以法」的人，才是最值得推崇的人呀！故：「當此之時，能抵為右。」

鬼谷子表示「一國之君」是〈符言第十二〉：「心為九竅之治，君為五官之長。」《管子》〈七臣七主篇〉亦言：「故一人之治亂在其心，一國之存亡在其主」；〈持樞第三〉：「故人君亦有天樞，生、養、成、藏，亦復不可干而逆之；逆之者，雖盛必衰。此天道、人君之大綱也。」[166]鬼谷子的君臣關係，很清楚也很現實，以人際關係的層面角度勾勒出來，〈內揵第三〉：「君臣上下之事，有遠而親，近而疏；就之不用，去之反求；日進前而不禦，遙聞聲而相思。」所以領導者，要好好管理自己的幹部們，只有實行獎懲、賞罰制度：「為善者，君與之賞；為非者，君與之罰」，故：「君因其政之所以求，因與之，則不勞」，「聖人用之，故能賞之。因之循理，故能久長。」以上，雖年代相隔久遠，但人性卻千古不變，故可說還是非常合乎現代化的管理原則！

鬼谷子將君王之大綱比擬為「天道」，既是天道則必無法干逆之。然而君王乃只是人世間之人物，並非是從天而降之神仙，所以其「知與能」也必有所限制，《鬼谷子》〈符言第十二〉即言：「人主不可不周。人主不周，則群臣生亂」。在《韓非子》[167]〈有度篇〉：「屬數雖多，非所以尊君也；百官雖具，非所以任國也」，「大臣務相尊，而不務尊君；小臣奉祿養交，不以官為事。」韓非知道臣子並不是全都會「尊君」，也並非都能虛心誠意好好的「任職與盡職」。所以集法家大成之韓非於〈主道篇〉認為：「明君之道，使智者盡其慮，

---

[166] 〈持樞第三〉：「雄而不滯，其猶決水轉石，誰能當禦哉！持樞，謂春生、夏長、秋收、冬藏，天之正也；不可干而逆之。逆之者，雖成必敗。故人君亦有天樞，生、養、成、藏，亦復不可干而逆之；逆之者，雖盛必衰。此天道、人君之大綱也。」

[167] 韓非（？～233 BC），戰國末年的韓國人，出身於貴族，為韓國的公子。韓非口吃，不善於言說，而好著書。韓非與李斯為同學，同師事儒家大師荀子。當時韓非見韓國削弱，曾數諫韓王，但韓王不能用。韓非痛恨治國不修明法治，不實行富國強兵，而重用那些沒有實際經驗好發空論的人。於是他「觀往者得失之變」，「作《孤憤》、《五蠹》、《內外儲》、《說林》、《說難》十餘萬言」，成為法家思想的集大成者。書成後傳至秦國，秦王讀後說：「嗟乎！寡人得見此人與之遊，死不恨矣。」（《史記·老子韓非列傳》）韓非的著作得到了秦始皇的稱讚。當時秦國攻韓，韓非本來不用韓非，待秦進攻甚急，韓王於是委派韓非出使秦國。秦王見到了韓非很為喜悅，但亦未信用。李斯認為，韓非為韓國的公子，終為韓而不為秦，此人之常情。因此向秦王建議，既然不用韓非，不如誅之，以免為患。秦王以為然，「下令治非」。李斯則暗中差人送韓非毒藥，使自殺。韓非欲見秦王而不得，最後只得自盡於秦國獄中。韓非懷才而不遇，終為自己的同學所殺，實在是他的悲劇呀！

而君因以斷事，故君不窮於智」，所以明君要以「法」制臣：「故明主使法擇人，不自舉也；使法量功，不自度也。能者不可弊，敗者不可飾，譽者不能進，非者弗能退，則君臣之間明辨而易治，故主儺法則可也。」韓非的老師荀子：「雖極言治法，卻實重治人，其內容悉歸之三代聖王以為矩範。」以上見魏元珪著《孟荀道德哲學》[168]。

　　韓非對於統馭天下的君王進一步說明，只要國君：「賢者敕其材，君因而任之，故君不窮於能；有功則君有其賢，有過則臣任其罪，故君不窮於名。是故不賢而為賢者師，不智而為智者正」，這與鼓吹智慧治國的鬼谷子認為領袖應該：「以天下之目視者，則無不見；以天下之耳聽者，則無不聞；以天下之心思慮者，則無不知；輻輳並進，則明不可塞」，如此便能「目貴明，耳貴聰，心貴智」一樣的道理。韓非且認為「臣有其勞，君有其成功，此之謂賢主之經也。」那樣，則必能成為賢君，與《鬼谷子》〈符言第十二〉：「君因其政之所以求，因與之，則不勞。」可說有相同之主張，「臣勞，則君不勞」，這不異是同樣都受道家「無為」之思想所影響。管子亦表示，〈乘馬第五〉言：「無為者帝，為而無以為者王，為而不貴者霸，不自以為所貴，則君道也。貴而不過度，則臣道也。」不像韓非要君王除去五蠹[169]為快。

　　《鬼谷子》〈符言第十二〉：「用賞貴信，用刑貴正。」「賞賜貴信，必驗耳目之所聞見，其所不聞見者，莫不闇化矣」；又韓非〈愛臣篇〉：「是故明君之蓄其臣也，盡之以法，質之以備。故不赦死，不宥刑，赦死宥刑，是謂威淫，社稷將危，國家偏威」；韓非又進一步強調〈有度篇〉：「故當今之時，能去私曲就公法者，民安而國治；能去私行行公法者，則兵強而敵弱」。《管子》〈版法解〉：「明君之事眾也，必經使之必道、施報必當、出言必得、刑罰必

[168] 語見魏元珪著《孟荀道德哲學》〈第十一章、荀子之政治社會道德觀〉頁 308，臺北：谷風出版社，1987 年 5 月。

[169] 去五蠹之主張，可能會造成君、臣、民間更為緊張之關係。語出《韓非》〈五蠹四十九篇〉：「是故亂國之俗，其學者則稱先王之道，以籍仁義，盛容服而飾辯說，以疑當世之法而貳人主之心。其言古者，為設詐稱，借於外力，以成其私而遺社稷之利。其帶劍者，聚徒屬，立節操，以顯其名而犯五官之禁。其患禦者，積於私門，盡貨賂而用重人之謁，退汗馬之勞。其商工之民，修治苦窳之器，聚弗靡之財，蓄積待時而侔農夫之利。此五者，邦之蠹也。人主不除此五蠹之民，不養耿介之士，則海內雖有破亡之國，削滅之朝，亦勿怪矣。」以上五蠹，學者所指的是戰國末期的儒生，言談者是指縱橫家，帶劍者指的是墨家遊俠，患禦者是指依附貴族私門的人，後為工商之民。韓非認為這五種人，無益於農業生產與作戰爭地興利，而只像蛀蟲那樣有害於社稷家國。比商鞅主張之六蝨十二者，範圍更加廣泛，明顯更為偏激。

理；如此，則眾無鬱怨之心，無憾恨之意；如此，則禍亂不生，上位不殆」。《鬼谷子》〈符言第十二〉：「誠暢於天地，通於神明，見姦僞也。」如此，上下均能一致與「君」以「法」相互爲守，才能共同達成「國富民強」之願望。「此乃是〈版法解〉，所謂的『以法立國』之綱要，其要在於『法天合德』」[170]，才能有以上之執法要點。

　　《鬼谷子》〈符言第十二〉言：「德之術曰：勿堅而拒之，許之則防守，拒之則閉塞。高山仰之可極，深淵度之可測，神明之德術正靜，其莫之極歟」。所以在執法的範圍之外，其實國家大小事情、鉅細靡遺，也非萬法所能完全涵蓋得了，是故國君統領百臣，總需「權勢、律法、道術」均要兼顧才行。故「富國強兵」方法各派雖有別，但要國君掌握「勢、術、法」其輕重、大小則雷同。《管子》〈法法篇〉言：「凡人君之所以爲君者，勢也；故人君失勢，則臣制之矣。勢在下，則君制於臣矣；勢在上，則臣制於君矣」，又《管子》〈七臣七主篇〉：「法令者，君臣之所共立也」、「權勢者，人主之所獨守也」、「權斷於主則威。民信其法則親。是故明王審法愼權，上下有分。」以上，不管是法令者、權勢者，蘊涵著一個持主觀、一個持客觀截然之不同，端視於所用程度上之差異而已。

　　春秋、戰國時代，作爲君王，約束臣、民，「法」之本質的主張，各家各派程度上或容有不同。及至當今，不變的是世界各國人民，亦皆需服從於該國的法律；但不同的是，身爲經過民主政治或共產政權下，選舉或被推舉而出的國家最高領導者，亦必須遵守於國家的根本大法——「憲法」。只是，更顯著的相同，卻是一個想有所作爲的現代領導者，永遠離不開古代所謂的「人治」。我的老師魏元珪曾在裕隆汽車集團裕唐行銷公司擔任顧問，於上課時對高階主管說過：「缺乏人治，就沒有優良執政之特色。」對此，諸子百家從來就不乏議論，領導者的執政性格對於國家民族的興衰，負有最大的責任，便是最重要不過了。其於道、法、兵……等家之上，竟有相同的標準，可見它是爲人君，一位領導者千古所不變的道理。

　　鬼谷子亦標榜出一個好的君王，其應有相當於聖人的人格特質；這也是當今民主國家，所有候選人除了端出牛肉之外，個人道德與領導統馭的魅力標準之所在，被選舉成功，才能貫徹完全執政的個人意志，也才不失人民之眾望。前日本首相（第九十五任）野田家彥政績毫無特色，不僅個人失去位

---

[170] 語見李增著《先秦法家哲學思想》頁312。

高權重的職位，更斷送民主黨長期之執政。安培晉三一上任，即以個人主張完全右傾，所謂「安培經濟」一掃廿多年來日本泡沫經濟陰霾，獲得全國民眾百分之七十六前所未有之高支持率，也使自民黨獲得國會選舉一黨獨大之地位，進而高調準備要修改憲法，成立國家軍隊把自衛隊廢除。在當今，世界以經濟社會爲主的企業集團裡，人治原本就不是問題，更是董事會所急於講究與需要，既出色又優秀之人才。蘋果電腦之前執行長賈伯斯之強勢領導，創造出高獲利、高股價，就是明證。但中華民國現行的「台式民主」，立法權過於高漲，民粹意識盛行。不僅違反此一「天道」，還處心積力的要將「人治」給完全壓縮，甚至於踐踏行政權，使得歷年來執政效益明顯不彰。

　　鬼谷子告誡爲人君[171]者需做到：「安、徐、正、靜，柔節先定。善與而不靜，虛心平意，以待傾損」。也就是說，「做爲君主能做到安詳、從容、正派、沈靜，既會順從又能節制，願意給予並與世無爭，這樣就可以心平氣和地，面對天下之紛爭，如此才能盡到善守其位之責了！」[172]於此可以看到道家「我好靜，而民自正」、「守柔曰強」、「安以久，動之徐生」（《道德經》）之影子。管子亦如此說：「故賢者，安、徐、正、靜，柔節先定。行於不敢，而立於不能，守弱節而堅處之」，「故不犯天時，不亂民功。秉時養人。先德後刑。順於天，微度人」（〈勢第四十二〉）。兩處出現完全一樣之字句「安、徐、正、靜，柔節先定」，鬼谷子晚出於管仲，且鬼谷子曾於稷下學宮講學，當然是前者受到後者之影響。當然他們兩位之前，還有姜太公也說過類似的話：「安徐而靜，柔節先定，善與而不爭。虛心平志，待物以正。」以上是文王問：「主位如何？」太公回話的。這也証明了，我國學術思想文化，從春秋到戰國便有互通且學習之可能。能夠一脈相承，眞算是可喜可賀！

　　古言：「爲君難，爲臣不易」[173]，但「君與臣與民」之關係，一定要像法

---

[171] 韓非對於君主亦有約束批評，見《韓非子》〈十過篇第十〉：「十過：一曰、行小忠則大忠之賊也。二曰、顧小利則大利之殘也。三曰、行僻自用，無禮諸侯，則亡身之至也。四曰、不務聽治而好五音，則窮身之事也。五曰、貪愎喜利則滅國殺身之本也。六曰、耽於女樂，不顧國政，則亡國之禍也。七曰、離內遠遊而忽於諫士，則危身之道也。八曰、過而不聽於忠臣，而獨行其意，則滅高名爲人笑之始也。九曰、內不量力，外恃諸侯，則削國之患也。十曰、國小無禮，不用諫臣，則絕世之勢也。」

[172] 見李天道《鬼谷子兵法》第十二章〈虛懷若谷、治民以信〉頁213，臺北：典藏閣出版，2004年9月。

[173] 語見《論語》〈子路第十三〉：「定公問：「一言而可以興邦，有諸？」孔子對曰：「言不可以若是其幾也。人之言曰：『爲君難，爲臣不易。』如知爲君之難也，不幾乎一言而興邦乎？」曰：「一言而喪邦，有諸？」孔子對曰：「言不可以若是其幾也。人之言曰：『予無樂乎爲君，

家搞得那麼恐怖嗎？《管子》〈任法第四十五〉言：「故明王之所操者六：生之殺之，富之貧之，貴之賤之；此六柄者，主之所操也」，「主之所處者四：一曰文、二曰武、三曰威、四曰德，此四位者，主之所處也」，「藉人以其所操，命曰奪柄。藉人以其所處，命曰失位；奪柄失位，而求令之行，不可得也。法不平，令不全，是亦奪柄失位之道也」。《韓非子》〈二柄第七〉：「明主之所導制其臣者，二柄而已矣。二柄者，刑、德也。何謂刑德？曰：殺戮之謂刑，慶賞之謂德。為人臣者畏誅罰而利慶賞，故人主自用其刑德，則群臣畏其威而歸其利矣」；以上似乎只是對於臣子，但鬼谷子卻能說出「積德也，而民安之，不知其所以利；積善也，而民道之，不知其所然；而天下比之神明也」（〈摩篇第八〉）。領導者有智慧膽識，有謀略主見，部下自然望而生懼，實在不必上下猜忌。受過儒、道洗禮過的韓非，怎麼會不知情？一定要如此實施恐怖統治才行嗎？

　　為何不能靈活的像「文王問太公曰：『願聞為國之大務，欲使主尊人安，為之奈何？』太公曰：『愛民而已。』文王曰：『愛民奈何？』太公曰：『利而勿害，成而勿敗，生而勿殺，與而勿奪，樂而勿苦，喜而勿怒。』……故善為國者，馭民如父母之愛子，如兄之愛弟。見其飢寒則為之憂，見其勞苦則為之悲。賞罰如加於身，賦斂如取己物。」[174]一般的愛民嗎？儒家亦主張：「君之視臣如手足；則臣視君如腹心；君之視臣如犬馬，則臣視君如國人；君之視臣如土芥，則臣視君如寇讎」[175]。魏元珪說：「後世陋儒未諳孔孟之道，一意阿諛君主，曲從君道，乃提倡所謂『臣罪當誅、天王聖明』之說，自甘為奴隸，反使專制君主淫威無邊擴展，以遂其荼毒天下之私意矣。」[176]

　　管子於〈法法篇〉亦言：「政者，正也；正也者，所以正定萬物之命也。是故聖人精德立中以生正，明正以治國，故正者所以止過而逮不及也」；又〈正世篇〉：「法立令行，故群臣奉法守職。百官有常，法不繁匿，萬民敦愨，反本而儉力」；但《韓非》〈初見秦篇〉卻言：「然而兵甲頓，士民病，蓄積索，田疇荒，囷倉虛，四鄰諸侯不服，霸王之名不成，此無異故，其謀臣皆不盡其忠也」，「而謀臣不為，引軍而退……與秦為難，此固以失霸王之道一矣」，

---

　　唯其言而莫予違也。』如其善而莫之違也，不亦善乎？如不善而莫之違也，不幾乎一言而喪邦乎？」

[174] 以上見《六韜》〈國務篇第三〉。

[175] 語見《孟子》〈離婁下〉，孟子告齊宣王曰。

[176] 參見魏元珪著《孟荀道德哲學》〈第五章、孟子從道德觀所展現之政治社會歷史觀〉頁200，谷風出版社，1987年5月。

「而謀臣……令魏氏反收亡國，……二矣」，「前者穰侯之治秦也，用一國之兵而欲以成兩國之功。……三矣」[177]。

　　韓非口吃嚴重，不善言語，只能著書以展大略，但始終難以發揮其雄才大志。有關韓非對於「遊說、計謀」不屑一顧，但是提起「謀」一字則不少，〈詭使篇〉。「大臣官人與下先謀比周，雖不法行，威利在下則主卑而大臣重矣」。〈八說篇〉：「明其法禁，察其謀計。法明則內無變亂之患，計得則外無死虜之禍」。〈五蠹篇〉：「上古競於道德，中世逐於智謀，當今爭於氣力」、「故治強易爲謀，弱亂難爲計」。〈飭令篇〉：「國以功授官與爵，此謂以成智謀，以威勇戰，其國無敵」。〈更法篇〉：「郭偃之法曰：『論至德者，不和於俗；成大功者，不謀於眾。』法者，所以愛民也；禮者，所以便事也。是以聖人苟可以強國，不法其故；苟可以利民，不循其禮」。

　　然而身爲縱橫家之理論泰斗的鬼谷子，不僅大力提倡爲官者需熟稔「遊說」，更要相當重視與講究「智慧」與「謀略」。我們以法家代表人物韓非〈初見秦篇〉一文論「謀臣」之過相比，當可以得知，鬼谷子與法家思想之差異了，但韓非卻欲棄之爲快。「夫以大王之明，秦兵之強，棄霸王之業，地曾不可得，乃取欺於亡國，是謀臣之拙也」；明顯的表達出對於「謀臣」無用之輕視。又〈任法篇〉：「聖君任法而不任智，任數而不任說，任公而不任私，任大道而不任小物，然後身佚而天下治」，「失君則不然，舍法而任智，故民舍事而好譽。舍數而任說，故民舍實而好言。舍公而好私，故民離法而妄行。舍大道而任小物，故上勞煩，百姓迷惑，而國家不治」。鬼谷子要臣民優秀有爲，更要領導者懂得駕馭他們，而非韓非所主張國家興盛，是歸諸於君王專斷擅權有爲，及臣民弱智無能無爲所成就。

　　鬼谷子卻能夠以「量權」，來銓釋與實行「君、臣、民」之關係與作爲和對待。不管是抽象的：「度數、謀略」，「生死、民心」，「喜好、憎恨」，「平安、危險」，「天文、地理」，「禍福、吉凶」；對像不管是：「君、臣」，「來賓、說客」，「諸侯、百姓」。以上，所有的變化與應對，均能一概的用此原則方法，

---

[177] 《韓非》〈初見秦〉文：「然而兵甲頓，士民病，蓄積索，田疇荒，囷倉虛，四鄰諸侯不服，霸王之名不成，此無異故，其謀臣皆不盡其忠也。而謀臣不爲，引軍而退，復與荊人爲和，令荊人得收亡國，聚散民，立社稷，主置宗廟，令率天下西面以與秦爲難，此固以失霸王之道一矣。而謀臣不爲，引軍而退，復與魏氏爲和，令魏氏反收亡國，聚散民，立社稷，主置宗廟，令，此固以失霸王之道二矣，前者穰侯之治秦也，用一國之兵而欲以成兩國之功。是故兵終身暴露於外，士民疲病於內，霸王之名不成，此固以失霸王之道三矣。」

來衡量與評估和做為。

　　以上，此一小節雖只論「君、臣」關係，但總的來說是鬼谷子思想與法家的相關問題，也就是筆者以管仲、衛鞅、韓非三人，分別就「道與功、兵與法、君與臣」三方面與鬼谷子思想，作一分析比較。這其中沒有另立小節，以談論兩方之謀略觀點，僅於結尾[178]稍加敘述。總括鬼谷子培育縱橫家子弟，捨法家打破君臣權勢之壟斷僵局，打亂局勢、另起爐灶、再造新局。其策略乃是以積極的遊說、縝密的計謀，躍馬中原，不僅直接面對公侯，更闖入各國有影響力的大臣官員的心坎裡，予以分化，以達成「變動陰陽」之奇效；這在尉繚子兵法裡，尉繚回答梁惠王說：「黃帝曰：『先神先鬼，先稽我智。』謂之天官人事而已」（〈天官〉）；見證到鬼谷子相當重視人與事「說人之法也，為萬事之先」，「事用不巧，是謂忘情失道」（〈捭闔第一〉）之力量。最終使戰國後期的鬥爭，更加的激烈。

　　今就陳清蒲之觀點作一結語，以結束本節之論述。「在中國思想界只有法家與鬼谷子公開宣稱權術。但是，兩者又有差別。法家只主張君主運用權術去駕馭臣子與百姓，把『法、勢、術』都當作君主駕馭天下之手段。而鬼谷子卻主張上下之間都可以運用權術，甚至於上級可以取代君主。之所以鬼谷子受到強烈的非難與譴責，而法家頂多被批評為『刻薄寡恩』，主要是因為法家有利於封建君主制度，而鬼谷子有破壞性。所以，批判鬼谷子的人物，大多數是受正統思想的文人……。鬼谷子在民間受到歡迎，也透露出此中之資訊。」[179]中國士人，從古至今不管處於治世或亂世，無不堅持守住一個「道」字，但事實常為當政之「勢」所左右，所以道勢之消長，足堪玩味。

---

[178] 代表商鞅此階段的之法家，我們以法家發展階段來說，也就是所謂的第三時期，這是法家學派思想系統化理論化的時期，也算是先秦法家思想的總結的時期，同時也是法家政治在全中國贏得輝煌勝利，隨後又以法家政治在全中國失敗而告終的時期。這一時期，大致在戰國末期至秦王朝時代。其主要代表人物有韓非、李斯等人。韓非子是先秦法家思想的集大成者。李斯和秦始皇這兩位君臣，則是實際推行法家思想的大政治家。在戰國中、前期的變法高潮中，法家人物大都忙於從事實際的變法運動，如商鞅、吳起、李悝、申不害等人都是如此。他們首先都是實際政治家，其著作也主要是偏重於當時的政治改造。由此，他們較無時間從事法家思想的學書建設，當然欠缺系統化以及理論化，尤其是缺乏哲學的理論基礎。而活動於戰國末年的韓非，其著作《韓非子》及其本人則可稱上是法家思想集大成與理論家，把先秦法家思想加以總結使之整體化，從而把先秦的法家思想發展到最高峰。只可惜的，他僅只是一位理論家，其思想主張從來就未實現過。而秦始皇、李斯，則把法家政治推行於全中國。由此，我們從某種意義上說，秦王朝的建立就是法家政治的最高實現；而秦王朝的速亡，不就是代表了正示的宣告，「我國法家的政治實踐，於此等於完全的破滅。」

[179] 參閱陳清蒲著《鬼谷子詳解》〈鬼谷子的價值論〉，頁182。

# 第七節　鬼谷思想與縱橫家

本章從第一節開始至第六節，分別從諸子百家之中探究鬼古思想之淵源，行文至本節之前，一概是鬼谷子與它家之思想學說相關之處；但論起鬼谷與縱橫家，則乃是自家子的事，因為《鬼谷子》這部子書，在大多數學者的觀點上，幾乎被認定是一本縱橫家的理論著作。而且司馬遷之《史記》〈蘇秦列傳〉：「蘇秦者，東周雒陽人也。東事師於齊，而習之於鬼谷先生。」與〈張儀列傳〉：「張儀者，魏人也。始嘗與蘇秦俱事鬼谷先生；學術，蘇秦自以不及張儀。」均記載清楚，鬼谷子是他們的老師。所以毫無疑問的是鬼谷子影響到縱橫家。

所以教育出來的學生，於《孟子、滕文公》引用景春之語曰：「公孫衍、張儀豈不誠大丈夫哉！一怒而諸侯懼，安居而天下熄。」這是孟子在和他的好友景春說話的時候談到張儀。張儀只要生氣，天下的諸侯都很害怕，張儀安居了，天下就平靜了。可見張儀當時的地位。蘇秦的地位更了不起了，蘇秦於《戰國策》曾被說過：「所在國重，所去國輕。」[180]表明他只要在哪個國家，這個國家的地位肯定是很重要的，沒有哪個諸侯國敢隨便動它。可見他們受歡迎與受敬重的程度。

依據本章前幾節之探討，發現鬼谷思想包羅萬象、淵源甚深，不離中華道統。不僅有陰陽學說、還有道家的「道、無為、柔弱、守靜等」觀念，以及道家部份之神秘學說。根據《鬼谷子》〈反應第二〉言：「故善反聽者，乃變鬼神以得其情。……莫見其門，是謂天神」。也是後來以道家哲學為基礎，所發展出來的道教派別，在《道藏》裡收錄的一本書。儒家學說《易經》的吉凶禍福觀念，也出現在〈捭闔第一〉：「必豫審其變化，吉凶大命繫焉」；〈揣篇第七〉：「觀天時之禍福，孰吉孰凶」；及〈本經陰符七術〉：「天地無極，人事無窮，各以成其類；見其計謀，必知其吉凶成敗之所終也」之中。而其崇尚權謀詭道的思想，又完全無法與兵家分開來，故繼《孫子兵法》之「武兵法」後，而被稱為「文兵法」。其主張「主兵日勝，而人不畏也」，主戰之意味濃厚並不亞於兵家，但又主張：「常戰於不爭，國不費……而天下比之神明」〈摩篇第八〉；更與孫子之〈謀攻第三〉：「是故百戰百勝，非善之善者也；不戰而屈人之兵，善之善者也」，此種不戰而屈人之兵的思想雷同。因此，《鬼

---

[180] 劉向《戰國策序》：「蘇秦為縱，張儀為橫，橫則秦帝，縱則楚王，所在國重，所去國輕。」

谷子》是一本被多角度解讀的著作。陳蒲清說:「解讀《鬼谷子》的人除了縱橫家,還有宗教家、軍事家與術士。」[181]

鬼谷子以其豐富的思想內涵加上各家學說精華,與《鬼谷子》承續著先秦以前,出使於列國爲自己國家利益奔走的行人,這些外交官的「言其當權事宜,受命不受辭,此其所長也」(班固《漢書、藝文誌》);又「掌交掌以節與幣巡邦國之諸侯,及其萬民之所聚者,道王之德意志慮,使咸知王之好惡辟行之,使和諸侯之好,達萬民之說。掌邦國之通事而結其交好,以諭九稅之利,九禮之親,九牧之維,九禁之難,九戎之威。」(《十三經、周禮》)。上文,說明縱橫家淵源於周朝,專司邦國通事甚早,並非鬼谷子獨創。而是鬼谷子,他有鑑於時代需要而開班授課,特別將外交辭令與計謀、權變、遊說之經驗積累,融合其謀略及遊說和人性心理的重要原則與方法,而成就出一套完整的遊說理論。

鬼谷子並非只一味的提倡口舌之辯與心機權巧鬥術,而且還一向重視詩書,如〈內揵第三〉言:「由夫道德、仁義、禮樂、忠信、計謀,先取《詩》《書》,混說損益,議論去就」;〈中經〉:「有守之人,目不視非,耳不聽邪,言必《詩》《書》,行不淫僻。」不會因遊說權謀之便,而誹謗或否定經典之言,反而讚賞重視有佳。因之行縱橫之事業,也都是飽讀詩書之士。蓋古來行人之官,於外交場合無不口說雅言、言必詩書,方得登大雅之堂。〈述而第七〉:「子所雅言,詩、書、執禮,皆雅言也」。《荀子》〈榮辱第四〉:「夫詩書禮樂之分,固非庸人之所知也。」蓋都爲世上,絕頂聰明與賢能之士。

據《禮記》〈王制〉記載:「樂正崇四術,立四教,順先王詩書禮樂以造士。」「春、秋教以禮樂,冬、夏教以詩書。王大子、王子、群後之大子、卿大夫元士之適子、國之俊選,皆造焉。凡入學以齒」;故可知策士從小乃必習詩書禮樂。又劉向言:「周室自文、武始興,崇道德,隆禮義,設辟雍、泮宮、庠序之教,陳禮樂、弦歌移風之化。……遠方慕義,莫不賓服,《雅》、《頌》歌詠,以思其德。」(《戰國策序》),廟堂國府之交際不離禮樂。「戰國之時,君德淺薄,爲之謀策者,不得不因勢而爲資,據時而爲,故其辭,扶急持傾,爲一切之權,雖不可以臨國教化,兵革救急之勢也。皆高才秀士,度時君之所能行,出奇策異智,專危爲安,運亡爲存;亦可喜,皆可觀。」由上文中之「皆高才秀士」是一句中肯的話,可知劉向對於縱橫家策士,於戰國之時

---

[181] 同上178註,參閱,頁190～191。

的扶急持傾，而為一切之權宜，是兵革救急、出奇策異智、轉危為安、圖亡為存，是稱讚的。

前段所分析的是，歷史社會與時空背景因素，證明鬼谷子之於縱橫家的誕生，絕不是憑空而出。還有縱橫家的「積極進取」的人生觀，亦受鬼谷子所鼓舞與影響有關：「故言長生、安樂、富貴、尊榮、顯名、愛好、財利、得意、喜欲，為陽，曰始」（〈捭闔第一〉）；「策無失計，立功建德，治名入產業，曰捷而內合」（〈內揵第三〉）；「能用此道，聖人也。聖人者，天地之使也」（〈抵巇第四〉）；「是以聖人居天地之間，立身、禦世、施教、揚聲、明名也」；「不悉心見情，不能成名」（〈忤合第六〉）；「名者，發也。行者，成也。廉者，潔也。信者，期也。利者，求也。卑者，諂也。故聖人所以獨用者，眾人皆有之；然無成功者，其用之非也」（〈摩篇第八〉）；「王公大人之事也，危而美名者，可則決之」（〈決篇第十一〉）。這些都是，鬼谷子特別效法聖人言行，與涉及有關名利的言論，以便用來鼓舞弟子門生，從事政治活動以追求名利富貴。而事實上蘇秦、張儀、范雎等多人，的確能從貧窮之身，因為進行遊說獻策而成名，得以脫離貧困。

鬼谷子更於〈中經〉，借著解釋何謂：「解仇鬥隙」，「鬥隙者，鬥強也。強隙既鬥，稱勝者，高其功，勝其勢」，「弱者，哀其負，傷其卑，汙其名，恥其宗」，「故勝者聞其功勢，苟進而不知退；弱者聞哀其負，見其傷，則強大力倍，死而是也」，「隙無極大，禦無極大，則皆可脅而並。」以強化學生一己之人的「鬥志與決心」。子曰：「不得中行而與之，必也狂狷乎！」縱橫家正是「狂者進取，狷者有所不為也。」之人（《論語》〈子路第十三〉）；而絕非是：「不敢暴虎、不敢馮河。人知其一、莫知其它。」縱橫家的大智大勇，豈僅是《小雅、小旻之什》〈小旻〉只擔心個人之安危，所能比擬！

縱橫家的「擇主而事」、也是有鬼谷子的教化影子在。戰國時代如劉向所言：「戰國之時，君德淺薄」，《鬼谷子》於〈抵巇第四〉對於此混亂現象有更深的描述：「天下紛錯，上無明主，公侯無道德，則小人讒賊、賢人不用、聖人竄匿，貪利詐偽者作；君臣相惑，土崩瓦解而相伐射，父子離散，乖亂反目，是謂萌牙巇罅」；身為諸子百家創始人之一家的鬼谷子，當然會有所主張。他將此一現象用「萌牙巇罅」來形容，以此來與大自然之現象「巇者，罅也。罅者，㵎也。㵎者，成大隙也。巇始有朕，可抵而塞，可抵而卻，可抵而息，可抵而匿，可抵而得，此謂抵巇之理也」來相對照。善用其說話藝術的「象

其事、比其辭」，以說服別人的鬼谷子，更以人世間所有的事物也有「抵巇」情況，明白說出，需要如同對山壁海堤的裂縫，或如同盛水裝湯之瓦缸裂隙，都應該且必要馬上修補以防止大災難的發生。鬼谷子再進一步強調說：「事之危也，聖人知之，獨保其身；因化說事，通達計謀，以識細微。經起秋毫之末，揮之於太山之本。其施外兆萌牙巇之謀，皆由抵巇。抵巇之隙爲道術用」（〈抵巇第四〉）。

又「聖人見萌牙巇罅，則抵之以法。世可以治，則抵而塞之；不可治，則抵而得之；或抵如此，或抵如彼；或抵反之，或抵覆之。五帝之政，抵而塞之；三王之事，抵而得之。諸侯相抵，不可勝數，當此之時，能抵爲右」，「自天地之合離終始，必有巇隙，不可不察也。察之以捭闔，能用此道，聖人也。聖人者，天地之使也。世無可抵，則深隱而待時；時有可抵，則爲之謀。此道，可以上合，可以檢下。能因能循，爲天地守神」。

以上三句話之第一句，就是說如果遭遇上了，可能會爲害國家百姓之危險，可能的大漏洞的君王，要趕快拿出辦法來解決；若事不嚴重可以協助治理就馬上幫忙，不容許幫忙就奪取其王權取而代之；鬼谷子強調說，這事一點都不奇怪還很普遍，早在古代就有了。三王五帝的政權，就是經由如此而獲得的；今天這個社會，也充滿著諸侯之間相互的爭戰轄伐。鬼谷子卻指出沒有什麼罪惡，反而將其正常化、合理化、標準化。第二句話，鬼谷子將聖人抬出，進而讓學生加以學習，以便撥亂反正。孟子在〈梁惠王下〉齊宣王問：「湯放桀，武王伐紂，有諸？」孟子對曰：「於傳有之。」曰：「臣弒其君可乎？」曰：「賊仁者謂之賊，賊義者謂之殘，殘賊之人謂之一夫。聞誅一夫紂矣，未聞弒君也。」這項道理是一樣的。這就是敢向權威挑戰，建立起一種客觀的是非標準，不是站在統治者的立場上，劃時代的理念，終於在縱橫家身上實踐了，平民的革命於焉開展。太公也在《六韜、武韜》〈發啓〉上說：「利天下者，天下啓之；害天下者，天下閉之。天下者、非一人之天下，乃天下之天下也。」

「擇交安民」亦是一種審時度勢：「審察其所先後，度權量能，」「審定有無，與其實虛」（〈捭闔第一〉）；「故計國事，則當審權量」，「古之善用天下者，必量天下之權，而揣諸侯之情。量權不審，不知強弱輕重之稱；揣情不審，不知隱匿變化之動靜」（〈揣篇第七〉）；「立勢而制事，必先察同異」（〈飛箝第五〉）；「化轉環屬，各有形勢，反覆相求，因事爲制」（〈忤合第五〉）。鬼

谷子提倡計謀遊說之外交政治策略，就是一種講究「同盟協防」；亦即當今國際社會最流行的「國家戰略協作夥伴關係」[182]。也就是後來縱橫家常使用者，利用各方資源如經濟、政治、軍事等等相關之外交上的同盟，以作中長期或短期連結或合作以取得良好的利益關係，能夠不戰而屈人之兵，鬥而不破，才是最最上乘的善之謀。這與太公之「與人同病相救，同情相成，同惡相助，同好相趨。故無甲兵而勝，無衝機而攻，無溝塹而守」（《武韜》〈發啟〉）；此句話是「對周文王說：我們面對的紂王雖是無道，但得對殷商百姓善待之，不與之成敵，便不必花上過大的戰事，而贏得勝利。」不也是具有同等效果。

　　《鬼谷子》講究說話藝術、提倡遊說，明顯與老子與孔子的「三緘其口」[183]「多言數窮，不如守中」，「知者不言，言者不知」，「信言不美，美言不信。善者不辯，辯者不善。知者不博，博者不知」（《道德經》）；「能勝人之口，不

---

[182] 夥伴關係（同義詞條：戰略合作夥伴關係、戰略合作夥伴、戰略協作夥伴）又被細分為：合作夥伴、建設性合作夥伴、全面合作夥伴、戰略夥伴、戰略合作夥伴、全面戰略合作夥伴關係，這是國際外交上的一種分類，也分為單純建交、睦鄰友好、夥伴、傳統友好合作等。例如「泛太平洋戰略經濟夥伴關係協議」2005 年 5 月 28 日，文萊、智利、紐西蘭、新加坡四國協議發起跨太平洋夥伴關係（Trans-PacificPartnership 簡稱 TPP），簽訂並生效的經貿協議，成員之間彼此承諾在貨物貿易、服務貿易、知識產權以及投資等領域相互給予優惠並加強合作。其中最為核心的內容是關稅減免，即成員國 90%的貨物關稅立刻免除，所有產品關稅將在 12 年內免除。協議採取開放的態度，歡迎任何 APEC「亞太經合會」成員參與，非 APEC 成員也可以參與。該協議的重要目標之一就是建立自由貿易區。而因其成員橫跨太平洋兩岸，因此也是第一個具有橫跨太平洋的多國參與自由貿易協定。《辭海》說：戰略是：「對戰爭全域的籌劃與指導。是依據國際、國內形勢和敵對雙方政治、經濟、軍事、科學技術、地理等因素確定的。戰略解決的主要問題是：對戰爭的發生、發展及其特點、規律的分析與判斷，戰略方針、任務、方向和作戰形式的確定，武裝力量的建設和使用，武器裝備和軍需物資的生產，戰略資源的開發、儲備和利用，國防工程設施，戰略後方建設，戰爭動員，以及照顧戰爭全域各方面、各階段之間的關係等。或泛指重大的、帶全域性或決定全域的謀劃」。戰略運用的前提實際上是存在敵我雙方，或敵我友三方，而戰略合作夥伴關係則是我、友雙方共同對敵的結盟關係。最早的戰略合作夥伴關係出現在日本；廿世紀 70~80 年代日本企業的崛起，是因為日本有獨特的零部件外協合作關係系統。依其層面：區分政府相互間、政府對民間的、民間對民間企業等之合作關係。依組成規模分：一對一、一對多、或多元形式。合作內含分：政治內涵、經濟內涵、綜合多元的戰略等夥伴性質。

[183] 《漢書、藝文志》有《黃帝銘》六篇，今已亡。《金文銘》據學者考證，即為《黃帝銘》六篇之一（王應麟《〈漢書・藝文志〉考》）。《金文銘》載劉向《說苑、敬慎篇》：「孔子之周，觀於太廟。左陛之前，有金人焉。三緘其口，而名其背曰」云云，《孔子家語、觀周》所載與此大致相同，很可能就抄自《說苑》。劉向在漢成帝河平三年（西元前 26 年）以光祿大夫之職受詔校經傳諸子詩賦，遍覽皇室藏書，所著《說苑》保存了大量先秦史料。1973 年河北定縣 40 號漢墓出土了一批竹簡，其中有先秦古籍《儒家者言》，許多內容見於《說苑》，足以說明《說苑》之真實可信。道家向來被稱為黃老之術，以《金人銘》對照《老子》，亦可知其為《老子》的思想源頭。

能服人之心」（《莊子》〈天下第卅三〉）；「非禮勿視，非禮勿聽，非禮勿言，非禮勿動」（《論語》〈顏淵第十二〉）……等；傳統之觀念與思想立場完全不同。《詩》曰：『戰戰兢兢，如臨深淵，如履薄冰。行身如此，豈以口過患哉？』；《孔子家語》〈觀周〉：「古之慎言人也，戒之哉！無多言，多言多敗。無多事，多事多患」[184]；《繫辭下》：「能說諸心，能研諸侯之慮，定天下之吉凶」、「變動以利言，吉凶以情遷」、「將叛者其辭慚，中心疑者其辭枝，吉人之辭寡，躁人之辭多，誣善之人其辭遊，失其守者其辭屈」。《繫辭》相傳是孔子晚年讀《易經》，與弟子所作的《易傳、十翼》。所以後孔子時代，對於《易經》之「探索宇宙奧妙、窺視人生機緣際遇」法則，將此社會之文化現象給予吉凶的肯定，才會有「能說諸心，能研諸侯之慮」、「天地設位，聖人成能」、「人謀鬼謀，百姓與能」的言論出現，以及對於說話之精研。近似鬼谷子的爲解決困窘時代的政治、社會、經濟等，現實問題的理論，與縱橫家積極實踐的主張。如同當今國際上強勢的「話語權」，與各式經貿、外交、軍事「論壇」等會議鋒頭之形式的建立與維護。

縱橫家所崇尚的是「計謀策略」及「言談辯論」之技巧，其指導思想與儒家所推崇之仁義道德大相徑庭。因此，歷來學者對《鬼谷子》一書推崇者甚少，而譏詆者極多。其實外交戰術之得益與否，關係國家民族之安危興衰；而生意談判與競爭之策略是否得當，則關係到經濟上之成敗得失。即使在日常生活中，言談技巧也關係到一人之處世爲人之得體與否。當年蘇秦憑其三寸不爛之舌，合縱六國，配六國相印，統領六國共同抗秦，顯赫一時。而張儀又憑其謀略與遊說技巧，將六國之合縱給予土崩瓦解，爲秦國立下不朽功勞。所謂「智用於眾人之所不能知，而能用於眾人之所不能。」此爲《鬼谷子》思想之精髓所在。《孫子兵法》側重於總體兵略，而《鬼谷子》則專於政略之具體技巧，加以謀國、謀政、謀兵、謀家，兩者可說是相輔相成。

---

[184] 語見《說苑、敬慎》：「孔子之周，觀於太廟。右陛之前，有金人焉，三緘其口，而銘其背曰：『古之慎言人也。戒之哉！戒之哉！無多言，多口多敗。無多事，多事多患。安樂必戒，無行所悔。勿謂何傷，其禍將長。勿謂何害，其禍將大。勿謂何殘，其禍將然。勿謂莫聞，天妖伺人。熒熒不滅，炎炎奈何。涓涓不壅，將成江河。綿綿不絕，將成網羅。青青不伐，將尋斧柯。誠不能慎之，禍之根也。曰是何傷，禍之門也。強梁者不得其死，好勝者必遇其敵。盜怨主人，民害其貴。君子知天下之不可蓋也，故後之下之。使人慕之。執雌持下，莫能與之爭者。人皆趨彼，我獨守此。眾人惑惑，我獨不從。內藏我知，不與人論技。我雖尊高，人莫害我。夫江河長百谷者，以其卑下也。天道無親，常與善人。戒之哉！戒之哉！』。』孔子顧謂弟子曰：「記之，此言雖鄙，而中事情。」』《詩》曰：『戰戰兢兢，如臨深淵，如履薄冰。行身如此，豈以口遇禍哉！』。」

做爲縱橫家子書的《鬼谷子》，其核心思想：從內容上是透過「捭闔」首篇，講述其自身對本體界與現象界認識，落實與融合在縱橫上原理原則的根本思想；第二部分：以「反應、內揵、抵巇、飛箝、忤合」五篇文章，表示政治和謀略的遊說思辨理論主張；第三部分：於「揣、摩、權、謀」共四篇，發揮遊說原則技巧和執行力；第四部分：「決、符」兩篇，補充與強化等之彰顯。從價值上說，《鬼谷子》對縱橫家學說理論的構建，是其對<u>先秦</u>學術的突出貢獻。

以上，可用以下幾點說明之：（一）、把遊說之術納入「道」，尋找縱橫學說的理論依託。（二）、取道家「崇陰尚柔」的思想，來揭露謀略的內在及計謀的本質。「遊說」的內容就是說客自己本身的謀略，「計謀」必須通過遊說這種形式來實現，才能成爲可能。（三）、以道家「自然無爲」的思想，設計出縱橫學說的總原則。《鬼谷子》〈捭闔第一〉言：「夫賢不肖智愚勇怯有差，乃可捭，乃可闔；乃可進，乃可退；乃可賤，乃可貴，無爲以牧之。」此句裡的「無爲」亦即是從所被遊說者之對象中的性格特徵，量身訂作後再使用不同的遊說手段。成就了縱橫理論領域。（四）、利用道家《老子》的辯證觀念，完成了縱橫之術捭闔進退的方法[185]。以上四點可說對《鬼谷子》建構縱橫理論的產生起了重大之作用。

我國打從立國有史以來達數千年之久，不僅儒家以道統立稱，稟承「人心惟危，道心惟微，惟精惟一，允執厥中」[186]，歷代各家學術思想也不例外。從古以來讀書人也就一概均能以「爲天地立心，爲生民立命，爲往聖繼絕學，爲萬世開太平」[187]，奉爲人生抱負之圭臬。<u>春秋</u>[188]戰國諸子百家之學問思想，

---

[185] 參閱<u>許富宏</u>著《鬼谷子》前言，中華書局出版，2012年1月，第1版。

[186] 語見《尚書、虞書》〈大禹謨〉帝曰：「來，禹！降水儆予，成允成功，惟汝賢。克勤於邦，克儉於家，不自滿假，惟汝賢。汝惟不矜，天下莫與汝爭能。汝惟不伐，天下莫與汝爭功。予懋乃德，嘉乃丕績，天之歷數在汝躬，汝終陟元后。人心惟危，道心惟微，惟精惟一，允執厥中。無稽之言勿聽，弗詢之謀勿庸。可愛非君？可畏非民？眾非元后，何戴？后非眾，罔與守邦？欽哉！慎乃有位，敬修其可願，四海困窮，天祿永終。惟口出好興戎，朕言不再。」其中之「人心惟危，道心惟微，惟精惟一，允執厥中」16個字心法的字句，據傳，是源於堯、<u>舜、禹</u>禪讓的故事。當堯把帝位傳給舜，以及舜把帝位傳給禹的時候，所託付的是天下與百姓的重任，是<u>華夏</u>文明的火種；而諄諄囑咐代代相傳的便是以「心」爲主題的這十六個漢字。可見其中寓意深刻，意義非凡。成爲我國最著名的政治道統名言。「十六字心傳」，實際是儒學之精髓所在，《中庸》之核心與綱領。<u>子程子</u>有言：「不偏之謂中；不易之謂庸。中者，天下之正道。庸者，天下之定理。」（<u>朱熹</u>《四書章句集注》）此乃對十六字心傳之「惟精惟一，允執厥中」的精闢注解，由此演變出《中庸》之<u>孔</u>門儒學傳授心法。

[187] 語出《宋元學案、橫渠學案上》，即著名的「橫渠四句」認爲讀書人要「爲天地立心，爲生

於驚濤駭浪的亂世中大量湧現，由西周、東周之宮學而儒學，以至於私學傳承「傳道、受業、解惑……道之所存，師之所存也」[189]的老師，乃至於大宗師們無不爲著，世局能否安定、國家能否歸於一統，百姓是否能夠平安幸福，因而寢食難安。一種無法揮之即去，憂國憂民之憂患意識，華夷之辨、政治主張、變通思想、哲學觀念、戰爭革命、改造社會……等等，各種各類的意識形態充斥著。鬼谷子雖未特別建構出縱橫家的道體，但亦稟承這項道統，其一思一言，始終並未脫離此範疇。

鬼谷子教育弟子，以縱橫術協助可能一統江山之強國，盡一切可能戮力結束分崩離析的戰國混亂世局以挽救蒼生。正如子曰：「微管仲，吾披髮左衽矣」[190]，也總能爲著國家、民族、家族、學術、文化……等命脈之存亡而奮鬥。

---

民立命，爲往聖繼絕學，爲萬世開太平。」張載（1020～1077 AD），字子厚。北宋陝西鳳翔郿縣（今陝西眉縣）橫渠鎮人，世稱橫渠先生。橫渠年少時博覽群書，頗有出仕建功之志，但在范仲淹勉勵下，投身學術研究。出入佛老，終於形成了自己獨到的儒家思想。他是程顥、程頤的表叔，北宋五子之一，理學家、哲學家。理學中，關學的開創者，也是理學的奠基者之一。橫渠哲學從天道說起，由《易傳》的解釋開始，論述宇宙的本體是「氣」。氣的本初狀態是「太極」。由於氣具有陰陽這種彼此對立的屬性，因此永遠處於運動狀態。氣聚則成萬物，氣散則歸於太極。由此，橫渠得出「萬物本是同一」的結論。他在《正蒙·乾稱篇》中把天地、宇宙視爲一個大家庭，人應該親近同類和萬物，他說：「民吾同胞，物吾與也」。橫渠認爲世界的「本源」是「氣」，而非「理」。通過「氣」的概念，張載構建起了一個獨特的「一元論」哲學體系。馮友蘭評價其爲張載爲中國哲學的一大原創性貢獻。（以上資料出自維基百科）

[188] 春秋時期的得名，是因孔子修訂《春秋》而得名。這部書記載了從魯隱公元年（722 BC）到魯哀公十四年（481 BC）的歷史。現代的學者爲了方便起見，一般從周平王元年（770 BC）東周立國起，到周敬王四十三年（477 BC）或四十四年（476 BC）爲止（也有學者認爲應到三家滅智（453 BC）或三家分晉（403 BC），稱爲「春秋時期」。春秋時期之後是戰國時期。

[189] 韓愈〈師說〉：「古之學者必有師。師者，所以傳道、受業、解惑也。人非生而知之者，孰能無惑？惑而不從師，其爲惑也，終不解矣。生乎吾前，其聞道也，固先乎吾，吾從而師之。……是故無貴，無賤，無長，無少，道之所存，師之所存也。嗟乎！師道之不傳也久矣！欲人之無惑也難矣！……是故聖益聖，愚益愚，聖人之所以爲聖，愚人之所以爲愚，其皆出於此乎？……非吾所謂傳其道、解其惑者也。……孔子曰：「三人行，必有我師。」是故弟子不必不如師，師不必賢於弟子，聞道有先後，術業有專攻，……作師說以貽之。」力主「文以載道」，自云：「己之道，乃夫子、孟軻、揚雄所傳之道」。於〈原道〉一文，更確立儒家道統譜系，以承繼者自任。蘇軾稱讚他「文起八代之衰，道濟天下之溺」。韓愈（768～824 AD，年五十七），字退之，中國河南河陽（今河南孟州）人，祖籍郡望昌黎（今屬河北，一說遼寧義縣），自稱昌黎韓愈。唐代文學家，與柳宗元是當時古文運動的倡導者。蘇軾稱讚他「文起八代之衰」（八代：東漢、魏、晉、宋、齊、梁、陳、隋）。散文及詩，均很有名氣，著作有《昌黎先生集》。

[190] 語見《論語》〈憲問篇第十四〉：「子貢曰：「管仲非仁者與？桓公殺公子糾，不能死，又相之。」子曰：「管仲相桓公，霸諸侯，一匡天下，民到於今受其賜。微管仲，吾其被髮左衽矣。豈若匹夫匹婦之爲諒也，自經於溝瀆，而莫之知也。」

後來孟子繼承孔子仁義與道之思想，以「心性論、仁政說、王道論」，開出道統說之端緒。清末民初時代，國父孫中山先生曾說：「中國有一個道統，堯、舜、禹、湯、周文王、周武王、周公、孔子相繼不絕，我的思想基礎，就是這個道統，我的革命，就是繼承這個正統思想，來發揚光大！」。以及，曾爲西來的佛家出世思想言論彌漫朝野，中土盡失「道統」，嚴屬捍衛本土文化、學術、思想的唐代大文學家兼思想家韓愈先生，力作〈諫迎佛骨表〉上書唐憲宗，與清末民初現代中國的中西文化論辯，莫不屬之。這項淵源流長的「道統」，在攸攸的歷史長河裡，總能夠讓中華民族的後代子孫們，每逢在國族瀕臨險阻、遭遇集體挫敗，與民族危機感的情結刺激之下，一再的被呼喚從而覺醒；進而致力於保持、強固、重建與發揚，民族固有的生活文化與思想學術，以便邁向國族復興之路。甚至於宋朝之時興起「道學運動」[191]，早期重要人物如司馬光、呂祖謙等，後期以朱子道學譜系爲主。例如，中華民國在台灣，早年實施的中華文化復興運動[192]；還有近年來如中共大陸國家主席習近平，所推行的「中國夢」[193]以及「亞太夢」的提出，並於世界各國廣設「孔子

---

[191] **道學運動** 定義，必須先由解釋「道」一字來看，「道」即是「路」，一種把彼此間關係搭建起來稱之爲「道路」。舉例而言，人與人之間的各種關係也就是道，君王與臣子之間、父母與子女之間、朋友與朋友之間，各式各樣聯絡起來的關係都可稱爲道。正因爲彼此關係的不同，所以道的展現方法也不盡然相同，舉凡「爲官有爲官之道」、「待友有待友之道」。進一步的觀之，道學就是重新來檢討各種「道路」，並找尋其中的方法論與工夫論，在宋朝的環境中實踐下去，另一方面也跟其他的學術來作對話，包括佛教與道教等。具有這樣關懷與努力的一群學者不斷地實踐這個課題，從中獲得普遍性的眞理，而道學之所以成爲運動，因爲如前所言道學家事從實踐中把道展現出來，把路鋪陳出來，道學家們以此來求道，而且彼此互助扶持、亦互動交流，所以才有所謂的道學運動。以上參考邱佳慧論文〈道學運動中的劉安世生〉中國文化大學、史學研究所。

[192] **中華文化復興運動** 是以「中華民國」爲旗號的臺灣當局，爲了復興中華文化而開展的思想文化運動。爲了保護中華文化，並與大陸的「文革」分庭抗禮，1966 年 11 月由孫科、王雲五、陳立夫、陳啓天、孔德成等一千五百人聯名發起中華文化復興運動，要求以每年 11 月 12 日（孫中山誕辰）爲中華文化復興節 1967 年 7 月臺灣各界舉行中華文化復興運動推行委員會（後改名爲中華文化復興運動總會、「國家文化總會」）發起大會，推舉蔣介石任會長。臺灣文化人推出了「中華文化」、「三民主義」、「中華民國」、三位一體論，標榜中國國民黨是維護中華文化的正統代表。（以上爲 360 度百科資料）

[193] **中國夢** 是 2012 年 11 月 29 日，中共中央新一屆領導集體在國家博物館參觀《復興之路》展覽過程中，習近平發表的重要講話之一。「每個人都有理想和追求，都有自己的夢想。現在，大家都在討論中國夢，我認爲，實現中華民族偉大復興，就是中華民族近代以來最偉大的夢想。這個夢想，凝聚了幾代中國人的夙願，體現了中華民族和中國人民的整體利益，是每一個中華兒女共同的期盼。歷史告訴我們，每個人的前途命運都與國家和民族的前途命運緊密相連。國家好，民族好，大家才會好。實現中華民族偉大復興是一項光榮而艱巨的事業，需要一代又一代中國人共同爲之努力。」中國夢——代表了新一屆政府對於建設富強民主文明和諧的社會主義現代化國家的目標和信心。中國夢之整體建構可見於《民族

學院」；無不都是維護中華道統的具體表現。

　　《史記》〈仲尼弟子列傳〉：「子貢去而之魯。吳王果與齊人戰於艾陵，大破齊師，獲七將軍之兵而不歸，果以兵臨晉，與晉人相遇黃池之上。吳、晉爭彊。晉人擊之，大敗吳師。越王聞之，涉江襲吳，去城七里而軍。吳王聞之，去晉而歸，與越戰於五湖。三戰不勝，城門不守，越遂圍王宮，殺夫差而戮其相。破吳三年，東向而霸。」史稱一石五鳥：「故子貢一出，**存魯，亂齊，破吳，彊晉而霸越**。子貢一使，使勢相破，十年之中，五國各有變。」

　　景春對話孟子：「一怒而諸侯懼，安居而天下安」；劉勰《文心雕龍》〈論說〉：「一人之辯，重於九鼎；一人之舌，強於百萬雄師。」章太炎[194]：「儒家不兼縱橫，不能取富貴」[195]；劉向於《戰國策序》上接著說：「是以蘇秦、張

復興中國夢》 洪向華著、2013 年 3 月出版、紅旗出版社。2013 年 3 月 17 日，習近平再談「中國夢」指出：「實現中華民族偉大復興的中國夢，就是要實現國家富強、民族振興、人民幸福，既深深體現了今天中國人的理想，也深深反映了我們先人們不懈追求進步的光榮傳統。」、「中國夢歸根到底是人民的夢，必須緊緊依靠人民來實現，必須不斷為人民造福。」全書共二十章，是為了幫助共產黨員幹部與群眾認清當前形勢，深入貫徹落實十八大精神政策，快速投入到實現中華民族偉大復興的洪流中，所編寫而成。後三章，展望了民族復興中國夢的光輝前景。該書的出版，將為中華民族偉大復興的「中國夢」的實現，提供起一定的理論支援與幫助。其進程口號：實現中華民族偉大復興；主要特點：個人與國家、民族利益一體化；實現時間：2021 年（中國共產黨建黨百年）～2049 年（中共建國百年）；主要目的：凝聚每一個人的力量和每一份夢想；基本路徑：按「三個必須」實施。

[194] 章太炎（1869～1936 AD），浙江餘杭人，清末民初思想家，史學家，樸學大師，民族主義革命者。末落的書香門第。初名學乘，後改名炳麟，字枚叔，號太炎。以紀念漢代辭賦家枚乘。後易名為炳麟。因反清意識濃厚，慕顧絳（顧炎武）的為人行事而改名為絳，號太炎。世人常稱之為「太炎先生」。早年又號「膏蘭室主人」、「劉子駿私淑弟子」等。幼受祖父及外祖的民族主義薰陶，通過閱讀《東華錄》、《揚州十日記》等書，不滿於滿清的異族統治，奠定了貫穿其一生的華夷觀念，並在後來與《春秋》的夷狄觀以及西方的現代民族主義觀點相結合，形成具有其個人特色的民族主義觀。魯迅筆下的章太炎先生，首先是一個革命者，其次才是一個大學問家。他張揚國粹，卻堅決而激烈地反抗權威和反抗一切束縛。他的確是一個道德主義者，強調道德的力量，卻反對社會對個人的壓抑，主張個性的絕對自由。在文學、歷史學、語言學等方面，均有成就。宣揚革命的詩文，影響很大，但文字古奧難解。所著《新方言》《文始》《小學答問》，上探語源，下明流變，頗多創獲。關於儒學的著作有：《儒術新論》《訂孔》等。一生著作頗多，約有 400 餘萬字。著述除刊入《章氏叢書》《續編》外，遺稿又刊入《章氏叢書三編》。是同盟會和辛亥革命的重要領袖之一。他與孫文既有過並肩奮戰的歲月，也有過激烈爭辯乃至分道揚鑣的日子。孫文逝世，章太炎肯定「天生我公，為世鈴鐸……餘豈好郵，好是諤諤。」既承認孫文首倡革命之功，又坦言彼此的分歧，是有話直說的諍友。孫文生前，他筆下已一再出現如下的字眼：「中山計畫短淺，往往自敗」，「中山天性褊狹」，「中山為人鹵莽輕聽」，「中山名為首領，專忌人才，此僕輩所以事事與之相左也。」

[195] 對孔子的批評於 1906 年 10 月 7 日，《國粹學報》丙午年第 9 號出版。章太炎所撰《諸子學略說》刊畢，即是《國學講習會略說》中的《論諸子學》。在這篇文章中他對孔子進行了批評。蓋中國學說，其病多在「汗漫」。春秋以上，學說未興；漢武以後，定一尊於孔子。雖

儀、公孫衍、陳軫、代、厲之屬，生從橫短長之說，左右傾側。蘇秦爲從，張儀爲橫；橫則秦帝，從則楚王；所在國重，所去國輕。然當此之時，秦國最雄，諸侯方弱，蘇秦結之，時六國爲一，以儐背秦。秦人恐懼，不敢窺兵於關中，天下不交兵者二十有九年。」

雖僅只有廿九年短暫的生養休息，這不也是天下百姓與生靈之幸，劉向特別將這段歷史整理出來，無不是縱橫家策士們的事跡與心血功勞，我們何嘗不可以說這也是鬼谷子的睿智。

《戰國策》云：「一人之辯，勝於九鼎之寶，三寸之舌，強於百萬雄師」（〈卷一、東周〉）；《論語》亦曰：「一言可興邦，一言可喪國」（〈子路第十三〉）；拿破崙說：「一條舌頭，勝於三千毛瑟槍。」卡耐基說：「一個人的成功，百分之八十五是靠他的人際溝通和演說能力，只有百分之十五是跟他的專業技能相關。」這雖是古今中外不同書本與名人的四句話，卻都不約而同的讚揚美好的「口才」，可以提升國家戰力肯定是大有幫助的；後一句，則更是肯定個人的成功也經此而來。所以在二千多年前的縱橫家，於公於私當然都有其風光不減的歲月。

欲放言高論，猶必以無礙孔子爲宗，強相援引，妄爲皮傅。愈調和者，愈失其本眞；愈附會者，愈違其解故。故中國之學，失不在支離，而在汗漫。章太炎反對中國學「病在支離」的說法，以爲中國學病不在「支離」而在「汗漫」。造成這種情況的原因固然是多種多樣，而其中主要原因，乃在漢武以後一尊孔子。蒙錮承蔽，因襲舊說，雖有「放言高論」，無免援引孔子，牽強附會、「妄爲皮傅」。如此學風形成，使孔學最終「失其本眞」。可見他對中國學說自漢武以來「一尊孔子」，乃抱反感與反對的態度。章太炎是一個國粹主義者，然言「國粹」，思想並不保守，並不是尊孔派。他于孔學分解分析，提出特有的孔子觀。在他看來，儒家思想經過數千年演變，病理顯見，困境重重。他論「儒家之病」，病在「以富貴利祿爲心」，「其教弟子也，惟欲成就吏材。」事實正是，儒家學說的最大特點在於其本質是「政治說」，「統治學」。其學術意識與問題取向與政治須臾不離。孔子終身所爲所思，上求政權穩定，下使民眾安定。他立在「治者」的一邊，爲他們說話，爲他們獻策。他教書育人的目的惟向封建政府輸送「吏材」。他的思想爲以後統治階級所推崇，原因就在這裡。是故，「儒家者流，熱中趨利，故未有不兼縱橫者」，「儒家不兼縱橫，則不能取富貴」。章太炎論：孔子所想有一個「官」在，有一個「富貴利祿」在。其學問只是實用，只是「取時」，只是「多變」，爲使統治者使用時得心應手。「孔子之教，惟在趨時，其行義依時而變」，故曰：「言不必信，行不必果」。對眞理的追求當是學問的終究目的，孔子「趨時」，使其學問鮮有眞理的熱情，客觀的尊重，從而「言不必信，行不必果」。章太炎又論孔子「中庸」，「所謂中庸，實無異於鄉願」。孔子反對鄉願思想，然其「中庸」說，正是誘導人們奉行「鄉願」哲學。如果說「鄉願」，「沒身里巷」，僅爲一鄉之「願人」，影響非巨，那麼習「中庸」而居廟堂之高者，而爲「國願」，對國家民族則遺大患。當然，儘管章太炎對孔子、儒學，有以上言論，但將他的思想與「五四」思想家論比，仍有重大區別。他批孔但又保孔，承認「孔子之功則有矣」，否定鬼怪之說而務人事，變「世官之學而及平民」同。（以上爲盛邦和〈章太炎不尊儒及五四連接〉文，中華與文教學資源網。）

　　所以，汲汲營營地追求名利以彰顯榮華富貴，不是縱橫家的專利，熙熙攘攘貢獻所學、報效家國以解決問題，也正是春秋、戰國這個善變動亂時代的需求。各國領導人物不喜言談遵循「仁義道德」[196]，只願採納「富國強兵」的計謀策略之良藥寶方，同時人們更在「功名利祿」上追求營造，努力鑽營在充滿利多的市場上以便「安身立命」，也就使得縱橫家正式跨上這個舞臺，不僅風起雲湧的拉開時代序幕，也爲此劃下一個時代的句點。總之鬼谷子以《鬼谷子》一書訂定了縱橫家的祖師地位，指導遊說縱橫的天道觀，遊說「用之於人」，「用之於天下」不同之目的。另外就是培育出遊說者之縱橫術，如蕭登福《鬼谷子研究》一書上言：「在主體方面：是內在的涵養，遊說者的技巧研求」，「在客體方面：是明其人、得其情、禦其心」（〈鬼谷子之縱橫術〉頁103～118）。

## 第八節　本章結語

　　本章概分七個小節，首先以記載姜太公之思想與言論的《六韜》，就「聖人、謀略、仁義、名實、道、天時、民、陰陽」作比較。其次是將《鬼谷子》的《本經陰符七術》，有關縱橫家子弟的「心性養身」與《黃帝內經》作研究。接著是道家，「無爲」的主張，也影響到《鬼谷子》「有爲」的思想，但同時，也發現鬼谷子並不排斥「無爲」；相反的《鬼谷子》整部書講「無爲」有五次，

---

[196] 《孟子》〈梁惠王上〉　孟子見梁惠王。王曰：「叟不遠千里而來，亦將有以利吾國乎？」孟子對曰：「王何必曰利？亦有仁義而已矣。」王曰：「何以利吾國」？大夫曰：「何以利吾家」？士庶人曰：「何以利吾身」？上下交征利而國危矣。萬乘之國弑其君者，必千乘之家；千乘之國弑其君者，必百乘之家。萬取千焉，千取百焉，不爲不多矣。苟爲後義而先利，不奪不饜。未有仁而遺其親者也，未有義而後其君者也。王亦曰仁義而已矣，何必曰利？」
《墨子》〈尚賢中〉：「今王公大人欲王天下，正諸侯，夫無德義將何以哉？其說將必挾震威彊。今王公大人將焉取挾震威彊哉？傾者民之死也。民生爲甚欲，死爲甚憎，所欲不得而所憎屢至，自古及今未嘗能有以此王天下、正諸侯者也。今大人欲王天下，正諸侯，將欲使意得乎天下，名成乎後世，故不察尚賢爲之本也。此聖人之厚行也。」
《孟子》〈告子下〉：「宋牼將之楚，孟子遇於石丘。曰：『先生將何之？』曰：『吾聞秦、楚構兵，我將見楚王說而罷之。楚王不悅，我將見秦王說而罷之，二王我將有所遇焉。』曰：『軻也請無問其詳，願聞其指。說之將何如？』曰：『我將言其不利也。』曰：『先生之志則大矣，先生之號則不可。先生以利說秦、楚之王，秦、楚之王悅於利，以罷三軍之師，是三軍之士樂罷而悅於利也。爲人臣者懷利以事其君，爲人子者懷利以事其父，爲人弟者懷利以事其兄。是君臣、父子、兄弟終去仁義，懷利以相接，然而不亡者，未之有也。先生以仁義說秦、楚之王，秦、楚之王悅於仁義，而罷三軍之師，是三軍之士樂罷而悅於仁義也。爲人臣者懷仁義以事其君，爲人子者懷仁義以事其父，爲人弟者懷仁義以事其兄，是君臣、父子、兄弟去利，懷仁義以相接也。然而不王者，未之有也。何必曰利？』」

而「有爲」才出現一次。緊接著第四節，提到與陰陽家，也是出現非常豐富的觀念，光「變動陰陽」一意，可說是縱橫家力量的泉源。第五節兵家的部份，所講究的「文兵法」更是不在話下。而與法家的異同，筆者特別將三位代表人物管仲、商鞅、韓非之「道、功，兵、法，君、臣」分別與之對照，發現鬼谷子也有相當的見解。

　　以上，由各小節，所分別述說《鬼谷子》的思想源淵，或許尙未周延。就以影響鬼谷子深遠的《易經》，雖於本章之中，未及敘述；但筆者於本書各章，多有所提及，充分顯現《鬼谷子》學說，不離《易經》深沉的內涵。鬼谷子透析人、事之理，講究陰陽、變通之道，便是《易經》的精髓之所在。另外也就是儒家之部份，鬼谷子擁有深厚的儒學學養，還倡議讀詩、書，便可知鬼谷子之學，乃是周朝士談之學的延續。

　　另外，《鬼谷子》對於雜家之影響，更是有其不可小看之處，如《呂氏春秋》與《淮南子》等著作看出其影響力所在。雖然本章未加以列入，但是並不代表，鬼谷子思想學說其承先啓後的實質內涵，有不足之處。總之，《鬼谷子》看似遊說權謀的專書，其實是影響中華文化朝野，千古精髓的無形寶典。